한국 통일과
주변 4국의 겉과 속

—미 · 중 · 일 · 러의 이중적 태도 분석—

한국 통일과 주변 4국의 겉과 속
— 미 · 중 · 일 · 러의 이중적 태도 분석

펴낸날 1판 1쇄 2006년 10월 17일
1판 2쇄 2007년 5월 18일

지은이 문태성
펴낸이 오 명
펴낸곳 건국대학교출판부
등록 : 제4-3호(1971. 6. 21.)
주소 : 143-701, 서울시 광진구 화양동 1번지
전화 : (02) 450-3891~3 팩스 / (02) 457-7202
홈페이지 : http://press.konkuk.ac.kr
전자우편 : press@konkuk.ac.kr

책임편집 : 임경희
찍은곳 : 한국컴퓨터인쇄정보사

값 13,000 원

ISBN 978-89-7107-455-8 93340

(이 도서의 국립중앙도서관 출판시도서목록(CIP)은 e-CIP 홈페이지(http://www.nl.go.kr/cip.php)에서 이용하실 수 있습니다.(CIP제어번호 : CIP2006002178)

한국 통일과 주변 4국의 겉과 속

미·중·일·러의 이중적 태도 분석

문태성 지음

건국대학교출판부

책머리에

지난 2005년은 한반도가 일제의 압제에서 해방과 민족 분단이 된 지 60주년이 되는 해이다. 어느덧 두 세대의 강을 건넌 의미가 내포된 통한의 고통을 감내하는 한민족은 얼마나 형제가 만나고 싶고 고향땅이 그립겠는가? 이제 또 얼마를 기다려야 하는가?

모질게도 한반도는 주변 강대국의 인위적 분단으로 인해 우리 민족은 어리석음의 대가를 톡톡히 치렀고, 반세기가 지난 지금도 여전히 분단 상황은 계속되고 있으며, 상흔의 아픔이 쉽게 가시지 않고 우리의 주변에서 맴돌고 있다.

민족통일의 열망이 남북에서 솟구치어 뜨거운 가슴으로 동족이 손을 마주 잡을 그 날이 멀지 않다는 확신은 필자에게는 신념에 가깝다.

삼국통일 이후 1,300여 년 간 지속되었던 한국이 맞은 일시의 어둡고 고통스러운 그림자를 하나씩 걷어내는 일에 작은 힘을 더하고 싶다.

너무 거창한가? 그러나 국제정치를 공부한 학도로서 실사구시(實事求是)를 시도조차 못한다면, 학문의 달고 오묘한 진가(眞價)를 또 어디에서 찾을 수 있을까?

만난을 극복하고 언제나 깨어 있도록 보호자가 되어 주신 하나님의 은혜와 은총에 감사드리며, 학문탐구에 열정을 불어넣어 주신 은사 김상규 교수님, 배영자 교수님, 최정욱 교수님, 지금까지 길러주신 학부와 대학원의 고려대 이호재 은사님, 박사과정의 건국대학교 김갑철, 허재일, 송영우, 신복룡, 최한수 교수님과 한양대 홍용표 교수님, 이화여대 남궁 곤 교수님 등 모든 교수님들께 깊은 감사를 드린다. 또한 언제나 곁에서 힘이 되어 주는 반려자 아내 장정미와 영은, 정은, 정호 세 자녀에게도 고마움을 표한다.

아울러 이 책이 출간되어 빛을 볼 수 있도록 도움을 주신 건국대학교출판부 여러분께 깊은 감사를 드린다.

통일길이 열리면 세계는 하나가 된다. 그때 세계는 평화를 맞이한다. 사람은 각기 다르지만 같은 꿈이다. 평화세상이다.

곧 도적(盜賊)같이 다가와 한반도를 수놓을 통일의 꽃동산을 꿈꾸며, 오늘 졸고를 통일될 조국 대한민국에 바친다!

반드시 통일은 당대에 오리라!

통일 조국을 꿈꾸며

2006년 여름

저자 문 태 성

차 례

◦ 책머리에 4

1장 한국 통일과 주변 4국

1. 한국 통일과 주변 4국 연구 ——— 11

2. 개념 정의와 이론 접목 ——— 21

'통일' 21 | '이중성' 22 | 현실주의 이론의 적용 24 | 현실주의 이론과 '이중성'의 접목 29

2장 한반도의 지정학적 환경과 동북아 통일 환경

1. 한반도의 지정학적 환경 ——— 33

지정학적 의미 33 | 정치적 의미 38 | 군사적 의미 43 | 경제적 의미 48

2. 탈냉전 이후 동북아 환경 ——— 54

신국제질서의 재편과 동북아 54 | 동북아 신질서와 한반도 61
한반도 주변 4국의 역사적 부침 66 | 한반도 주변 4국의 역학구도 75

3. 탈냉전 이후 한국 통일 환경 ——— 81

남북한 회담 81 | 남북한 교류협력 83 | 한국 통일 환경의 변화 92

4. 탈냉전 이후 남북한의 통일 정책 —— 96
한국의 통일 정책 96 | 북한의 통일 정책 111 | 남북한의 통일 정책이 주변 4국에 미치는 영향 128 | 독일 통일에서의 교훈 131

3장 탈냉전 이후 미국의 한국 통일에 대한 태도

1. 미국의 동북아와 한반도 정책 —— 143
미국의 동북아 정책 147 | 미국의 한반도 정책 153

2. 미국의 한국 통일에 대한 태도 —— 168
미국의 한국 통일 지지 174 | 미국의 한국 현상유지 선호 178
미국의 태도 평가 180

4장 탈냉전 이후 중국의 한국 통일에 대한 태도

1. 중국의 동북아와 한반도 정책 —— 184
중국의 동북아 정책 184 | 중국의 한반도 정책 189

2. 중국의 한국 통일에 대한 태도 —— 209
중국의 한국 통일 지지 209 | 중국의 한국 현상유지 선호 214
중국의 태도 평가 219

5장 탈냉전 이후 일본의 한국 통일에 대한 태도

1. 일본의 동북아와 한반도 정책 —— 223
일본의 동북아 정책 227 | 일본의 한반도 정책 231

2. 일본의 한국 통일에 대한 태도 —— 239
일본의 한국 통일 지지 240 | 일본의 한국 현상유지 선호 244
일본의 태도 평가 248

6장 탈냉전 이후 러시아의 한국 통일에 대한 태도

1. 러시아의 동북아와 한반도 정책 —— 251
러시아의 동북아 정책 254 | 러시아의 한반도 정책 259

2. 러시아의 한국 통일에 대한 태도 —— 267
러시아의 한국 통일 지지 268 | 러시아의 한국 현상유지 선호 270
러시아의 태도 평가 273

7장 주변 4국의 이중성 문제가 한국 통일에 미치는 영향

1. 한국 통일과 이중성 문제와의 함수관계 —— 275
한국 통일과 이중성 문제와의 관계 275 | 한국 통일과 영향요인과의 함수관계 276 | 한국 통일과 남북한 영향요인과의 관계 278 | 한국 통일과 주변 4국의 영향요인과의 관계 280 | 한국 통일의 단계별 함수관계 282

2. 주변 4국의 이중성 분석과 영향력 —— 284

미국의 이중성 분석과 영향력 284 | 중국의 이중성 분석과 영향력 286
일본의 이중성 분석과 영향력 289 | 러시아의 이중성 분석과 영향력 291

8장 주변 4국의 이중성 분석과 대응 방안

1. 주변 4국의 이중성 종합 분석 —— 295

2. 주변 4국의 이중성에 대한 대응 방안 —— 301

대미 대응 방안 308 | 대중 대응 방안 310 | 대일 대응 방안 311
대러 대응 방안 312

- 참고문헌 315
- 찾아보기 385

1장

한국 통일과 주변 4국

1. 한국 통일과 주변 4국 연구

지난 19세기 말의 급변했던 세계정세 변화에 대해 우리 민족은 적절한 대응을 하지 못했다. 그 결과 우리는 20세기 거의 1세기 동안 일제치하와 분단으로 인해 고통 받아 왔으며, 그 분단은 여전히 지속되고 있다. 남한과 북한 두 국가 모두 분단됨으로 인해 다른 나라들보다 필요 이상의 많은 국방비 지출, 이산가족, 비전향 장기수, 국가보안법, 인권, 민족 간 분열, 반목, 갈등 등 많은 문제가 발생하고 있고, 국력 낭비로 경제적인 피해도 커 그 폐해를 가늠하기 힘들 정도이다.

남북한 충돌의 기원은 1945년 열강의 작용에 의한 것으로 한국의 독립을 위한 한 방법으로써 이루어진 한국에 대한 인위적 분단과 실패에 있다.[1)]

21세기를 맞이한 지금 한반도와 주변국의 국제정치 환경은 급격히 변화하고 있고, 그 변화에 따라 한국의 통일은 국제정치적 성격을 짙게 띠게 되었다. 오늘날 국제관계는 국제적인 연대가 형성되고 있는 가운데 새로운 신질서 재편에 따라 급변하고 있다. 아울러 우리의 숙원인 한국의 통일 환경도 바뀌고 있다. 소련과 동구권의 공산주의가 몰락하고 독일이 통일되면서 한반도는 지구상에서 분단된 채 대립되어 있는 유일한 냉전의 잔재 지역이기도 하다.

주변국가와 한국 통일은 중요한 함수관계가 있다. 이러한 상황에서 한국 통일에 영향을 미치는 대내외적 요인들을 정확하게 인식하는 것이 매우 중요하다. 새롭게 펼쳐질 동북아시아의 국제정치 환경에 대한 판단과 선지자적인 정확한 예측 및 대응이 필요한 때이다.

탈냉전의 국제정세 변화로 한반도에서의 통일 환경은 주변 강대국의 행보에 따라 직접적·간접적으로 영향을 받게 되어 있다. 평화조성 여건은 호전되었지만 통일을 위한 외적 환경은 결코 한반도 통일에 유익하지 않게 진행되고 있다. 향후 동북아에서 전개될 미국과 중국, 일본, 러시아가 벌이는 4국의 각축은 각국이 가지는 이해관계의 대립으로 인해 한국 통일에 대한 협조를 기대하기가 쉽지 않을 것으로 예견된다.

남북으로 분단되어 있는 한반도는 3가지 측면에서 세계 유일한 곳이다. 첫째, 한반도는 세계의 열강인 주변 4국에 둘러싸여 있어 지정학적으로 중요한 요충지이다. 둘째, 한반도는 동서 냉전이 종식된 지 15년이 경과한 지금도 냉전의 잔재가 여전히 남아 있는 곳이다. 셋째, 한반도는 동족끼리 전쟁을 치르고도 통일이 되지 않은 유일한 휴전상태의 지역이다.

한반도에 끼인 분쟁과 쟁투의 먹구름을 이제 걷어내야 한다. 한국 통일에 대한 연구가 지속적으로 계속되고 준비가 한 단계씩 진행될 때 통일은 다가오고, 달성될 통일은 한반도를 둘러싼 동북아에 평화를 가져다 줄 것이며, 곧 세계평화에 기여하게 될 것이다.

한반도에 평화가 정착되려면 통일은 필수이다. 이를 위해 '통일은 어떻게 가능할까?'라는 기초적인 화두 위에 한반도 주변 4국의 한국 통일에 대한 태도에 이 책의 초점을 맞추고자 한다. '과연 주변 4국의 입장은 한국의 통일을 바라고 있는가?', '바란다면, 혹은 바라지 않는다면 그 이해관계는 어떠한가?'는 한국 통일 논의에서 주된 의제이다. 이에 따라 한국은 어떤 정책과 전략을 준비하고 실천해가야 할 것인가도 결정할 수 있기 때문이다.

그러나 한반도를 둘러싼 주변 4국가들은 채권자인 양, 여전히 눈독을 들이고 불을 켜며 권리 행세를 하려 들고 있다. 이들 나라들의 겉과 속을 다 꿰뚫을 수 있다면 우리는 절반의 성공을 한 것이나 다름없다. 이들 4국의 의도를 들여다보고 싶은 충동이 한결같았다. 우리 민족이면 누구나 반세기를 지나오며 오래도록 민족 곁에서 굴레로 남아 있는 분단 상황의 현상타파를 누군가 해야 할 것이라는 책무를 무겁게 느낀다.

가까운 장래에 한반도에서 평화적 통일이 이루어지면 우리 민족은 얼마나 좋을까마는, 불행하게도 한반도 주변 4국가들은 다음의 두 가지 가설들을 가진다. 첫째, 한반도 주변 4국가들은 한국의 통일에 대하여 지지하기도 하고, 반대하기도 하는 등 그 입장에서 자국의 국가적 이익을 위해 '이중성'을 보이고 있다. 둘째, 한반도 주변 4대 국가들은 한국의 통일을 지지하기보다는 '현상유지'를 원하고 있다.

이 책은 이러한 가설에 대하여 가능한 접근으로 이를 증명해 보려는 노력에서 비롯되었다. 또한 어떤 문제들은 현상 이해의 차원을 벗어날 수 없는 한계도 있을 것이나, 필자는 한국 통일 준비의 토대를 쌓으려는 노력을 하고 싶다.

훌륭한 외교정책의 분석은 정의(justice)를 행하는 길을 찾는 것이다. 외교에 대한 책임성의 인식은 문제를 해결하는 데 있어서 유용한 접근을 가능하도록 한다.[2] 과연 한반도의 분단에 대한 당사국들은 대 한반도 외교정책에서도 정의에 대한 책임감을 가지고 있는지 그리고 한반도의 분단 상태를 해결하려고 하는지 묻고 싶다.

통일한국이 되었을 때 통일국가의 위상과 가지게 될 국력을 상상하여 보자. 정치대국, 세계 10위권 안의 경제 강국, 군사 강국, 문화대국 등 가능치 못할 권역이 없다. 한반도에서 분단이 통일로 변혁되면, 한반도 냉전은 평화로, 민족분열에서 민족통합으로 바뀔 것이며, 한반도는 4국의 변방에서 중심국으로 반전되어 동북아 5국의 견고한 평화체제의 중심축이 될 수 있을 것이다.

한민족에게 급변하는 경쟁적 국제사회에 대처하기 위한 가장 효과적인 길은 통일된 한국을 이루는 것이다. 통일이 되고 경제적으로 강력한 한국의 등장은 동북아에서 새로운 물결을 일으킬 것이다. 21세기에 한반도 안정을 유지하고 국제적으로 용인되는 통일을 이룩하기 위해서는 주변 4국의 이해관계를 정확하게 파악함은 물론, 주변국에 통일 분위기를 조성하고 각국의 정책을 냉철하게 주시하고 분석 · 대처하면서 점진적으로 한민족의 통일을 전개해야 할 것이다. 미래는 준비하는 자의 것이며 통일 역시 준비하는 데서 시작된다. 우리는 '가장 가능성 있는 정책을 선택'[3]하여 추진하여야 한다.

냉전시기 이후에 한국의 통일에 대한 주변 4강의 태도를 분석한 연구는 미미한 실정이라 할 수 있다. 한국의 통일 문제가 남북한 간에 크게 이슈화되었거나 한반도 주변 국가들에게 부각되지 않은 점 등이 이에 대한 연구가 미흡한 결과라고 볼 수도 있다. 또한 이에 대한 연구와 함께 한국 통일에 대한 지속적인 국민 통일의식조사 등은 반드시 필요할 것인데도 불구하고 한국 정부는 이런 자료들을 사안이 발생할 때마다 단편적으로 가지고 있는 정도이다. 국내 연구기관 어디에도 수십 년 동안 조사되고 연구된 기록은 보이지 않는다. 특히 주변 4국이 한국의 통일에 대해 어떤 생각과 입장을 가지는지에 대해서는 정부나 연구기관에서 지속적으로 여론조사를 실시하고 그 데이터의 추이와 변화를 참조하여 국가의 통일정책과 통일외교정책을 전개하여야 함이 타당하지만, 이 자료 역시 연구된 사례가 절대 빈약한 실정이다.

지금까지 한국의 통일에 대한 주변 환경과 방법 등은 연구된 사례가 많았지만 한국의 통일에 대한 주변국의 입장을 담아낸 연구물이 부족하다. 또 한국과 주변 4국이 한반도에서 가지는 역학관계를 종합적으로 분석한 연구물은 찾기가 어려워 주변 4국 국가별로 여러 관련 연구물과 자료들을 수집하고 분석할 필요가 있었다.

지금까지 연구된 관련 연구물들인 단행본과 연구논문 등은 다음 세 부분으로 구분할 수 있다.

첫째, 한반도와 주변 4국의 역학관계와 통일 환경에 대한 분석[4]이다.

셀리그 해리슨(Selig S. Harrison)[5]은 한반도 주변 국가들의 관계를 한·미·일, 한·중·미, 한·러·미 등 각 국가별로 세분하여 관계를 설명하고 있고, 사무엘 김(Samuel S. Kim)[6] 역시 중국, 일본, 러시아의 정치·경제·안보 등과 관련한 국제관계와 미국의 동북아 정책을 논하고, 특히 두 개의 한국 출현과 북한 김정일 체제의 위기와 개방에 관해 기술하는 등 동북아시아 역내 국가들의 국제관계를 각 국가별로 설명하고 있다. 돈 오버도퍼(Don Oberdorfer)[7]는 남북한의 대미관계를 한반도의 현대사와 더불어 기술하였다. 해방 이후의 상황과 불거진 북핵문제는 물론 한반도와 주변국들과의 관계를 설명하고 있다. 외교안보연구원·경북대학교 편의 연구서[8]는 한반도와 동북아 4국과의 관계 및 외교, 안보를 기술하고 있다.

학술연구논문으로 구갑우[9]는 남북한의 국제관계를 설명하는 데 있어 기존 국제관계학의 현실주의, 자유주의, 구성주의를 비교하고 비판과 대안으로서 역사주의적 시각으로 메타이론적 접근을 하였다. 김계동[10]은 주변 4국의 대한반도 정책과 주변 4국의 역학관계와 한반도 평화체제 위한 다자적 접근을 논하였다. 박사학위 논문으로 전갑길[11]은 주변 열강 4국의 한반도관과 정책, 특히 한·중, 북·미 관계의 변화와 한반도 통일 환경과 한반도의 평화통일을 위한 과제와 4자회담에 관해 연구를 하였다. 정지웅[12]은 한반도 통일관련 특수한 내적·외적 환경을 살펴보고 통합이론의 관점에서 평화적 한반도 통일을 위한 방안과 유형을 모색하였다. 조준래[13]는 한반도의 지정학적 특성에 따른 중국의 입장에서 본 북한의 지정학적 위상과 중국과의 관계를 밀월·공조관계, 중립·조정관계, 갈등·긴장관계 등으로 구분하고 중국의 대북한관계 전망에서 특수 관계의 지속 가능성과 한반도 통일과정에서 중국의 역할을 논하였다.

둘째, 한반도를 둘러싼 주변 4국의 외교정책과 관련한 자료[14]들이 있다. 이호재 교수[15]는 통일한국의 미래상으로 한반도가 통일이 되어 준 강대국이 되었을 때 비로소 '동북아 5개국체제'가 형성되어 세력균형 체제가 가능하며, 동북아지역에서 일본과 중국의 대결을 종식시키고 중·일 해양지배권 경쟁을 상호 협력적 관계로 발전시킬 수 있다고 주장한다. 미국무성(The Department of State)의 자료[16]는 한반도에서 벌어진 격동의 시기에 묻어두었던 비밀문서들이 대부분이다. 이 분야의 박사학위 논문으로 김태운[17]은 북한 외교정책의 변화와 외교정책 목표와 대미·일·중·러시아 정책과 북한체제 및 남북한관계에 미치는 영향을 분석하였다.

셋째, 한국 통일과 관련한 주변 4국의 입장 분석에 관한 연구이다.

곽태환과 주승호[18]는 한국 평화체제 과정에서 나타나는 문제와 전망과 함께 북한의 변화와 남북한의 미래, 북한의 개방, 미·중·일·러가 가지는 한반도 통일에 대한 입장 및 배경을 국가별로 기술하고 있다. 니콜라스 에베르스타트(Nicholas Eberstadt)와 리차드 엘링스(Richard J. Ellings)[19]는 미국, 중국, 일본, 러시아와 한국 통일의 관계와 통일 이후 안보와 동북아에서 미국의 안보정책, 통일을 이루기 위한 정책 아젠다(agenda)에 대한 논의 등 한반도의 미래와 관련하여 주변 4국 각 국가별로 처한 입장을 나타내고 있다.

국내 분석 자료는 1997년에 민족통일연구원에서 간행된 박영호 외[20]의 한반도 통일 문제에 대한 주변 4국 전문가 중심의 입장분석이 거의 유일한 분석 자료이나, 이것들 역시 상당한 기간이 경과한 설문과 분석 자료여서 참고할 뿐이었다. 이 자료는 당시 한반도 주변 4국의 한반도 정책 결정 및 집행과정에 직접적·간접적으로 영향을 미치는 각국 전문가들의 통일 문제에 대한 인식을 조사·분석함으로써 향후 한국의 대주변국 통일외교정책에 도움을 주는 자료였다. 황장엽의 글[21]은 북한 체제에서 탈출한 인사의 글로서 의미 있어 참조하였다. 박사학위 논문은 이상근[22]이 중국의 대외정책 및 대한반도 정책과 중국 통일 문제가 남북한 통일에 미치는 영향과 냉전기 남북한 통일에 대한 중국의 입장을 시기별로 구분하여 분석하였다. 그러나 의외로 이 분야에 대한 연구가 그 중요성에 비하여 미진하였음을 알 수 있다.

앞의 선행 연구들에서는 한반도를 둘러싸고 주변 4국이 처한 역학관계와 앞으로 전개될 통일 문제에 대해 각국들이 가지는 입장이 나타났다. 그러나 겉과 속이 다른 이중적 입장을 분석해 낸 자료들은 없었으며 이에 대한 새로운 시도가 필요하였다. 특히 한국 통일에 대하여 각국들이 보이거나 취한 입장 및 태도와 성명, 발언 등의 내용을 찾아 정리한 자료들이 부족하였다.

한국 통일에 대한 이들 연구물들은 미국에서 발행되거나 미국의 입장에서 쓴 학자의 글들이 많아 미국측에 편향된 자료였으며, 중국, 일본, 러시아 등은 자료가 빈약하였다. 그들은 국제정치 상황 속에서 쉽게 자국의 속내를 드러내지도 않을 뿐만 아니라 찾기가 어려운 한계도 있었다. 그러므로 이 책에서는 새로운 접근법으로 한반도가 동북아에서 처한 지정학적 환경과 역내 주변국들과의 역학관계를 살펴본다. 또한 주변국들이 가지는 한국의 통일에 대한 모호한 태도를 이중성으로 보고 그와 관련한 각국의 발언, 성명, 학자들의 문헌 자료, 외교문서 등을 통해 각국의 이중적 태도를 분석하고자 한다.

국제정치의 이론은 국제정치의 현실을 체계적으로 이해하고 설명하는 데 도움을 주는 지도와 같다. 그러므로 이론은 격동하는 국제정치 상황에서 한반도 주변의 국제적 환경과 주변 4국이 처한 복잡한 현실 세계를 명료하게 파악할 수 있도록 지식을 체계화한 것으로써 분석자에게 도움을 가져다준다. 특히 한국의 통일과 관련한 한반도 주변 4국인 미 · 중 · 일 · 러가 가지는 입장을 분석하고 이해하며 설명하는 데 있어서 이론적 토대는 연구에 유용성을 더해준다.

따라서 이 책에서는 국제정치이론을 중심으로 한국 통일에 대한 주변 4국의 이중성에 대한 이론적 · 체계적 접근을 하려고 한다. 연구를 시작함에 있어 긍정적으로 검토되고 적용된 이론은 국제정치학의 주류를 이루는 현실주의 패러다임이다.

그동안 한반도를 둘러싼 주변 4국에 대한 많은 논의가 있어 왔지만 한반도 주변 4국이 한국의 통일에 대해 가지는 이중성에 대해서는 연구가 미진하였음을 감안할 때, 본 연구가 시도하는 현실주의 이론의 선택과 적용은 논의를 불러일으킬 수도 있다. 그러나 이 문제에 대한 현상과 실제를 이론의 창을 통해 조심스럽게 짚어보고자 한다.

현재 국제관계학에서 거대 이론 및 관점으로 자리 잡고 있는 현실주의, 자유주의, 구성주의 모두가 자체적인 규범 구조를 가지고 있으나, 결코 가치중립적 이론들이라 보기는 어렵다. 또 한국이 처한 국제정치 환경의 실정에 그대로 도입하는 것이 맞는가에 대한 논의도 있다. 전통적 현실주의는 제2차 세계대전 이후 미국으로 건너가면서 현상유지적 국제관계이론으로 변화하였다.[23)]

한국의 국제관계학자들은 한국의 국제 현실을 설명하면서 기존의 국제관계이론의 도움을 받아 왔다. 예를 들어 구조주의적 현실주의의 힘을 빌려 양극체제니, 다극체제니, 패권체제니 하는 체제적 변수가 한국의 외교정책 혹은 한반도 혹은 동북아 국제정치에 미치는 영향을 설명 · 예측했다. 또한 세력균형이론 또는 동맹이론에 근거하여 한국 및 주변국 외교정책을 조망했고, 자유주의 이론에 근거하여 시장의 확산에 따른 동북아 안정 가능성 혹은 민주주의 확산에 따른 동북아의 민주적 평화의 가능성을 논했다. 구조주의의 예를 들자면 중심-주변부 관계에 빗대어 한 · 미 간 종속관계를 논하기도 했다.[24)]

사실 한국의 통일과 관련한 주변 4국이 취하는 입장을 분석하고 연구하는 데 있어서 각국들이 가지는 이중성을 발견하고 어떤 국제정치이론으로 분석이 가능할까 하는 문제에 봉착한 것은 다름 아닌 '이중성'이라는 특이한 현상에 대한 가설을 발견하기가 어려웠기 때문이었다. '이중성'은 국제정치이론에서 자주 사용하지 않는 용어일 뿐만 아니라 왜 '이중성'이 나왔는가? 라는 연결고리를 어떤 이론에서 접목시켜야 하는 고심이 있었다. 즉 국제정치이론 어디에도 '이중성' 이론은 없지만, '이중성'을 국제정치이론으로 설명이 가능하고 이를 토대로 분석할 수 있으므로 이를 원용하고자 한다.

연구자가 보는 관점이 어디에서 출발했느냐에 따라 국제정치의 현상은 보이는 상과 분석이 상이할 수 있다. 따라서 현실주의적 시각은 물론, 자유주의 패러다임과 구성주의 패러다임으로도 접근과 분석이 가능할 수 있다. 또 그에 따른 분석 수준과 방법은 다르게 전개되어야 한다는 점에 유념하였다.

다시 말해 현실주의 시각은 물론 자유주의적 시각에서 개별 국가가 국가의 이익을 위해 취하는 입장이 한반도에서 주변국들과의 상호협력과 이득이 많다. 그러므로 '이중성'이 부각되었는지, 아니면 구성주의이론 측면에서 정치적·지리적 등 환경 요인과 정체성의 구조(structure)에 따라 개별행위자가 각 국가 주체(agent)와의 상호작용으로 '이중성'이 나왔는지를 선택하여 적용하는 문제에 대한 어려움이 있었다.

그러나 남북한이 분단된 지 반세기가 지나도록 지금도 유지되고 있는 '현상유지' 상태가 현실주의 패러다임의 특징이고, 여전히 한반도를 둘러싼 주변국들은 군비증강을 계속하고 있다. 또한 북한 핵 개발 문제 등으로 공포의 균형이 지속되고 있다는 점을 고려하여, 지금까지 분석되고 활용된 국제정치의 보편적 이론인 현실주의 패러다임의 분석 틀을 통해 '이중성 문제'에 대한 검토와 함께 국제정치의 속성인 '이중성'을 논하고자 한다.

2. 개념 정의와 이론 접목

통 일

'통일(統一, unification)'의 사전적 의미는 '나누어진 것들을 합쳐서 하나의 완전한 것으로 만듦'을 말한다. 그러므로 본 연구에서 의미하는 통일은 '나누어진 한국을 다시 하나로 만드는 것'임에는 이론의 여지가 없다. 그러나 통일이 가지는 개념적 의미는 분단된 상황 하에서 남북한의 통일에 대한 방법과 주장이 각기 달라 여러 양태로 나타날 수 있으므로 이 개념을 정의하고자 한다.

통일은 분명히 분단의 반대 개념이며 분단은 역사적 개념으로 볼 수 있다. 기본적으로 한반도의 분단은 1909년 일본 · 중국 간 '간도협약'[25]에 따라 조선 영토였던 간도가 일본에 의해 중국의 영유권으로 인정되었고, 제2차 세계대전의 처리과정에서 또는 그 뒤의 냉전의 전개과정에서 '하나의 국가여야 할 것이 둘 또는 그 이상으로 나누어져 있는 상태'라고 볼 수 있다.[26]

한반도의 역사적 사실들을 고찰해 본다면 분단의 반대 개념으로서 남북한의 통일에 대한 개념을 다음으로 구분하여 정의할 수 있다. 먼저 지리적 개념의 통일로 분단이 '하나의 민족, 국민이 나누어진 상태'라면, 통일은 '1909년 간도협약 이전 및 1945년 해방정국에 이은 분단 이전 상태로의 회복'을 의미한다. 즉 '분단 전의 국토 상황으로 되돌리는 것'을 의미한다. 물론 일제치하로의 복귀를 의미하지는 않는다. 정치적인 면에서 분단은 '정권의 복수화' 즉 '국권 분립'을 의미하므로 통일은 '정권 단일화' 즉 '국권 통일'이라고 규정할 수 있다. 한국의 경우 일제 강점 시대 이전과 같이 단일정권이 한반도에 존재하는 것을 의미한다. 여기에서도 조선시대와 같은 군주체제로의 전환을 의미하는 것은 아니다. 사회문화적인 측면에서 분단은 '사회문화의 이질화' 즉 '민족 분열'을 의미하므로 통일은 '사회문화의 동질화' 즉 '민족 통합'을 의미한다고 규정할 수 있다. 이상의 검토에서 한국의 통일은 '한민족을 분단 이전의 상태로 원상회복시키는 것'을 완전한 통일로 규정짓고자 한다.27)

이 책에서 '한반도 통일' 또는 '남북한의 통일'은 물론 '한국 통일'을 의미하는 것이며, 이를 '한국 통일'로 하는 것은 '한반도 통일'이 고유명사처럼 보이는 측면을 피함은 물론 한국 통일을 한반도에 국한시키지 않기 위함이다. 앞에서 논의한 한반도의 기타 지역인 간도를 포함하여야 완전한 통일이라고 볼 수 있으며, 또 간도문제가 향후 통일 논의시 중요하므로 '한국 통일', '한국의 통일'이라고 정하고자 한다.

'이중성'

'이중성(二重性)'에 대한 우리말의 사전적 의미는 '하나의 사물이 동시에 가지고 있는 두 가지의 성질' 또는 '두 가지 성격을 동시에 가지는 것'을 나타낸다. 영어로 표현되는 이중성(ambivalence, dualism, duplicity)은 '겉 다르고 속 다름'의 의미를 가지고 있으므로 '이중성'은 '두 가지 성격을 가지고 겉과 속이 다르게 나타나는 모양'을 나타낸다. 그러므로 '이중성'은 이중 경향으로 개별 국가가 '동일한 대상에 대하여 두 개의 서로 모순되는 감정(가치)을 가지는 상태'이며, 국가가 이런 두 가지의 서로 다른 모순을 가지는 상태를 '이중성'이라고 본다.

국제정치 현상을 설명하는 데 있어 '이중성'이 일반화되었거나 보편적으로 잘 사용되는 용어는 아니지만 이 책에서는 특정한 문제,

특히 한국의 통일에 대하여 각 국가들이 겉과 속이 다르게 취하는 입장을 '이중성'이라고 정의하고자 한다.

즉, '이중성'은 '국가별로 개별 이익에 따라 한국의 통일에 대하여 찬성하거나 또는 반대하는 입장을 동시에 취하는 태도'를 의미한다. 이는 각국들이 일면, 한국의 통일을 지지하기도 하고, 다른 일면에서는 현상유지를 선호하는 입장이 섞여 있음을 의미한다.

한편, 현대국제정치학의 선구적 연구자인 카(E. H. Carr)는 저서 『20년의 위기』[28]에서 이상주의는 자유주의에 대한 신념에 근거하여 정치적 당위나 목적을 설명하려는 시도를 진행했던 반면, 현실주의는 인간관계의 결정론에 근거하여 현실의 분석을 추구한다고 적고 있다. 양자의 차이는 이론을 추구하는 지식인과 실제를 중시하는 관료, 이념적 전망에 충실하고자 했던 좌익과 현실에 안주하는 우익, 절대적인 도덕률에 대한 윤리적 강조와 정치적 현실의 상대주의적 대조를 통해 살펴볼 수 있다. 카에 의하면 정치는 현실과 당위의 '숙명적 이중성(fatal dualism)'을 지니고 있으며, 따라서 온전한 정치학 역시 권력 정치적 현실과 당위적 전망의 이상을 동시에 지녀야 한다고 하였다.[29] 그러나 이 경우는 정치가 가지는 이상과 현실에서 나온 '이중성'이어서 국제정치에서 각국이 현실정치에서 보이는 이중성과는 다른 개념이라고 본다.

또 다른 면에서 기든스(Anthony Giddens)는 행위와 구조 간의 연계를 강조한다. 그에 의하면 구조는 사회 재생산에 반복적으로 연루된 규칙과 자원으로, 사회체계의 제도화된 측면들은 관계가 시간과 공간을 가로질러 안정되었다는 의미에서 구조적 속성을 가진다. 반면 행위는 이미 존재하는 사태 혹은 사건 과정을 '다르게 만드는' 개인의 능력에 의존한다. 즉 행위는 변형 능력이라는 권력을 논리적으로 포함한다는 것이다. 기든스는 또 "행위자 및 구조들의 구성은 독립적으로 주어진 두 가지 현상인 이중성(duality)을 표상한다. 구조의 이중성 개념에 따르면, 사회체계의 구조적 속성은 그들이 반복적으로 조직하는 관행들의 매개체(medium)이자 결과물(outcome)이다. 구조의 이중성은 시·공간을 가로지르는 사회적 재생산의 연속에서 언제나 주된 토대이다."라고 하여 구조에는 항상 '이중성'이 내재함을 나타내고 있다.[30)]

현실주의 이론의 적용

현실주의는 국제정치를 설명하는 데 있어서 지배적인 패러다임에 속한다. 냉전이 종식되었지만 여전히 국제정치에서 현실을 도외시 할 수 없는 상황이 현실주의를 중요하게 여기게 한다.

현실주의 패러다임은 일반적으로 카(E. H. Carr)와 모겐소(Hans J. Morgenthau)로 대표되는 전통적(또는 고전적) 현실주의[31)]와 왈츠(Kenneth N. Waltz) 이후의 신현실주의(또는 구조적 현실주의)로 크게 구분된다.

전통적 현실주의는 이상주의의 실패로 인한 제2차 세계대전의 발발과 전체주의 이데올로기에 대한 반발로서 등장하였다. 전통적 현실주의는 인간의 이성에 대해 편견을 지니고 있는 합리주의를 기반으로 하는 이상주의에 대한 도전으로서, 미국이 대소정책을 형성하고 국제정치학 이론을 구축하는 데 있어 무시해 온 권력에 대한 적절한 배려와 권력의 관점에서 정의된 국익의 추구를 촉구했다.[32)]

도거티(James E. Dougherty)와 활츠그라프(Robert L. Pfaltzgraff)는 전통적 현실주의 이론의 가정에서 첫째, 국가들 사이에 이익의 조화가 본질적으로 없다고 본다. 둘째, 갈등의 결과를 결정하고 또 타국에 대한 영향력을 결정하는 데 일국의 능력은 결정적으로 중요한 요인이기 때문에 정치는 권력(power)을 추구하는 것을 목적으로 한다. 일반적으로 능력이나 권력이란 개념을 군사력과 동일시하는 경우는 극히 드물며 기술, 인구, 천연자원, 지리적 요건, 정부형태, 지도력 그리고 이념 등과 같은 요소로서 구성되어 있다고 본다. 셋째, 지리(geography)나 인간성과 같은 거의 변하지 않는 요인들 즉 본질적으로 상수(constant)인 요인들이 국가의 행위를 규정짓는다고 본다. 즉 전통적 현실주의는 불변의 지리적 위치 등이 국가의 능력과 외교정책 방향에 결정적이라고 보며 지리적 요인을 강조하였다.[33)]

인간의 권력추구라는 본성에서 출발하여 국가수준에 분석의 초점을 맞추는 전통적 현실주의와 달리 신현실주의는 과학적인 체계이론을 표방하고 국제체계의 구조 속에서 국가행위를 설명하고 있다.

전통적 현실주의 이론을 체계화시킨 시기는 모겐소가 1948년 전통적 현실주의의 고전이라 할 수 있는 『국제정치(*Politics Among Nations*)』[34)]를 발간하였던 1940년대 후반이었다. 모겐소는 이상주의의 법적 · 제도적 접근법의 위험성을 강조하였으며, 집단적 안전보장과 사법적 해결과 같은 국제제도의 기능의 실효성과 평화적 변화의 가능성에 깊은 회의를 보였다.

모겐소는 현실주의의 6개 원칙을 위의 책에서 제시하였는데 이 원칙들은 전통적 현실주의의 세계관 내지는 가정을 분명하게 보여주고 있다. 첫째, 정치란 인간성에 내재해 있는 불변의 객관적인 법칙에 의해 지배된다. 둘째, 정치적 현실주의의 중심 개념은 타인의 마음과 행동에 대한 지배를 의미하는 권력(power)으로 정의된 국가이익의 개념이다. 이것은 국가가 '권력으로 정의된 국가이익'을 추구한다고 할 경우 다양한 시점에서 다양한 국가들의 대외행동을 일관되고 통일된 관점에서 바라볼 수 있게 해준다. 셋째, '권력으로 정의된 국가이익'이라는 개념은 객관적인 것으로 가정하나, 실질적인 '권력으로 정의된 국가이익'의 구체적인 내용과 권력의 내용 자체는 고정된 불변의 것이 아니고 가변적이다. 국제정치란 국가들의 '권력으로 정의된 국가이익'의 적응과정이다. 즉 현실주의는 국가이익이란 자연적으로 조화되는 것이라고 전제하지도 않고 반대로 전쟁이란 것으로 전제하지도 않는다. 다만 끊임없는 대립과 전쟁의 위협을 상정하고 이러한 대립하는 이해관계 간의 적응과 조정을 국제정치로 본다. 넷째, 정치적·도덕적 중요성을 인정하며 도덕적 요구와 성공적인 정치적 행위의 요구 사이에 불가피한 긴장이 존재함을 인정한다. 다섯째, 특정 국가의 도덕적 열망과 세계를 지배하는 도덕법칙을 동일시해서는 안 된다. 모든 국가들은 그들 자신의 특별한 욕망과 행동에 보편적인 세계의 도덕이라는 목적의 옷을 입히고자 한다. 우리로 하여금 도덕적 지나침과 정치적 우매함으로부터 벗어날 수 있게 해주는 것이 바로 '권력으로 정의된 국가이익의 개념이다. 여섯째, 현실주의는 정치적 영역의 자율성을 주장한다. 즉 모겐소는 정치의 본질을 인간에서 찾으며, 인간은 권력의 욕구를 가지고 있어 권력투쟁(struggle for power)을 인간성으로부터 파생되는 불가피한 결과로 인식하고 같은 맥락에서 정치의 본질 역시 권력투쟁이라고 보았다. 이 같은 본질에서 국제정치 역시 권력투쟁으로 보며 모든 국가가 '권력의 관점에서 정의된 국가이익'을 추구하는 것을 국제정치의 철칙으로 보았다. 즉 권력으로 정의된 국가이익이 국제정치를 결정한다고 보고 있다.

모겐소는 이처럼 국가가 권력으로 정의된 자국의 이익을 추구하는 것은 자연스러운 일이라고 하였다. 따라서 현실주의자는 강한 군대의 보유를 선호하며, 국가의 목적을 이루기 위하여 군사력을 사용하는 것은 비인간적이거나 비도덕적이 아니라고 본다. 즉 국가의 자기중심적 이익은 전체의 선(善)에 우선한다는 것이다.[35]

모겐소는 권력의 추구라는 현상을 더 세분화하여 모든 정치현상을 권력의 유지, 증가 또는 시위라는 3가지 태도로 분류하고 이에 상응하는 정책유형과 이념을 설명하고 있다. 권력의 유지란 특정 순간에 존재하는 권력의 분포상태를 유지하려는 행위로서 '현상유지정책(policy of status quo)'으로 나타난다. 권력의 증가는 현상을 전복시키고 둘 혹은 그 이상의 국가들 간의 현존하는 세력관계를 전도시키려는 행위로서 '제국주의정책(policy of imperialism)'으로 나타난다고 보았으며, 권력의 시위는 권력을 타국에 과시함으로써 심리적인 압박을 가하는 것을 목적으로 하는 '위신정책(policy of prestige)'으로 나타난다. 이처럼 모겐소는 국제정치는 권력추구에 의해 지배되며, 역사의 모든 시기는 자신의 세력을 유지 혹은 확대시키려는 국가들의 존재에 의해 특징지어진다고 하였다.

모겐소는 권력투쟁을 국제체계에서 국가행동의 규칙성으로 보고 세력균형을 국제정치의 지속적인 요소이며 근본법칙으로 보았다. 그는 국내와는 달리 제도적 장치가 부재한 국제체계에서 국가의 권력욕을 제한할 수 있는 것은 오직 권력뿐이라고 생각한다. 따라서 필수적인 안정화 요인은 세력균형[36]과 이를 유지하기 위한 정책이라고 주장한다. 특히 모겐소는 미국외교사의 연구를 통해 세력균형의 창출과 유지가 건국 이래 미국의 지속적인 국가이익이었다고 강조하며 미국의 국익은 미국 안보에 대한 위협방지 수단으로써 세력균형을 유지하는 것으로 보았다.

모겐소는 구체적인 국가행동의 중요한 결정요인은 국가의 상대적인 능력과 국제체계의 상태라고 본다. 그리고 국가행동을 설명함에 있어 명시적으로는 개인의 수준에서 인간성으로 설명하고

있으나, 그의 이론에는 무정부상태라는 국제체계의 성격이 전제되어 있다.[37)]

한편, 신현실주의는 전통적 현실주의가 인간 및 국가수준 중심인데 비해 국제체계의 구조 중심에 분석수준을 맞추고 가치를 배제하였다. 이러한 과학적 이론을 내세우는 탓에 '인간본성'과 '정치적 도덕성'에 대해 구체적으로 언급하지 않고, 다른 목표를 달성하기 위한 수단으로서의 권력을 개념으로 한다. 그리고 전통적 현실주의가 권력의 극대화를 국가이익으로 본다면 신현실주의는 안보확립에 둔다. 왈츠(Kenneth N. Waltz)는 1959년의 저서 『인간, 국가, 그리고 전쟁』에서 비관적 인간본성에 대한 현실주의적 시각을 수용하면서 인간본성이 불변적이라면, 인간행위는 사회・정치적 제도에 의해서만 변화될 수 있다는 결론을 도출했다.

이처럼 어떤 형태를 막론하고 현실주의 패러다임의 핵심가설들은 다음 4가지이다. 첫째, 국가는 국제정치 행위의 핵심단위이다. 즉 국가는 국제정치의 가장 핵심적인 행위자이다. 둘째, 국제체계는 조직 원리로서 무정부상태(anarchy)이다. 국가체계와 달리 주권국가로 구성된 국제체계는 위계적 권력이 존재하지 않는 무정부성을 띠고 있으므로 국제체계의 본성은 기본적으로 갈등이다. 어떤 국가도 세계공동체를 위해 자국의 이익을 희생하려고 하지 않기 때문에 국제관계의 무정부상태를 근본적으로 변화시킬 수는 없다. 이 상황하에서 국제체계의 구성단위는 자신의 생존을 위해 스스로를 돌보는 자구의 원칙에 따라 행위를 한다. 셋째, 국가는 권력을 추구하며, 그 자체로 목표(현실주의)이거나 아니면 다른 목표의 수단(신현실주의)이 된다. 현실주의자들은 국가의 권력추구를 국가이익을 위해 타국이 취한 정책에 영향을 미치거나 타국의 행동을 지배할 수 있는 능력을 확보하려는 것이라고 말한다. 즉 현실주의자들의 권력에 대한 관점은 국가의 자율성 확대와 타국에 대한 영향력 확보라는 두 가지 차원으로 대별될 수 있다. 넷째, 국가는 합리적 행위자이다. 현실주의자들은 신고전주의 경제학의 합리성 개념에 입각하여 국가 행위를 이해한다. 즉 국가행위에는 일관되고 질서 있는 선호가 있으며, 이를 바탕으로 국가는 효율성을 최대화하기 위해 가능한 모든 정책의 비용과 효용을 계산하는 전략적 행위를 한다는 것이다.[38)]

현실주의 이론과 '이중성'의 접목

이상에서 살펴본 바와 같이 전통적인 현실주의 패러다임에서 보듯 각국은 권력을 국가 이익으로 본다. 자국의 '권력으로 정의된 국가이익'을 추구하기 위하여 행동하는 것은 인간의 본능에서 나온 것이다. 따라서 국가는 국가의 이익을 위하여 자기중심적으로 행동한다는 점과 국가가 자국의 이익을 위하여 행동하는 것을 당연시한다는 점을 간파하였다. 그러므로 본 연구는 국제정치의 현실주의 패러다임에 따른 모겐소의 주장들을 적용하고자 한다. 한반도 주변의 주요 4국들이 한국 통일에 관하여 국익을 위하여 자기중심적인 입장을 보이며 나타나는 행태가 이중적으로 나타나고 있으므로 이중성을 접목시키고자 한다. 즉 개별 국가들의 국가이익을 중심으로 각 국가에 이익이 되므로 이중성이 나왔다고 귀결시킬 수 있다. 한편 한국의 통일에 대하여 주변 4국의 입장이 겉과 속이 다르게 나타나는 특이한 국제정치적 입장의 공존은 인간 본연이 가지고 있는 이중성과도 무관하지 않다고 보인다.

한반도 주변의 각국들이 취하는 현상유지 선호 역시 권력 추구의 현상에서 나타나는 국가간 권력관계를 자국에 유리하도록 현재의 상태대로 더 지속시키려는 목적을 가진 정책을 의미한다. 즉 한반도 주변국들의 한국 통일에 대해 가지는 현상유지 선호는 국제정치사회에서 자국의 권력 유지를 위한 선호 정책이라는 점이며, 이는 현실주의 외교정책의 특징으로 드러나기도 한다.

지금까지 살펴보았듯이 한국 통일에 대한 4국의 입장 분석이나 태도에 대한 연구 자료가 미미하며, 이 분야에 대한 통합적인 분석이 미약하다. 그러므로 이 책의 핵심 근간인 근거 자료들을 확보하기가 쉽지 않을 뿐더러, 한반도 주변 4국이 공식 문서로 자국들의 속내를 내보일 리가 없어 연구에 상당한 시간을 필요로 하였다.

그동안 국내에서 한국 통일 문제를 다룰 때 미흡한 점으로는 통일 이론을 다루는 학자들이나 언론인들에게 통일에 대한 논의가 매우 제한적이었다는 것이다. 그 결과로 한국인들은 그동안의 역사적인 과정과 소중히 여기는 열망에 비하여 통일에 대한 준비가 덜 되어 있다.[39]

이러한 기존 연구의 한계와 문제점을 보완하면서 본 연구의 목적을 달성하기 위해서는 남북한은 물론 한반도 주변 4국들의 국제적 환경에 따른 한반도 정책과 한국 통일에 대한 입장 분석이 필요하다.

본 연구를 위해서는 남북한을 포함, 각 연구 대상 4국 국가들의 정책보고서, 성명서, 선언, 성명서 등 정부문서, 언론 보도 자료, 통치자와 정책 입안자 및 당국자의 연설·대담 자료 등 1차 자료와 관련 문헌 등에 대한 문헌분석 작업이 필수적이다. 다행히 필자는 국회 통일외교통상위원회의 정책보좌관으로서 별도의 정부 자료, 외교 문서 등을 접할 수 있었다. 관련 자료들을 확보할 수 있었기에 수집 가능한 이 자료들의 분석을 통해 주변 국가들이 서로 연계된 4국의 겉과 속셈을 꿰뚫어 보고자 하는 정치학도의 욕심이 있다.

이러한 차원에서 본 연구는 한반도 주변 국제정세와 통일 환경의 변화를 짚어 보고, 우리 주변의 환경 한반도 주변 4국 각국이 한국 통일에 대하여 이중성을 보이는 입장과 현상유지를 선호하는 사유들을 분석해 내고자 한다. 더불어 주변국의 이중성에 대한 우리의 대응 방안을 모색해 보고자 한다.

이 책은 총 8개의 장으로 구성되어 있으며, 본론에 해당되는 주요 내용을 간략히 소개하면, 제2장인 '한반도의 지정학적 환경과 동북아 통일 환경'에서는 냉전 이후 신국제질서의 재편에 따른 동북아 신질서와 한반도와 한반도 주변 4국의 역학구도를 한반도 지정학적 환경과 한반도 주변 4국의 역사적 부침을 통해 상기한다. 또한 한국 통일 환경의 변화 등 한반도와 우리가 처한 국제적 주변 환경과 남북한의 통일정책이 주변 4국에 미치는 영향을 살펴보고자 한다.

제3장인 '탈냉전 이후 미국의 한국 통일에 대한 태도', 제 4장인 '탈냉전 이후 중국의 한국 통일에 대한 태도', 제5장인 '탈냉전 이후 일본의 한국 통일에 대한 태도', 제6장인 '탈냉전 이후 러시아의 한국 통일에 대한 태도'에서는 각 국가별로 주변 4국의 동북아 정책 및 한반도 정책과 더불어 우리의 통일 노력과 여망과는 달리 겉과 속이 다르게 표출되고 있는 이중성을 다루고자 한다.

제7장 '주변 4국의 이중성 문제가 한국 통일에 미치는 영향'에서는 한국 통일과 주변 4국의 이중성 문제와의 함수관계와 한국 통일과 영향요인과의 함수관계와 주변 4국의 이중성 분석과 이중성이 미치는 영향력을 분석하고자 한다.

제8장에서는 이상에서 논의한 내용들을 서론에서 제기한 문제의식을 중심으로 재정리해 본다. 또한 주변 4국이 한국 통일에 대해 보이는 이중성에 따른 우리의 대응 방안을 제시하고자 한다.

2장

한반도의 지정학적 환경과 동북아 통일 환경

1. 한반도의 지정학적 환경

지정학적 의미

한반도는 아시아의 동남단에 위치하면서 중국과는 북쪽으로 압록강과 두만강을 경계로, 러시아와는 동북쪽으로 블라디보스토크(Vladivostok)를 연안으로 연립해 있다. 또한 서쪽으로는 황해를 건너서 중국 대륙이 있으며, 동쪽으로는 일본열도와 이웃하고 있고 태평양 건너에는 미국이 위치하고 있다. 한반도는 남쪽은 바다로 나갈 수 있지만, 미 · 중 · 일 · 러 세계 4대 국가[1] 모두에게 둘러싸여 있어 포위된 형국을 하고 있다.

지리적 위치와 변경지대적 · 완충지대적 성격 때문에 한반도는 대륙 세력과 해양 세력의 이해가 상호 충돌되기도 하고 수렴되기도 하는 지역으로서, 무수한 시련을 겪지 않을 수 없었다.

표 2-1. **주변 4국가의 국력 · 경제력 · 군사력 현황(2003년)**

구 분		미 국	중 국	일 본	러시아
인구	백만 명(순위) (세계점유비)	291.0(3) (4.7)	1,288.4(1) (20.7)	127.2(9) (2.1)	143.4(6) (2.4)
영토	순위 (세계점유비)	4 (7.1)	2 (7.3)	59 (0.3)	1 (13.2)
GDP	10억 달러(순위) (세계점유비)	10,900(1) (32.5)	1,430(6) (3.7)	4,340(2) (13.6)	406.4(18) (1.0)
군사	국방비 10억 달러(순위) (IISS)	455.3(1)	161.2(2)	35.2(8)	66.1(4)
	국방비 10억 달러 (순위) (SIPRI)	456.2(1)	56.3(3)	42.8(4)	65.2(2)
	병력수 2001년 (순위)	1,367,700(2)	2,310,000(1)	239,800(21)	977,100(5)

출처: Samuel S. Kim, *The International Relations of Northeast Asia*(Lanham: Rowman and Littlefield Publishers, 2004), p. 21; Robert A. Pastor. "The Great Powers in the Twentieth Century: From Dawn to Dusk." *in A Century's Journey: How the Great Powers Shape the World*, ed. Robert A. Pastor(New York: Basic, 1999), p. 19; *World Bank, World Development Report 2005*(New York: Oxford University Press, 2004), pp. 256-257; The International Institute of Strategic Studies, *The Military Balance 2004~2005*(London: IISS, 2004), tab. 8.3, pp. 318-330; Stockholm International Peace Research Institute, *SIPRI Yearbook 2005: Armaments, Disarmament and International Security*(New York: Oxford University Press, 2005), pp. 262-264, 294-295, 322-325.

한반도는 20세기 중엽에 이웃 나라들과 함께 피비린내 나는 전쟁의 역사를 가졌다. 그것은 북쪽의 러시아, 서쪽의 중국, 남쪽의 일본이라는 주변국들에 둘러싸인 지리적인 위치로 인한 운명이었다.[2)]

한반도는 7세기에 중국 개입 이후, 13세기 이래 19세기까지는 중국이, 16세기 말엽 잠깐 동안에는 일본의 도전이, 1894~1895년 청일전쟁 후 일본이, 1896년을 기점으로 러시아가, 러 · 일의 대립에서

1904~1905년 러일전쟁 이후 1945년 일본의 제2차 세계대전 패망까지는 일본이, 한국전쟁으로 러시아 · 중국의 재개입, 그 이후 소련의 야망을 견제하는 세력으로 미국이 일본을 대신한 개입과 지배가 오늘에 이르렀다. 그리고 주변 세력들에 의해 분단된 한반도는 분단의 고착화가 지속되어 '공포의 균형(balance of terror)'을 유지하고 있다.

1945년 이후 수십 년 동안 냉전의 경계선을 사이에 두고 한반도가 양극화됨에 따라 통일에 대한 고질적인 장애물이 형성되었다. 아직 어느 주변 강대국도 통일될 한반도가 동북아 완충 국가가 되도록 함으로써 강대국 분쟁의 장인 한반도를 중립화시키려 하거나 평화체제로 만들려는 노력을 보이지 않고 있다.

미국은 지리적으로 요충지인 한국에 군사적 전진기지를 두고 있다. 동아시아 지역의 역내 민주주의 사수를 위한 보루로서 여겨지던 한국 방어와 재건을 위해 미국이 들인 공은 실로 대단하였다. 그 결과로 얻은 전략적 군사기지와 한국에 대한 영향력 확보는 과소평가하기 힘들다. 19세기 말 개항 요구와 함께 가쓰라-태프트 비밀협약[3]과 포츠머스 조약으로 일본의 한국 보호와 일제 강점을 묵인[4]한 이후 38도선 분단[5], 6 · 25참전[6] 등에서 미국은 한반도의 중요성을 인식하고 미군을 계속 주둔시키고 있다. 한반도에서 미군의 주둔 상황으로 인하여 주변국들의 적대 분위기는 계속되고 있다. 물론 미국의 지원이 없다면 현재 연평균 130억 달러를 국방비로 지출하는 한국은 미국이 배치한 재래식 전력을 대체하기 위해 국방예산을 2~3배 늘려야만 할 것이다. 만약 한국이 독자적인 핵전력을 갖추려고 한다면 엄청난 비용이 더 들 것이다.

미국은 한국 내 미군 주둔에 들어가는 연평균 20억 달러의 직접 비용 말고도 한반도에 투입될 전력인 동아시아와 서태평양에서의 전반적인 미군 전력을 유지하는 데 연 400억 달러 이상을 지출하고 있다. 미국이 경제적 완충 역할을 당연시 하는 한, 한국은 북한과의 잠정협정(modus vivendi)을 추구해야 할 필요성을 절실히 느끼지 않을 것이다.[7)]

중국은 한반도와 국경을 마주하고 있어 한반도에 대하여 역사적으로 침략과 간섭이 심하였고 한반도를 자국의 속국으로 여기고 권리를 행사하려 하였다. 한반도와 경계를 같이하는 지리적 특수성으로 인해 한국전쟁시 참전하기도 했으며, 북한 정권이 오래도록 지속되는 데 한몫을 했다. 따라서 중국은 최근의 영토분쟁 차단을 위한 동북공정[8)] 착수에서 한반도의 중요성을 어느 나라보다도 잘 알고 있는 국가이다.

아울러 현 시점에서 한반도의 안정과 평화는 한반도 쌍방이익에 부합되고 중국의 이익에 부합되며 중국과 동북아지역의 안정과 건설에도 유리하다고 생각하고 있다. 한반도에서 쌍방 간에 충돌이 생긴다면 정치적 불안이 조성되어 중국의 평화적 건설에 소극적이나마 영향을 끼치게 된다. 한반도의 비핵화는 남북한 쌍방의 이익에 부합되기 때문에 중국의 현실적이고 장구한 국가이익에도 부합된다. 한반도의 어느 한쪽이 핵무기 제조능력을 소유하고 있다고 할 때 필연적으로 다른 한쪽의 공포를 자아내게 될 것이다. 이는 한반도의 핵무장을 초래하게 되며, 동북아시아 지역의 평화와 세계평화에 절대적으로 불리한 상황이 될 것이다.

중국은 동북변경에 우호적이 아닌 적대적인 정권이 나타나는 것을 원하지 않는다. 더욱이 중국을 적대시하는 대국이 한반도를 이용하여 중국을 봉쇄하고 억제하는 정책에 도움을 주는 것을 원치 않는다. 중국은 한반도에 대한 남북한 쌍방의 정책을 조정하고 남북한 쌍방에 대하여 우호 협력적 이웃관계를 동시에 발전시키려 하고 있다. 오래 전부터 중국은 한반도에 대하여 중대한 영향과 작용을 발휘[9])하여 왔다. 중국은 1592~1598년, 1894~1895년, 1931~1945년에 세 차례나 일본의 침략에 항거했으며, 또 한반도에서 커다란 희생을 치렀다.

중국과 북한은 1950~1953년에 함께 항미원조전쟁(抗美援朝戰爭, 한국전쟁)을 치렀을 때 매우 끈끈한 유대 관계를 맺었다. 그러나 1990년대 냉전의 종식과 함께 국제정세에 큰 변화가 일어남에 따라 중국도 한국과 1992년 8월 수교를 맺고, 친북반한(親北反韓)의 국면에서 한반도 쌍방과 동시에 우호관계를 발전시키는 대외전략을 추진하게 되었다.

중국은 지리적으로 인접한 한국과 활발한 경제교류를 하고 있으며, 일본에 대한 견제에도 한국과 협력 관계에 놓여 있다. 중국에게 일본은 중국 최대의 무역상대국이며 투자유치국이며 기술제공국가이다. 그러나 중국은 또한 댜오위다오(釣魚島)에서의 분쟁 등에서 일본과 큰 마찰을 겪는 모순된 관계를 가지고 있다. 중·미·일은 한반도에서 지리적 이익의 삼각관계를 형성하고 있으며 상호 견제하는 작용과 상호 협력하는 관계를 형성하고 있다.

일본은 한반도를 대륙진출의 교두보로 삼고자 오래전부터 3포왜란(1510), 을묘왜변(1555), 임진왜란(1592), 정유재란(1597)을 일으키는 등 야욕을 불태워 왔다. 또한 조선은 물론 한반도를 사이에 두고 중국, 러시아와 전쟁도 불사하였고 더 나아가 태평양까지 진출해 미국과도 일전을 하였다. 이러한 전력은 한반도가 처한 지리적 연관성과 중요성을 말해준다. 대륙 침략의 발판으로 자행된 일본의 한국 병합은 영국·프랑스의 지원 아래 러시아와 만주 문제를 해결함으로써 비로소 가능해졌다. 즉, 러시아는 일본과 야합하였고, 영국·프랑스는 일본의 한국 병합을 묵인하였다. 전자는 만주에서 자국의 권익 유지를 위해서였고, 후자는 대독 포위에 일본을 이용하기 위해서였다. 미국은 을사보호조약 직후에 한국에서 철수했다.[10] 따라서 일본의 한국 병합은 열강이 저마다 자국의 이익을 위해 일본의 야욕을 묵과한 제국주의적 침략 형태였을 뿐이다. 그것이 합법적일 수도, 정당성이 있을 수도 없는 이유가 바로 여기에 있다.[11]

상대적으로 러시아는 한반도에서 중국과 매우 큰 지정학적 이익 충돌은 존재하지 않는다. 러시아 역시 열강들의 틈에 끼여 19세기 말부터 한반도에 개입하였고, 한반도 분단 상황에 의해 북한 후원국으로 북-남 전쟁을 돕는 조력자였다. 한반도에서의 사회주의국가 건설과 북한에 대한 군사 지원 확대는 물론 극동지역에서의 부동항 확보 등은 한국전쟁의 씨앗이 되었다. 또한 사회주의 몰락 이후 급격히 가까워진 한국과 경제협력 등과 최근의 6자회담 참여 등으로 한반도에서의 영향력 확대를 도모하고 있다.

한국은 중요한 변화를 경험하고 있다. 냉전 구조의 붕괴와 세계화라는 새로운 도전에 직면하여 한국은 두 가지 눈에 띄는 전략을 보여 주었다. 지정학적인 면에서 한국은 미국과 강한 양면성이 있는 한・미 동맹을 통해 현상유지를 선호했고, 이 동맹은 일본・미국과의 한・미・일 3각 협력 관계에 의해 보강되었다.[12]

정치적 의미

한반도는 대륙세력과 해양세력이 충돌하는 상황의 연속이었다. 한반도 내의 역량만으로 이 두 세력을 지배하거나 통제하기는 거의 불가능에 가깝다. 이런 상황에서 설상가상으로 한반도가 정치적으로든 군사적으로든 분열・대립된 상태를 지속하는 것은 한반도와 주변국의 평화 유지와 달성에 바람직하지 않다.

그동안 한반도는 주변 열강인 중국, 일본, 소련, 그리고 다시 일본,

미국 등의 순으로 개입과 지배의 각축장이 되어 왔다. 그리고 서구의 영향은 중국과 일본에 이어 한국에도 미치게 되었다. 눈을 뜬 일본은 1876년에 한국과 처음으로 현대적 조약(강화도조약)을 맺었다. 이어 한국은 미국, 독일과 영국, 이탈리아와 러시아, 프랑스, 오스트리아와 조약을 맺었다.[13)]

중국과 가까운 지리적 위치 때문에 한국은 강력한 인접국인 중국의 개입과 지배하에서 역사의 대부분을 독립국으로 존속해 왔다. 중국의 힘이 부족하여 한국의 자주권을 지킬 수 없을 때는 언제나 다른 나라(보통 일본이 그 장본인이었다)가 한반도에 거점을 마련하려 하였다. 기원전 1세기 이래 한국의 국제적 지위는 대부분 우월한 힘을 자랑하는 중국이나, 중국과 일본 간의 경쟁관계에 의해 결정되어 왔던 것이다.

7세기에 한국이 통일을 이룩했던 것도 중국이 개입한 결과였다. 13세기 이래 중국 세력이 몰락하던 19세기에 이르기까지 한국은 중국을 종주국으로 받드는 속국으로서 중국의 정치적 지도를 받았으며 문물도 받아들였다. 일본은 잠깐 동안 한국을 침략했던 16세기 말엽 이후, 한국에 지배권을 주장한 중국에 대해 정면으로 도전하기 시작하였다. 1894~1895년 중(청)일전쟁에서 일본이 승리를 거두게 되자 중국에 대한 일본의 그러한 주장은 러시아에 의해 도전을 받게 되다가 1896년을 기점으로 러시아의 영향력이 더 우세해지게 되었다. 한국에 대한 지배권을 둘러싼 일본과 러시아간의 적대관계는 1904~1905년의 러일전쟁에서 러시아가 패배함으로 인해 없어지게 되었다. 이리하여 한국에 대한 지배권을 확고히 수립한 일본의 지배가 장기간 이어지다가, 제2차 세계대전 이후 한반도에 대한 소련의 야망을 견제하는 세력으로서 미국이 일본을 대신하여 자리 잡게 되었다. 중국은 한국전쟁에 개입함으로써 전통적으로 한국에서 누려온 지배권을 다시금 행사할 수 있게 되었다. 이렇게 한국의 역사, 곧 운명은 2천 년이 넘도록 한국을 지배하는 어느 우월한 한 나라, 혹은 한국에 대한 지배권을 두고서 전쟁을 하는 두 나라간의 세력균형에 의해 결정되어 왔다.[14)]

근세사에서의 한반도에 대한 국토 분할론[15)]은 19세기 후반기부터 20세기 초에 이르는 동안 한반도를 둘러싼 국제 역학관계의 특징인 청·러·일 세 열강의 이해 대립에서 비롯되었다.

한반도의 전략적 가치에 눈독을 들인 열강은 끝내 이 땅을 전장(戰場)으로 하여 청일전쟁(1894~1895)과 러일전쟁(1904~1905)을 일으켰고, 양차 전쟁의 전승국인 일본이 1905년의 한일 을사보호조약을 거쳐 1910년에 한일 병합을 강행함으로써 이 나라의 국권을 송두리째 앗아갔다.

이 같은 열강간의 각축 속에서 일·중, 일·러 간에는 북위 38도선 또는 39도선을 경계로 하는 한반도의 남북 분할론이 거론되었다. 당시 일본의 침략 전쟁을 견제해 줄 것으로 기대했던 미국은 1905년 가쓰라-태프트 비밀 협약의 체결로 일본으로부터 '필리핀을 공격하지 않겠다.'는 약속을 받는 대가로 '한반도에 대한 일본의 종주권'을 인정함으로써 결과적으로 한반도는 일제의 식민지로 전락되고 말았다.

이처럼 한반도의 국제 관계는 이곳이 동서 세력의 균형을 이루는 곳이다. 어느 국가든 한반도를 독점한다는 것은 강대국 간의 세력균형을 깨뜨리는 것이므로 한반도의 침공은 견제 세력과의 함수 관계에 있다. 이러한 강대국 간의 역학 관계로 보아 1910년 한일 병합은 강대국의 견제 세력이 매우 미약한 결과였다고도 볼 수 있다.

한국의 역대 정권에서 나타난 자주외교 논란은 한국의 지정학적 조건으로 인하여 강대국들이 완전한 자주노선의 추구를 허용하지 않는다는 것을 보여주고 있다. 국제정치 현실은 중앙정부가 존재하지 않는 무정부 상태이기 때문에 세계정부가 수립되지 않는 한 모든 국가들은 국력의 한계로 인하여 동맹을 통한 자국의 안전과 번영을 추구할 수밖에 없다.

미국은 탈냉전 이후 제국에 버금가는 수준의 국력을 갖게 되었지만 여전히 냉전 시기에 맺은 일본·유럽 국가들과의 동맹 체제를 유지하고 있다. 미국의 잠재적 도전국가로 인식되는 중국도 친미정책을 통하여 실리를 챙기고 있다. 따라서 기존의 한·미 동맹은 한국 외교의 중요한 자산임이 분명하다.

한국전쟁 이후 50년 이상 지속된 한반도에서의 평화는 척사파식의 이념적인 자주노선이 아니라 한·미동맹 체제를 근간으로 하는 실용외교의 산물이다. 오늘날 북한은 자신의 체제안전에 대한 보장을 미국으로부터 받아내기 위해 안간힘을 다하고 있다. 우리가 동맹과 자주 노선 사이에서 오락가락 하는 동안 많은 것을 잃고 있는 것은 아닌지에 대한 냉철한 판단이 필요한 시점이다.[16)]

지난날 한국이 추진했던 북방정책이 미국의 국가이익에 반드시 유리한 것만은 아닐 것이다. 왜냐하면 미국이 동아시아로부터 원거리에 위치해 있다는 지정학적 여건에 주목할 때, 미국의 개입이 축소되는 과정에서 역내 국가들과 개별적 유대관계를 지속시키지 못할 경우, 이 국가들 상호 간의 화해와 결속이 미국의 지도적 지위를 훼손시키거나 미국에 배타적 집합체로 나타날 가능성도 배제할 수는 없기 때문이다. 이는 미국이 새로운 형태의 다자간 안보협력 체제를 구상하고 있으면서도 양자 동맹관계들을 가까운 시일 내에 해체시키지 못하는 이유들 중의 하나이다.[17)]

일본은 미국과 중국처럼 한반도에 관한 입장이 직접적이지 않다. 이는 미국과 중국이 한국전쟁의 참여 당사자인 반면, 일본은 한반도에 직접적인 개입과 간섭을 할 명분이 약하기 때문이다. 그러나 일본도 미국과 중국의 경우에서 보듯이 한반도의 지정학적 위치로 말미암아 남북관계의 상황 변화에 따라 안보 차원에서 매우 민감하게 영향을 받는다.

일본의 경우, 중국으로부터의 위협은 물론 러시아의 전통적 남하 정책에도 큰 관심을 가지고 있다. 또한 일본은 경제적으로 세계 2위의 대국이므로, 정치적으로도 이에 상응하는 국제적 위상을 갖기를 바라고 있다. 따라서 일본은 동아시아에서 중국에 대한 억제력을 확보하고, 아시아 · 태평양 역내 국가들과의 협력 관계를 구축하는 데 전략적 국가목표를 두고 있다. 결과적으로 일본의 정책은 한반도 상황에 따라 달라지는 상황정책을 따르게 된다.

이러한 일본의 입장을 보면 한반도의 지정학적 위치는 분명히 매우 중요함을 알 수 있다. 특히 일본의 경우 북한과 수교하지 않은 적대국으로서, 잠재 핵무장 국가로서 미사일을 보유하고 있는 북한의 군사적 위협에 매우 민감한 반응을 가질 수밖에 없다.

러시아는 일본과 마찬가지로 미국과 중국처럼 한반도에 관한 입장이 직접적이지 않다. 러시아는 현재 상당한 정치적 · 경제적 문제로 미국과 중국보다는 한반도에 직접적인 개입과 간섭을 할 명분이 약하기 때문이다. 그러나 러시아는 육로로 북한의 국경과 연결되어 있고, 전통적으로 북한과의 관계가 있다. 또한 한반도의 지정학적 위치로 말미암아 남북관계의 상황 변화에 따라 안보 차원에서 매우 민감하게 영향을 받는다. 러시아는 약화된 경제력을 회복하고, 소련 붕괴 이후 추락한 위상을 만회하기 위한 전략의 하나로써 동아시아 지역에서의 영향력 증대를 필요로 한다. 즉 한국은 물론 일본과 중국 등의 역내 국가들과 협력을 통해 경제적으로 실리를 확보하고, 정치적으로 동아시아 지역에서의 영향력을 유지하여 대국의 위상에 적절한 지위를 확보하기를 희망하고 있다.

군사적 의미

국력의 구성요소 중에서 가장 불변적인 것은 역시 지리적 요소이다.[18] 그리고 지리적인 요소는 곧 군사적 요소로 직결된다.

한반도는 주변 4국의 중앙적인 위치에서 전진방어와 조기공세를 잘 수용할 수 있는 위치에 있으므로 상륙작전에 의한 침략이나 위협이 예상되는 지역이다. 반도적 특성으로 종심이 짧고, 퇴로가 차단된 배수진 형태이다. 한반도의 서부와 남부는 개활지와 완경사로 기동전이 가능하지만, 동부와 북부는 대부분 산악지와 급경사로 기동전이 불리하다.

한반도의 지세는 동고서저(東高西低) 현상을 보이고 있으며, 특히 북한지역은 험준한 산맥이 동서분할을 강요하는 횡격실을 이루고 있어 공자(攻者)의 기동에 지장을 주고 있기 때문에, 공중기동에 의한 수직포위나 측 후방 우회기동의 상륙작전에 유리하다. 북한의 동해안은 융기해안으로 해안선이 단조롭고 간만의 차이가 거의 없고, 수심이 깊어 항구가 발달되어 있기 때문에 동해안이 서해안보다 상륙작전에 유리하다.

지리적 · 전략적 환경은 내선적 위치의 특성을 보유하고 있어서, 강력한 공세부대의 역할이 강조되는 특성이 있다. 주변국에 비하여 상대적으로 영토가 협소하고, 수도 서울의 전선 접근 등 적의 전쟁 도발에 대한 자극 요인이 존재하고 있다.[19]

미국에게 한반도는 일본과 함께 군사적 요충지[20]이다. 동북아에서 긴급 사태 발생시 미국 본토에서의 기동에는 한계가 있을 수밖에 없다. 냉전시대에는 소련 견제를 위하여, 그 이후에는 떠오르는 중국 견제를 위해 한국에 배치된 미군은 견제자보다는 균형자 역할을 해 왔다. 전술핵무기 등 한반도에 배치된 미군의 무기 등은 북한을 자극하기에 충분하였으며, 미군 철수 주장의 빌미를 제공하기도 하였다.

중국에게 한반도는 연결된 대륙으로 인하여 동쪽의 반도였다. 중국은 약소국가인 한반도 국가를 침공하거나 때로는 외침으로부터 구원 요청을 받고 출병하기도 하였다. 극동에서 미국의 함대와 미군이 일본과 한국에 배치되어 있는 상황은 자신들에게 겨누는 포신인 것을 잘 알고 있고 자극시키려 하지 않고 있다.

일본에게 한반도는 소련과 중국으로부터의 위협을 상쇄해주는 방어벽의 역할을 해왔다. 일본은 1950년 한국전쟁 발발시 바다 건너에서 벌어지는 전쟁에서 피해를 당하기는커녕 오히려 전쟁 특수의 호황을 누리기도 하였다.

러시아에게 한반도는 지난날 한반도 분할과정과 참전했던 한국전쟁에서 보았듯 군사적으로 중요한 전략적 요충지이다. 러시아에서 우려하는 부동항을 확보할 수 있는 데다 미국, 일본 등과 마주하고 있는 상황에서 한시라도 눈을 돌릴 수가 없게 되어 있다. 이러한 러시아의 입장을 보면 한국의 통일 문제는 매우 중요함을 알 수 있다. 특히 러시아는 핵무장 국가로서 미사일을 보유하고 있다. 또한 러시아는 한국의 통일이 그들에게 불리한 방향으로 나아가는 경우 역시 안보상 위협을 느끼게 될 것이다.

동북아 국가들의 국방비 지출 규모와 병력수, 국민 1인당 국방비 지출규모를 비교해 보면 지리적 중요성을 가진 역내 국가들이 이 지역에 얼마나 많은 비중을 두고 있는지 알 수 있다[21](표 2-2 참조).

표 2-2. **동북아 국가들의 군사비 지출 현황(2001년)**

(IISS / SIPRI)

국 가	국방비 (10억 달러)	GDP비율 (%)	병력수 (천 명)	1인당 방위비(달러)
미 국	322.4 281.4	3.2 3.1	1,368 –	1,128 –
중 국	46.0 27.0	4.0 2.1	2,310 –	36 –
일 본	39.5 38.5	1.0 1.0	240 –	310 –
러 시 아	63.7 43.9	4.3 3.6	977 –	440 –
대 만	10.4 7.2	3.7 2.5	370 –	472 –
한 국	11.2 10.2	2.7 2.8	683 –	237 –
북 한	2.0 1.4	11.6 –	1,082 –	91 –
지 역 총 계	495.2 409.6	4.36(평균) 2.52(평균)	7,118 –	387.7(평균) –
세계점유비	59.3 48.8	3.5(평균) 2.6(평균)	34.9% –	226(평균) –

출처: Samuel S. Kim, *The International Relations of Northeast Asia*(Lanham: Rowman and Littlefield Publishers, 2004), p. 22; The International Institute of Strategic Studies, *The Military Balance 2002~2003*(London: IISS, 2002), tab. 26, pp. 332-37; Stockholm International Peace Research Institute, *SIPRI Yearbook 2002: Armaments, Disarmament and International Security*(New York: Oxford University Press, 2002), pp. 235, 284-87 재인용.

중국은 국가의 위상을 제고하고 역할을 증대시켜 나가기 위해 군사력을 확대하고, 특히 첨단 군사력 증강과 이에 따른 기술혁신을 추진하고 있는 것으로 관측되고 있다. 중국 전문가들은 1990년대 들어 중국의 국방비가 매년 10% 이상 증강되고 있으며, 2004년도 국방 예산은 200억 달러로 추산하고 있다. 그러나 예산상에 나타나지 않은 비용을 감안한다면 총 국방 관련 예산은 더 늘어날 것으로 보고 있다.[22)]

실제로 일본정부의 국방 예산은 1990년 이래 국내총생산(Gross Domestic Product, GDP)대비 1% 정도로 최근 5년간은 2000년 4조 9,218억 엔, 2001년 4조 9,398억 엔, 2002년 4조 9,395억 엔, 2003년 4조 9,265억 엔, 2004년 4조 8,764억 엔으로 연간 4조 9천억 엔 수준이다.[23)] 북한은 낮은 경제성장률 1.2~2.2%와 무역규모 30억 달러 미만의 어려운 경제여건에도 불구하고 막대한 국방비를 지출하고 있다(표 2-3 참조).

표 2-3. **북한의 경제지표(최근 3년간)**

연 도	발전량 (억kwh)	곡물생산량 (천 톤)	GNI (억 달러)	1인당 GNI (달러)	경제성장률 (%)	무역규모 (억 달러)	예산규모 (억 북한원)
2002	190	4,134	170	762	1.2	22.6	221.8
2003	196	4,253	184	818	1.8	23.9	–
2004	206	4,313	208	914	2.2	28.6	–

출처: 통계청, 『2004 남북한 경제사회상 비교』(한국은행, 2004), pp. 7-66 참조.

북한은 2002년까지는 총예산액과 군사비 비중을 밝혀왔으나, 이후부터는 실제 예산규모를 밝히지 않고 전년대비 증가율(%)을 발표하고 있다. 북한이 최고인민회의를 통해 대외적으로 공표한 국방예산은 2000년 13.6억 달러, 2001년 14.2억 달러, 2002년 14.4억 달러이며 2003년, 2004년은 총 예산(2004년의 경우 총예산 약 120억 달러)의 15.5% 내외 수준인 것으로 추정된다(표 2-4 참조).

표 2-4. **북한 국방예산 현황(최근 5년간)**

(단위: 북한 천 원)

연 도	총 예산	군사비(A)	명목상 GNI(B)	비 율 (A/B)
2000	95.7억 달러	13.6억 달러 총 예산의 14.3%	–	–
2001	21,570,800 (97.6억 달러)	3,127,770 (14.2억 달러) 총 예산의 14.5%	157억 달러	9.0%
2002	22,173,790 (100.3억 달러)	3,193,020 (14.4억 달러) 총 예산의 14.4%	170억 달러	8.5%
2003	전년대비 14.4% 증가	총 예산의 15.4%	184억 달러	–
2004	전년대비 8.6% 증가	총 예산의 15.5%	–	–

출처: 외교통상부, 『2004년도 국정감사 요구자료Ⅴ』(서울: 외교통상부, 2004), p. 541 참조.
북한 GDP통계 미발표로 한국은행 추정 GNI를 적용.

경제적 의미

한반도는 지정학적 조건으로 대륙과 열도 사이에서 3년에 한 번 꼴로 침략을 당해왔으나, 이제는 대륙과 열도를 잇는 중심지역이 될 수 있다.

한반도는 아시아 중추국(Hub State) 건설 등을 고려할 수 있다. 주변 강대국의 역학관계를 한반도의 지정학적인 제약이 아닌 민족 도약의 기회로 활용할 때, 한국은 대륙세력과 해양세력을 연결하는 중추가 될 수 있다. 반도국가로서의 한국은 대륙과 해양, 동양과 서양, 북반구(北半球)의 부국(富國)과 남반구(南半球)의 빈국(貧國), 기독교와 불교, 유교문화를 연결하는 중심국이 될 수 있는 지정학적(地政學的, geo-political), 지경학적(地經學的, geo-economic), 지문학적(地文化的, geo-cultural) 조건을 갖추고 있다.[24)]

동북아시아 최대의 영종도 공항, 한반도 연안의 해안선과 항구 조건, 그리고 유라시아 대륙 횡단철도의 출발지이자 종착점, 이들 조건은 곧 한국에게 유리하게 전개되는 발판을 마련해 줄 수 있다.

한국이 주어진 지정학적 조건과 국제적 환경을 슬기롭게 이용해 나갈 때 동북아의 중심이 될 수 있고, 교통·통신·물류에서도 국제 역학의 중심축이 될 수 있다. 이미 한국의 10대 교역국 중 동북아 4대 강대국 중 중국, 미국, 일본이 수위를 다투는 등 한반도와 주변국의 교역량은 수준급이며, 통일 이후에 전개될 통일한국의 경제 규모와 세계와의 교역량은 상당할 것이 틀림없다.

한-미 교역에서 미국은 한국의 2위 교역상대국으로 양국간 교역액은 2003년도 590.3억 달러, 2004년도 716.3억 달러이며, 1968년 이래 2004년까지 전체 외국인 투자의 30.2%를 차지하는 최대 투자국이다. 한국 역시 미국의 7대 수출시장이자 7위의 교역상대국이다.

특히 농수산물의 경우 캐나다, 일본, 멕시코, 중국 다음의 5대 수출 시장이다.

한국 · 중국은 1992년 한 · 중 수교 이후 교역규모가 급신장하였다. 양국간 교역액은 1990년 28억 5천만 달러에서 1994년 116억 달러로 100억 달러를 넘긴 후, 계속 증가해 1997년 237억 달러, 2000년 313억 달러, 2002년 412억 달러에 이어 2003년 570억 달러를 넘어서 2004년 793억 달러로 미국, 일본과의 교역액을 앞질러 최대 교역시장이며, 한국은 제1위의 대중국 투자국이다.

한국 · 일본은 미국에 이은 한국의 3대 교역상대국으로 교역액은 2000년 523억 달러, 2004년 678.5억 달러이며 연간 무역수지에서 2004년 기준 244억 달러 정도의 적자로 대일무역 불균형 현상이 지속되고 있다. 1962년 이후 대한 투자 역시 150억 달러로 미국에 이어 2위를 나타내고 있다.

한국 · 러시아와의 교역은 1990년 수교 이래 꾸준히 증가하다 1997~1999년 양국의 금융위기로 크게 감소했었으나 경제의 호전으로 다시 교역량이 2000년 28.5억 달러, 2001년 28.7억 달러, 2002년 32.8억 달러, 2003년 41.8억 달러, 2004년 60.1억 달러에 이르렀다(표 2-5 참조).

북한의 교역량은 남북간 교역량이 1990년 1,300만 달러에서 2000년 4억 2,500만 달러, 2003년 7억 2,400만 달러, 2004년 6억 9,700만 달러로 급성장세이다. 북 · 미 간 교역량은 미국으로부터 1천만 달러 정도의 수입 규모이며, 북 · 일 간의 교역량은 1990년 이후 3~5억 달러(2004년 2억 5,300만 달러)을 유지하고 있고, 북 · 중 간 교역은 1990년 이후 5~14억 달러(2004년 13억 8,500만 달러) 정도이다. 이는 북한의 경제사정 악화의 원인으로 교역량이 적으나, 중국은 1995년 일본에 최대 교역국의 자리를 잠시 내준 것을 제외하고 1991년

표 2-5. **한국의 교역 현황(10대 교역상대국, 주요 교역 상대국 현황)**

1. 한국의 10대 교역 상대국

(2004년 기준, 백만 달러)

순위	국 가	총교역액	수 출	수 입	무역수지
1	중 국	79,348	49,763	29,585	20,178
2	미 국	71,632	42,849	28,783	14,067
3	일 본	67,845	21,701	46,144	−24,443
4	홍 콩	21,395	18,127	3,268	14,859
5	대 만	17,156	9,844	7,312	2,532
6	독 일	16,820	8,334	8,486	−151
7	사우디아라비아	13,508	1,708	11,800	−10,091
8	호 주	10,816	3,378	7,438	−4,059
9	말레이시아	10,159	4,480	5,679	−1,198
10	싱가포르	10,115	5,654	4,461	1,193

2. 주요 교역 상대국 현황

① 한 · 미 교역 현황

(단위: 억 달러)

구 분	1996	1997	1998	1999	2000	2001	2002	2003	2004
총교역액	549.8	517.4	432.0	544.0	668.7	535.9	557.9	590.3	716.3
수 출	216.7	216.2	228.0	294.8	376.3	312.1	327.8	342.2	428.5
수 입	333.1	301.2	204.0	249.2	292.4	223.8	230.1	248.1	287.8
무역수지	−116.4	−84.9	24.0	45.6	83.9	88.4	97.7	94.1	140.7

출처: 한국무역전략연구소, 『2005 한국무역연감』(서울: 한국무역전략연구소 편집부, 2005), pp. 284-289, 318-320 참조. 이하 통계 앞 자료 참조.

② 한 · 중 교역 현황

(단위: 억 달러)

구 분	1996	1997	1998	1999	2000	2001	2002	2003	2004
총교역액	199	237	184	226	313	315	412	570	793
수 출	114	136	119	137	185	182	238	351	498
수 입	85	101	65	89	128	133	174	219	296
무역수지	28	35	54	48	57	49	64	132	202

③ 한 · 일 교역 현황

(단위: 억 달러)

구 분	1996	1997	1998	1999	2000	2001	2002	2003	2004
총교역액	472.2	426.8	290.8	400.0	523.0	431.4	450.0	535.9	678.5
수 출	157.7	147.7	122.4	158.6	204.7	165.1	151.4	172.8	217.0
수 입	314.5	279.1	168.4	241.4	318.3	266.3	298.6	363.1	461.4
무역수지	−156.8	−131.4	−46.0	−82.8	−113.6	−101.1	−147.1	−190.4	−244.4

④ 한 · 러 교역 현황

(단위: 억 달러)

구 분	1996	1997	1998	1999	2000	2001	2002	2003	2004
총교역액	37.8	33.0	21.1	22.3	28.5	28.7	32.8	41.8	60.1
수 출	19.7	17.7	11.1	6.4	7.9	9.4	10.7	16.6	23.3
수 입	18.1	15.3	10.0	15.9	20.6	19.3	22.1	25.2	36.7
무역수지	1.6	2.4	1.1	−9.5	−12.7	−9.9	−11.4	−8.6	−13.3

표 2-6. **북한의 대주요국 교역규모·의존도 추이(최근 10년간)**

(단위 : 백만 달러)

연 도	총교역액	대중국		대남한		대일본	
			의존도(%)		의존도(%)		의존도(%)
1995	2,339	550	23.5	287	12.3	595	25.4
1996	2,229	566	25.4	252	11.3	518	23.2
1997	2,485	656	26.4	308	12.4	489	19.7
1998	1,664	413	24.8	222	13.4	395	23.7
1999	1,813	370	20.4	333	18.4	350	19.3
2000	2,398	488	20.4	425	17.7	464	19.3
2001	2,673	737	27.6	403	15.1	475	17.8
2002	2,902	738	25.4	642	22.1	369	12.7
2003	3,115	1,023	32.8	724	23.2	265	8.5
2004	3,554	1,385	39.0	697	19.6	253	7.1

출처: KOTRA, 『2004년도 북한의 대외무역 동향』(서울: KOTRA, 2005), pp. 6-9, 15-16 참조.

이후 북한의 최대 교역국 자리를 지속적으로 유지하고 있다(표 2-6 참조).

이처럼 한반도 주변 국가들의 교역은 날로 증가하는 추세로 자동차, 첨단 반도체 전자 제품에서 농산물, 원유 등 광물성 연료와 의류 화학제품 등 활발한 교역이 이루어지고 있다. 따라서 한반도 주변 국가 간 교역량 등을 감안할 때 한반도의 경제적 지위에 대한 위상은 과소평가할 수 없게 되었다.

국제화의 진행은 북미자유무역협정(North American Free Trade Agreement, NAFTA), 유럽연합(European Union, EU)과 같이 인근 나라들 사이의 광역경제권을 형성하고, 이 흐름에서 동북아지역은 한국을 중심으로 일본, 중국을 포함하는 아시아연합(Asian Union, AU)의 형성이 필연적 결과가 될 것이다. 아시아 연합은 곧 이 지역의 경제 번영, 그리고 평화에 직결되는 것으로 인식되고 있다.

부산항, 인천항, 청진항은 LA와 홍콩, 대만, 상하이, 러시아를 연결시킬 때 최단거리에 위치해 동북아 물류의 중심의 유리한 위치를 선점하고 있다. 또한 인천공항은 단일규모로는 세계 최대의 공항으로, 시설이나 지정학적 위치에서 중심이 될 가능성을 충분히 가지고 있다. 물류중심지가 된다는 것은 단순히 환적에서 오는 경제효과뿐 아니라 각종 부가가치산업을 불러오는 효과를 낳는다. 우리는 지정학적으로는 이미 물류의 중심지로서 천혜의 조건을 갖추고 있다.

현재 남북한이 추진 중인 남북한 간 철도·도로 연결은 장차 아시안하이웨이[25]가 실현될 때 철도와 더불어 도로를 통한 연계가 가능하게 되어 한반도가 동북아 물류 중심 국가로서 새로운 역할을 수행할 수 있을 것이다. 한반도 종단철도(Trans-Korea Railway, TKR)와 시베리아 횡단철도(Trans-Siberian Railroad, TSR), 중국횡단철도(Trans-China Railway, TCR) 등 러시아·중국·북한·한국이 공동협력으로 추진 중인 국가 간 대륙철도 역시 한반도가 동북아 물류 중심 국가로서의 역할을 수행하는 데 기반구축이 될 수 있다.

또, 한반도는 비즈니스 중심도 가능하다. 비즈니스 하기 좋은 곳에 많은 기업들이 모이고, 그 곳은 바로 경제 교류의 중심지가 된다. 한 나라가 비즈니스 중심지가 되었는지의 여부는 그 나라에 다국적 기업의 지역본부가 얼마나 많이 유치되어 있느냐에 따라 알 수 있다.[26] 한국은 경쟁이 되고 있는 중국 상하이, 홍콩, 일본 도쿄 등 다국적기업 유치 지역들에 비해서도 중심적인 위치를 확보하고 있다.[27]

이제 한반도는 세계화, 지식 정보화와 민주화의 시대 흐름에 맞춰 세계 일류국가로 도약하기 위한 물류, 금융, 관광과 비즈니스 등의 중심축이 될 수 있다. 그리고 아시아의 주요 지역을 연결 및 중재,

매개하는 아시아 중추국가를 지향할 수 있을 것이다. 이상에서 살펴본 바와 같이 한반도가 차지하는 지정학적 환경은 매우 중요하며, 주변국들과 밀접한 관계를 가지고 있어 직접적 · 간접적인 영향을 받게 되어 있고, 또 받아 왔다.

2. 탈냉전 이후 동북아 환경

신국제질서의 재편과 동북아

현재 국제질서는 냉전체제 이후 세계 유일의 초강대국인 미국을 중심축으로 러시아, 중국, 일본, 유럽 강대국들이 각기 지역적 영향력을 행사하는 단일-다극체제의 양상을 보이고 있다. 특히 동북아에서는 미국 · 일본, 중국 · 러시아가 연합해 신패권경쟁을 벌이는 성격의 구도이다. 이와 함께 유럽 연합(EU)이 미국의 라이벌로 부상하면서 두 초강대 세력이 나타날 가능성[28]도 배제할 수 없다. 그러나 강대국들은 자국의 이익을 우선시하여 협력과 견제를 반복하고 있고, 지역차원에서는 분쟁이 지속되어 세계 평화와 안정을 위협하고 있다.

한반도의 미래는 남북한의 상황과 국제적 요소에 영향을 받게 되어 있다. 그러므로 이러한 요인들을 인식하고 분석하는 것이 반드시 필요하다.[29]

1989년 12월 지중해 몰타에서 개최된 이른바 '몰타회담'인 미 · 소 정상회담에서 공식적인 냉전 종식 선언에 이어 1990년 7월 런던에서 개최된 북대서양조약기구(NATO) 정상회담에서 유럽에서의 냉전종식이 확인되었다. 또한 동서진영 간의 이념적 · 지정학적 패권

경쟁과 군사대결 구도가 해체됨으로써 세계질서의 본질적인 재편[30] 이후, 새로운 국제질서[31]가 어떤 모습으로 전개될지 불확실한 상황이다.

실제로 냉전의 종식이 지구상에서 갈등과 전쟁의 완전 종결을 의미하는 '영구 평화'나 '역사의 종언'이 아니라 '새로운 분쟁의 역사'의 시작임을 알리는 신호탄이었다. 1990년 이라크의 쿠웨이트 점령, 1999년의 코소보 전쟁, 북아일랜드의 신구교 간 종교전쟁, 인도-파키스탄 간의 힌두교와 회교 간의 종교 및 영토분쟁, 러시아-체첸 간의 종교 및 주권분쟁, 남사군도를 둘러싼 중국-베트남 간의 영토분쟁, 남아공화국 내의 흑·백 간 인종 갈등 및 후투-치투족 간의 흑·흑 갈등까지 냉전시대에 잠복되었던 온갖 종류의 갈등과 분쟁들이 우후죽순처럼 튀어나왔다.[32] 21세기 초에 미국에서 일어난 9·11 테러[33]는 국제 환경에 새로운 변화를 가져왔고, 이것은 미국 중심의 '반테러 글로벌 연대'[34]를 형성하였으며, 21세기는 새로운 도전을 맞고 있다.

이제 국제사회는 종래의 미·소 양대 진영의 불꽃 튀기던 사회주의·공산주의의 이념 대결과 대립보다는 자유민주주의와 시장경제 체제가 인류의 보편적 가치로 확산되면서 평화와 공동 번영을 위한 군축과 경제중심의 실리적 가치 존중 등에 따른 화해·협력의 시대적 조류가 지배적이다. 이러함에도 동북아에는 여전히 냉전의 기운이 걷히지 않은 채로 여전히 긴장상태가 지속되고 있다.

지역평화에 긍정적인 변화 양상 못지않게 동북아지역에는 아직도 커다란 갈등 유발 요인들이 존재하고 있다. 이는 냉전 이후의 유럽형 신국제질서가 동아시아에 그대로 전부 적용됨을 의미하는 것이 아니라는 점을 일깨워주고 있다. 즉 북방열도를 둘러싼 러·일 간의 분규, 첨단무기의 증강을 서두르며 아시아의 군사강대국을 지향하는 중국과 막강한 기술력·경제력을 바탕으로 본격적인 정치적 영향력 확대와 군사력 증강을 꾀하는 일본 간의 경쟁관계 등이 지역 내 평화 질서를 저해할 수 있는 커다란 문제점들이다. 특히 일·중 간의 군비경쟁은 미국과 소련이 이 지역에서 행사해 왔던 힘의 공백을 점차적으로 새로이 메우려 하는 성격을 띠고 있는 것으로 해석된다.[35)]

동북아는 세계의 핵심 강대국으로 구성되어 있어 강대국 간의 이해관계가 복잡하게 얽혀 있다. 또한 미국이 주도하는 질서에 대해 일본과 중국의 영향력 증대, 러시아의 영향력 감소에 따른 반전 시도가 나타나고 있다.

제2차 세계대전 후 동서 냉전은 동북아시아에서는 미국·일본·한국을 동맹 블록으로 하고, 소련·중국·북한을 다른 블록으로 대결한 양상이었다. 1970년대에 와서 중·미, 중·일 국교정상화를 계기로 미·일·중 3국 협력관계가 준동맹관계로 발전하여 소련을 견제하는 형태로 발전되었다. 그 후 소련이 한동안 최강국인 것처럼 부각되었으나, 고르바초프 대통령에 의한 개혁과 개방으로 소련공산체제의 변화와 동구 공산권의 붕괴로 냉전이 종식되었다.

이러한 와중에 동서 냉전을 배경으로 한국과 대결하던 북한도 동맹국을 잃고 외교적으로 고립되어 한때 위기상황에 몰렸다. 이러한 위기에서 김일성이 종전과 달리 남북한 간의 고위회담에 적극 응하여 1992년 '남북한 간의 기본합의서'가 채택되었다. 한반도에서도 대결이 아닌 화해·협력의 시대가 시작될 것이라는 흥분된 분위기가 한때 조성되었다.

그러나 이 무렵 소련의 붕괴로 인한 정치 및 군사적 상황변화로 그때까지 소련을 상대로 준동맹관계에서 협력하던 미·일·중 3국이 각각 국익 신장을 위해 서로 새로운 관계를 모색하는 과정에서 중국과 일본 간의 정통적 경쟁이 다시 시작되었다. 급격히 신장하는 경제력을 기반으로 중국이 다시 강대국화 되는 것을 경계하는 미국이 이 지역에서 역할을 줄이기보다는 발언권과 역할의 강화를 시도하여 현재 동북아 국제관계가 4강의 세력균형체제 등으로 재편되고 있다.[36)]

아시아 · 태평양 지역은 국제정치에서 힘의 균형과 힘의 공조를 증거해 보이는 것 같다. 전자는 평화와 발전을 지지하는 다양한 국가들이 공통적인 국가 이익에 따라 행동하는 것이고, 후자는 분단국들을 포함하여 국가들이 고립으로 남아 있는 이 시기에 안정된 지역의 질서를 유지하기 위한 것이다.[37)]

미국은 아시아지역에서 약 60년 동안 일본 · 한국 · 필리핀 · 호주 · 태국 등과 쌍무적 양자동맹관계를 유지하였는데 미국의 이러한 개입정책의 기본적 논거는 무엇보다도 자유민주주의 확산이라는 명분에 바탕을 두어 왔다. 미국의 이 지역에서의 기본적 태도 즉, 해양무역 세력으로서의 상업적 접근 사고, 항해의 자유원칙 그리고 특정 국가 혹은 일부 국가들의 패권적 지배에 대한 배척 의지 등은 19세기에 중국과 관련하여 미국이 천명하였던 문호개방 정책이 기본 골격상 별다른 변화가 없음을 보여준다.[38)]

미국은 1990년대 탈냉전 이후 동북아지역에서 '개입과 확대' 정책으로 자국의 국익을 수호하면서 '균형자' 역할을 수행하고자 하였다. 이에 대한 방책으로 미국은 한국 및 일본과의 동맹체제 유지, 중국 및 러시아와의 정치적 · 경제적 협조관계 발전, 북한과의 관계개선 도모 등으로 냉전 이후에도 초강대국으로서 지역 내 영향력을 계속 유지하려 하였다. 부시행정부 출범 이후 미국은 '힘을 통한 평화'를 추구하고 있으며, '9 · 11 테러' 이후에는 '테러와의 전쟁'에 박차를 가하고 있다.

구소련 공산체제의 붕괴로 유일한 세계적 패권국이 된 미국은 최근에 와서 중국을 소련 대신 동북아의 안전을 위협할 잠재 세력으로 보고 있다. 따라서 중국의 강대국화를 견제하고, 한반도에서 일어날 수 있는 무력충돌을 예방할 필요에서 약 10만 명 규모의 미군을 이 지역에 계속 주둔시킴으로써 미국의 경제 이익과 미국의 정치적 · 군사적 영향력 확장에 매우 성공하고 있다.

동서 냉전이 약화되거나 종식되면 미국 군사력이 후퇴하면서 대신 일본의 역할이 강화될 것으로 보았다. 그러나 전문가들의 전망과는 달리, 일본의 국제적 위상과 역할은 아직 크게 변하지 않았고, 여전히 미국의 아시아 정책을 충실히 지원하는 국가로 남아 있다. 이처럼 냉전종식은 오히려 미국의 영향력과 지위를 일방적으로 강화한 결과를 가져 왔다. 이러한 상황하에서 미국은 일본과 협력하여 '중국 위협론'을 효과적으로 확산시켜 중국을 견제하고 있다. 또한 동시에 중 · 일 패권경쟁과 일본 강대국화에 대한 이 지역 국가들의 경계심을 이용하여 일본의 야심도 적절히 통제하고 있다.[39]

중국은 시행중인 개혁 · 개방 정책을 지속적으로 확대하며, 사회주의 시장경제 확립을 통한 경제발전을 핵심 국가목표로 설정하고 실용주의적 전방위 외교를 활발히 추진하고 있다. 중국은 러시아의 영향력 감소를 자국의 영향력 확대로 연결하고, 일본과 경제적 협조를 유지하되 일본의 정치적 · 군사적 팽창을 견제함으로써 자국에 유리한 동북아 환경을 만들고자 하고 있다. 따라서 급성장하는 경제와 팽창하는 군사력에 대해 주변국으로부터 의심의 눈초리와 견제를 받고 있다.

소련 공산체제의 와해로 유일한 군사패권국으로 부상한 미국의 영향력이 강화되고, 일본은 경제력에 걸맞게 정치적 · 군사적 역할을 추구하는 상황을 맞이했다. 중국도 동북아지역에서 자국의 역할과 비중 확대에 필요한 해군력·공군력 중심으로 군사력을 대폭 강화하는 방향으로 정책을 전환하였다. 중국이 적극적 방위정책을 추구하게 된 것은 개방정책의 성공으로 급속한 경제성장에 근거한 국력신장과 자신감 그리고 경제발전에 필수적인 해외 진출을 뒷받침하여 줄 원양 해군력 증강 정책의 필요 때문이다.

중국은 미국의 지원을 받는 일본의 군사력 증강과 '1,000 해리 해상교통로' 보호정책[40]을 남지나 해와 동지나 해의 제해권을 장악하여 중국의 해외 진출을 봉쇄하려는 위험으로 파악하여 그에 대한 군사적 대응책 강구를 서두르는 것 같다. 중국은 북한을 전략상 잃을 수 없고, 특히 일본 및 미국과 경쟁할 때는 북한이 필요하기 때문에 북한의 존재를 현상유지 시키는 정책을 고수하고 있다. 중·일과 중·미 패권경쟁의 심화는 북한정권이 많은 내부적 약점에도 불구하고 계속 존속할 기회를 주는 국제적 조건이 되고 있다.[41]

일본은 세계 제2위의 경제력을 내세워 지위에 부합하는 역내에서의 정치적·군사적 영향력을 발휘하려고 하고 있다. 일본은 든든한 미·일안보동맹을 바탕으로 군사력 증강, 유엔 평화유지군활동(Peace-Keeping Operations of the United Nations, PKO) 참여, 자위대의 해외파병, 유엔 안보리 상임이사국 진출 기도, 대외원조의 전략적 이용 등을 통해 정치·군사 대국으로 진일보하려고 시도하고 있다.

소련 군사력의 위협에 대한 억지 역할을 일본에 분담시키려는 미국정책의 지원을 받아 '제1차 중기방위력 정비계획'(1986~1990년)과 '제2차 신중기방위력 정비계획'(1991~1995년) 등 군사력 증강계획에 따라 일본이 매년 350억 달러 규모의 국방비를 투입하여 미국, 러시아 다음으로 제3위의 재래식 군사력을 가진 대국이 되고 있다. 일본은 미국과 러시아의 군사 대결 위험은 사라졌으나, 이

기간 동안 매년 10% 정도씩 국방비를 증액하여 주로 해군력・공군력을 증강하고 남지나 해 쪽으로 진출하는 중국의 해양 진출을 경계하고 있다. 일본은 유럽에서 감축된 러시아 군사력의 일부가 극동지역에 이전・배치되고 북방 4도의 반환 교섭이 해결되지 않고 있기 때문에 러시아의 군사력이 계속 일본의 안보를 위협하는 요인으로 남아 있다고 본다. 그리고 러시아가 1991년 이래 전투기 매도 등을 통해 중국 공군의 현대화를 지원하고 있다는 사실을 중시한다. 그 외 일본은 북한 핵무장 가능성과 한반도에서 일어날 수 있는 '제2의 한국전쟁' 사태에 대비하기 위해서도 자위대의 강화와 역할 확대를 위해 계속 노력하고 있다.[42)]

러시아는 소련연방 해체 이후 초강대국으로서의 영향력을 상실하고, 대내적 정치적・경제적인 불안정과 어려움을 겪고 있으나 강대국으로의 재등극을 위해 애쓰고 있다. 러시아는 1996년 6월, 국가안보보고서를 통해 동아시아와의 관계강화를 천명한 바 있으며, 중국 및 북한과의 기존관계 유지, 한국・미국・일본과의 관계 발전을 통한 동북아지역에서 영향력을 회복하고자 하였다. 특히 2000년 3월 푸틴 대통령 선출 이후, 실리외교를 통해 동북아에 대한 영향력을 복원하고자 노력하고 있다.

소련체제의 변혁 이후 세계 제2위의 군사력에도 불구하고 한동안 국제정치에서 별로 역할을 못하던 러시아가 적대하던 중국과의 관계를 무역 및 경제협력의 확대와 무기 판매와 기술 지원으로 중국의 군사력 증강계획을 도와주어 정상화하고 있다. 또한 1990년 한・소 국교정상화를 시점으로 한국에 치우쳐 악화되었던 북한과의 관계를 개선하면서 러시아는 이 지역에서의 영향력을 회복 중이다. 그러나 러시아는 북방 4도 반환을 요구하는 일본과 분쟁[43)]에 대해 타협책을 찾지 못하고 있어 대일관계를 완전 정상화하지 못하고 있다.

더욱이 옐친 대통령 당시부터 미국과 유럽연합(EU) 국가들로부터 많은 경제 지원과 정치적 지지를 받아 어렵게 러시아를 지탱하고 있으나 여전히 불안한 국내 정치 사정과 급박한 경제 문제 등 국내 문제로 대외 문제에 관심을 가질 여유가 없어서 극히 소극적으로 대외 관계에 임할 수밖에 없다.

그러나 러시아는 경제적 필요 때문에 세계적 군사대국으로서 보유한 첨단무기의 판매와 기술이전 등으로 중국과 북한 등을 지원하여 새로 정비되고 있는 동북아 4강 체제의 형성과 발전에 영향을 주고 있다. 중·일 및 중·미 패권경쟁은 러시아의 발언권을 신장할 수 있는 기회를 줄 것으로 전망된다.[44)]

동북아 신질서와 한반도

동북아지역은 냉전 이후 군사적 긴장은 다소 완화되었지만 미·중·일·러 세계 4대 열강 간 이해관계가 첨예하게 상충되는 곳이다. 이들 4국은 새로운 동북아 국제질서가 형성되는 과정에서 자국의 정치적·경제적·군사적 영향력을 확대하려 하고 있다. 동북아에는 다음과 같은 몇 가지 불안정한 현상들이 존재한다.

첫째, 동북아는 강대국들의 여전한 각축장이다. 미국은 냉전 이후 정립될 새로운 국제질서 재편구도에서도 여전히 동북아에서의 주도권을 유지하려 하고 있다. 또한 일본은 확고한 위치와 경제 규모에 따른 위상을 차지하려 하고 있으며, 중국은 역사적인 배경과 지정학적 위치로 과거의 지위를 확보하려 하고 있다. 러시아 역시 열강들의 쟁투를 방관자적 자세로 보기만 할 수 없게 되어 있고, 인접국가 간 갈등 요인들을 내포하고 있어 동북아시아에서 벌어지는 강대국 간 각축이 계속되고 있다. 특히 동북아는 역내 강대국 간 역학관계에서 파생하는 문제들을 가지고 있다. 역내 국가 간 가지는 2각, 3각 동맹과, 남북한을 둘러싼 강대국 간의 부침, 교류와 협력의 재편, 중국·대만 관계, 중·일·러 인접국 간 영토문제, 군사력 팽창, 경제 편중과 무역 불균형 등 역내 국가들이 가지는 이해관계가 충돌할 가능성이 상존한다.

둘째, 동북아 역내 국가들 사이에 군사적 위협에 대한 위기감은 다소 걷혔지만 한반도를 둘러싼 냉전의 잔재에 대한 위기감은 아직까지 청산되지 못하고 있다. 겉으로는 냉전의 기운과 분위기가 사라진 듯 보이나 실상은 4국들은 군사 무기를 현대화하는 데 경쟁적이었다. 남북한 사이에는 분단을 고착화시키는 행위들이 다반사로 일어났고, 주변국들은 이러한 상황을 즐기어 왔고 조정자·중재자가 되려고 하지 않았다. 한반도에서 위기 상황은 남북한 간 영토에서 부분적으로 일어난 침투와 소규모 전투가 빈번하였으며, 유사시를 대비한 북한과 러시아, 한국과 미국의 군사합동훈련 등이 계속되었다. 한반도가 분단된 지 반세기를 지났지만 정전상황의 변환을 예감하거나, 평화협정으로의 진전 이행은 이루어지지 않고 지금까지 적대적 상황이 누적되고 있어 긴장감이 맴돌며, 민족에게 분단 피로감과 동질성의 상실을 재촉하고 있다.

셋째, 1990년대 초부터 불거지기 시작한 북한핵 문제가 여전히 동북아지역 내의 불안감을 가중시키고 있다. 북한은 핵을 가지고 아슬아슬한 다분히 전략적인 '북한핵 전술 곡예'를 타고 있지만, 그 해법을 둘러싸고 동북아 4대 국가들은 서로 다른 시각에서 접근은 물론 다양한 해법을 내놓고 있다. 북한핵 해결의 귀추에 따라 한반도를 둘러싼 평화와 공포의 균형에 대한 갈림길에서 맞는 절박한 선택과 상응한 해법에 따라 위기감을 공존과 공영으로 바꿀 수도 있다. 북한을 적대적으로 몰기보다 협력과 통일 대상국가로 여기는 한국, 사회주의체제 종주국인 러시아와 지금까지도 긴밀한 관계와 체제를 지속하는 북한과, 동북아시아의 지리적 특성상 북한에 대해 자신을 후견국으로 여기는 러시아의 북한 보호, 북한을 돕고 응원해 온 중국의 이해, 핵무기를 가질 수 없는 일본의 불안감, 극구 불씨를 제거하고야 말겠다는 미국의 우월감 등이 얽혀 쉽사리 문제를 풀지 못하고 있다. 그러나 동북아지역에는 아직 평화체제에 대한 공론이나 지역안보에 대한 안전장치가 없다. 탈냉전 이후 새로운 동북아질서는 미국이 한국・일본과 동맹관계를 지속하면서 역내 균형자적 역할과 장래에 일・중・러가 동북아에서 영향력을 확대하는 한반도의 남북한과 주변의 4국 사이에 형성되는 다자간 동북아의 신국제질서가 정립되어 한국의 통일여건 조성과 기여에 중요하게 작용할 것이라 여겨진다.

한반도에서 미국의 역할과 영향력은 가히 절대적이다. 미국은 한반도의 분단과정에서부터 현 시점까지 대가를 치르면서 자유체제를 지켜왔고 한국을 정치적・경제적으로 '성공시킨 나라'라는 의식을 가지고 있다. 미국은 동북아에서 지난 19세기 말의 중・일, 러・일 등 열강 간 충돌을 보았고, 직접 한국전쟁을 경험함으로써 일본과 함께 군사적으로 전략적 요충지인 한국을 감싸 안고 있다. 미국은 한반도에서 벌어지는 사건에 대하여 민감하게 반응하며 대처하고 있다.

미국이 동북아에서 지니는 막대한 영향력은 일본과 한국 등 동아시아 지역에 배치된 10만여 명의 미군에게 있다고 해도 과언이 아닐 정도로 미군의 위상은 상당하다. 특히 한국에서 가지는 우세한 지위를 계속적으로 누리고 또 유지하려 한다. 6・15 남북정상회담을 통해 남과 북이 급속도로 가까워진 것과 불거진 북한핵 문제로 당근도 채찍도 쓰지 못하고 있는 차에 북핵을 두고 열리는 6자회담 등 해법의 강구에서 간혹 이견을 보이는 한국에 대하여 내심 못마땅해 하는 편이다. 더구나 피땀 흘려 돕고 지켜온 한국에서 맥아더 동상 철거 등의 반미감정이 표출되는 것에 황당해 하고 있다.

중국은 지난 20년 동안에 연 평균 10% 정도의 고도성장을 기록하고 있다. 떠오르는 중국의 경제 성장은 주변국들에게 놀라움과 함께 위기감을 가지게 한다. 등소평의 새로운 사회주의 시장경제 시도는 이미 1980년대 들면서 중국을 변모시키고 있다. 1997년 등소평(鄧小平)이 사망 이후 장쩌민(江澤民)도 기본적으로 개혁 개방 정책 노선을 추구[45]했고, 이어 집권한 후진타오(胡錦濤)도 유연한 성장 정책을 지속하고 있다. 현재와 같은 추세가 이어지면 중국은 2020년까지 공업화를 완성하고 국민총생산(Gross National Products, GNP)이 미국을 추월하여 세계 최대의 경제규모를 자랑할 것이라고 예측된다.

중국의 급부상을 미국과 일본은 경계하고 있으나 중국은 미·일·러 등 주변국들에게 주목받기를 꺼리고 있으며, 주변국들에게서 급격한 변화가 일어나는 것도 원하지 않고 있다. 그러나 중국은 북핵 문제 해결을 위한 6자회담에서 중재자로서의 역할을 해내려 하고 있다. 남북한 특사들이 정상회담에 관한 비밀접촉을 한 곳도 중국의 상하이(上海)이고, 4차에 걸쳐 6자회담이 이루어지고 있는 곳도 베이징(北京)이다. 이러한 동북아에서 중국의 역할 증대와 중국의 군사적 팽창 등은 미국은 물론 일본과 러시아까지 긴장시키기에 충분하다.

일본은 주변 강대국 등의 핵 보유[46]가 거슬리던 차에 나타난 북한의 핵개발 문제로 불안감을 가지고 있다. 더구나 북한의 스커드 장거리 미사일이 일본 영토에까지 다다를 수 있다는 사실에 적잖이 신경이 쓰이는 일이 아닐 수 없다. 북한에 대한 경계심과 공포심은 일본 자위대의 군비 증강의 빌미를 제공하고 있다. 또한 일본 내부에서 벌어지고 있는 신사참배, 평화헌법 개정 논의 등 우경화 문제 등은 주변국들에게 우려를 심어 주고 있다. 2005년 9월 치러진 일본 총선에서 자민당의 압승은 또 다른 일본 강성화의 변화를 예고하고 있다.[47]

동북아시아에서 일본의 경제적 성장은 미국과의 동맹관계를 바탕으로 안보에서 획득한 무임승차도 한몫을 했다고 볼 수 있다. 제2차 세계대전 후 동북아는 미·중·러 3국이 한반도에서 전쟁에 휘말렸을 때도 일본이 힘 있는 나라 편에 서서[48] 자국의 경제성장을 향해 질주할 수 있었기 때문이다. 이런 일본의 부상은 중국과 러시아에게 19세기 말과 20세기 초 과거의 악몽을 떠올리게 하며 긴장감을 높이고 있다.

러시아는 소연방 붕괴 이후 지금까지 한반도 문제에 개입할 겨를이 없었다. 불안한 국내 정치와 경제 물자 부족 등으로 어려움이 계속되고 있으며, 사회주의 국가에 자본주의를 건설하는 모험을 시도하고 있다. 러시아는 1998년 8월 모라토리움(moratorium) 선언 직후 최대의 위기를 맞았으나 국제통화기금(International Monetary Fund, IMF) 등 국제 금융기관이 외채 상환을 조정 연기해 줌에 따라 총체적 파국 위기로부터 벗어나 '침체 속의 안정기'로 들어가고 있다. 루블화 평가절하로 상품 경쟁력이 회복되었고 정치·경제 등 여러 방면에서 서방식 체제로 전환해가고 있다. 그러나 현재의 러시아가 다시 언제 어떤 모습으로 전환될지는 모른다. 가까운 시기는 아니지만 상당 기간이 경과된 후 러시아는 다시 유라시아에 걸친 거대한 영토와 자연자원으로 예전의 강한 러시아를 건설할 가능성은 언제나 상존하는 것이며, 강대국의 등장으로 다시 동북아에서 또 다른 대결의 장이 펼쳐질 가능성도 부인할 수 없다. 이처럼 동북아는 냉전 이후 전쟁의 위험은 어느 정도 사라졌지만 한반도를 둘러싸고 여전히 긴장감이 맴돌고 있고, 각국들은 역내에서 영향력 확대를 도모하고 있다.

한반도 주변 4국의 역사적 부침

국제관계는 세계 국가와의 관계와 관련이 있다. 그러나 이러한 관계만으로 국제적 고립이 이해될 수는 없다. 국가들은 국제적 협약과 다국적 협약과 같은 다른 요인들과 사회적 구조들인 경제·문화·국내 정치 등과 지리적·역사적 영향력과 밀접하게 연결되어 있다.[49]

지난 20세기 동안에 두 번의 제1·2차 세계대전을 치르면서 2백여 년 간 영화를 누렸던 서유럽의 프랑스, 영국 등 서유럽의 강국들이 힘을 잃고, 20세기에 가장 성공한 나라로 미국, 구소련, 독일, 일본 등이 등장하게 되었다. 그리고 과거 미국·러시아·중국의 3각 게임은 동아시아 나라들에게 영향력을 끼쳐 왔다. 이 세계적인 권력의 게임은 역내 국가들의 지역 안보와 정치에 깊이 영향을 미쳤다.[50]

미국은 19세기 말까지만 해도 세계정치 무대에서 별다른 역할을 못하던 변두리 국가에서 무궁무진한 지하자원과 진취적인 개척정신으로 무서운 성장을 거듭하여, 제1차 세계대전의 승패를 결정짓는 중요한 역할을 함으로써 일약 세계정치의 중앙무대로 진출하였다. 경제공황 등을 겪기도 하였으나, 민주주의 바탕 아래 자유주의 경제를 발전시키고, 제2차 세계대전을 승리로 이끄는 견인차가 됨으로써 1975년 이후에는 자유진영을 대표하는 초강대국이 되었고, 공산주의가 무너진 뒤로는 세계 유일의 초강대국이 되었다.

1941년 12월 8일 일본의 공격으로 갑자기 진주만에서 발발한 태평양전쟁 이후 미국은 1942년 6월 미드웨이 해전에서 승리하고, 1943년 2월 과달나칼 전투에서 승기를 잡았다. 1945년 들어 패전이 짙은 일본이 본토 결전을 결의하자 1945년 7월 26일 연합국은 포츠담선언을 하고, 이를 일본이 거부하자 미국은 8월 6일 히로시마와 8월 9일 나가사키에 원자폭탄을 투하하여 순식간에 두 도시를 잿더미로 만들었다. 또 부전(不戰) 조약을 맺었던 러시아까지 일본에 선전포고를 하자 8월 15일 일본은 무조건 항복하였다.

이에 일본에 맥아더(Douglas MacArthur) 원수의 연합군 최고사령관 사령부를 설치하고 일본의 전쟁 포기를 헌법에 명시하는 등 대대적인 수술을 시작하였다. 새 일본으로 미국식 제도와 스위스식 농업국가 형태인 '아시아의 스위스'로 만들려는 맥아더의 꿈은 1949년 중국대륙이 공산당에 의해 통일되고, 1950년 한국전쟁이 발발하는 등 미·소 냉전의 격화로 동아시아가 공산화될 위기가 닥치자, 미국은 일본을 무장시켜 미국의 동반자로 삼아 반공의 거점으로 삼기 위해 일본 경제를 부흥시켜 공산세력과 맞설 능력을 기르도록 한다는 전략으로 수정하였다. 1951년 9월 샌프란시스코 강화회의에서 일본의 전쟁 배상 문제를 논의하고, 일본은 48개국과 평화조약을 조인하게 함으로써 한국과 중국에 대한 침략전쟁의 근본 문제는 해결하지 않은 채, 패망 7년 만에 일본에게 면죄부를 주고 1952년 4월 연합군을 철수하였다.

광활한 영토와 많은 국민을 가진 통일 다민족 국가인 중국은 길고도 험난한 많은 발전 과정을 거친 후에야 지금과 같은 상태가 되었다. 이 과정은 비록 매우 길고 복잡했지만 전체적인 추세를 본다면 선진 시기로부터 현대 중국의 영토에 이르기까지 핵심 지역이 있었다. 물론 이런 핵심 지역은 한 곳에만 고정된 것은 아니다(대체로 황하 중·하류 지역과 장강 중·하류 일대). 이 중심 지역에 정권을 건립한 사람들로는 화하(華夏)는 물론 이적(夷狄)도 있었고, 한족은 물론 기타 소수 민족도 있었다. 중심적인 지위에 있었던 정권은 내부 원인(예를 들어, 정권의 부패, 정치의 분열, 경제의 붕괴 등)이나 외부원인(예를 들어, 해결하기 곤란한 국제 관계, 외적 침입 등) 및 두 가지 원인이 서로 겹쳐 곤경에 빠져 무너지면, 새롭게 등장한 생기발랄한 정권에 의해 교체되었다. 이것이 역사상 항상 나타나는 왕조의 흥망 교체 현상이다. 물론 역사적으로 하나의 중심이 두 개 혹은 여러 개의 중심으로 나누어지는 현상도 자주 나타나는데, 사람들은 이를 보통 분열 시대라고 말한다. 그러나 다수의 정권이 분립한 시기에 매번 야망을 가진 통치자들은 스스로 더욱 큰 중심의 대표가 되려 하였다. 이러한 목적을 실행에 옮기려고 노력하였다. 그리고 결국 일련의 노력 끝에(시간이 길든 혹은 짧든, 과정이 순조롭든 혹은 험난하든 간에) 더욱 규모가 크고 통합 수준이 높은 국가가 탄생하였다.

청대에 이르러 고대 중국의 통일 다민족 국가의 발전 과정은 최고 수준에 이르렀다. 청대 건륭제, 가경제 시대 이후에는 외부의 침략 위협이 나날이 가중되고 동시에 체제 내부의 사회 · 경제 문제도 더욱 약화되어 결국 중국은 반식민지 사회로 전락하였다. 하지만 중국인들은 여러 차례의 위기를 딛고 일어나 새로운 부국강병의 길을 모색했으며, 백여 년의 분투 끝에 새로운 통일 다민족 국가를 탄생시키고 발전하기 시작하였다.[51)]

영국은 청나라와 불공평 무역을 해소하기 위해 본국의 직물을 인도로 보내고 그곳의 아편을 사들여 청나라에 보내는 대신 청나라의 차를 가져오는 삼각 무역 방식을 택했다. 1839년 1월 청의 군사들이 광저우(廣州)에서 영국의 아편을 모두 불태우자, 영국은 아편전쟁을 일으켰다. 이 전쟁으로 청과 영국은 난징(南京) 조약[52)]을 맺었다. 영국은 중국이 광저우 항을 통한 무역에서 불균형 무역을 하고 영국의 제품을 사주지 않자, 아편으로 전쟁을 일으켜 중국을 침공하였다. 1856년 광저우 항(廣州港)에서 애로호 사건[53]으로 청나라의 문호를 완전히 개방시키는 계기가 되었다.

러시아와는 아이훈(琿) 조약[54]을 맺었다. 다시 1857년 말 영국과 프랑스 연합군의 공격으로 청은 연합군과 1858년 텐진 조약을 맺었다. 이어 1860년 청은 영국, 프랑스, 러시아와 베이징 조약[55]을 맺었다. 이로써 중국은 열강의 반식민지 상태가 되었다. 내부 대립과 쩡궈판(曾國藩), 리홍장(李鴻章)의 의용군, 외국 연합군의 공격으로 1864년 태평천국의 천왕 홍슈취안(洪秀全)은 진톈춘(金田村)에서 군사를 일으킨 지 13년 만에 스스로 목숨을 끊었다. 1862년 청조유지를 위해 양무운동(洋務運動)으로 근대화의 시도를 했지만 흉내만 내고 효과를 거두지 못했다.

1876년 한일 수호조약에 의해 한국에 대한 정치적・경제적 진출을 계획하던 일본은 한국을 종속국으로 간주하던 청과의 대립이 격화되던 차에 1894년 한국에서 동학혁명이 일어났고, 한국이 이 난을 평정하기 위해 청나라에 군사 지원을 요청하여 청이 5척의 군함과 3,000명의 군대를 보내오자, 일본은 청과 텐진조약을 맺었다는 이유로 1894년 일본 함대가 청의 함대에 포격함으로써 청일전쟁이 시작되었다. 이 전쟁에서 청의 패배로 1895년 하관조약[56]을 맺었다.

당시 중국은 장제스(蔣介石)가 이끄는 국민당 정부군과 마오쩌둥(毛澤東)의 공산군이 전투를 벌이고 있었고, 만주에서는 군벌 장쭤린(張作霖)이 무장 사병으로 중앙정부에 대항하여 세력을 떨치며 장제스군(軍)과 맞서고 있었다. 장쭤린은 일본의 지원을 업고 정부군과 싸우고 있었는데 점점 정부군에 밀려 패망의 위기에 몰리자 장쭤린을 지원하던 일본은 초조함을 느끼자 장쭤린을 제거하고 직접 만주를 일본이 지배하겠다고 야심을 가졌다. 1928년 후퇴하던 장쭤린은 타고 있던 열차가 폭발하여 현장에서 즉사하였다. 그러자 그의 아들 장쉐량(張學良)은 일본에 등을 돌리고 장제스와 손을 잡음으로써 중국 통일이 가까워지자 장제스는 일본에게 만주에서 물러날 것을 요구하였다. 그러나 1931년 9월 18일에 일본은 선전포고 없이 중국군을 공격함으로써 만주사변을 일으켰다.

중국 정부는 즉각 국제연맹에 제소하여 일본에 철군을 요청했고, 국제연맹은 조사단을 만주에 파견했다. 그 사이에 일본은 쫓겨났던 청나라 마지막 황제인 푸이(溥儀)를 허수아비 황제로 앉혀 만주국이라는 괴뢰국을 세우고(1932년 3월 1일) 1933년 5월에는 일본군이 만주의 거의 대부분을 점령했다. 국제연맹 조사단이 일본에 철수를 명하자 일본은 1933년 국제연맹을 탈퇴하고 1936년에는 군비축소 회의에서도 탈퇴함으로써 국제적으로 고립국이 되었다.

1933년 5월 일본과의 정전협정으로 만주에서 전투는 멎었지만 여전히 중국대륙 전체를 삼킬 야욕을 꿈꾸던 일본에게는 이 시기에 중국이 국공(國共)내전으로 국력이 둘로 갈라져 있어 좋은 기회가 되었다. 1937년 이른바 시안(西安)사건[57]이 계기가 되어 국민당과 공산당의 이른바 국공합작이 이루어졌다. 국공합작이 이루어지자 일본은 1933년 7월 루거우차오(盧溝橋) 사건이란 빌미를 만들어 본격적인 침략 전쟁을 시작함으로써, 1937년 중일전쟁이 일어났다. 장제스는 충칭으로 정부를 옮기고 저항을 계속했다. 홍군은 국민당 밑에서 팔로군, 신사군으로 이름을 바꾸고 각처에서 일본군과 싸웠다.

그 해 상하이는 물론 12월에 난징, 1938년 10월에는 우한, 광저우를 점령하는 등 일본은 30만 명에 달하는 무고한 중국 양민을 학살하는 난징대학살(南京大虐殺)을 저지르고 만다. 중국과의 전쟁에서 승리를 거듭한 일본은 1938년 아시아 전체를 차지하려는 야욕을 드러낸다.

1938년 일본이 국민들에게 국민 총동원령을 내려 전시체제로 돌입하게 되고, 1939년 9월 독일의 폴란드 침공으로 제2차 세계대전이 시작되어 독일이 파리를 점령하며 승승장구하였다. 그러자 일본은 독일과 동맹하여 아시아에서 영국과 프랑스의 식민지를 뺏을 생각으로 3년째 계속되는 중일전쟁을 조기에 매듭짓기 위해 중국군의 군사물자 보급을 끊고 거점을 확보하는 한편, 전쟁에 필요한 자원 확보를 위해 1940년 9월 프랑스령 인도차이나를 침공하였다.

1940년 일본, 독일, 이탈리아 3국 동맹은 미국을 자극하게 되었고, 1941년 4월 소련과 불가침조약을 맺은 일본은 히틀러가 소련 침공을 감행하면서 일본의 남방 진출이 유리하게 되었다. 그러자 미국은 일본에 대해 석유수출 금지의 극약 처방을 내리고 만주를 제외한 전 중국 지역에서 일본군을 철수하고 3국 동맹을 무효화 할 것을 요청하였다.

1941년 10월 17일, 도조히데끼(東條英機) 수상의 등장 이후 미국의 포위망에 고심하던 일본은 1941년 11월 5일에 어전회의를 열어 전쟁에 대한 안건을 논의한 후 선전포고 없이 진주만의 미국 함대를 기습 공격함으로써 태평양전쟁을 일으켰다. 이후 일본군은 성능이 뛰어난 전투기로 순식간에 동남아를 휩쓸어버렸다. 1941년 12월 10일 알제리 해전에서 영국의 동양함대 전함 2척이 일본군에 의해 격침되었다. 12월 25일에는 홍콩, 1942년 1월 14일에는 필리핀, 2월 15일에는 싱가포르, 3월 8일 양곤, 5월 6일에는 미국령인 코레히도르 섬과 자바 섬을 점령했고, 이때 맥아더는 "나는 다시 돌아온다." 라는 유명한 말을 남기고 코레히도르 섬을 탈출했다.

일본군에게 밀리던 미국은 풍부한 자원과 경제력을 바탕으로 차

차 반격의 태세를 갖추고 1942년 6월 3~6일의 미드웨이 해전에서 승기를 잡는다. 이 해전 이후 중부 태평양의 미군은 일본의 선박에 대한 잠수함 공격과 일본 섬 기지들에 대한 공중 및 해상공격만으로 그들의 활동을 제한했다. 1945년 미국의 원자폭탄 2발의 투하로 일본은 무조건 항복과 함께 한반도에서 철수했다.

일본은 1853년 이전까지 써오던 철저한 쇄국정책에서 페리(Matthew Perry) 제독의 함대에 의해 1854년 미일화친조약 체결에 의해 강제로 문을 열었다. 1958년 다이로(大老)인 이이 나오스케(井伊直弼)가 굴욕적인 미일수호통상조약에 조인하는 등 개국을 하면서 역사는 뒤바뀌게 되었다. '서양 오랑캐'를 제대로 막지 못한 군사정권의 무능이 그대로 드러나면서 바쿠후파(幕府派)와 덴노파(天皇派)로 갈라졌고, 덴노파가 승리하면서 일본은 1868년 바쿠후 체제에서 덴노를 중심으로 하는 강력한 중앙집권체제로 바뀌고 '메이지유신(明治維新)' 대개혁을 단행하였다. 선진국을 본받아 새롭고 강한 나라로 거듭 태어나자는 개혁운동은 이와쿠라 도모미(巖倉具視)를 시찰단장으로 1871년부터 1873년까지 2년에 걸쳐 미국과 유럽의 제도와 사회·정치 제도를 배워 일본 사회 전반에 접목시켰다.

이후 관료 주도로 부국강병의 기치 아래 전통적인 농업국가에서 급속한 공업국가로 탈바꿈해 부강해진 국력에 힘입어, 일본은 대륙침략의 야욕을 실행하기에 이르렀다. 1894년 조선에서 갑오동학운동이 터진 것을 계기로 한반도 침략을 노골화하기 시작하여, 이를 빌미로 조선에 군사를 보낸 일본은 청나라와 청일전쟁, 1904년 러일전쟁, 1905년 가쓰라-태프트 비밀협약, 1909년 청·일 간 간도협약[58], 한국의 지배를 위한 1910년 한일 병합에 이은 1914년 제1차 세계대전에 참가하여 중국에서 독일의 이권을 빼앗고 근거지 칭따오(青島)를 점령하여 중국대륙 침략의 발판을 마련하였다. 전쟁특수와 해운업, 조선업계의 호황으로 부자가 된 일본은 중국의 내전으로 인한 혼란을 틈타 1927년 조선에 이어 만주와 몽고를 일본의 식민지로 만든다는 계획을 가진 이후, 1931년 중국군을 공격함으로써 만주사변을 일으키고, 1937년 중일전쟁, 1938년 말에는 전체 아시아를 차지하려는 다이토아쿄에이켄(大東亞共榮圈) 야욕을 드러내었고, 1941년 일본군의 하와이 진주만 공격으로 시작된 태평양전쟁 후 패망에 이르기까지 '15년 전쟁'에 돌입하였다.

1919년 3월 일본은 한국인들의 전국적인 독립운동을 유혈 탄압함으로써 무단 통치는 정점에 달했으며, 항일 활동가로 의심받은 이들은 투옥되어 고문당했다. 1919년 3월 이후 1년 동안에만 7,500명의 조선인들이 살해되고 4만 6천 명이 부상당했다.

1931년 일본이 만주를 점령하며 팽창 정책에 박차를 가하자 한반도는 일본군의 전진 병참기지가 되어버렸다. 일본은 1931년 이후 연합국의 대일 전승기념일(v-j day, 1945년 9월 2일)까지 식민 지배를 강화했는데, 이 기간 동안 조선어 사용을 비롯해 한민족의 정체성을 드러내는 모든 표현을 철저하게 탄압했다. 1938년엔 남녀노소를 불문하고 조선어를 금하고 일본어를 필수어로 하는 포고령이 선포되었다. 1939년에 조선인들은 창씨개명과 신사참배를 해야 했으며 황궁을 향해 절을 하며 황국신민의 서약을 낭송하도록 강요당했다. 일본은 인력 부족으로 전쟁 수행에 차질을 빚게 되자 20만 8천 명의 조선인을 일본군에 징집했다. 또 200만여 명의 조선인을 징발해 광산과 공장, 그리고 일본・사할린・남태평양 등지의 건설 공사장 노역에 투입했다.[59)]

결국 일본은 전쟁에서 지고 국토는 잿더미가 되었지만, 그들의 근면 검소와 부지런함으로 제2차 세계대전에서의 패배의 상처를 딛고 근대화 1백여 년 만에 세계적인 경제대국으로 성장하였다. 제2

차 세계대전 패망 이후 일본은 1950년 한국전쟁이 발발하자 미국은 일본을 공산주의 세력으로부터 보호하기 위한 입장과 강력한 경제력을 키우려는 일본 우익정권의 대연합으로 '55년 체제'가 탄생하였다. 1955년 '경제자립 5개년 계획'을 시작하고 1960년대부터 일본은 규격품 대량생산체제에 의한 경쟁력을 가진 제품으로 1965년부터 최고의 호경기를 맞고, 1980년대에는 세계 제2의 경제대국 반열에 올라설 수 있었다.

일본의 건국이념이자 가장 중요한 가치의 기본은 와(和)[60]이다. '와'는 균형이며, 쉽사리 속마음을 드러내지 않아 대화방식에서도 진짜 생각(혼네, 本音)과 실제의 발언(다테마에, 立前)이 나타나는데, 이런 이중성은 서로가 상대방을 무안케 하지 않으려는 마음 써주기(기쿠바리, 氣配り)임에는 분명하지만, 일본인의 진심을 이해하기 어렵게 만들기도 한다.[61]

일부 귀족과 특권층만이 모든 것을 독차지하고 백성들은 노예생활에 신음하던 러시아에서 세계 최초의 무산층 혁명이 성공했다. 러시아는 소비에트 연방으로 태어나 풍요롭고 평등한 사회 건설이라는 꿈으로 농업 국가는 산업혁명을 거치며 공업을 일으키는 데 성공하여 급속한 경제성장을 거듭, 국력이 급신장하게 되었다. 구소련은 제2차 세계대전을 승리로 이끈 뒤 공산주의 국가들의 종주국으로 미국과 함께 초강대국으로 떠올랐고 한국전쟁에도 참여했다. 그러나 자본주의 경험을 제대로 가지지 못한 농업국가 러시아에 세워진 공산국가는 모순에 의해 70여 년 만에 실패로 끝이 났다. 결국 1990년 공중분해되어 1917년 혁명 이전의 러시아로 되돌아가고 말았고 강대국가 재건이라는 목표의 새로운 실험대에 놓여 있다.

이처럼 19세기 말부터 미・중・일・러 주변 4국이 한반도를 사이에 두고 벌인 각축은 국가이익을 추구하여 때로는 침략과 합병, 전쟁, 때로는 협력과 동맹으로 발전하였고 상대국에 대한 견제와 의심의 냉기는 가시지 않고 있다.

한반도 주변 4국의 역학구도

이러한 주변 4국의 틈바구니에 끼여 있는 한반도와 주변국들과의 역학구도를 살펴본다. 한국의 민족주의는 몇 년 안에 미국의 탈개입을 이끌어내고 이어 연방제와 완전한 통일을 이끌어낼 만큼 강력하다. 일본의 식민 지배가 한국 민족주의에 대한 자극제로서 지속적으로 영향을 끼쳤다.

1945년 한반도 분단에 대한 미국의 책임을 감안하면 미국 또한 한국의 민족주의적 감정 표출의 대상이다. 식민 통치 기간 한민족은 일본인들이 떠난 뒤 독립 국가로서 세계무대에 나서는 것을 꿈꿔왔다. 그러나 그 순간이 왔을 때 미국과 러시아가 만든 정권에 발목이 잡혀 있음을 발견하였다. 미 · 중 · 일 · 러와 같이 동아시아에 이미 존재하는 힘들의 균형을 추구한다는 냉전 시기 미국의 사고방식은 초강대국의 관점을 그대로 반영하는 것이었다. 이런 생각은 지금도 여전하다. 그러나 이런 균형이란 분단된 한반도를 전제로 한 것이고 한국인들로서는 받아들일 수 없었다.

미군이 철수하면 통일된 한반도에 힘의 공백이 생길 것이라는 가정은 역동적인 한국 민족주의라는 새로운 현실에 무감각하다는 것을 보여준다. 일본과 중국, 러시아가 한반도의 군사적 중립화를 존중하지 않을 것이라는 가정도 역사에 대한 잘못된 인식과 지난 세기 동북아시아에서 일어난 변화에 대한 무지를 드러낸다.

유럽의 경험과는 정반대로 주변국들은 통일된 한반도를 본질적인 위협으로 간주하지 않을 것이다. 독일은 19세기에 처음으로 통일을 이루었을 때 팽창주의 국가였다. 그러나 동아시아의 경우 일본은 팽창주의 국가였으나 한반도는 식민지 억압의 희생양이었다. 더구나 한 세기 전 한반도는 조선 왕조의 붕괴로 힘의 공백 상태가 생김으로써 외세의 각축장이 되었다. 청 왕조의 쇠퇴와 함께 한반도가 불안정해지자 이는 새롭게 자신에 차 있던 일본을 자극하여 이 힘의 공백 상태를 밀고 들어오게 하였다. 그러나 지금 일본과 중국 사이에는 그런 힘의 불균형이 존재하지 않는다. 최악의 군사적 도발에 직면하지 않는 한 중국이나 일본 모두 한반도에서 군사적 충돌의 위험을 무릅쓰려 하지 않을 것이다. 통일된 한반도에서 내부 분파들을 조종하려고 영향력을 행사하는 것도 19세기에 비해 훨씬 어려울 것이다.[62]

한반도 주변 4강의 역학관계 변화는 갈등, 견제, 협력관계의 공존이다. 탈냉전기에 접어들어 동북아 정세는 경제적 상호 의존성을 심화시키면서 군사 안보 측면에서 협력과 대립이 병행하는 이중구조를 보이고 있다. 협력과 견제 속에 유동성을 보이던 동북아 질서는 1990년대 중반에 들어 미국·일본 대 중국·러시아를 축으로 하는 느슨한 대립구도를 형성한 후 미국의 독주에 중국이 추격하고 일본 조급해졌고 러시아는 관망하는 양상이다.

동북아지역에는 냉전의 유산들이 여전히 남아 있고, 이 지역의 평화와 안정은 여전히 불투명한 상태에 놓여 있다. 경제적 경쟁과 마찰에 더하여 영토 문제로 비롯된 갈등이 계속되고 있으며, 일부는 세계적 군축 추세에 역행하여 군비를 증강하는 등 패권 추구를 지속하고 있다.

1993~94년 북한핵 문제로 인한 한반도 위기, 1995년 남사군도 영유권 문제로 인한 남중국해에서의 분쟁, 1995~96년 대남해협에서의 중국·대만 충돌, 2004년 중국·남북한과의 고구려사 왜곡,

2005년 일본·한국의 독도 영유권 분쟁 등 역내 국가들 간 분쟁 소지가 상존하고 있다.

북한핵 문제는 여전히 상존하고 있다. 북한은 5MWe 원자로를 2003년 2월 재가동하였다가 2005년 봄 중단한 것으로 알려지고 있다. 전문가들은 북한이 그동안 플루토늄을 최대 40kg 정도 추출했을 가능성을 제기하고 있다.[63]

국제원자력기구(International Atomic Energy Agency, IAEA) 모하메드 엘바라데이 사무총장은 2005년 5월 8일 미국 CNN방송에서 북한이 6기 가량의 핵무기를 보유한 것으로 추정한다고 밝혀[64] 한반도 주변국들이 긴장하고 있다. 전후 반세기의 미국의 기본정책은 상호확증파괴(Mutually Assured Destruction, MAD)에 의한 억지 정책(deterrence policy)이었다.[65]

한반도 주변의 동북아 4국들은 국가 간 협력과 견제를 위한 필요에 따라 상호 '전략적 동반자관계'를 유지하고 안보환경 개선을 위해 노력하고 있으나, 이 지역에서의 긴장감은 여전히 줄어들지 않고 있다.

미국과 중국 관계는 1996년 하반기부터 점차 개선되었다. 미국과 중국은 1997년 10월 워싱턴에서 정상회담을 개최하고 정상회담의 정례화, 군사 분야의 협력, 워싱턴과 베이징 간 핫라인 설치 등에 합의하였다. 이로서 미국과 중국은 '21세기를 향한 건설적인 전략 동반자관계' 구축을 위한 공동 노력을 시작하게 되었다.

미국과 일본은 1996년 동북아지역의 유사시에 대비하는 방위협력과 아·태지역의 평화와 안정을 공동 목표로 하는 '신안보공동선언'을 채택하였다. 중국과 러시아는 새로운 세계질서의 형성과정에서 미국의 일방적 독주를 견제하고 일본의 군사적 역할 증대를 저지해야 한다는 데 공감대를 형성하고 '21세기를 향한 전략적 협력동반자'관계를 맺었다. 그러나 미국과의 관계가 악화되는 것을 원하지 않는 중국과 러시아는 군사동맹의 성격을 띠지 않고 있다는 점을 강조하고 있다.

1998년 한반도 주변 4국은 활발한 회담을 통해 관계 개선을 도모하였다. 미국은 동북아 질서의 안정적 관리를 위해서 중국의 협력이 필요하다는 점을 절실히 느끼게 되었고, 중국은 안정적인 경제성장을 유지하며 국가 위상에 상응하는 외교적 영향력 확대를 위해 미국과의 관계를 적극적으로 개선하고자 나섰다. 미국과 중국은 1998년 6월 정상회담을 통해 '건설적인 전략 동반자관계' 구축을 재확인하고 그 실천적 조치로 전략 핵미사일 상호조준 해제에 합의하였다. 아울러 한반도 평화와 안정을 위한 상호협력 및 대량살상무기 확산 방지 등에 합의하여 양국이 함께 설 수 있는 공동의 기반을 확대하였다.

한반도 주변 4국 모두 국제환경이 자국의 국내경제의 안정적 성장에 도움이 되는 방향으로 개선되기를 원하고 있다. 그러나 동북아 지역에서는 냉전의 유산인 남북한 및 중국 대만의 분단 문제가 해결되지 않고 있고, 각국 간 영토분쟁과 군비경쟁은 여전히 잠재적 갈등요인으로 남아 있다. 동북아지역의 최대 불안요인은 한반도 상황으로서 북한은 극심한 경제난에도 불구하고 핵개발 위협 및 미사일 발사 등으로 역내 안보 환경에 장애물이 되고 있다.

일본은 국제무대에서 정치적 · 군사적 영역의 확대를 위하여 독자적 안보정책방향을 강구하면서 군사 능력을 강화해 나가고 있고, 러시아와 중국이 대북한 동맹관계를 폐기하지 않고 있으며, 오히려 러시아는 2000년에 북한과의 관계를 복원하였다.

미국으로서는 동북아지역의 안정과 평화 유지 및 적절한 대러 견제를 위해 중국이 필요하고, 중국으로서는 경제 개혁의 성공적 달성을 위해 서방 선진 국가들의 지원과 협력이 필요하다.

그러나 동북아지역에는 역내 국가들 간 전략적 협력관계도 모색되고 있다. 예컨대, 미·러 협력관계의 발전, 중·러 관계의 밀착, 미·일 안보체제의 발전 모색, 일·중 관계 증진을 위한 노력, 한국과 중·러 관계 발전, 북한의 대미·일 관계 개선 모색 등을 들 수 있다.

일본과 중국 역시 과거의 기억을 버리고 거대 무역 시장인 중국과의 협력을 필요로 하며, 중국도 경제 현대화에 선진 자본 및 선진 기술의 필요성과 평화로운 주변 환경의 조성을 위해 일본의 협력 제공이 필요하다. 또한 양국은 러시아의 견제라는 공동의 안보 목표도 가지고 있다.

한국이 러시아, 중국과 정상적인 관계를 정립한 바탕 위에서 앞으로 심도 있는 정치적 대화는 물론 그 결과로 모종의 합의에 이를 경우, 또 다른 주변국인 일본으로서는 상당한 부담을 갖게 될 수도 있다. 일본이 가까운 장래에 동아시아지역에서 군사적 패권 국가를 지향할 것이라는 전망은 아직 무리이나, 적어도 경제력과 기술력을 바탕으로 한 정치대국화를 지향하고 있는 것은 이미 기정사실로 받아들여지고 있다.[66]

동북아지역은 기존 전략구도가 약화 내지 해체되면서, 과거 적대적 진영에 있던 국가들 간에 교차적 협력관계가 형성되는가 하면 같은 진영에서 전략적 협조를 유지하던 국가들 간에 갈등의 폭이 커지는 상황이 전개되었다. 따라서 동북아지역의 새로운 질서는 지역 평화와 안정 증진 및 공동이익 창출을 위한 국가 간의 협력이 모색되면서도 전통적 이해관계와 경제문제를 둘러싼 갈등이 증폭되는 방향으로 나아가고 있다. 제3차원은 전체적인 역학관계의 변화이다. 소련의 해체 및 러시아의 위상 저하와 미국의 축소지향적 전략 변화 모색에 따라 일본과 중국의 국가 위상 제고 및 역할 증대가 추진되었다. 미국이 앞으로도 세력균형자 및 중재자 역할을 수행할 수 있을 것으로 전망되지만, 러시아의 위상 회복이 불투명한 가운데 일본과 중국의 입지와 역할 강화는 불가피할 것이다. 따라서 앞으로 이 지역의 역학관계는 미국이 계속 균형적 역할을 수행하는 가운데 일본과 중국이 강대국의 위상을 유지하고 러시아가 기득권을 유지코자 하는 다극체제의 형태로 발전될 것으로 분석되고 있다.

장기적으로 볼 때 미국이 이 지역에서 '안전의 최종보장자(ultimate security guarantor)' 역할보다는 점차적으로 역내국가들 간의 '정직한 브로커(ehrlicher Makler)' 역할담당자로 후퇴할 가능성이 크다.[67]

그동안 동북아지역 국가들은 국가들마다 정치적 · 경제적 · 문화적 · 역사적 배경이 상이하고 이해관계가 다양하게 교차되어 항상 불안정의 위험을 내포하고 있다. 또한 미국 주도의 남방 3각 관계와 소련 주도의 북방 3각 관계로 특징짓는 전략구도하에서 유지되어 왔다.

최근 주변 4국은 활발한 상호 교차 정상회담을 통해 동북아지역에서 안정과 평화를 기조로 한 상호 협력과 견제의 새 질서 구축을 모색하면서 한반도에 대한 자국의 영향을 확대하려는 경향을 나타내고 있다. 주변 4국의 한반도에 대한 전략적 구도, 즉 한반도의 안정과 평화 유지가 동북아의 신질서 구축과 자국의 경제적 이익 확보에 중요하다는 인식을 가지고 있다.

3. 탈냉전 이후 한국 통일 환경

남북한 회담

남북한이 통일을 이루기 위해서는 머리를 맞대고 만나야 한다. 그러나 남북한은 평화적 통일을 위한 노력을 게을리해 왔다. 그리고 이 게으름의 산물은 냉전이 종식되어진 이후에도 상당기간 한반도를 짓누르고 있어 그 장막이 걷히지 않고 있었다. 한반도에 변화가 보이기 시작한 것은 20세기 말이 되어서야 그 가능성이 열렸다.

지난 반세기간 한민족의 통일 노력이 실패로 끝났음은 누구도 부정하지 못한다. 한민족의 실패는 독일 민족의 성공과 대조된다. 동서 냉전시대의 국내외 조건으로 통일이 될 수 없는 상황에서 한민족은 실현 불가능한 통일이라는 이상과 목적만 역설하고, 통일로 가는 과정인 분단 상태의 개선, 즉 '평화 공존적 남북관계' 유도를 위한 노력을 전혀 하지 않은 관계로 실패했었다.

다른 큰 오판과 실책은 남북한이 각기 상대보다 월등한 국력을 확보하면 통일할 수 있다고 믿고, 군사력 혹은 경제력을 경쟁적으로 육성하여 자신이 강자 측이 되었을 때 약자인 상대 정권의 조기 붕괴설에 현혹되어 남북관계를 약화시킴으로써 통일의 기회를 망쳐버린 점이다. 북한이 월등한 군사력으로 남한의 조기붕괴를 확신하고 1950년 6월 25일 남침으로 한민족에게 돌이킬 수 없는 죄를 진 것이나, 한국 정부가 월등한 경제력에 자신감을 갖고 북한 정권이 악화되고 있는 경제사정으로 곧 붕괴할 것을 기대하는 것이 좋은 사례들이다.

남북한이 소련공산체제와 동구 공산국가들의 붕괴영향을 받아 1992년에 '남북한간의 기본합의서'를 공동으로 채택하여 현실인 2개정부를 인정하고, 통일의 중요성을 명분으로 내세웠다. 그러나 내용면에서 통일보다는 '남북한 간의 평화공존체제'를 유도한 것에 합의를 본 것은 매우 다행한 일이다. 오랜 실패와 시련 끝에 통일정책의 방향을 바로잡았던 것이다.[68)]

2000년 6월 15일 평양에서 가진 김대중과 김정일 두 정상 간의 역사적인 남북한 정상회담에서 '6 · 15 남북공동선언'이 발표되었고, 한반도 통일을 향한 새로운 전환기를 맞이하였다.[69)] 이에 따라 공동선언 이후에 2005년 8월 말 현재까지 남북 장관급 회담(15회), 남북 군사실무 회담(9회), 남북경제협력추진위원회(10회), 남북특사회담(3회) 등 각종 남북한 간 회담이 활발하게 추진되고 있다.[70)]

그러나 북한의 핵문제가 2002년 10월 연속하여 불거지면서 북한의 벼랑 끝 핵 외교는 남북관계를 급속하게 경색시켰다. 2003년 10월 북한이 영변 원자로에서 나온 사용 후 핵 연료봉 8천 개의 재처리완료를 공언한 이후에는 한국 정부도 북한핵 가능성을 공식 시인하였다.[71)]

북경에서 열린 3차 6자회담시 김계관(金桂冠) 북측 수석대표는 2004년 6월 24일, 북-미 양자협의에서 핵 폐기를 언급하면서 "핵무기를 더 이상 만들지 않고, 수출하지 않으며, 실험하지 않겠다."고 밝혔지만[72)] 2005년 2월 10일 북한은 핵무기 보유를 선언하였고, 2006년 7월 5일 미사일 발사에 이어, 같은 해 10월 9일 핵실험을 감행함으로써 북한에 대한 의심은 계속되고 있다.

남북관계가 진전되기 위해서는 주변 강대국들 간의 화해 무드 조성이 절대적으로 필요하며, 남북관계라는 기본 틀 속에서 남북한의 협상파들이 주도하는 가운데 국내외 정치세력들이 이를 적극 지지 · 지원해 줄 때 모종의 해결책을 찾을 수 있다는 커다란 교훈을 던져 주고 있다. 특히 패권적 외세인 미국이 남북관계의 당사자원칙을 존중해 줄 때 남북관계가 상당한 진전을 보일 수 있다는 것을 시사해 주고 있다. 통일 당사자인 남북한 간의 대화와 협력은 평화통일을 위한 필수조건이라 할 수 있을 것이다.[73] 남북한은 2000년 남북정상회담으로 대화의 물꼬를 튼 이후 분야별로 활발한 접촉과 회담을 진행하고 있다.

남북한 교류협력

6·15 정상회담으로 길이 열리게 된 남과 북의 교류협력이 활발하게 진행되고 있다. 남북한은 가시적인 경협 성과[74]는 물론, 날로 증가하는 남북한 간 인적 교류[75], 금강산 관광[76], 평양 관광[77], 개성 시범관광[78], 남북철도 및 도로 연결[79], 개성공단 건설 운용 등에서 백두산 관광사업[80], 남북 이산가족[81] 면회소 설치 등에 이르기까지 추진에 박차를 가하고 있다.

금강산 관광 사업은 남북관계를 남북 경제협력 활성화로 이끌어 내었고, 관광객 규모 축소 등 약간의 불협화음이 부분적으로 나타났으나 현재도 안정적으로 진행됨으로써 한반도 긴장완화 형성에 기여하고 있다. 또한 남북한 간 관광 교류는 남북관계 진전과 한반도 상황의 안정적 관리에 도움이 되어 대북 투자를 촉진시키고, 남한의 자본·기술과 북한의 관광자원 결합을 통해 남북경협 활성화 및 북한지역의 균형발전에 기여할 것으로 보인다.

북한은 현재 심각한 식량난을 겪고 있다. 북한은 2005년 기준 연간 431만 톤의 식량을 생산(쌀 172만 톤, 옥수수 171만 톤 등)하고 있으나 수요량은 645만 톤으로 부족량은 200만 톤을 넘고 있다(표 2-8 참조).

북한에 대한 한국정부의 지원은 매년 2000년 이후 꾸준히 증가하는 추세이다. 쌀을 포함한 연간 1억 5,000만 달러(2005년 기준)의 정부차원 무상 지원과 민간차원의 5,416만 달러(2005년 기준)의 지

표 2-7. **남북한 간 인적교류 내역**

1. 연도별 북한방문 현황

(단위: 명)

연 도	이산가족	경 제	사회문화	관광사업	경수로	대북지원	기 타	계
1998	1	231	238	1,962	756	129	–	2,561
1999	5	245	329	3,744	911	364	1	5,599
2000	348	543	674	2,257	2,231	751	476	7,280
2001	156	668	701	494	3,514	803	2,215	8,551
2002	1,479	1,754	1,193	1,008	4,108	1,975	1,308	12,825
2003	2,330	1,411	2,472	2,303	2,677	1,670	923	13,786
2004	1,616	13,075	2,190	4,471	723	2,067	1,367	25,509
2005. 8	196	27,253	1,277	13,653	555	2,906	1,867	47,707
계	6,131	45,180	9,074	29,892	14,719	10,665	8,157	123,818

2. 연도별 남한방문 현황

(단위: 명)

연 도	남북회담	경 제	문화예술	체 육	학 술	이산가족	기 타	계
1998	–	–	–	–	–	–	–	–
1999	–	–	–	62	–	–	–	62
2000	83	–	336	–	–	287	–	706
2001	27	19	–	1	–	140	4	191
2002	89	67	–	765	–	–	131	1,052
2003	143	–	295	527	–	–	58	1,023
2004	131	–	127	–	14	–	49	321
2005. 8	66	50	–	78	–	–	230	424
계	539	136	758	1,433	14	427	472	3,779

출처: 통일부, 『2005년도 국정감사 요구자료 I』(서울: 통일부, 2005), p. 203.

표 2-8. **북한의 식량 수급 사정**

1. 연도별

(단위: 만 톤)

연 도	수요량	생산량	부족량
1996	673	345	328
1997	670	369	301
1998	639	349	290
1999	650	389	261
2000	606	422	184
2001	613	359	254
2002	626	395	231
2003	632	413	219
2004	639	425	214
2005	645	431	214

2. 생산별

(단위: 만 톤)

연 도	생산량							소비 량		부족량
	쌀	옥수수	서류	맥류	두류	기타	계		인구 (만명)	
2001	142	144	39	18	12	4	359	613	2,225	254
2002	168	159	44	14	9	1	395	626	2,237	231
2003	173	164	45	20	10	1	413	632	2,252	219
2004	172	171	47	24	10	1	425	639	2,270	214

출처: 통일부, 『2005년도 국정감사 요구자료 III』(서울: 통일부, 2005), p. 133.

표 2-9. **한국의 대북지원 현황**

1. 무상, 현물/현금

연 도	정부차원	민간차원
1995	23,200만 달러(1,850억 원)	25만 달러(1.9억 원)
	쌀 15만 톤	담요 8천 매
	직접 지원	국적 경유
1996	305만 달러(24억 원)	155만 달러(12.4억 원)
	CSB, 분유, 기상자재	밀가루, 분유, 식용유
	UN기구 경유	국적 경유
1997	2,667만 달러(240억 원)	2,056만 달러(182.1억 원)
	CSB, 옥수수, 분유, 보건의료 등	옥수수, 밀가루, 감자, 라면 등
	UN기구 경유	국적 / 남북적십자 경유
1998	1,100만 달러(154억 원)	2,085만 달러(275.3억 원)
	옥수수 3만 톤, 밀가루 1만 톤	밀가루, 옥수수, 식용유, 비료, 한우, 젖소, 비닐, 분유, 설탕 등
	UN기구 경유	남북적십자 경유
1999	2,825만 달러(339억 원)	1,863만 달러(223.6억 원)
	비료 11.5만 톤	밀가루, 옥수수, 약품, 비료 4만 톤 등
	직접 지원	한적 / 독자 창구(2.10~)
2000	7,863만 달러(944억 원)	3,513만 달러(421억 원)
	비료 30만 톤	옥수수, 감귤, 의류, 설탕, 분유 등
	직접 지원	한적 / 독자 창구
2001	7,045만 달러(913억 원)	6,494만 달러(844억 원)
	내의 150만 벌, 옥수수 10만 톤 비료 20만 톤, 말라리아 방역지원	옥수수, 감귤, 의류, 설탕, 분유 등
	직접 지원/WFP/WHO 경유	한적 / 독자 창구
2002	8,375만 달러(1,075억 원)	5,117만 달러(641억 원)
	옥수수 10만 톤(WFP) 1,739만 달러	농기계, 의류, 의료장비, 씨감자 등
	비료 30만 톤, 6,577만 달러 말라리아 치료제(WHO) 59만 달러	한적 / 독자 창구

연 도	정부차원	민간차원
2003	8,702만 달러(1,041억 원)	7,061만 달러(847억 원)
	말라리아 방제 약품, 장비/ UNICEF 취약계층 지원	동내의, 아동복, 밀가루, 항생제 등
	비료 30만 톤, 옥수수 10만 톤(WFP)	한적 / 독자 창구
2004	11,512만 달러 (1,323억 원)	14,108만 달러(1,661억 원)
	의약품, 긴급구호세트, 비료 30만 톤 말라리아 방제 약품, 장비	농자재, 피복, 감귤, 의료설비 등
	옥수수 10만 톤(WFP)	한적 / 독자 창구
2005	15,005만 달러(1,501억 원)	5,416만 달러(555억 원)
	말라리아 방제 약품, 장비, 조류인플루엔자 방역 지원	밀가루, 의료설비, 농업용 비닐 등
	비료 35만 톤, 수해응급구호세트	한적 / 독자 창구

2. 식량 차관

구 분	2001	2002	2003	2004	2005(추진중)
지원물량	50만 톤 -태국산 쌀 30만 톤 -중국산 옥수수 20만 톤	40만 톤 -국내산 쌀 40만 톤	40만 톤 -국내산 쌀 40만 톤	40만 톤 -국내산 쌀 10만 톤 -태국산 쌀 30만 톤	50만 톤 -국내산 쌀 40만 톤 -외국산 쌀 10만 톤
소요비용 (협력기금)	1,057억 원	1,510억 원	1,510억 원	1,359억 원	1,957억 원 (체선료 포함)
인도기간	'00.10.4~ '01.3.30	'02.9.19~ '03.1.15	'03.7.3~ '12.18	'04.7.20~ '05.2.6	'05.7.26~ 수송중
지원조건	차관	차관	차관	차관	차관
차관단가	쌀 220달러 옥수수 109달러	265달러	265달러	300달러	300달러

구 분	2001	2002	2003	2004	2005(추진중)
이자율	1%	1%	1%	1%	1%
상환기간	10년 거치 20년 상환	10년 거치 20년 상환	10년 거치 20년 상환	10년 거치 20년 상환	10년 거치 20년 상환
최초상환일	2012. 6. 7 *상환 시기 미도래	2014. 3. 31 *상환 시기 미도래	2014. 12. 23 *상환 시기 미도래	2016. 2. 17 *상환 시기 미도래	미정

3. 자재장비 차관

구 분	2000	2002	2003	2004	2005	계
소요비용 (기 금)	–	323억 원	474억 원	466억 원	141억 원 (7월 현재)	1,404억 원
차관액	–	2,498만 달러	2,978만 달러	3,407만 달러	1,194만 달러 (7월 현재)	1억 78만 달러

출처: 통일부, 『2005년도 국정감사 요구자료 Ⅱ』(서울: 통일부, 2005), p. 200, 270.

원, 연간 50만 톤(2005년 기준)의 식량 차관 등 대북 지원[82]이 북한의 부족한 식량난 해소에 도움을 주고 있다(표 2-9 참조).

또한 미국, 일본, 호주, 유럽연합 등 국제사회의 지원(표 2-10 참조)도 매년 1억 5천만 달러(2004년 기준)를 넘고, 국제적십자사의 지원도 매년 1천만 달러에 이른다. 그러나 부족한 식량난은 여전히 지속되고 있어 어린이들의 상당수가 기아와 영양장애에 허덕이는 것으로 나타났다.[83]

표 2-10. **국제사회의 대북지원 현황**

1. UN 통합지원절차(CAP) 지원

연 도	목 표	실 적	비 고
'95.9~'96.6	2,032만 달러	927만 달러	◦ 미국 222.5만 달러, 일본 50만 달러, EU 38만 달러
'96.7~'97.3	4,364만 달러	3,470만 달러	◦ 미국 717만 달러, 일본 600만 달러, 한국 339만 달러, EU 860만 달러
'97.4~'97.12	1억 8,439만 달러	1억 5,781만 달러	◦ 미국 4,537만 달러, 일본 2,700만 달러, 한국 2,633만 달러, EU 2,752만 달러
1998	3억 8,324만 달러	2억 1,587만 달러	◦ 미국 17,185만 달러, EU 1,380만 달러, 한국 1,100만 달러, 캐나다 395만 달러, 노르웨이 239만 달러, 이집트 280만 달러 호주 132만 달러 등
1999	2억 9,208만 달러	1억 8,980만 달러	◦ 미국 1억 7,500만 달러(추정), EU 798만 달러, 스웨덴 383만 달러, 캐나다 340만 달러, 호주 270만 달러, 노르웨이 200만 달러, 덴마크 195만 달러, 핀란드 72만 달러, 아일랜드 27만 달러 등
2000	3억 1,376만 달러	1억 5,310만 달러	◦ 일본 9,566만 달러, 미국 2,923만 달러, 호주 666만 달러, EU 478만 달러, 이탈리아 322만 달러, 스웨덴 280만 달러, 노르웨이 229만 달러, 덴마크 151만 달러, 핀란드 113만 달러 등
2001	3억 8,398만 달러	2억 5,030만 달러	◦ 일본 10,489만 달러, 미국 10,270만 달러, 한국 1,771만 달러, 이탈리아 708만 달러, 독일 291만 달러, 호주 289만 달러, 스웨덴 245만 달러, 스위스 222만 달러, 노르웨이 189만 달러, 캐나다 170만 달러, 덴마크 151만 달러, 핀란드 75만 달러, 기타 142만 달러 등
2002	2억 4,684만 달러	2억 2,153만 달러	◦ 미국, 한국(1,798만 달러), 유럽연합, 호주, 캐나다, 스웨덴, 영국, 독일, 노르웨이, 덴마크 등
2003	2억 2,937만 달러	1억 3,305만 달러	◦ 미국, 한국(1,683만 달러), 캐나다, 호주, 독일, 유럽연합, 이탈리아, 노르웨이, 스웨덴, 스위스 등
2004	2억 880만 달러	1억 5,158만 달러	◦ 일본, 미국, 호주, 한국, 유럽연합, 캐나다, 핀란드, 덴마크, 뉴질랜드, 독일, 아일랜드, 노르웨이, 스웨덴, 이탈리아 등

2. 국제적십자사 지원

연 도	목 표	실 적	달성률
1998	1,400만 달러	826만 달러	59%
1999	900만 달러	295만 달러	33%
2000	659만 달러	455만 달러	69%
2001	696만 달러	425만 달러	61%
홍수피해 복구 긴급어필('01.10)	57만 달러	57만 달러	100%
2002	753만 달러	820만 달러	109%
홍수피해 복구 긴급어필('02.8)	60만 달러	50.6만 달러	84%
2003	920만 달러	886만 달러	96%
2004	1,117만 달러	801만 달러	72%
용천재해 긴급지원('04.12)	131만 달러	156만 달러	119%
2005. 8 현재	1,110만 달러	950만 달러	86%

출처 : UNOCHA 통계(2004. 12) 기준, 통일부, 『2005년도 국정감사 요구자료 II』(서울: 통일부, 2005), pp. 271-272.

현재 남북은 연간 7억 달러(2004년 기준) 정도의 교역을 하고 있다. 이는 1998년 약 3배 이상 증가한 교역액으로 어느 때보다 활발한 교류와 교역을 하고 있다. 지난 2002년 10월 북핵 문제 재발 이후에도 흔들림 없이 남북 협력사업에 대한 지원은 꾸준히 증가세를 유지해 오고 있다.[84] 이는 한반도 통일에 순기능으로 긍정적인 효과를 낳을 수 있다(표 2-11 참조).

표 2-11. **남북교역 현황(1995년 이후)**

(단위: 백만 달러)

연 도	반 입	반 출	계
1995	223	64	287
1996	182	70	252
1997	193	115	308
1998	92	130	222
1999	121	212	333
2000	152	273	425
2001	176	227	403
2002	272	370	642
2003	289	435	724
2004	258	439	697
2005. 8	200	491	691

출처: 통일부, 『2005년도 국정감사 요구자료 Ⅳ』(서울: 통일부, 2005), p. 99.

이런 대규모의 지원에도 불구하고 변화하지 않는 북한에 대해 바라보는 주변국들의 시각은 곱지도 않을 뿐만 아니라 신념을 불어넣어주지 못하고 있는 것이 현실이다.

북한의 존재와 북한 미래의 불확실성은 한국의 근본적인 이슈로 떠오르고 있다. 여러 관점에서 한국은 김정일의 '변하는 생각(whims)' 때문에 취약점을 가지게 될 것이다. 그러나 아직 북한이 어느 길을 선택할 것인지를 알 수 없고, 개혁을 경험하든지 혹은 정치적 변화를 보이든지 간에, 남북한 간의 경제 통합에 대한 불확실성이 급진적으로 일어날는지 혹은 점진적으로 일어날는지 모르는 일이다.[85]

한국 통일 환경의 변화

한국과 북한은 20세기 말 한국 김대중 정부가 취한 햇볕정책[86]으로 2000년에 평양에서 남북정상회담이 이루어졌고 남북협력도 활발하게 진척시키는 등 통일을 향한 발걸음을 내딛고 그 걸음을 하나 둘씩 진보시키고 있다. 금강산 관광, 개성공단 건설, 평양관광, 대북 쌀 지원 등의 관광과 경제 분야의 협력은 남북한 간 철도 연결로 이어졌고, 반세기 간 헤어졌던 이산가족은 작은 수이지만 상봉의 회포를 풀어가고 있다.

그러나 북한 경제의 악순환과 억압으로 탈북자들이 계속 증가하고 있으며 이 문제는 중국과 북한, 한국과 북한, 한국과 북한 3각 사이에 중대한 문제로 떠오르는 등 국제문제화가 되었고, 북한에도 자본주의가 물들여지는 과정과 함께 시장경제 체제의 모습이 드러나고 노출되는 형국이다.

상황이 이러함에도 불구하고 한반도는 지리적 특성상 주변 4국에 둘러싸여 있는 특수한 관계를 형성하고 있어 주변 국가들의 영향을 받지 않을 수 없다. 지난 세기 동안 한반도는 주변 4국에 의해 침략당하고 분단되거나 합병·통일된 전례들인 신라의 3국통일, 거란족 침입, 임진왜란, 19세기 말의 개항 요구, 한일병합, 일제 강점, 한국전쟁과 현존의 북핵 문제 등이 이를 뒷받침한다.

한국의 통일은 말할 것도 없고, 그 이전에 상당기간 거쳐야 하는 평화정착과 남북공존의 단계를 실현하는 데도 주변 4국의 이해와 협조는 필요 불가결하다. 우리는 한국 문제의 한국화(韓國化)라는 구호를 좋아하고, 한반도 문제는 우리 민족끼리 '주체적으로' 해결해야 한다고 강조하기를 즐긴다. 그러나 한반도 분단의 과정과 주변 정세를 고려하면 한국 문제를 한국인끼리 해결한다는 것은 낭만적

인 민족 신화에 지나지 않는다.[87)]

동북아 역내 주변 4국들은 급변하는 국제정치 상황과 한반도 주변 환경에 대하여 상대 국가들과의 관계를 중시하며 상황판단과 대처를 달리하고 있다. 특히 한국 통일 문제에 대하여는 자국의 생각을 좀처럼 드러내지 않고 형식적인 태도만 취할 뿐으로, 한반도의 향후 통일을 위하여 준비하고 취해야 할 각국의 태도를 쉽사리 내보이지 않아 가늠하기 힘들다.

한반도처럼 세계열강인 4국의 틈새에서 쪼개지고 나누어진 남북의 경우는 동북아 주변국들과 밀접하게 연계되어 있다. 한국 통일은 독일의 경우에서 보듯 주변 국가들의 영향력과 역할이 매우 중요하므로 남북한에게 주변국의 협조가 절대적으로 필요하다. 독일통일 과정에서 서독의 헬무트 콜(Helmut Kohl) 총리의 통일외교는 통일 당사국을 둘러싼 주변국들과의 유대관계가 중요함을 일깨워주고 있다. 그러나 한반도 주변 4국은 한국 통일에 대한 관심보다는 동북아와 한반도에서 전개되는 국제관계의 흐름을 주시하며 겉과 속이 다른 행태를 보이고 있다. 겉으로는 동북아의 안정과 한반도의 평화를 위해 통일을 지지한다고 하지만, 속으로는 서로 다른 속셈을 가지고 이해관계를 저울질하고 있기 때문이다.

한국 통일을 달성하기 위해서는 한반도 주변 4국의 도움이 반드시 필요하다. 한국의 햇볕정책과 6·15 남북정상회담은 미국과 일본의 대북대화를 촉진했고, 북-미 협상과 북-일 협상은 중국의 영향력 행사와 함께 북한을 대회의 장으로 끌어내었다. 특히 북한에 대한 중국의 영향력 행사는 남북정상회담의 성사에 크게 기여해 왔다. 러시아 역시 틈새를 놓치지 않으려고 하고 있다. 이제 한국 통일은 남-북한의 '자주 통일'을 위한 의지의 실천 노력과 함께 한반도 주변 국가의 이해관계에 따라 국제정치적 상황으로 전개될 동북아에서의 국제정치 변수와 여건에 따라 좌우될 여지가 많게 되었다. 한반도를 위요하고 주변 여건과 사정이 이럼에도 한반도 주변 4국은 한국 통일 문제에 관하여 개입하거나 숙의하려고 하지 않으며, 급작스런 변화를 바라지 않고 있다.

최근 주변 4국은 활발한 상호 교차 정상회담을 통해 동북아지역에서 안정과 평화를 기조로 한 상호협력과 견제의 새 질서 구축을 모색하면서 한반도에 대한 자국의 영향을 확대하려는 경향이 나타나고 있다. 주변 4국의 한반도에 대한 전략적 구도, 즉 한반도의 안정과 평화유지가 동북아의 신질서 구축과 자국의 경제적 이익확보에 중요하다는 인식은 한국 통일에 대하여 근본적으로 한반도의 '현상유지'를 바라는 것으로 이해된다.

2000년대에 들어 주변 4국은 한국의 북방정책 이후 한국 일변도의 접근 정책에서 북한에 대하여 새로운 시도의 접근을 하고 있다. 미국의 페리보고서 등에서 보이는 북한 연착륙정책, 일본의 대북한 수교 협상 등 접근, 중국의 지속적인 북한 지원 그리고 러시아의 대북관계 회복 노력 등 주변 4국들이 일련의 북한에 대한 정책들은 북한 정권의 급격한 몰락이나 한국 통일을 상정한 정책과는 거리가 멀다. 한반도 주변 4국은 남북한에 대한 유화정책으로 남북대화 및 남북한 평화정착에 긍정적인 입장을 취하고 있다. 그러나 한국의 통일에 대해서는 부정적이거나 유보적인 입장을 지니고 있는 것으로 분석된다.

한국 통일에 관하여 주변 4국이 보이는 태도는 한반도의 미래에 직접적 · 간접적으로 관련성이 있고, 그들의 태도를 행간을 통하여 분명하게 읽고 대처하는 하는 것은 매우 중요한 일이다. 또한 주변 4국의 직접적인 표현과 정책이 잘 드러나지 않고 있으나 통일 환경은 분명 변하고 있다.

한반도 주변 4국은 통일될 한국의 미래에 대하여 우려감을 가지며 전개되고 있는 상황을 예의주시하면서 관심을 두고 있다.

첫째, 그 우려는 남북한이 통일될 경우 통일한국이 장래 각국에 위협적일 것이라는 가정에 기초한다. 미군이 주둔하고 있는 한반도가 통일될 경우 미국의 영향력하에 있을 것이며, 미군이 중·러의 국경에까지 가까이에 있게 되는 가상현실을 생각하고 싶어하지 않는다. 이는 통일한국이 가질 위상과 국력의 신장이 동북아시아에서 새로운 강국으로 발돋움할 것을 우려하기 때문이다. 또한 통일한국이 가지는 경제력은 물론 군사력 등을 포함한 이른바 기득권의 침해와 자국의 영향력 감소를 우려하는 것이다. 현재 수준에서 남북한의 통합을 가정한다면 통일한국은 세계 190여 개국 중 국가 면적은 78위, 인구는 12위, 국민총생산은 11위를 점유하게 된다. 군사력도 미·중·일·러와는 비견할 수 없지만 170만 명이 넘는 병력 수는 중국 다음으로 세계 2위가 될 정도로 잠재적 군사대국이 된다.

둘째, 4국이 가지는 관심은 한반도에서의 변화가 몰고 올 현상들에 대비하는 것이다. 각국은 21세기 들어 한국 통일에 대한 논의와 변화가 반드시 일어날 것을 예견하고 자국의 이익에 부합되는 통일이 이루어지기를 원한다. 현재, 4국은 통일한국의 출발과 탄생과정에서부터 순탄한 길을 열어 줄 것 같지 않아 보인다. 그리고 한국의 통일을 장래에 전개될 이슈로 상정하지만 어느 국가가 나서려고 하지 않는 상황이다. 그러나 주변 4국 각국은 향후 어느 시기에 전개될 통일논의와 추진 과정에서 자국의 영향력 증대를 꾀하려 들 것이 틀림없다. 이념논쟁이 무의미한 지금의 국제정치 상황하에서 한반도 주변 4국은 역내의 평화와 안정을 바라고 있다. 그러므로 남북한은 주변 4국에 대하여 통일될 한국이 동북아시아의 평화와 안정에 도움이 되며, 주변 국가 이익에 도움이 된다는 점을 상기시키는 외교적 역량을 발휘해야 한다.

위에서 살펴 본 바와 같이 지금 한반도를 둘러싸고 통일 환경이 결코 이롭지 못하다. 그렇다고 아주 부정적이지만은 않다. 다만 한반도의 평화와 안정을 주변국 모두가 원하고 있다는 수준이다. 주변 4국에서 한반도에 대한 통일논의는 거의 보이질 않는다. 통일 환경은 당사국들이 만드는 것이다. 분단국 앞에 저절로 주어지는 것을 기다리다간 시기를 기약하지 못한다. 독일의 빌리 브란트가 1972년부터 동방정책을 추진하여 20여 년 만에 그 열매가 익어 과실을 맛보았듯이 우리 정부의 노력이 필요하다.

한국의 통일은 남북한 당사 국가의 지혜와 독일 통일에서 교훈을 얻듯이 주변 4국의 외부적 힘을 무시할 수가 없게 되어 있다. 주로 미 · 중 · 일 · 러 4대국의 한반도에 대한 종합적인 영향력이 남북한 쌍방의 통일 노력을 발전하도록 도와줄지, 아니면 덜미를 잡을지는 주변 4국이 가지는 권력으로 정의되는 국가이익에 달려 있다. 그러므로 이러한 한반도 주변 정세의 변화를 예견 · 파악하여 평화 통일에 대한 협력 방안을 강구하고 주변 4국가들이 국가이익을 위하여 어떤 정책을 펼칠지를 분석하고 대비해야 한다.

4. 탈냉전 이후 남북한의 통일 정책

한국의 통일 정책

〉〉〉한국의 주변 4국과의 관계

서독의 동방정책(Ostpolitik)이 1960년대 말에 조성된 미 · 소 간의 데탕트(detente)라는 국제환경을 기초로 하여 추진될 수 있었듯이, 1980년대 후반 한국의 본격적인 북방정책의 출범 역시 무엇보다도 미 · 소 간의 신데탕트를 근간으로 한 것이었다. 두 초강대국 간 정치적 화해의 가장 직접적인 동기는 양국의 군사비 삭감 필요성에서 발견될 수 있을 것이다.[88)]

유럽에서 미 · 소가 군축노력을 통해 거둔 성과들은 동아시아지역에서 양국간의 화해에도 영향을 미쳤으며, 이러한 국제환경을 바탕으로 한국의 북방정책은 궤도에 오를 수 있었다. 그런데 이 북방정책은 그 개념부터가 다분히 서독의 동방정책 모델에서 연유한 것이 많다. 즉 서독이 동유럽국가들 특히 소련과 긴장완화에 합의한 후 이를 바탕으로 동독과 관계정상화를 달성한 점, 나아가 비정치적 분야에서도 교류 · 접촉을 확대해감으로써 이러한 경험을 바탕으로 장기적으로 정치적 통합에까지 이르게 한다는 '기능주의'적 접근을 추진한 점 등은 1970년대 한국정부에게는 매우 주목할 만한 현상으로 비쳐졌다. 그리하여 이 무렵의 대공산권 문호 개방 천명과 같은 한국의 대외적 의사표시들은 분단독일의 새로운 정치행위들로부터 많은 시사를 받은 데서 나온 것으로 볼 수 있다.

그러나 동아시아에서의 미 · 소 · 중 · 일 간의 다극구조라는 국제환경적 요인으로 말미암아 미 · 소 간 유럽형 양극구조를 바탕으로 한 서독의 접근 모델을 한국에 여과 없이 그대로 적용하기에는 많은 어려움이 있었다. 즉 동아시아에는 유럽과 달리 소련 이외에 중국이라는 접근 대상이 추가됨과 동시에, 특히 이 두 공산강대국들 간의 분쟁은 중 · 소 공히 북한을 경쟁적으로 의식해야 하는 정치적 상황을 조성함으로써, 한국정부의 북방정책 추진은 커다란 장애물에 부딪혔다. 그러나 1980년대 말 중 · 소 간 정치적 화해가 이루어짐으로써 한국이 그들 국가에 외교적 접근을 하기에 유리한 환경이 마련될 수 있었는바, 이러한 상황을 바탕으로 한국은 소련에 이어 중국과도 수교를 달성했다. 물론 여기에는 소련의 사회주의이념의 탈피 그리고 중국의 실용주의 노선 채택에 따른 사회주의의 퇴조현상이 기본적으로 영향을 미쳤다.

한국의 대중·소 접근정책의 목표는 북한과의 긴장완화와 협력추진에 도움이 되는 국제환경 조성에 있었다. 보다 구체적으로는 중·소가 평양당국에 정치적·군사적·경제적 영향력을 행사하여 북한으로 하여금 한반도 지역의 평화 정착에 응하도록 하였다. 또한 한편으로는 대외개방을 유도하여 남북한 간 교류·접촉의 경험을 축적한 다음 이를 바탕으로 궁극적으로는 민족통일에 이를 수 있게 한다는 것이다.[89]

2003년 2월 25일 출범한 한국의 참여정부는 한반도의 평화를 정착시키고 남북공동번영을 추구함으로써, 평화통일의 기반조성과 동북아 경제 중심 국가로의 발전 토대를 마련하고자 하는 평화·번영 정책(Policy of Peace & Prosperity)[90]을 제시하였다.

한국 노무현 정부의 외교정책은 '평화·번영정책'에 집약되어 있다. 이는 김대중 국민의 정부의 정책성과를 계승하는 한편, 변화된 정책여건에 대응하여 이를 보완·발전시켜 한반도의 평화 증진과 공동 번영을 추구하고, 나아가 평화통일의 기반 조성 및 동북아 경제 중심으로의 발전 토대를 마련하고자 하는 구상이다.[91]

이를 위해 노무현 정부는 우선 북한핵 문제의 평화적인 해결을 당면과제로서 추구하며, 이전 정부에서부터 추진된 남북한 간 화해와 교류협력 증진을 바탕으로 한반도 냉전구조 청산 및 항구적 평화체제 구축을 궁극적인 목표로서 상정하였다. 또한 이의 실현을 위해 노력하고, 국민의 정부가 추구한 대북정책의 범위를 한반도뿐만 아니라 동북아로 넓혀 동북아 경제 중심 건설 및 동북아 평화협력체 수립 등 동북아 공동의 평화·번영을 지향하고자 한다.

대미 관계에 있어서 시대변화에 맞게 전통적 군사 분야 및 정치·경제·사회 등의 분야를 포괄하는 '역동적·포괄적 동맹' 및 '완전한 동반자 관계'로의 발전을 위해 노력하고 있다. 이와 함께, 여타 주변국 등 국제사회와의 우호협력 관계를 긴밀히 하여 한반도 평화·안정에 대한 이들의 지지 확보, 국제무대에서의 한국의 위상 제고, 국익 우선의 경제·통상 외교 전개, 재외국민 보호 강화, 문화외교의 적극적 추진 등 그간 꾸준히 추진하여 온 외교과제의 실현을 위해 지속적으로 노력하고 있다.[92]

한국은 한반도 평화와 안정을 위한 협조 확보를 위해, 첫째, 북한핵 문제의 평화적 해결을 위한 한·미·일 공조 및 중·러의 건설적 역할 확보에 주력하고 있다. 이를 위해, 한·미·일 정상회담(2002. 10) 등을 통해 긴밀한 공조를 가지고, 중·러의 대북 영향력을 활용한 문제의 해결을 추진하고, 남북대화 채널을 통해서도 북한의 핵개발 프로그램 폐기 및 핵동결 유지를 강력히 촉구한다는 정책이다.

둘째, 남북 화해·협력 과정에 대한 주변 4국의 지지 확보를 목표로 하고 있다. 이를 위하여, 한반도 주변 4국 등으로부터 국제적 지지를 지속적으로 확보하려 하며, 한국의 대북정책에 대한 중·러의 지지 및 건설적 역할을 확보하려 하고, 북한의 국제사회 참여를 유도하기 위하여 일·북 수교 교섭 및 미·북 대화 등 우방국과의 관계개선을 지원 및 국제기구·지역협력체에 대한 참여를 지원하고, 미국·유럽연합(EU) 등의 대북 인도적 지원사업에도 참여를 유도한다는 정책이다.[93]

한국정부는 당면 현안과제로 첫째, 북한핵 문제[94]의 평화적 해결을 위한 추진방안으로 북경 3자 대화, 6자회담 등의 결과 분석 및 향후 대책을 수립하는 것과 아울러, 대화를 통한 북한핵 문제의 평화적 해결 노력을 강화하고자 한다. 이를 위해 한·미·일 공조 강화와 한 · 미 협력을 강화하고, 러시아 · 유럽연합(EU) 등 국제기구와의 협력을 강화하며, 남북 대화 채널을 통한 대북 설득에 나선다는 계획이다.

둘째, 이라크 전후 대책이다. 이라크전의 사실상 종전과 함께 과도정부 수립에 따라 이라크 신정부 수립시 신속한 양국 관계정상화를 추진하고자 하며, 인도적 지원 등을 통한 대중동국가 우호협력관계를 강화하고자 한다. 또한 우리 기업의 이라크 재건사업 참여를 위한 외교적 지원을 추진하고 있다.

셋째, 한 · 미 관계의 강화와 발전을 꼽고 있다. 한 · 미 관계의 새로운 변화 요인이 대두되고 있는 때에, 한국 국민들은 대등한 한 · 미 관계를 요구하고 있다. 또한 주한 미군 조정문제가 재론되어 추진되고 있으며, 한 · 미 관계의 장래에 대한 우려는 외국인들의 투자 유치에 영향을 끼칠 수 있다고 분석하고 있다. 이를 위해 한 · 미 간 동맹관계의 강화 의지 및 대북정책에 대한 공동인식 도출을 위하여 노력하며, 한 · 미 동맹 조정이 연합방위력을 제고하는 방향으로 추진될 수 있도록 협의하고, 한 · 미 동맹관계에 대한 대내외 인식 제고와 함께 우리 경제에 대한 부정적 영향을 차단하고자 한다.

넷째, 개방시대의 경제와 통상 외교를 전개하는 것이다. 무역의존도가 높은 한국으로서는 다자 무역자유화가 긴요하나 농업, 수산업 등 일부 분야에서의 국내적 어려움도 현실임을 감안하여, 세계무역기구(World Trade Organization, WTO) 도하개발아젠다(Doha Development Agenda, DDA) 협상에 대한 적극 대응, 자유무역협정(Free Trade Agreement, FTA) 추진, 주요 통상 현안[95]의 원만한 관리, 대개도국 공적개발원조(Official Development Assistant, ODA) 확대[96] 등을 추진하고 있다.

다섯째, 국가 위상의 제고를 위해 노력을 지속하려 하고 있다.

다자 외교 무대에서의 위상 제고를 위해 다자 정상회의에 적극 참여는 물론, 세계적 인권과 민주주의 신장 노력에 적극 동참과 함께, 문화와 학술 외교를 적극 전개하며, 재외국민 보호 및 재외 동포를 육성한다는 방침이다.[97)]

한국의 대4국 외교는 이처럼 활발하게 추진되고 있으나, 통일과 관련한 대4국 통일외교 노력은 매우 소극적인 편이어서 적극성을 보이는 근본적인 대책의 강구가 요구되고 있다.

〉〉〉한국의 대북 통일정책

1948년 8월 15일 대한민국 정부 수립 이후 각 정권별로 취한 통일정책을 살펴보면 다음과 같다. 초대정부로 출범한 이승만 정부는 1950년 북한의 전쟁도발로 인한 심각한 피해를 입었던 현실을 감안하여 '무력북진통일'을 주장하였다.

1960년 4·19혁명으로 출범한 장면 정부는 '무력북진통일' 주장을 폐기하였으나, 'UN감시하의 남북 자유총선거'를 통일정책의 기조로 제시함으로써 기본적으로 이승만 정부의 통일정책과 같은 맥락을 유지하였다.

1970년 8월 15일에 박정희 대통령은 광복절 경축사에서 남북한 간 선의의 경쟁을 촉구하는 '평화통일구상 선언'을 발표한 데 이어 1971년 8월 12일 최두선 대한적십자사 총재가 남북적십자회담 개최를 제의하였다. 이를 북한이 수락함으로써 분단 26년 만에 인도적 문제에서부터 남북대화의 통로가 열리게 되었다. 1972년 7월 4일에는 남북 당국자 간의 비공개접촉과 상호방문을 통해 분단 이후 최초의 남북 당국 간 합의문서인 '7·4 남북공동성명'이 동시에 발표되었다. 1981년 3월 출범한 전두환 정부는 1982년 1월 22일 국정연설을 통하여 '민족화합 민주통일방안'을 발표하였다. 이 방안은 "통일은 민족자결의 원칙에 의거하여 겨레 전체의 의사가 골고루 반영되는 민주적 절차와 평화적 방법으로 성취되어야 한다."는 기본 원칙에 입각하여, 통일헌법의 제정으로부터 남북총선거를 통한 통일민주공화국 완성에 이르는 일련의 과정을 구체적으로 제시하였다.

1988년 2월 출범한 노태우 정부는 국제정세의 시류에 부응하여 '7·7 특별선언'을 발표하였다. 이는 북한을 대결 상대가 아니라 '선의의 동반자'로 간주하고, 남과 북이 함께 번영을 이룩하는 민족공동체적인 관계로 발전시켜 나가자는 것이었다. 1989년 9월 11일 노태우 대통령은 국회연설을 통해 통일의 과도 단계인 '남북연합'을 중심으로 하는 '한민족공동체 통일방안'을 발표하였고, 1990년 8월에는 「남북교류협력에 관한 법률」을 제정·시행하였다. 이러한 노력을 바탕으로 제1차 남북고위급회담이 1990년 9월 서울에서 개최되었다. 1992년 2월 평양에서 개최된 제6차 회담에서는 '남북 사이의 화해와 불가침 및 교류·협력에 관한 합의서(기본합의서)'와 '한반도 비핵화 공동선언' 및 '분과위원회 구성 운영에 관한 합의서'가 발효되었다.

1993년 2월 출범한 김영삼 정부는 이전 통일 방안을 보완하여, 1994년 8월 15일 '화해협력단계→남북연합단계→통일국가완성단계'를 주내용으로 하는 '한민족공동체 건설을 위한 3단계 통일방안(민족공동체 통일방안)'을 발표하였다.

1998년 2월 출범한 김대중 정부는 북한을 화해와 협력의 대상으로 인정하고 함께 공존공영하자는 대북화해협력정책을 추진하였다. 당장 법적·제도적 통일의 실현을 서두르기보다는 안보태세를 확고히 하는 가운데 교류와 협력을 활성화해 나감으로써 상호이해의 폭을 넓히고 민족동질성을 회복하게 하는 '사실상의 통일 상황'을 실현시키고자 하였다. 이 결과, 2000년 6월 남북정상회담이 개최되어 '6 · 15 남북공동선언'을 채택하였다. 이후 다양한 남북대화 진행, 인적 · 물적 교류의 획기적 증대, 이산가족 교류 활성화, 한반도 긴장완화 등 의미 있는 진전이 이루어졌다.[98)]

2003년 2월 25일 출범한 노무현 정부는 국민의 정부의 대북 통일정책의 기조를 계승 · 발전하여 남북 당사자 원칙에 입각하여 남북경협과 군사 · 안보 분야의 균형발전을 추진하고자 하였으며 민족공동체 통일방안을 계승하였다.

한국 정부는 김영삼 정부 이후 통일정책과 관련하여 민주적 절차에 의한 통일, 민족 성원 모두의 자유와 인권 및 민족의 번영이 보장되는 통일이라는 일관된 기조를 유지하여 왔다.

한국 정부의 통일방안은 1989년 '한민족공동체 통일방안'을 1994년 계승한 김영삼 대통령 시절의 '민족공동체 통일방안'[99)]에 토대를 두고 있다.[100)] 그러나 한국 사회에 합의된 통일방안은 아직 존재하지 않는다. 이 방안은 김대중 대통령의 '3단계 통일방안'과 함께 통일방안으로 존재한다. 한국의 통일방안은 기본적으로 점진적 접근방법만이 통일을 가져올 수 있다는 전제하에서 '선교류 후통일'의 입장을 체계화한 것으로 기능주의적 시각에 기초한 통합방안이라고 할 수 있다.

민족공동체 통일방안의 목표는 단기간 내에 법적 · 제도적 통일을 달성하는 것이 아니라, 남북한이 전쟁의 불안을 느끼지 않고 공존할 수 있는 틀을 만드는 것이다. 통일이 민족의 궁극적 목표이기는 하지만, 이를 위해서 우선 남과 북이 화해 · 협력할 수 있는 현실적 토대를 만드는 것이다.

한국정부의 대북정책은 가공적 통일단계에 대한 논의를 하는 것보다는 비교적 실현가능성이 높은 남북연합을 지향하고 있다. 그것은 반세기 이상 서로 다른 체제에서 생활해 온 남북한이 단기간에 융화되기 곤란하며, 통일이 달성된다고 해도 심각한 통일 후유증이 나타날 가능성

표 2-12. **한국 역대 정부의 대북정책 비교**

구분	노태우 정부	김영삼 정부	김대중 정부	노무현 정부
기본 특징	· 탈냉전과 민주화 흐름 속에 통일 환경 조성을 위한 외교적 노력과 분단 극복을 위한 내부적 노력을 병행 추진	· 북한의 핵개발 시도 등으로 한반도 평화정착과 남북협력 확대에 노력	· 통일을 서두르기보다는 화해협력을 통한 평화공존 실현에 주력(흡수통일 배제) · 대북정책의 일관성 유지 –특히 정경분리 원칙을 천명하고 정치적 상황에 구애됨이 없이 남북경협을 꾸준히 추진	· 국민의 정부의 대북·통일정책의 기조를 계승·발전 –투명한(국민 참여) 정책 추진, 정책범위 동북아로 확대 등 · 경협과 군사·안보분야의 균형 발전 추진
통일 방안	한민족공동체 통일방안 발표(1989. 9. 11)	민족공동체 통일방안 발표(1994. 8. 15)	민족공동체 통일방안 계승	민족공동체 통일방안 계승
대북 정책	· 북방외교의 추진과 남북한 유엔 동시 가입(1991. 9. 17) · 7. 7 선언(1988. 7. 7) –남북한 인적 왕래와 교역문호 개방 –민족경제의 균형발전 및 국제사회에서의 남북한 협조 등 추진 · 남북고위급 회담 추진 –남북기본합의서 채택	[평화정착 4대 원칙] · 북한무력도발·적화노선 포기 · 상호존중 · 신뢰구축 · 상호협력 [남북협력 4대 원칙] · 북한 식량난의 구조적 해결 · 민족공동발전계획 협의·추진 · 북한 국제사회 참여 지원 · 북한의 자발적 변화	[대북화해 협력정책] 3대 추진원칙 · 무력도발 불용 · 흡수통일 불추구 · 남북 화해 협력 적극 추진 추진기조 · 안보와 협력의 병행 · 평화공존과 교류 실현 · 북한의 변화 여건 조성 · 남북간 상호 이익 도모 · 당사자 해결과 국제지지 · 국민적 합의에 기초한 대북정책 추진	[평화번영정책] 추진원칙 · 대화를 통한 문제해결 · 상호신뢰와 호혜주의 · 남북 당사자 원칙 기초 국제협력 · 국민과 함께 하는 정책 추진전략 · 북한핵 문제 해결 · 한반도 평화체제 구축 · 동북아 경제중심 추진
평가	· 남북교류협력의 법제화 및 기본합의서 채택 등을 통한 남북관계의 진전 토대 마련	· 대북 식량지원, 경수로 사업 착수 등 핵문제의 평화적 해결과 남북관계 개선 노력	· 남북정상회담, 남북경협 활성화를 통해 남북 화해 협력 본격 진전 –철도·도로 연결, 개성공단 건설, 금강산 관광사업 등 –사회·문화교류 활성화	· 화해협력정책의 계승발전을 통해 남북관계 지속 발전 –남북장관급 회담 등 대화채널 지속 –3대 경협사업 본격 추진 등 · 북핵문제해결과 군사안보분야 진전 노력 –6자회담 및 남북장성급 회담 등을 통한 군사적 신뢰구축, 평화체제의 토대 구축 노력

출처: 통일부, 『2005년도 국정감사 요구자료 I』(서울: 통일부, 2005), p. 344.

도 있다고 보기 때문이다(표 2-12 참조).

냉전시대에 남북한은 체제경쟁을 하는 가운데 각자 자기 측의 주도에 의한 통일을 주장[101]하였다. 탈냉전시대에 남북한은 평화공존과 화해·협력의 필요성에 대해서 공감하고 있다. 그러나 남북한은 통일과정, 정책 우선순위, 평화체제 정착의 방법, 대내적 조건 등에 대해서 견해를 달리하고 있다.

냉전체제의 붕괴로 북한은 위기에 직면하였다. 사회주의권의 붕괴는 북한의 구조적 문제들을 악화시키는 결정타였다. 북한은 이념적·군사적 동맹세력을 상실했을 뿐만 아니라 대외 경제 협력망을 상실하였다. 이러한 대내외적 위기에 직면하여 북한은 남한과의 관계개선에서 활로를 찾고자 했다. 냉전체제 해체, 한국의 북방정책, 북한체제의 위기가 복합적으로 작용하여 남북한의 유엔 동시가입, 남북기본합의서 채택, 한반도 비핵화공동선언 채택 등이 가능하였다.

남북정상회담과 그 이후 남북관계의 진전도 탈냉전의 국제환경과 남북한의 정책적 변화에 의해서 가능하였다. 요컨대 남북한은 탈냉전상황에서 어느 한쪽의 우위에 의한 통일을 목표로 추구하기보다는 공존과 화해·협력을 모색하고 있다. 한국은 전쟁방지와 공존구조 정착을 위해서 북한을 협력의 틀 속으로 끌어들여서 사실상의 통일을 달성하고자 한다. 북한도 남한에 비해 국력의 절대적 열세로 북한 주도에 의한 통일이 불가능하다는 것을 인식하고 남한과의 협력을 통해 체제 생존을 도모하고자 하고 있다.

남북한이 평화공존과 화해·협력의 필요성에 대해서 공감하고 있음에도 불구하고 남북한이 통일 문제를 바라보는 데에는 몇 가지 차이점[102]이 존재한다.

북핵 문제도 남과 북의 시각차로 통일의 걸림돌이 되고 있다. 한국 정부는 북핵에 대해 북한의 핵 보유를 용납할 수 없다는 확고한 원칙하에 이 문제를 대화를 통해 평화적으로 해결해 나가기 위해 한·미·일 공조를 바탕으로 관련국과의 협력을 강화해 나간다는 입장이다. 또한, 북핵 문제 해결을 위해 당사자로서 적극적인 기여와 역할을 해나간다는 입장이다.

북핵 문제 해결을 위한 한국 정부의 기본방안은 2003년 8월 27일부터 8월 29일까지 개최된 제1차 6자회담에서 밝힌 바와 같이 3단계[103]로 구성되어 있다.[104] 그간 3차례 회담에 이어 4차 6자회담이 2005년 7월 26일 베이징 댜오위타이(釣魚臺)에서 개막되었다가 8월 7일 3주간 휴회를 거친 후에도 연기해 오다 다시 2단계 4차회담이 9월 13일에 재개되어 9월 19일 공동선언을 발표하고 폐회되었다. 그러나 북한은 선언 하루 뒤에 경수로 제공 없이는 NPT에 복귀하지 않겠다고 하였다. 이는 북한의 평화적 핵 이용권 문제를 둘러싼 북·미 간의 이견 때문이었다.

2005년 7월 12일, 한국 정부는 북한이 핵 폐기에 합의하면 현재 중단 상태에 있는 경수로 건설을 종료하는 대신에 한국이 독자적으로 200만kw의 전력을 송전방식으로 제공하겠다는 내용의 '중대 제안'을 밝혔지만[105] 북한은 즉답을 회피한 상태[106]이며, 미국 등 이해 당사국들의 태도 변화도 관건이다.

급격히 증가하고 있는 탈북자에 대해서도 북한은 신경을 곤추세우고 있다. 현재 해외체류 탈북자 수는 그 성격상 현황 파악이 어려우나, 총 3만 명 정도로 추정되며, 과거에는 대부분 중국에 체류하였으나 최근 점차 동남아 등으로 확산되고 있는 상황이다.

전체 탈북자 중국 내 입국 탈북자 수는 북한의 식량난이 가중되었던 1990년대 중반 이후 대폭 증가하여 매년 2배 정도씩 급격히 증가하였으며, 2002년 이후 1천 명을 넘은 데 이어 매년 증가추세로 2004

표 2-13. **탈북자 입국 현황**

1. 연도별

구 분	~1989	~1995	1996	1997	1998	1999	2000	2001
인 원	607	127	56	86	71	148	312	583
구 분	**2002**	**2003**	**2004**	**2005. 6**	**계**	**사망·이민 등**		**국내거주**
인 원	1,139	1,281	1,894	566	6,870	294		6,576

*사망 259명, 이민 35명

2. 탈북동기별

연 도	생활고	동반탈북	체제불만	처벌우려	가정불화	중국정착	기타	계
1995	4	7	5	21	1	2	1	41
1996	–	20	9	21	2	3	1	56
1997	6	42	15	12	1	9	1	86
1998	11	18	9	20	–	9	4	71
1999	27	41	39	32	–	4	5	148
2000	127	51	52	66	–	13	3	312
2001	293	171	33	73	–	7	6	583
2002	607	258	96	93	39	37	9	1,139
2003	774	194	123	80	53	46	11	1,281
2004	1,125	401	156	104	87	12	9	1,894
2005.6	329	120	50	37	21	8	1	566

출처: 통일부, 『2005년도 국정감사 요구자료 I』(서울: 통일부, 2005), p.125, 206.

년은 1,800명을 넘고 있다. 현재 제3국 체류 탈북자의 정확한 규모는 이들이 기본적으로 은둔·도피 생활을 하는 관계로 파악하기 어려우나 유엔난민고등판무관(United Nations High Commissioner for Refugees, UNHCR), 미국난민위원회(United States Commissioner for Refugees, USCR) 등 비정부기구(Non-Governmental Organization, NGO) 단체는 10만 명까지 추정하고 있다. 이에 대해 한국정부는 해외체류 탈북자들이 한국행을 희망하는 경우 전원 수용한다는 방침하에 이들을 신속하고 안전하게 국내로 이송시킬 수 있도록 외교적 노력을 기울인다는 방침이다[107](표 2-13 참조).

또한, 국제사회에서 제기되고 있는 정치범 수용[108] 등 북한의 인권문제와 관련하여 한국정부는 북한인권 문제를 실질적이고 효과적으로 개선할 필요가 있다. 이에 북한인권 개선에 관심 있는 나라마다 각자 처한 상황에 따라서 다양한 접근방식을 전략적으로 검토·선택할 수 있다고 보고 평화번영정책을 통해 남북간 긴장완화와 화해협력을 실천하고, 그 과정에서 북한인권의 점진적·실질적 개선을 도모하는 정책을 견지하고 있다. 한국정부는 북한인권문제에 대한 국제사회의 관심과 노력이 6자회담 진전과 남북관계 개선 등 한반도의 평화와 안정을 위한 우리의 노력과 조화될 수 있도록 계속 노력해 나간다는 입장이다.[109]

〉〉〉한국 대북 통일정책의 문제점

한국과 북한은 1972년 7·4 남북공동성명에서 표방한 핵심인 '조국통일 3대원칙(자주, 평화, 민족대단결)'과 1991년 남북화해와 협력의 기초로서 '서로 상대방 체제를 인정하고 존중하기'로 합의한 '남북기본합의서(남북 사이의 화해와 불가침 및 교류·협력에 관한 합의서)'에서 평화통일을 성취하기 위한 공동의 노력을 하기로 합의한 바 있다.

이 기본합의서 제1조에는 "남과 북은 상대방의 체제를 인정하고 존중한다."라고 되어 있다. 그러나 1972년 한국은 유신체제를 출범시키는 등 군사독재 체제인 정권의 유지를 위해 내부 조처를 하였으며, 그 이후에도 북한 체제를 인정하려고 노력하지 않았다. 이 합의서 제17조에 "남과 북은 민족구성원들의 자유로운 왕래와 접촉을 실현한다."고 했지만 아직도 실현되지 않고 있는 상황이다.

2000년 6월 15일 남북한의 정상이 합의한 '6 · 15 남북공동선언문' 제2항에는 "남과 북은 나라의 통일을 위한 남측의 연합제 안과 북측의 낮은 단계의 연방제 안이 서로 공통성이 있다고 인정하고 앞으로 이 방향에서 통일을 지향시켜 나가기로 한다."라고 하였다.

남북 두 방안의 공통점과 검토해야 할 과제는 첫째, 연합제와 낮은 단계 연방제는 통일의 중간단계를 설정하고 있다는 점에서 공통점을 지니고 있다. 그러나 통일 중간단계의 협력기구의 구성 및 운영방안, 남북한의 협력방안 등 앞으로 논의되어야 할 많은 과제를 남겨두고 있다. 이는 두 방안 모두 통일의 형태가 아니라 통일을 준비해 나가는 접근방법에 있어서 공통점이 있음을 의미한다.

둘째, 남북한이 통일 중간단계에서 남북한 정부의 대내외적 주권을 인정하고 그 틀 위에서 평화공존을 모색한다는 점에서 공통점이 있다.

셋째, 남북한의 정부가 각각 정치권 · 외교권 · 군사권을 갖되 공동의 상설협의체를 통해 남북한 간 현안문제를 협의하여 해결해 나간다는 점에서도 공통점을 가지고 있다.

이와 같이 남측의 연합제 안과 북측의 낮은 단계의 연방제 간에 공통성이 있음을 인정하였음에도 불구하고 남북한 통일방안 사이에는 국가통일과정에서의 핵심사항과 관련해 여전히 많은 차이점이 존재하고 있다. 따라서 앞으로 이러한 쟁점들을 구체적으로 검토해 나가야 할 것이다. 특히 북한은 낮은 단계의 연방제의 내용이 무엇인지에 대해 보다 구체적으로 설명해야 한다. 북한은 낮은 단계의 연방제와 높은 단계의 연방제의 질적 차이, 낮은 단계의 연방제에서 연방정부의 역할과 권한, 연방제 실현의 선결조건의 지속 여부, 낮은 단계의 연방제의 제도적 기구의 구성과 운영 등에 대해 분명한 입장을 밝혀야 한다. 이를 기초로 남북한이 통일 중간단계의 기구 구성 및 운영 · 진입 절차 · 사전 조건 · 시기 등에 대해 협의해 나갈 수 있을 것이다.

이상과 같은 쟁점을 감안할 때, 남북 양측 통일방안 사이의 접점을 확대해 나가는 문제는 국민적 합의의 토대 위에서 다양한 의견을 수렴하는 노력과 병행하여 추진해 나가는 것이 필요하다. 지금은 우리에게 명분론에 입각한 논쟁보다도 실질적인 통일기반 조성을 위한 대북정책의 지속적 추진이 필요한 시점이다.

이에 대한 북한의 연방제안에 대해 한국정부는 "민족공동체의 관점에서 분단의 폐해와 모순을 극복하는 과정을 생략하고, 단지 '연방'이라는 정치체제의 조합에만 치중함으로써, 진정한 통일의 방향과 과정의 제시가 결여되어 있으며, 각기 다른 이념과 체제를 가진 지역정부로 구성된 연방이 성립된 사례가 없다는 점에서 실현 가능성이 희박하므로 실천적 해결방안으로는 부적절하다."고 보고 있다.[110] 이는 북한의 '느슨한 연방제'인 '낮은 단계 연방제'에 대해 실질적으로 반대한다는 입장으로 5년 전의 공동선언 당시와는 다른 입장을 보이고 있는 것이다.

이처럼 한국의 대북 통일정책은 2000년 이후에는 활발한 남북회담과 교류협력이 추진되고 있다. 그러나 그동안 1972년 남북한 간에 기본합의서 체결 이후에도 실질적인 통일노력을 하지 않았고, 통일방안은 정권에 따라 수시로 변형되어 왔다. 또한 지금까지 통일 당사자인 북한과 통일방안에 대해 깊이 숙의를 갖지 못한 점, 정권유지를 위해 반공 이데올로기를 앞세워 반통일 행태를 보여 왔던 점은 한국의 통일을 앞당기는 데 저해요인으로 남아 있음을 부인할 수 없다.

북한의 통일 정책

〉〉〉북한의 주변 4국과의 관계

탈냉전 이후 동북아시아에서의 국제정세가 이념 대결이 아닌 평화를 추구하고 자국의 번영을 위한 경제 교류 및 경제를 일으키는 방향으로 나타나자, 북한도 평화를 내세우는 외교 전략을 구사하고 있다. 북한은 '자주 · 평화 · 친선'이라는 대외정책을 선택함으로써 안으로는 사회주의체제 유지를 위한 주체사상 강화로 체제유지를 기하고, 밖으로는 낙후된 경제 재건을 위하여 주변국들과 자본주의 교역을 확대하여 궁극적으로 '강한 북한'을 건설하려고 하고 있다.

북한은 1995년에 '고난의 행군' 선포 이후 회복한 안정으로 1998년 9월 김정일 국방위원장 체제를 출범시키고 '강성대국 건설'을 위해 실리 중심의 대외관계에 적극성을 보여 왔다. 이러한 노력은 2000년 7월 푸틴 러시아 대통령의 평양 방문, 2000년 5월과 2001년 1월 김정일 국방위원장의 2차례 중국 방문 등을 통해 러시아, 중국과의 관계를 복원하였다. 2000년 10월에는 조명록 군총정치국장이 미국 클린턴 대통령을 방문하였고, 당시 미국무장관 올브라이트(Madeleine Albright)는 북한을 답방하는 등 관계가 개선되는 듯했다. 그러나 2001년 부시 행정부 출범 이후 미국이 북한을 '불량국가(rogue state)'로 규정하고 미사일방어(Missile Defence, MD)체제 구축을 일방적으로 진행시키자 북미관계는 다시 악화되었다. 특히 2002년 10월 북한의 농축 우라늄 핵개발 의혹이 제기된 이후 북한은 주변국들에게 사면초가를 당한 꼴이 되었다.

러시아 · 중국 · 북한은 미국의 미사일방어체제 구축에 공동 대응하기 위해 신북방삼각관계[111]를 형성하였다. 2001년 7월 중국 장쩌민 국가주석은 모스크바에서 푸틴 대통령과의 정상회담을 통해 양국관계가 전략적 동반자관계임을 천명하였다. 이어서 2001년 8월, 북한 김정일의 모스크바 방문과 2001년 9월 중국 장쩌민의 평양방문 등을 통한 정상회담을 연속적으로 개최하여 이들 3국이 전략적 동반자 관계임을 드러냈다.

북 · 러 정상회담을 전후해 북한의 주변 4국과의 관계가 급속히 변화하고 있다. 급변하는 한반도에서 '발언권 상실'을 우려한 주변 4국이 전에 없이 적극적 자세를 취하고 있는 데다 한반도 주변국에 위상을 강화하려는 북한의 전략적 고려가 맞아떨어지고 있기 때문이다.

가장 적극적인 움직임을 보이는 나라는 러시아로, 푸틴 러시아 대통령은 러시아 국가원수로는 처음으로 2000년 7월 북한을 방문했다. 취임 후부터 강력한 러시아를 표방해온 푸틴이 G-8[112] 정상회담 참석 길에 북한을 방문한 배경에는 그동안 4자회담 등에서 소외되어온 러시아가 남북 정상회담 이후에는 한반도 문제에 더욱 소외될지 모른다는 초조감이 깔려 있다. 한 · 소 수교 이후 한국에 기울었던 러시아는 조 · 러 우호조약 개정을 계기로 한반도에서 등거리외교로 방향을 바꾸었다. 2000년 2월에는 이고리 이바노프 외무장관이 직접 평양을 방문하여 신조약에 서명하였다. 푸틴의 북한 방문은 관계회복과 경제협력의 확대는 물론 실질적인 협력체제로 전환을 가능하게 하였다.

김정일의 방중으로 북한과 중국 간에는 '전략적 동반자' 관계가 복원되었다. 김일성 사망 후 양국은 껄끄러운 관계였으나, 김영남 최고인민회의 상임위원장에 이어 그의 중국 방문으로 예전의 관계가 되살아나고 있다고 할 수 있다. 이는 남북정상회담으로 한반도에서 미국의 영향력이 더 강화될지 모른다는 중국의 우려와 미국을 견제할 세력을 필요로 하는 북한의 이해가 합치되기 때문이다.

대미 관계에서도 북한은 종전과 다른 태도를 보이고 있다. 미국의 추가 경제제재 해제 조치에 발맞춰 중거리·장거리 미사일 시험 및 발사 유예(모라토리엄)를 계속 연장하기로 했으며 관계개선 협상이 본격화될 전망이다. 한때 적극적이었던 북한과 일본의 협상은 소강상태를 맞고 있으나 한반도 정세변화에 따라 재개될 것으로 보인다.

북한의 4국과의 관계개선 움직임은 북한이 지금까지의 폐쇄적인 태도에서 벗어나 국제사회에 본격 참여한다는 점과 그것이 한반도 안정에 기여할 수 있다는 점에서 긍정적 영향을 끼칠 것으로 보인다.[113]

김정일 북한 국방위원장의 '비공식 대변인'으로 알려진 재일 군사 전문가 김명철 씨는 통일에 대하여 "이제 남과 북은 이삼 년 안에 통일이 된다고 본다. 물론 완전한 의미의 통일을 말하자면 20~30년 정도는 걸리겠지만, 부부싸움을 하게 되면 언제인가는 서로가 화해를 하게 되고 다시 만나게 되듯 남과 북은 독일식 흡수통일이 아니라 연방제의 형식을 통하여 빠른 시일 내에 통일이 된다고 본다. 지금의 장관급 회담은 통일을 위한 준비회담으로 충분하다고 보고 또 이런 교류가 단초가 되어 남북의 조속한 통일이 되었으면 한다. 완전한 통일이 아니라 서로가 서로를 인정하면서 초기에는 외교와 국방 정도만 통합하고 국제대회에 단일팀으로 통일기를 앞세우고 나간다거나 유엔과 여타의 국제기구나 회의에 공동대표로 참가하고 차츰 단일대표 형식으로 나가는 형태로 발전하여 외교와 국방의 통일이 이후 경제와 정치적인 통일로 이어지는 날이 시간이 걸리지만 가능하다고 본다. 현실은 역시 정치적인 문제도 중요하지만 경제적인 문제도 상당히 중요하다. 그런 것들이 해결되어야만 남과 북은 진정한 통일을 이룰 수 있고 민족의 화합도 가능해질 것이다. 지금 북한은 한국의 1970년대처럼 '잘 살아보세'라는 구호를 외치는 시기라고 보면 된다."고 하였다.

미국과 양자회담에 대해서는 "북은 미국의 애완견이나 다름없는 일본과는 대화의 필요성을 느끼지 못하며 당당하게 미국과 북한의 양자회담을 통하여 지금의 국면을 정면으로 돌파하길 원한다. 분명하게 말하지만 대화의 두 축은 미국과 북한이다. 한국과의 대화도 아직은 미국과의 문제가 기본적으로 해결된 다음 이루어져야 한다고 본다."고 하였고, 미국과 관계에 대해 "기본적으로는 평화협정을 체결하는 것이다. 그리고 북한과 미국의 국교를 정상화하고 이런 시점에서 일본과의 국교도 정상화해야 한다. 서로가 서로를 정당하게 인정하고 대화를 할 때에만 대화가 가능한 것처럼 북을 미국이 인정하고 미국을 북이 인정하는 가운데 평화협정을 체결하여 상호간의 평화 분위기 속에서 모든 문제를 해결해나가는 것이 최선의 방법이다."라고 하였다.[114)]

북한핵 문제는 동북아의 평화를 저해하는 주요한 사안이 되어 있고 주변국들은 해결에 골머리를 앓고 있다. 2002년 8월 말 미국 측은 외교경로를 통해 북한의 고농축 우라늄(High Enriched Uranium, HEU)을 이용한 핵무기 개발 의혹을 한국 측에 통보하여 왔으며, 북한은 2003년 10월 3~5일간 켈리(Kelly) 특사 방북시 고농축 우라늄 프로그램의 존재를 시인하였다. 이 고농축 우라늄 프로그램 추진은 제네바 합의[115)], 핵확산금지조약(NPT), 국제원자력기구(IAEA) 안전조치 협정 및 한반도 비핵화 공동선언에 위반되는 행위이다. 2003년 11월 14일 한반도에너지개발기구(KEDO) 집행이사회는 미리 예정된 11월분 중유를 공급하되, 12월 이후 중유공급의 중단을 결정하면서 추후 공급은 북한의 행동에 달려 있다는 입장[116]을 전달하였다.

KEDO의 중유공급 중단 조치를 빌미로 2003년 12월 12일에 북한은 동결대상 핵시설의 봉인 및 감시 장비 철거를 IAEA에 요구하는 외무성 대변인 담화가 발표되었다. 이어 북한은 12월 21~24일간 5개 핵동결 시설 중 봉인장치가 설치된 4개 시설[117]의 봉인을 제거하고 감시 카메라 작동을 중지시켰다.

현재 북한에는 영변에 원자로, 임계시설, 방사화학 실험실, 핵연료봉 제조시설, 원자력 발전소(50MWe), 동위원소 생산가공연구소, 폐기물시설이 평북 태천에 원자력 발전소(200MWe), 황북 평산에 우라늄 정련공장과 우라늄 광산이, 황북박천에 우라늄 정련공장이, 평남 순천에 우라늄 광산 등 핵관련 시설이 위치하고 있는 것으로 파악되고 있다(표 2-14 참조).

북한은 2003년 12월 27일 재처리시설(방사화학실험실) 가동 및 국제원자력기구(IAEA) 사찰관 추방 방침을 IAEA측에 통보하였다. 12월 28일에 동 사찰관들이 즉시 철수해 줄 것을 요청하였고 동 사찰관들은 12월 31일 평양발 북경행 항공편을 이용하여 출국하였다. 12월 29일에 북한은 "미국이 일방적으로 제네바합의를 파기하기 시작함으로써 핵확산금지조약(NPT) '탈퇴 유보' 조치마저 위태로운 지경에 빠졌다."는 외무성 대변인 담화를 발표하였다. 2003년 1월 10일 북한은 핵확산금지조약(NPT) 탈퇴선언 성명을 발표하였다. 또한 2003년 2월 12일, IAEA 특별이사회는 북한핵 문제의 유엔 안보리 보고 결의안을 채택하였다.[118]

표 2-14. **북한 내 핵관련 시설 현황**

시 설 명 (기능)	위 치	규 모	비 고 (가동여부 등)
연구용 원자로(IRT-2000)	영 변	1기	'65 구소련에서 2MWt 도입 후 자체기술로 4MWt, 8MWt로 용량 확장
임계시설	영 변	1기	
5MWe 실험용 원자로(★)	영 변	1기	'79 착공, '86 가동개시 ※흑연감속로(英 calder Hall 원자로를 모델로 건설)
방사화학실험실(★) (재처리시설)	영 변	1개소	'85 착공→'95 완공예정이었으나, '94. 10 건설 중단(당시 공정률 70%)
핵연료봉 제조시설(★)	영 변	1개소	
핵연료 저장시설	영 변	1개소	
준임계시설	평 양	1기	김일성 대학
50MWe 원자력발전소(★)	영 변	1기	'85 착공→'95 완공예정이었으나, '94. 10 건설 중단 ※흑연감속로(佛 G-2 원자로가 모델)
200MWe 원자력발전소(★)	평북태천	1기	'89 착공→'96 완공예정이었으나, '94. 10 건설 중단 ※흑연감속로(佛 G-2 원자로가 모델)
우라늄 정련공장	황북평산	1개소	
우라늄 정련공장	황북박천	1개소	
우라늄 광산	황북평산	1개소	
우라늄 광산	평남순천	1개소	
동위원소 생산가공연구소	영 변	1개소	'76 이후 Pu, U 기초연구실시 (IAEA 미신고 시설)
폐기물시설	영 변	3개소	'76, '90, '92 건설(IAEA 미신고 시설)

(★): 1994 미 · 북 제네바합의에 의거 동결된 핵시설(5개소)

출처: 국방부, 『대량살상무기(WMD)문답백과』(국방부, 2004), p. 56.

표 2-15. **남북한 군비통제 관련 조약 가입 현황**

구 분	협약 발효	가 입 국	남북한 현황	기타 주요 미가입국
(국제협약)				
NPT	'68. 7. 채택/ '70. 3. 발효	189개국 (91개국 서명)	한국 '75. 4. 북한 '85. 12. 가입	인도, 파키스탄, 이스라엘, 쿠바
CTBT	'96. 9. 채택 현재 미발효	175개국 서명/ 122개국 비준	한국 '99. 9. 비준, 북한 미가입 *미 · 중 미비준	인도, 파키스탄
CWC	'93. 1. 채택/ '97. 4. 발효	173개국 (165개국 서명)	한국 '97. 4. 비준 북한 미가입	이스라엘, 이집트, 시리아
BWC	'72. 4. 채택/ '75. 3. 발효	152개국 (108개국 서명)	한국 '87. 6, 북한 '87. 3. 가입	이스라엘, 시리아, 이집트
오타와협약	'99. 3. 발효	145개국 (153개국 서명)	남북한 미가입	미국, 중국, 러시아, 인도, 베트남
CCW	'83. 12. 발효	99개국 (50개국 서명)	한국 '01. 5. 가입, 북한 미가입	
개정의뢰 2의정서	'98. 12. 발효	84개국		
4의정서		80개국		
ERW 5의정서	'03. 11. 발효	11개국		
(국제기구)				
IAEA	'56. 10. 설립	138개국	한국 '57. 8. 북한 '74. 6. 가입	'94. 6. 탈퇴
안전조치협정		150개국		NPT 당사국 중 42개국이 안전조치 미체결
추가의정서		108 / 102 / 69	한국 '04. 2. 가입(39번째)	
헌장 6조		42개국		
헌장 14조		48개국		
CD	'84. 2. 설립	66개국	남북한 '96. 6. 가입	
COPUOS	'59. 설립	64개국	한국 '94. 9. 가입, 북한 미가입	
(수출통제체제)				
NSG	'78. 1. 설립	44개국	한국 '95. 10. 가입, 북한 미가입	
ZC	'74. 8. 설립	35개국	한국 '95. 10. 가입, 북한 미가입	
AG	'85. 4. 설립	39개국	한국 '96. 10. 가입, 북한 미가입	
MTCR	'87. 4. 설립	34개국	한국 '01. 3. 가입, 북한 미가입	
HCOC	'02.11. 설립	120개국	한국 '02. 11. 가입, 북한 미가입	
Wassenaar체제	'96. 7. 설립	39개국	한국 '96. 7. 가입, 북한 미가입	

출처: 외교통상부, 『2005년도 국정감사 요구자료 Ⅷ』(서울: 외교통상부, 2005), p. 545.

한편, 북한은 2005년 8월 현재 군비통제 관련 조약에 핵확산금지조약(NPT) 등 3개 조약에만 가입되어 있고 국제원자력기구(IAEA, 한국 1957년 가입, 북한 1974년 가입 후 1994년 6월 탈퇴) 등 12개 조약에는 미가입 상태이다(표 2-15 참조).

2003년 4월 23일 북경에서 3자회담이 열렸고 북한은 해결 방도의 내용을 제시하였다.[119] 2003년 8월 29일 북경에서 6자회담 후 중국측 왕의(王毅) 외교부 부부장은 요약 발표문에서 "미국은 핵 문제가 평화적으로 해결되어야 하고, 또 평화적 해결이 가능하다고 강조하고, 미국이 북한을 위협 또는 침공하거나 북한의 체제를 바꿀 의사가 없다고 밝혔다. 미국은 협상을 통해 미·북 양측의 관심사를 해결하고, 미·북이 함께 전진해 가기를 희망한다."고 하였다. 이어 "북한은 평화를 갈망하고 모든 국가와 우의를 건설하기를 희망하며, 한반도의 비핵화를 추구하며 핵 보유는 북한의 목적이 아니라고 밝혔다. 북한은 미국이 대북적대시 정책을 버리고 북한을 위협하지 않는다면, 핵 계획을 포기하고 미국과 평화적으로 지내기를 희망한다고 밝혔다."고 발표하였다. 또한 "6자회담에서 각국 간 중요한 공통점[120]이 존재하였고, 이것이 금번 회담의 중요한 성과"라고 하였다.

미국은 중유공급 중단이 고농축 우라늄을 이용한 북한의 핵무기 개발 프로그램으로 인한 것이기 때문에, 동 프로그램의 선(先) 폐기가 미·북 대화 재개 전제조건이라는 것과 북한의 위협과 약속위반에 대해 어떠한 보상도 하지 않는다는 입장이다. 또한 북한핵 문제는 평화적인 방법으로 해결하며, 군사적 대응방안은 배제한 가운데 한·미·일 공조를 바탕으로 중·러 등과의 협력을 통해 외교적 압력을 가중해 나간다는 입장이다.

북한은 선핵포기를 거부하고, 핵 문제를 미국과의 협상을 통해 해결하겠다는 입장을 지속적으로 표명하면서, 외무성 대변인 담화를 통해 미·북 불가침 조약 체결을 주장하고 있다. 아울러, 핵 개발 프로그램 존재 여부에 대해서는 모호성을 유지하면서 중유 공급 중단 등 제네바합의(AF) 불이행 책임을 미국 측에 전가하며, 북한의 고농축 우라늄(HEU) 프로그램 시인에 관한 미국 측의 발표를 북한 측은 날조라고 주장하고 있다. 또한 북한은 2003년 12월 21일 이후의 핵 동결 해제 조치가 미국의 중유공급 중단으로 전력 생산을 위한 조치임을 주장하고 있다.

국제사회는 한반도의 평화와 안정유지 및 한반도의 비핵화를 지지하는 측면에서 동일한 입장을 견지하고 있다.

일본은 한·미·일 3국 공조하에 일·북 대화 채널을 통해 북한 측에 동 문제의 해결을 촉구해 나간다는 방침이며, 핵 문제 미해결시 국교정상화는 불가하다는 자세이다. 중국과 러시아는 한반도 비핵화 및 북한핵 문제의 평화적 해결을 지지한다는 입장이며, 현재의 대치 국면 해소를 위해서는 미·북간 직접대화가 필요하다는 입장이다. 유럽연합(EU)도 한반도 비핵화 및 한반도 평화와 안정 유지 등을 고려하면서 동 문제가 평화적으로 해결되어야 한다는 입장이다.

제네바합의 체제에서 국제원자력기구(IAEA) 안전조치 협정 이행 체제로의 전환문제를 협의하기 위해 북한에 고위전문가 회의를 2003년 12월 12일에 제의한 바 있다. 북한이 안전조치협정 불이행시 IAEA 헌장 12-C항에 따라 IAEA는 UN 안보리에 보고할 의무가 있으며, 특별이사회에서 대북 결의안을 채택한다는 입장이다.

한국의 기본입장은 북한의 핵 위협은 한국의 안보와 직결되는 사안이므로, 한국으로서는 북한의 핵 보유를 용인할 수 없다는 입장이다. 한반도의 평화와 안정 유지 및 비핵화에 관한 국제사회의 공통인식을 바탕으로 국제적인 공조를 통해 북한핵 문제의 평화적인 해결을 모색하려 하고 있다.

한국은 구체적인 대응방안으로 한・미・일 3국 공조체제를 바탕으로 중・러・EU 등과의 국제적 협력을 통해 북한이 고농축 우라늄(HEU) 핵 개발을 포기하고 핵동결 해제 조치를 중단하여 원상회복하도록 촉구한다. 이와 함께 미국이 북한과의 대화를 통해 이 문제를 평화적으로 해결하도록 긴밀한 협조를 하고, IAEA 등 국제무대에서의 북한핵 문제 토의에 대비한 협조관계를 구축하며, 남북대화 채널을 통한 대북 설득 노력도 지속적으로 전개한다는 방침이다.[121)]

지금 북한은 불가피한 선택[122)]을 해야 하고, 이후의 미래를 알 수가 없을 뿐더러 국제사회에서 온전한 국가로 인정받을 수 있을지는 의문으로 남는다.[123)]

〉〉〉북한의 대남 통일정책

북한은 북한 주도의 통일을 상정해 온 지 오래다. 북한은 한국을 '하나의 조선' 논리에 입각하여 외세로부터의 '미 해방지구'로 설정하여 혁명과 통일의 대상으로 인식하여 왔으며, 한반도에서 공산주의 사회건설을 목적으로 하고 있다.[124)] 이러한 목표는 남북관계가 지속되고 있는 현재도 김일성의 후계자 김정일은 대남전략[125)]을 통해 김일성의 통일 유훈을 실천하고자 하며 여전히 유효하다.

북한은 1980년 10월 6차 당 대회 이후 1977년에 조직된 통일전선부를 중심으로 김정일이 대남사업을 총지휘하면서 대남전략으로 '통일전선전술'을 중심적인 개념으로 작용하기 시작하였다.

그러나 급작스런 소련연방의 해체와 더불어 동구 사회주의권의 붕괴 여파로 체제유지에 위기감을 느낀 북한의 김정일은 정경분리의 실리주의를 채택하고 강성대국 건설에 필요한 경제적 재원 확보에 나섰다. 마침내 2000년 6월, 남과 북의 정상이 평양에서 극적으로 만나는 희대의 연출이 펼쳐졌고, 남북은 자주 통일의 기대감을 가지게 되었으며 주변국들에게 긴장감을 주었다.

북한은 1980년 통일의 중간과정 없이 바로 완성형 연방국가에 이르는 '고려민주연방공화국 창립방안'을 통일방안으로 제시하였다. 1990년대에 들어와서 기존 입장을 변경하여 지역자치정부에 잠정적으로 많은 권한을 부여한 후, 장차 중앙정부의 기능을 높여 가는 잠정적·단계적 연방제안 제시(1991년 신년사)하였다. 이는 구소련 및 동구 사회주의권 붕괴 등 정세변화에 따른 수세적·방어적 자세로의 방향 전환으로서 현재까지 이 기조를 유지하고 있다. 2000년 '6·15 남북공동선언'에서 북한이 '낮은 단계 연방제안'과 우리의 연합제안에 공통점이 있다는 데 합의한 것은 북측이 '민족공동체통일방안'의 연합제 개념에 접근해 온 것으로 볼 수 있다.

이에 대해 한국 정부는 남북한의 교류 협력을 확대·심화시켜 평화 공존해 나가면서 점진적·단계적으로 통일을 추구해 나간다는 입장이다.[126]

6·15 남북공동선언 제2항에서 언급한 남측의 '연합제' 안과 북측의 '낮은 단계의 연방제' 안이 서로 공통성[127]이 있다는 부분에서 우리가 주목해야 할 문제는 제2항에 통일방안이나 통일국가의 형태에 대한 합의가 함축된 것으로 이해하는 경우가 있다는 점이다. 그러나 분명한 사실은 남과 북이 제2항에서 서로 현재의 체제를 인정하고 평화 공존하면서 교류 협력을 통해 점진적·단계적으로 사실상의 통일을 실현해 나간다는 데 합의하였다는 것이다.

1997년 8월 4일 김정일 국방위원장은 통일 문제에 관한 북한의 입장을 집약한 논문 "위대한 수령 김일성 동지의 조국통일 유훈을 철저히 관철하자"에서 '조국통일 3대원칙', '고려민주연방공화국 창립방안', '전민족대단결 10대강령'을 '조국통일 3대헌장'으로 규정한 바 있다. 또한 북한당국은 이 내용을 1999년 7월 6일 정부비망록

형식으로 재확인하였다. 비망록에서 북한은 '조국통일 3대원칙'을 '민족공동의 통일강령'으로, '고려민주연방공화국 창립방안'은 '조국통일대강'으로, '전민족 대단결 10대강령'은 '민족단결의 대헌장'으로 묘사하고 있다.

그러나 3대헌장 가운데 통일의 당사자인 남과 북이 합의한 것은 7·4 남북공동성명(1972)의 핵심인 '조국통일 3대원칙(자주, 평화, 민족대단결)'뿐이다. 실제로 당시까지 남과 북이 합의한 문서로는 7·4 남북공동성명 외에도 남북화해와 협력의 기초로서 "서로 상대방 체제를 인정하고 존중하기"로 합의한 '남북기본합의서'가 있다. 그럼에도 불구하고 북한은 소위 '3대헌장'에 1991년에 체결한 남북기본합의서를 포함시키지 않고 있다. 물론 북한에서 남북기본합의서를 처음부터 소극적으로 평가했다고 보기는 어렵다. 사실 북한은 1992년에 남북기본합의서가 발효하고 나서 1993년도 김일성의 신년사에서 남북기본합의서와 한반도 비핵화 공동선언 채택을 남북한관계에 있어서 획기적 진전으로 평가한 바 있다. 그러나 북한이 핵확산금지조약(NPT)을 탈퇴하고 한반도 핵 위기가 발생되면서 1993년 3월 이후 남북한 간에는 새로운 긴장이 조성되었다.

이와 같이 핵 위기 와중에 있던 1993년 4월 6일 북한은 최고인민회의 제9기 제5차 회의에서 '조국의 자주적 평화통일을 위한 전민족대단결 10대 강령'을 채택하였다. 이 10대 강령에서는 연방제 통일방안을 주장하고는 있으나, 기본적으로는 남북한 간의 공존·공영·공리를 도모하고 접촉·왕래·대화를 강조한다는 점에서 이 문서는 남북기본합의서를 대체하는 의미를 갖고 있다.[128]

북한은 1980년대까지만 해도 민족주의를 '민족의 이익'이라는 명분하에 부르주아의 이익을 합리화하는 사상으로 평가 절하해 왔다. 다시 말해, 민족주의는 전민족의 이익을 표방함으로써 노동계급을 비롯한 근로대중이 자기의 진정한 계급적 이익을 자각하지 못하게 한다는 것이다. 또한 민족주의는 대외적으로 자기 민족의 우수성을 주장하면서 다른 민족을 멸시·적대시함으로써 민족적 불화와 모순을 격화시킨다고 보았다. 북한에서는 민족주의가 결국 계급적 모순을 은폐하고 노동계급이 자기의 근본이익을 위하여 투쟁할 수 없게 하며, 다른 나라에 대한 침략과 약탈을 합리화한다고 주장하는 것이다. 북한은 이와 같이 민족주의에 대해 부정적 인식을 가져왔음에도 불구하고, 1990년대 이후 '계급'보다 '민족' 개념을 부쩍 강조하고 있다. "계급이나 계층도 하나의 사회적 집단이지만, 그것이 형성되고 발전되어온 역사적 기간에 있어서나 그 공고성에 있어서 민족에 대비되지 않는다."라는 주장은 민족에 대한 북한 당국의 입장이 바뀌었음을 시사한다. 북한이 민족공조를 주장하는 배경에는 그들이 직면하고 있는 총체적 위기를 벗어날 수 있는 이념적 공세를 전개할 필요성이 있다. 계급을 공통분모로 하여 결속하던 사회주의권이 해체되면서, 북한은 '민족이냐 계급이냐' 라는 기로에서 민족이라는 개념을 차용할 수밖에 없었을 것이다. 다른 한편, 남한 내부에 자신들에게 우호적인 환경을 조성할 필요성을 느끼게 되었다. 이를 위해 '민족공조' 대 '외세와의 공조'라는 양분법적 논리로 제시한 것으로 보인다.

북한은 한국의 이라크 파병에 대하여 2004년 6월 이라크에서 살해된 한국인 김선일 씨 피살 사건과 관련, "이러한 비극은 미국의 이라크 침략과 남한 당국의 이라크 추가파병에서 초래됐다."면서 '추가파병 결정의 철회'를 강력히 촉구했다.[129] 또 북한은 김씨 피살에 대해 2004년 6월 24일 북한이 운영하는 웹 사이트 '우리민족끼리'를 통해 "남조선 당국의 반민족적 범죄행위가 낳은 필연적 결과"라고 언급한 바 있다. 2005년 8월 말 현재 북한이 중국, 일본 등 해외에

표 2-16. **주요 북한 운영(직·간접) 관련 웹사이트 현황**

사 이 트 명	주 요 내 용	비고 (서버)
조선인포뱅크 dprkorea.com	경협 및 투자유치용(상업광고, 관광, 무역, 경제정보 등) 한글 · 영어 · 일본어 · 중국어로 된 유료 사이트	중국
내나라 www.kccpkp.net	정치, 경제, 무역, 관광 등 북한정보 전반에 대한 포털 사이트로 한글 · 영문, 러시아, 중국어 등으로 구성	독일
평양타임즈 times.dprkorea.com	경제부문 상업용(경제개발, 과학기술, 국내외 주간소식 등) 영문 사이트	중국
실리은행 silibank.com	경제부문 상업용(전자우편 교환, 상품 전람회 안내 등) 한글 · 영어 · 일본어 · 중국어 사이트	중국
조선관광 dprknta.com	상업 및 관광객 유치용(경제, 관광, 전람회, 기업 정보 등) 영어 · 일본어 사이트	일본
조선무역 dprkorea-trade.com	외국인을 위한 인터넷 쇼핑몰(상품 · 기계 판매 등) 영문 사이트	호주
천리마그룹 cholima-group.com	외국인을 위한 상업 무역용(상품 · 기념품 판매, 여행 등) 영문 사이트	스위스
우리민족끼리 www.uriminzokkiri.com	체제선전용(정치 · 문예도서, 주체사상 강좌 등) 한글 · 중국어 · 일본어 사이트	중국
조선중앙통신 ww.kcna.co.jp	체제선전용(노동신문, 김정일 노작, 중앙통신 기사) 한글 · 영문 사이트	일본
조선민주주의인민공화국 www.korea-dpr.com	체제선전용(김정일 · 김일성 사진, 북한관련 일반정보, 전자도서관 등) 영문 사이트	스페인
민족통신 www.minjok.com	체제선전용(민족논단, 민속수필, 민족성명서, 북한소식 등) 한글 · 영문 사이트	미국

출처: 통일부, 『2005년도 국정감사 요구자료 Ⅳ』(서울: 통일부, 2004), p. 155.

서버를 이용하여 조선중앙통신(일본) 등 체제선전 등을 위해 운용하는 주요 11개 웹 사이트 현황은 표 2-16과 같다.

〉〉〉북한 대남 통일정책의 문제점

북한은 노동당규약에 "조선노동당의 최종 목적은 한반도 전체의 주체 사상화 및 공산주의 사회를 건설하는 데 있다."라고 규정한 바와 같이 대남적화통일전략이라는 통일정책 기조를 변함없이 고수하면서 이를 달성하기 위한 수단의 하나로 1960년 초부터 연방제 통일방안을 주장해 왔다.

그러나 북한은 시기와 정세의 변화에 따라 '연방제'의 의미를 수차례 수정하였으며 현재 북한의 공식적인 통일방안은 1980년 10월 10일 제시된 '고려민주연방공화국 창립방안'(고려 연방제)이다. '고려연방제'는 통일의 원칙, 전제조건, 연방정부 구성과 운영원칙 등으로 구성되어 있다.

통일의 원칙으로 '자주'(외세배격: 주한미군 철수) · '평화'(미국과의 평화협정 체결) · '민족대단결'(한국 내 공산주의 활동보장)의 3개항을 제시하여 한국에서 이른바 '자주적 민주정권' 즉, 연공정권 수립여건이 조성될 것을 기본 목표로 하고 있다. 또한 연방제통일을 이루기 위한 전제조건으로는 한국의 국가보안법 폐지, 주한미군 철수, 공산주의 활동 합법화, 한국 내 '인민민주정권' 수립 등이 충족되어야 한다고 주장하고 있어 한국의 무장해제를 통한 '적화통일' 의도를 분명히 하고 있다.

'인민민주정권'이란 소련공산당 제20차 전당대회에서 채택된 후진국에서의 공산화전략으로 완전한 공산정권 수립 전 민족주의 세력을 포함하는 연립정권(국방 · 내무 등 핵심은 공산당이 장악)을 세우는 것을 말한다.

한편 연방정부의 구성과 운영원칙은 사상과 제도의 차이를 인정하는 바탕 위에서 남북한을 지역 정부로 하는 '1민족 1국가 2체제 2정부'의 연방을 구성한다는 구도하에 '최고민족연방회의', '연방 상설위원회' 등을 두고 있다. 얼핏 보면 민주적 · 합리적인 국가형태를 취하고 있는 것 같지만 남북한에 현존하는 체제와 사상을 그대로 둔 채 연방국가라는 외형만을 도입하자는 것이다. 이는 역사적으로 전례가 없을 뿐 아니라 서로 다른 이념과 제도하에서 추진되는 정책으로 말미암아 통합된 국가목표나 이익의 추구가 사실상 불가능하게 될 것이다.

결국 북한의 '고려연방제'는 우선 한국에서 이른바 '민족해방 인민민주주의혁명(남조선혁명)'을 완수하여 용공정권을 수립한 후 그 용공정권과 북한 공산정권의 합작을 통해 북한으로의 흡수통일을 달성함으로써 당 규약 전문에서 규정한 것처럼 한반도를 적화통일하겠다는 대남혁명전략을 평화통일방안인 것처럼 위장한 것에 불과하다.

북한이 새롭게 들고 나온 '낮은 단계 연방안'[130]의 배경은 다음과 같다. 북한은 1980년대부터 한반도 통일방안으로 완성형 '고려연방제'를 제시해 왔다. 이는 남북이 2체제 2정부를 유지하되 1연방을 구성하고, 연방정부가 외교권과 군사권을 행사하며 과도기 없이 즉각 연방제를 시행하되 국보법 폐지, 미군철수 등을 전제조건을 제시한 것이다.

그러나 북한은 1990년대 들어와 흡수통일에 대한 불안감을 갖게 되었으며 현 남북관계 상황에서 통일이 어렵다는 현실을 인식하기 시작하였다. 북한의 '낮은 단계 연방안'은 2000년 남북 정상회담에서 처음 제시되었으나 1991년 김일성의 신년사[131]에서 "잠정적으로 지역 자치정부에 더 많은 권한을 부여"한다며 유사개념을 사용한 바 있다.

그 개념은 남북이 현존 2체제 2정부를 그대로 두고 연방을 구성하되 외교권과 군사권은 남북 양측이 갖게 되는 형태이다. 이러한 형태를 장기간 유지하며 통일을 지향하되 단계적으로 발전시켜 나가야 한다는 쪽으로 방향을 전환한 것이다. 이것이 '고려연방제'와 근본적인 차이이며, 남북이 상호협력해서 평화를 정착시키고 공동번영을 추구해 나가자는 것이다.

북한은 앞에서 논의한 1991년 남북기본합의서 합의 내용을 북한의 체제 유지를 위해 전략적으로 활용하고 있다. 또한 김일성 사후 1997년 6월부터 발표된 김정일의 통일 관련 논문 및 서한을 살펴보면, 그동안 북한은 대남전략 차원에서 남한의 민족 통합역량을 저해하는 한편 남한정부를 배제하려는 가운데 기존의 통일전선전술을 지속적으로 추진하는 등의 이중적인 적화전술을 구사해 왔다고 볼 수 있다. 그것은 분명히 양측의 현실을 인정한다는 남북기본합의서의 기본취지에도 맞지 않는다.

또한, 북한이 내세우는 '민족공조론'은 크게 두 가지 목적이 있는 것으로 보인다. 그 하나는 정치공세로서의 민족공조라고 할 수 있다. 북한은 동북아의 역학구도가 근본적으로 바뀐 환경 속에서 대외협상력을 제고할 필요성을 절박하게 느끼고 있을 것이다. 다른 한편, 전통적으로 긴밀한 유대관계를 맺어온 중국과 러시아가 더 이상 북한을 절대적으로 지원해 주지 않고 있는 상황에서 주한 미군과 전통적 한미공조를 민족자주성의 침해로 간주하면서, 한미 간 결속을 차단하기 위해 노력하고 있는 것이다.

북한이 민족공조를 주장하는 두 번째 목적은 실리적 차원에서 남한으로부터의 경제적 지원 등 대남 협상력을 높일 수 있는 지렛대(leverage)로 활용하고자 하는 데 있다. 북한은 "상부상조는 우리

민족 전래의 미풍양속" 혹은 "동포애적 차원에서의 지원"이라는 표현은 물론, "대북지원에 반대하는 사람은 '반민족적 집단'으로서 타도되어야 한다."는 표현에 이르기까지 '민족'이라는 개념을 자신들에 대한 지원을 확보하는 하나의 수단으로 사용하고 있다.

그리고 김대중 정부의 햇볕정책에 대하여도 일면 수용하면서도 '반북대결전략'이라며 강하게 반발하는 현상을 보여 온 것은 북한의 체제유지를 위해 취해온 반통일전략인 것이다.

남북한의 통일 정책이 주변 4국에 미치는 영향

남북한의 통일정책이 한반도 주변국에 직접적인 영향력을 발휘하지는 못하고 있다. 남북한은 지금까지 분단 이후 처절한 한국전쟁의 상흔이 쉽게 아물지 않았고, 남북한 각 정권은 통일을 위한 실질적 조처와 통일 외교는 뒤로 미룬 채 체제유지를 위한 이데올로기 전쟁을 하여 온 것과 다름 아니다. 양 국가 모두 제대로 한 통일교육이 부재하였고, 기회 있을 때마다 군사비를 증강하여 군의 현대화·첨단화에 경쟁적이었다.

〉〉〉미국에 미치는 영향

미국에 대한 남북한 양 국가의 통일외교는 서로 달랐지만 미국이 한반도에 접근하는 시각을 변모하게 만들었다.

한국은 미국과 반세기 동안 맺어온 동맹관계와 미국과 쌓아 온 신뢰감을 바탕으로, 북한을 공격하거나 북한이 급작스럽게 붕괴되지 않도록 미국을 설득하고 남북의 평화와 안보 및 햇볕정책 등 노력에 대한 지지를 이끌어내었다. 이는 전례에 없던 미국이 여러 차례 북한과 한국을 오가면서 핵 문제 등의 해법을 찾고, 북한의 식량을 지속적으로 지원하는 등의 성과를 거두고 있다. 북한은 미국과 껄끄러운 핵과 미사일 문제로 난항을 겪고 있어 북한의 통일 노력의 의미는 군사적 행동과 위협에 맞추어져 왔다. 북한이 주장해 온 불가침 협정, 한반도에서 미군 철수, 한반도 비핵화 등의 요구 등은 통일을 먼 후일로 미룬 현존의 북한 체제 유지를 위한 행동일 뿐이었다. 그러나 미국은 대북경수로 지원 협상, 페리보고서, 북미 회담, 4자회담, 6자회담 등을 통해 북한에 대하여 대화를 진행해 오고 있으며, 북한의 통일의지와는 관계없이 한국 통일을 기정사실화하고 있고, 이에 대한 대비를 하고 있다. 그러나 북한이 실질적으로 통일을 위한 구체적 행동을 하지 않고 있음과 북핵 문제와 인권 문제의 지속 등은 여전히 북한을 정상국가로 보지 않게 하고 있다.

〉〉〉중국에 미치는 영향

중국은 남북한이 진정으로 통일을 위하여 노력하고 있다고 보지는 않으며, 기본적으로 한반도에 변화가 일어나는 것을 반대하고 있으므로 남북한의 통일노력에 대하여 큰 의미를 두려고 하지 않는다. 그러나 지정학상으로 한반도가 중국과 국경을 마주하고 있고, 오랜 기간 동안 북한의 후견자 역할을 해온 중국이 향후 이 지역에서 일어나게 될 국제정치 변화에 모른 척할 수는 없게 되어 있다. 또한 중국이 처한 위치에서 한·중 관계가 수교 이후 무난하게 지속되고 있고, 한국의 대중 투자와 한·중 교역 등이 역시 활발하게 진행되고 있어 장래의 한국 통일에 관해서도 관심을 가지지 않을 수 없게 되어 있다.

중국은 북한핵 문제 해결에 중재자로서의 역할을 하길 원하고 지금까지 5차례의 6자회담을 진행해 왔다. 중국은 북한핵 문제 해결에서 북한의 입장을 대변하고 북한에 경제적 지원을 지속하는 등 여전히 북한을 감싸고 있다. 한국의 통일에서 한국 주도의 통일한국이 탄생하는 것과 통일한국에 미군이 주둔하는 상황이 연장되는 것을 원치 않는다는 입장을 분명히 하는 중국으로서는 남북한의 자주적인 통일 노력에 대하여 극구 반대해야 할 명분이 없게 되었다. 그러나 한국의 통일에 대한 견제와 경계심을 여전히 갖고 있다. 한편, 통일한국 탄생시 일본의 팽창 등에 대한 간접 견제와 역내에서 한반도가 가지게 될 국제정치의 위상에 대해서는 고무적인 태도를 가지고 있을 것이다.

〉〉〉일본에 미치는 영향

일본은 '평화와 번영의 동반자'라는 현실적으로 처한 한일관계의 위상 정립과 한반도에서 급격히 일어나는 변화에 대하여 민감한 반응을 보이고 있다. 한 · 미 · 일의 공조가 잘 유지되고 있는 한, 한국 통일에 대한 적극적인 의사를 보이려고 하지 않고 있다.

지금까지 한국이 일본에 대하여 맺어 온 한일관계는 19세기 말부터 침략과 분쟁의 장으로 변했던 한반도와 주변국 사이에 소중하게 느껴진 '평화'를 해치지 않는 서로 조심스런 관계였고, 미국이 역내에서 보여 준 중간자적인 입장이 오늘에 이르고 있다. 남북한 모두 국민들의 반일감정이 만만치 않고 분단에 대한 원초적 원죄가 일본에게 있음을 숨길 수 없었다. 그동안의 남북한의 통일 노력에 대하여 일본이 대외적으로 드러내 놓고 반대할 명분은 약하지만, 그렇다고 지지하는 입장도 아님을 숨길 수 없다. 일본은 식민지 지배 보상, 북한핵 문제 해결과 북 · 일 수교 협상 등의 진척으로 북한과의 관계가 정상화된다면 중재자적인 역할을 할 수도 있겠지만, 지금의 여건은 미국의 눈치를 보아가며 오히려 북한을 견제해야 할 입장에 처해 있는 것이 사실이다. 그러나 남북한이 통일을 함께 준비한다면 역시 반대해야 할 구실이 별로 없을 것이다.

〉〉〉러시아에 미치는 영향

극동에서 한반도와 경계를 이루고 한반도 분할에 합의하였으며, 미국과 한때 첨예한 대치를 하였고, 한국전에 북한을 지원하여 참전했던 러시아로서는 남북한이 통일되는 것에 대하여 적잖은 정치적 부담을 가지고 있다. 이는 북한과 이념적 동질성을 가지고 있고 북한과 러시아 모두가 국가 경제의 재건이 과제이지만 동북아시아에서 미국의 대소 견제를 여전히 받아야 하고, 중국과 일본의 군비증강 등에 대하여 대처할 경제적 능력이 부족한 러시아로서는 밀려오는 파도를 거스를 수가 없게 되어 있다.

그러나 푸틴의 등장으로 한·소 수교 이후 한동안 중단했던 북한과의 관계를 복원하고 관계를 정상화하는 등의 노력은 동북아지역에서 북한을 발판으로 이 지역에서의 기득권과 주도권을 놓지 않겠다는 것이 틀림없다. 남북이 통일을 앞세운 적극적인 외교 노력을 하지 않고 있어, 동북아 역내 안정을 위한 현상유지적 행태와 경제협력 등에서 러시아는 한반도에서 현재의 상황 지속과 남북한 간의 균형을 원하고 있다.

아울러 주변 4국 모두 한국의 통일에 대하여 가지는 분위기는 2000년 남북정상회담으로 고조된 듯이 보인다. 남북한이 취하는 통일 정책이 대외 선전과 구호용에 불과하고 체제유지용의 이중성을 가짐은 물론 통일 논의를 할 단계가 아니라는 것에 공감하고 있어 먼저 남북한이 보다 진실성을 가지고 협의하고 노력하는 모습을 보일 때 주변국도 통일에 대한 이해와 협조가 가능할 것이라 여겨진다.

독일 통일에서의 교훈

독일 통일은 남북한에게는 분단유형과 통일방법은 다르지만 냉전의 산물과 민족분단이라는 점에서 교훈으로 시금석이 될 수 있다. 제2차 세계대전 후 국제적 냉전으로 인해 사회주의-자본주의 체제 대립의 구조에서 분단 유형에 속하는 나라는 베트남, 독일, 예멘, 한반도 4개국이다. 이 4개국은 분단과 통일과정에서 주변국의 영향력이 컸다. 분단 극복의 유형은 베트남은 무력통일, 독일은 흡수통일, 예멘은 합의 통일 후 무력재통일의 과정[132)]을 거쳤다. 독일은 1871년 비스마르크에 의해 처음 통일이 되었었다. 1989년 11월 9일 동서냉전의 상징물이었던 베를린 장벽이 허물어지고, 약 1년 후인 1990년 10월 3일 동서독은 평화적인 통일을 이룩하였다. 독일은 동독과 서독 양국이 상당한 시간과 정성을 들이고 국민적 합의를 통해 통일에 다다랐다. 이 과정에서 상대국을 인정하였음은 물론 이중적인 성격의 정책들을 채택하지 않았음은 중요한 사실이다.

독일은 1990년 중반기에 경제통합을 이룩한 다음 해인 1991년에 1,430억 마르크(DM), 1992년 1,730억 마르크(DM)의 자금이 동독에 지원되었다. 이 비용은 미국이 전후 폐허가 된 서유럽 국가들의 복구사업에 3년 간 투자한 '마샬플랜'의 규모를 훨씬 상회하는 액수이며, 1991~1999년까지 동독지역에 대한 공공부문 총 재원이전 규모는 1조 6,380억 마르크(DM)나 되었다.

독일의 통일이 가능했던 요인은 서독이 동독보다 월등히 우월한 국력, 특히 경제력[133)]을 바탕으로 장기간에 걸쳐 기능주의적 접근 방식으로 꾸준히 통일기반을 조성하여 서로 민족이익을 해치지 않고 국가이익을 추구한 결과이다.

독일 통일은 기능주의가 가지는 통합의 방향이나, 통일의 보장에 대하여 한계가 있음에도 불구하고 경제교류를 중심으로 모든 분야에 걸쳐 확산된 교류를 통한 신뢰구축 등 경제적 영역의 성공이 정치적 영역으로 확산되어 통일에 다다르게 하였다.

독일은 제2차 세계대전 이후 국가가 분단되었지만 1951년 '베를린협정'의 체결로 양 독일 간 무역을 내독교역으로 규정하여 교류를 하였다. 서독이 유일한 합법정부임을 주장하고 1955년 '할슈타인 원칙(Hallstein Doctrine)'[134] 선언으로 동독을 인정하지 않기도 했지만, 기민당 집권시기인 1950~60년대에 꾸준한 경제・인적・문화 교류 및 통신 왕래를 확대하였다.

동서독이 새로운 장을 연 것은 빌리 브란트(Willy Brandt) 수상의 동방정책으로 1970년 정상회담, 1971년 UN 동시가입, 1974년 동서독에 상주대표부 설치, 1987년 학술 및 기술협력 협정 등 1975년부터 1988년까지 서독의 주도하에 다방면의 교류와 협정이 경제・문화・과학・기술・환경・체육・보건・우편・전화・통행 등으로 확대되어 활기를 띠었고, 특히 인적 교류[135]가 활발하였다.

특히 서독은 대동독 통일정책 전담 기구인 내독성을 설치하고 대동독 정책 결정 및 양독 관계 협상시 수상실과 함께 각 부처의 대동독 관계를 조정하고 자문하였다. 또한 정치범 석방 협상 등 인도적 문제에 관한 비공식 협상은 내독관계성이 창구가 되었다. 모든 대동독 협상의 실질적 준비와 실행과정은 내독관계성에서 관장하였으며 기본조약 체결 이후의 후속 협정 마련을 위한 대동독 협상 등 각 분야별 독일정책 추진은 각 부처가 관장하였으나 수상실과 조정을 거쳐 시행하였다.[136]

독일 통일의 획기적 전환점은 구소련에서 불어 닥친 고르바초프의 '페레스트로이카(perestroika)'와 '글라스노스트(glasnost)' 정책이 민주화 개혁 바람을 몰고 와 동서독을 자극한 연유에서 시발되었다. 주변국인 구소련은 경제대국인 서독과의 관계에서 동독에 대하여 거의 절대적인 영향력을 행사하였다. 동서독 간의 안보 환경 역시 다자간 집단방위체제로 극단 상황을 완화할 수 있었으며, 전후 독일의 경제 성장은 주변국들에게 과거 침략자로서의 독일의 이미지를 벗고 좋은 이미지를 가져다주어 통일에 반대하지 않도록 하였기에 가능하였다.

독일 역시 주변 전승 4개국의 통일 지지와 현상유지의 이중성을 경험하였다. 1989년 11월 9일 동독의 베를린 장벽 및 국경의 전면개방조치 직후 전승 4개국들은 독일의 통일 문제에 대한 자국의 입장들을 표명하였다. 우선 소련은 동독의 국경 전면개방을 일종의 '사회주의의 쇄신 조치'로 표현하면서 환영했으나, 그에 잇달아 나타날지도 모르는 서독정부의 동서독 간의 국경 변경시도는 유럽 어느 나라에도 이익이 되지 않는다는 표현으로써 독일의 통일에 찬성하지 않는다는 점을 분명히 하였다.

미국은 이 개방조치를 '이주의 자유'를 가능케 한 결정으로서 높이 평가하였다. 그러나 갑작스러운 이 사태가 통일논의로 직접 연결되는 데에 관해서는 비교적 냉담한 반응을 보였다. 우선 동독에서 다음 단계의 개혁과 개방들이 이루어지기를 기대한다고 하였고, 그 가운데서 특히 정치적 다원주의가 허용되어야 할 것이라고 논평하였다. 이러한 태도는 미국이 적어도 당분간 독일의 통일에 적극적인 관심을 보이지 않겠다는 점을 시사한 것이라 할 수 있다. 미국에게 이 돌발적인 사건은 반가운 일이면서도 곤혹스런 도전이 아닐 수 없었다.

영국과 프랑스 역시 동독의 국경개방이 통독 문제와 관련하여 가져올 결과에 대하여 커다란 우려와 함께 부정적 입장을 취하였다. 영국은 소련을 포함한 동유럽 국가들이 민주적 개혁을 충분히 달성할 수 있는 10~15년 후에나 독일의 통일을 생각할 수 있다는 논평을 하였다. 프랑스의 경우는 통독보다 유럽의 통합이 선행되어야 한다는 표현으로써 통독에 관한 논의를 두 국가가 공히 늦추려는 태도를 보인 것이다.

이와 같이 4개 전승국들의 통독 문제에 대한 국경개방 조치 직후의 태도들은 기존의 입장들을 그대로 표현한 것으로서, 한결같이 소극적이거나 부정적이었다 할 수 있다. 그러나 이러한 태도들은 몇 달 후 긍정적인 방향으로 전환되었다. 여기에는 무엇보다도 동독의 국경개방 이후 독일인들의 통일열기가 크게 고조되어 확산된 점이 가장 큰 영향을 끼쳤다고 보여진다. 즉 주목할 만한 현상으로서, 독일인들의 강렬한 민족적 의지를 초강대국들을 포함한 외부세력들이 더 이상 막을 수 없게 된 것이다.

4개 전승국들 중에서 소련의 태도 변화는 가장 획기적인 일이었다. 소련의 대동독 정책은 큰 흐름으로 보아 주로 자국의 세력 확대와 안전보장이라는 차원에서 결정되어 왔다고 볼 수 있다. 독일의 분단초기에는 소련세력의 직접적인 확대를 목표로 했으나 여의치 않자 중립화를 통해 단계적 확대를 모색하였다. 역시 서방측의 반대에 부딪히자 세력의 확장을 포기하고 독일 분단의 현상을 그대로 유지시키는 방향으로 전환하였다. 이러한 현상유지정책은 1970년대에 들어와 '유럽의 현 국경선 존중'라는 명제를 중심으로 한 현상고착화정책으로 변화되었다. 이는 최소한 동독을 서독으로부터 완전히 분리시킴으로써 자국의 동독에 대한 통제체제를 더욱 강화할 뿐만 아니라 동독에게 더욱 확실한 완충지대의 역할을 맡기려는 목표에 부합되는 정책이었다. 유럽에서 현상고착을 추구해 온 소련의 시각에서 볼 때 독일의 통일은 자국의 안보이익상 매우 불리한 상황을 초래할 가능성이 있으며, 유럽의 세력균형을 근본적으로 파괴할 수 있는 조건을 만들어내는 것이다. 이러한 점은 종전에 소련이 통독에 강력히 반대해 온 주된 이유이다.

그러나 독일인들의 통일염원에 바탕을 둔 민족자결권의 주장을 더 이상 부정하기 어려운 현실, 동독인들의 계속되는 서독 이주, 동독의 경제적 파산 위기, 동독에의 군사비 지출을 위한 막대한 재정상의 부담, 그리고 통독의 반대급부로서 얻을 수 있는 서독 및 통일된 독일의 경제적 지원 가능성 등은 소련의 태도를 변화시키는 데 크게 작용한 것으로 보여진다. 이와 같은 소련의 태도 변화가 곧 무조건의 통일지지를 의미하는 것은 아니었다.

미국은 유럽에서의 기존 영향력 유지라는 목표를 염두에 두고 중부유럽의 현상타파를 의미하는 독일의 통일에 소극적이었으며, 적어도 이를 1992년의 EC통합 후로 미루는 점진적 방법에 기울어 있었다. 그러나 동독의 자유총선에서도 나타난 독일인들의 조기 통일염원을 무시할 수 없게 된 현실, 소련의 긍정적인 태도로의 전환, 그리고 여기에서 파생될 수 있는 문제로서 통독과 관련한 미국주도권의 상실 우려로 인해 태도를 변화시켜 적극적으로 문제해결 방안을 모색하게 되었다.

미국이 소련과 크게 이견을 보인 점은 통일 독일의 정치적, 군사적 성격으로서 중립화안에 반대한다는 점과 NATO에 그대로 잔류하기를 희망한 점이다. 통일된 인구 7,800만 명의 막강한 경제력을 갖춘 독일이 군사강국으로 부상하여, 유럽의 안정을 해치는 역할을 수행할 수 없도록 해야 한다는 점에서는 소련의 입장과 동일하나, 그 방법으로서 중립화로는 독일을 실제로 통일할 수 없다는 것과 오히려 NATO에 결속시킴으로써 군사대국화를 억제할 수 있다는 입장을 견지하였다. …… 영국과 프랑스는 각각 역사적 경험들에 근거하여 통일된 강력하고 독립적인 독일을 그들의 존립과 국가이익에 대한 커다란 위협으로 인식해 왔다. 따라서 기본적으로 분할된 독일을 원해 왔으며, 이러한 분할이 서독과 서유럽의 밀착 그리고 서유럽 공동체의 계속적인 성공을 가져올 수 있다고 생각해 왔다.

영국의 경우 대국 독일의 등장은 자국의 전통적인 세력균형 개념에 반할 뿐 아니라, 현실적으로 자국의 유럽대국에 대한 발언권을 약화시킬 것이라는 우려를 한 것이다. 프랑스는 영국보다도 전통적으로 독일의 분열에 더 강한 관심을 가져왔으며 대유럽 외교를 대체로 대독관계 중심으로 전개해 왔다. 제2차 세계대전 이후 독일의 분단을 전제로 정치적 주도권을 행사하여 유럽통합을 이룩하고, 이를 바탕으로 미·소 양대국에 대항한다는 유럽정책의 기본목표에 독일의 통일은 커다란 장해요인이 될 수 있는 것이었다. 이러한 이유들로 영·프 양국은 통독을 원하지 않았으나, 미·소의 태도변화 등 대세의 흐름에 따라 이를 기정사실로 인식하고 현실적인 대책준비에 부심하였다.[137]

독일 통일은 분단국인 한국에게 시사하는 바가 크다. 물론 독일은 한반도와 대내외적 환경이 다르다. 독일은 구소련이 동독에 절대적 영향력을 행사하였으나, 한반도에서는 북한의 후견자로 여전히 남아 있고, 주변국들이 통일에 적극적이지도 않다. 독일인들이 상당한 기간 동안 준비하고 통합할 경제력을 가지고 있었던 것에 비해 우리가 준비해 온 것과 가진 것은 절대 부족하다. 독일은 우리와 유사한 주변 강대국과의 정치적 환경을 가지고 있었지만 이를 극복하였고, 우리는 극복에 구조적인 한계를 보이고 있다.[138]

통일 당시 동·서 독일의 경제 여건은 남북한보다 비교적 호조건을 가지고 있었다. 한국은 북한에 대하여는 월등한 경제력을 가지고 있으나, 통일독일의 예에서 보듯 경제규모가 남북한보다 크고, 격차가 작은 데도 불구하고 어려움을 겪고 있는 독일의 현실을 감안한다면, 남과 북의 경제적 통합이나, 급격한 북한의 붕괴가 일어날 경우 오히려 통일에 장애물이 될 여지가 있다. 통일독일이 15년이 경과한 지금 동독 주민들의 생활수준은 서독의 80% 정도로 개선되었으며,

표 2-17. **통독 당시 동·서 독일 주요 경제 지표 대비 남북 비교**

남북한(2004년) 동서독(1989년)	단 위	북 한 (A) 동 독 (A)	남 한 (B) 서 독 (B)	B/A (배)
인 구	천 명	22,709	48,082	2.1
		16,400	62,600	3.8
경제성장률	%	2.2	4.6	2.1
		1.9	3.8	2.0
명목 GNI	10억 원 (억 달러)	23,767.1 (208)	779,467.8 (6,810)	32.7
	억 DM	2,837	22,452	7.9
1인당 GNI	만 원 (달러)	104.7 (914)	1,621 (14,162)	15.5
	DM	17,076	36,176	2.1
대외경제 무역총액 (수 출) (수 입)	억 달러	28.6 10.2 18.4	4,783.0 2,538.4 2,244.6	167.2 248.9 122.0
		470 237 233	6,111 3,413 2,698	13.0 14.4 11.6

출처: 통일부, 『2005년도 국정감사 요구자료 Ⅳ』(서울: 통일부, 2005), p. 307.

이를 제2의 나일강의 기적이라고도 하고 있는 데 비해, 남한과 북한의 경제적 빈부격차가 워낙 심해 이를 중화시키고 회복시키는 데 독일이 가졌던 기간보다 훨씬 많은 기간이 소요될 것이 예견되고 있기 때문이다(표 2-17 참조).

서독이 동독에 대하여 기능주의적 측면에서 경제교류를 우선하였듯이 이미 한국이 시작한 남북경협 등에서 한국은 북한과 상호신뢰를 쌓고 드리워진 인의 장벽을 허물어야 한다. 북한을 경제적으로 돕는 것은 북한으로 하여금 중국과 러시아에 대한 의존도를 줄이는 효과를 동시에 얻을 수 있다.

서독이 동독에 대하여 거의 20여 년 간에 걸쳐 지원한 재정지원이 있었기 때문에 동·서 독일 간의 경제 격차를 줄이는 것이 가능했으며, 이는 경제적 통합 분야가 가능한 밑바탕이 되었다.

독일이 분단기간 중(1973~90, 18년간) 서독이 동독을 지원한 규모는 574억 달러 상당(1,044.5억 DM)으로 파악되고 있다[139]. 통일 이후 현재까지 제도 통합 등 통일 사후 관리를 위해 지출한 비용은 2003년까지 13년간 총 재정이전 규모는 1조 2,500억 유로로 평가되며, 대동독 재정 이전은 사회 간접자본 조성, 실업보험 등 사회보장제도 지원, 각종 제도 통합 등에 사용되었다[140](표 2-18 참조).

표 2-18. **서독의 대동독 공공부문 총 재정지원 규모(1991~1999년)**

(단위: 10억 DM)

연 도	1991	1992	1993	1994	1995	1996	1997	1998	1999	합계
총이전지출	143	173	192	195	188	186	184	182	195	1,638
[기관별]										
연 방	75	90	116	116	137	137	130	131	140	1,072
서독의 주와 시	5	6	10	14	11	11	12	12	12	93
독일통일기금	31	24	15	5	–	–	–	–	–	75
유럽연합	4	5	5	6	7	7	7	7	7	55
사회보험	19	34	23	30	33	33	35	32	36	273
신탁공사	9	14	23	24	–	–	–	–	–	70
[내역별]										
사회부조	65	93	104	106	93	93	91	89	100	834
경제보조금	4	8	15	15	15	13	12	12	11	105
산업투자	18	17	17	20	24	25	24	23	25	192
재정일반기금	56	55	56	54	56	55	57	58	59	506

출처: 통일부, 『2004년도 국정감사 요구자료 II』(서울: 통일부, 2004), p. 848.

이럼에도 불구하고 독일은 이렇게 반(半)세대가 지난 현재까지도 이 통일은 미완성인 '분단 상태의 통일(getrennt vereint)'에 머물고 있다. 즉 17% 정도로까지 차이가 좁혀졌으나 여전히 존재하는 소득 격차에 따른 동독출신 주민들의 상대적 박탈감, 통일비용의 부담을 실질적으로 안고 있는 서독출신 주민들의 불만 그리고 이질적 가치관과 상이한 의식구조로 인한 '머리 속의 장벽(Mauer in den Koepfen)' 등의 후유증들이 지속되고 있는 것이다. 더구나 총 1조 2,500억 유로(약 1,750조 원)에 달하는 동독지역에의 투입비용은 1.0%를 밑도는 경제성장률과 450만 명의 실업자로 대변되는 독일경제의 하락현상에 있어 가장 큰 요인으로 작용하였다.[141)]

독일 상황이 이럴진대 한반도의 통일은 잘 준비되고, 한국의 대북지원 역시 장기적인 관점에서 북한의 연착륙 목표를 설정하여 지원규모와 지원계획을 수립 · 시행하여야 한다.

주변 국가를 활용하여 주변국이 한반도 통일에 대하여 반대하지 않고, 우호적일 수 있도록 대4국 외교는 물론 국제사회에 호소하고 노력하여야 한다. 동시에 한국이 북한을 독일처럼 흡수통일의 대상으로 목표를 정한다면 통일은 더디 올 수밖에 없으므로 북한의 체제유지를 자극하지 않고 통일 대화에 나설 수 있는 여건과 분위기를 만들어야 한다.

다가올 남북한 통일을 위하여 한국은 한반도에서 주도적 역할을 담당해야 하므로 통일외교정책, 통일비용[142)], 군 통합 사례, 통일조약과 비준 법률, 화폐 · 경제 · 사회 통합 등 분야별로 국가적 차원에서 연구 검토[143)]와 철저한 대비가 필요하다. 아울러 통일프로그램에 의한 국민통일교육도 가능하다면 남북한 양 국가에서 꾸준하게 병행되어야 한다.

표 2-19. **통일비용 추계 결과**

1. 2000년 이전

(단위: 달러/원)

연구기관 발표년도	시 기 (기간)	통일비용 추산액	추계방법 및 기준
일본장기신용은행 종합연구소 1990	1990~2000년	1,800억~2,000억	북한의 경제규모가 동독의 1/4이므로 독일통일비용의 1/4 소요(독일통일비용 기준)
N. Eberstadt(미 하버드대) 1991	1991~2000년	2,500억~5,000억	독일통일비용 기준
McDonald(미 조지타운대) 1991	1991~2001년	1,700억	독일통일비용 기준
영 이코노미스트지 부설 정보분석 자문기관 1992	2000~2010년	1조 897억	북한의 노동생산성을 남한의 70% 수준으로 끌어올리는 비용
파이스턴이코노믹리뷰지 1992	2000~2010년	3,000억	남한 GNP의 3~4%를 10년간 투자
유로아시안 비즈니스컨설팅 1992	1993~2000년	3,280억	북한의 1인당 GNP를 990$(1993)에서 4,800~6,000$(2000)까지 끌어올리는 비용
한국개발연구원 1993	2000~2010년	3,722억 (통일정부) 2,855억 (남한정부)	독일식 흡수통합시 정부의 총재정부담액
한국개발연구원 1994	2000년	9,800억~1조	남북간 소득격차 해소비용
한국산업은행 1994	1994~2004년	1조 5,463억(100%) 8,050억(60%)	남북간 소득격차 해소비용
민족통일연구원 1996	2000~2010년	3,600억 (외자 1,800억)	북한주민 1인당 평균소득을 남한의 60% 수준 항목별 누계
Manfred Wegner 1996		6,100억	독일식 경제통합 기준, 통일 후 5년간 남한이 북한 지원할 금액
한화경제연구원 1997	2010년	856조	통일 당시 남북경제력 23 : 1 남한정부의 재정부담액
Marcus Noland (미 국제경제연구소) 1997	2000~2025년	4,150억(1990년) 9,830억(1995년) 2조 2,420억(2000년)	통일 후 25년간 북한 1인당 국민소득을 남한의 60% 수준으로 끌어올리는 비용
이코노미스트지 1997	2000~2010년	2,400억	북한경제 수준을 남한의 60% 수준으로 끌어올리는 비용

2. 2000년 이후

(단위: 달러/원)

연구기관 발표년도	시 기 (기간)	통일비용 추산액	추계방법 및 기준
미 골드만삭스 은행 2000	2005~2015년	1조 700억~3조 5,500억	북한 1인당 GNP를 남한과 동일한 수준으로 향상시 비용
바클레이스 2000		20년간 4,200억	통일 20년 후 북한 GDP 남한의 50% 수준으로 향상시
피치스 2003		통일 후 10~15년간 매년 150억~200억	통일시 국방비는 감소하겠지만 소득격차 해소와 교육·복지 분야의 비용 급증 예상
HSBC 2003		통일초기 매년 남한 GDP의 4.4%(약 236억)	
미 랜드연구소 2005	통일 후 5년간	500억~6,700억 (약 50조~670조)	통일 후 4, 5년간 북한의 GDP를 통일시점의 2배로 올리는 비용
삼성경제연구소 2005	2015년	545.8조원	북한주민 기초생활보장(446.8조) 통일 후 10년간 북한 초기산업화(99조)

출처: 통일부, 『2005년도 국정감사 요구자료 Ⅳ』(서울: 통일부, 2005), pp. 532-534.

3장 탈냉전 이후 미국의 한국 통일에 대한 태도

1. 미국의 동북아와 한반도 정책

9·11 테러가 발생하기 이전까지 부시행정부의 대외정책 기조는 국제주의와 일방주의로 특징지어졌으나, '반테러 전쟁'의 수행과 '반테러 글로벌연대'의 구축을 위해서는 개입의 확대와 다자주의로의 회귀가 불가피할 것으로 예상된다. 부시행정부의 국제주의(internationalism)는 고립주의(isolationism)라는 공화당의 오래된 전통을 계승하여 '개입을 최소화하는 국제주의'라는 특징을 가지고 있다. 이는 미국의 '중요한 국익이 관련될 때'만, 그리고 '승리를 확신할 때'만 개입한다는 원칙을 의미하며 '일방주의'와 '힘의 외교'의 특징은 '미국의 국익이 곧 세계의 이익'이라는 공화당의 외교철학에 바탕을 두고 있다.

부시행정부 출범 이후 미국방부는 세계군사전략을 'win-win 전략'(두 개 지역 동시승리)에서 'win plus 전략'(한 개 지역의 승리와 한 개 지역의 억제)으로 수정한 바 있다. 이와 관련하여 「4개년 국방계획 검토 보고서」에서도 명시하고 있듯이 해외주둔 미군의 감축이 불가피한 상황이다. 그러나 부시행정부는 유럽보다 아시아를 중시하는 정책을 펴고 있기 때문에, 이번 감축 이후에 상당기간 동안 주한미군의 추가 감축은 없을 것이라는 일반적인 예측이다.[1)]

지난 1998년 도널드 럼스펠드 당시 상원의원이 탄도미사일방어시스템(Ballistic Missile Defence, BMD) 위원회를 구성한 핵심적인 이유는 중국의 위협이었다. 물론 존 볼튼 국무부 차관은 "BMD는 중국을 겨냥한 것이 아니고 전적으로 미국 자국의 영토를 외부의 위협으로부터 방어하기 위한 방어용이다."라고 말했지만, 이에 동의하는 국제정치학자들은 그리 많지 않다. 왜냐하면 대만이 바로 미국이 추진하는 BMD계획의 핵심에 위치해 있었기 때문이었다.

중국은 미국이 대만을 무장시킴으로써 통일을 방해하고, 중국 본토에 대한 전략적 군사요충지로 대만을 활용하고 있다고 보았다. 실제로 미국은 대만을 무장화 시켰고, 미의회 내 대만 지지자들은 대만을 군사적으로 보호하기 위해서 자신들이 할 수 있는 일은 무엇이든 할 것이라 주장했는가 하면, 일방적으로 대만의 독립을 주장하여 중국의 무력시위를 불러일으키기도 했다. 2001년 부시행정부의 출범과 더불어 펜타곤은 핵무기의 타깃을 대부분 러시아에서 중국으로 옮겼으며, 대만과 고위급 순회회담을 정기적으로 개최하기 시작하였다. 아시아 태평양지역으로 북대서양조약기구(NATO)의 기능을 옮기려 했을 뿐만 아니라, 일본의 재무장을 촉진하기 위해 부심했다. 미국의 중국 견제는 여기서 그치지 않았다. 2001년 4월 25일에 부시 대통령은 전국적으로 방영되는 TV인터뷰에서 "대만을 위해 전 미군병력을 동원하여 중국에 맞설 것인가?"라는 질문을 받고서 "대만 방어를 돕는 일이라면 무슨 일이든지 하겠다."고 응답했다.

그러나 현재 펜타곤은 중국이 잠재적 위협은 될지언정 현실적 위협은 되지 않는다고 생각하고, 중국을 새로운 관계대상국으로 보고 있다.[2)]

9·11 테러 이후 부시 행정부는 2002년 9월 20일, 「국가안보전략(The National Security Strategy)」보고서를 발표하고 미국의 영속적인 세계패권(global hegemony)에 대한 모든 도전을 제거하기 위해서 무력을 사용할 권한을 가지고 있다고 선언하였다. 특히 보고서의 핵심은 미국과 그 우방에 위협이 되는 세력에 적극적인 '선제공격(preemptive strike)' 원칙으로 "우리의 군사력은 잠재적 적들이 미국의 국력을 능가하거나 대등해지겠다는 희망에서 군사력 증강을 추구하는 것을 단념하도록 할 만큼 충분히 강해질 것이다."라고 하고 있다.[3)]

이에 대해 국제문제 전문가인 존 아이컨버리는 이 같은 선언을 "미국이 대등한 경쟁자가 존재하지 않는 일극(一極)세계(a unipolar world)를 유지하겠다는 근본적인 공약에서 시작되는 대전략"이라고 설명한다. 그는 또 "새로운 제국의 대전략은 일시적 우위를 이용하여 마음대로 세계질서를 구축하는 교정주의국가(校訂主義國家, revisionist state)"로 미국을 묘사한다.[4)] '미국의 제국주의적 야심'이 자국 국민에게조차 심각한 위협이 된다는 상당한 우려가 지배층 내부에 존재해 왔고, 클린턴(Bill Clinton) 재임시 헌팅턴(Samuel P. Huntington)도 대부분의 세계가 볼 때, 미국은 "타국의 사회에 대해서 가장 큰 유일한 대외적 위협으로 간주되는 불량 초강대국(rogue superpower)이 되어가고 있다."고 지적하였다. 당시 미국정치학회 회장이었던 로버트 저비스는 "대부분 세계의 눈으로 볼 때, 오늘날 제일의 불량국가는 사실상 미국이다."라고 경고한 바 있다.[5)]

미국의 정책과 미국 시민들은 한국에서 안보의 수립과 법의 명백한 지배에 대해 오늘날 건설적인 기여를 할 수 있겠는가? 만약 그렇다면 어떻게 할 것인가? 이 두 가지 질문에 대한 해답은 명확하지 않다.[6)]

21세기에 있어 한국의 안보를 고려해 볼 때, 한반도에서 전쟁의 위험으로부터 자유로움은 한국정부의 주요한 과업이 되어야 한다. 이 목적은 또한 미국의 이익이다. 입증할 수 있는 안보 평화는 북한의 미사일 해제와 핵 해제를 포함한 장기적인 이익을 얻기 위해서 서울과 워싱턴 양쪽을 위해 가장 좋은 방법이다. 이 목표를 성취하기 위해 21세기 한국 정부의 안보 정책은 균형이 있어야 하고, 이 지역에의 침공의 형태를 가장 적절하게 저지하기 위해 미국의 강한 의지와 실행의 억제와 재확신의 요인들을 결합시켜야 한다.

세계화의 시대에 국가의 안보는 분리하여 고려할 수는 없다. 모든 것들은 다른 것들과 연결되어 있다. 2000년 남북의 공동선언 이후에도 평화 통일의 전망은 여전히 불확실하게 보인다. 분단된 두 한국의 두 정상이 만났을 때 처음에 세계는 환영했었다. 그러나 부시 행정부가 북한의 인권문제, 미사일 프로그램, 핵 위협, 거대한 비핵무기 등의 문제를 들춰냄으로써 다시 냉담하게 되었다.[7)]

1991년 보스니아 사태 때 미국의 파병을 강력히 주장하며 개입 지지자들의 선봉에 섰던 밥 돌 상원 의원은 "누군가는 왜 우리가 보스니아에 우선적으로 관심을 갖는지 궁금해 할 것이다. 그 대답은 매우 쉽다. 우리가 세계의 리더 자리를 맡고 있기 때문이다."라고 말한 바 있다. 아무리 잔악하고 무시무시한 악의 현장이라도, 그곳에 미국인만 없으면, 미국의 이익이 관련되지 않는다면, 그리고 지도자의 정치생명에 별다른 위협을 주지 않는다면, 미국(정치인들)은 결코 움직이려 하지 않는다.[8)]

이러한 미국에 대하여 한국의 대학생들은 중국이 한국 통일에 가장 우호적인 국가인 반면 미국은 한국 통일에 적대적 국가로 여기는 것으로 나타났다.[9] 미국은 몇 년 안에 남북 관계의 안정화를 위해 자신의 역할을 전환해 가야 하는 과제에 직면할 것이다.

한미상호방위조약은 중국이 북한과 맺고 있는 방위조약을 폐기하고 러시아가 예전의 방위 공약을 현실화하지 않는다는 전제 아래서만 폐기될 수 있다. 미국은 이 전환기에도 한반도에 개입하지 않는 방법을 적극적으로 준비해야 한다. 남북한 사이에 성실한 중재자로서 새 역할을 모색해야 할 뿐만 아니라 중국, 러시아, 일본과 함께 좀더 폭넓은 한반도 안보대화를 주도해야 한다.

이 대화의 핵심 목표는 재래식 병력으로 한반도에 개입하지 않는다는 4자간의 합의와 한반도에서 핵무기를 생산·사용·배치하지 않겠다는 남북한을 포함한 6자간의 합의에 두어져야 한다. 장기적으로는 오랜 기간 주변국들이 진행해 온 각축을 배제해야 한반도가 통일을 향해 안정된 진전을 이룰 수 있을 것이며, 영속적인 평화도 실현될 가능성을 갖게 될 것이다.[10]

미국의 동북아 정책

2001년 1월 출범한 미국의 부시 행정부는 힘을 바탕으로 하는 현실주의적 외교를 강조하고, 미사일방어(MD)[11]체제 구축[12]에 안보전략의 우선순위를 부여하고 있다. 특히 9·11 테러 이후 반테러·대량살상무기 확산 저지에 최고의 우선순위를 두고 있다.

미국은 세계전략의 중심축을 아시아 지역으로 이동하고 있으며 한국·일본·호주 등 우방국의 쌍무적 안보 협정을 강화하는 한편, 중국·인도·러시아 가운데 어느 나라도 패권국이 되지 않도록 세력균형정책을 추구하고 있다. 이에 따라 부시 행정부의 동아시아

전략은 일본에 대해 집단적 자위권 행사 및 군사 활동 범위의 확대를 권장하는 등 중요성을 강조한다. 반면, 중국을 잠재적 도전세력으로 상정하지만 국제 현안의 원만한 해결을 위해서는 중국과의 협조가 중요하다는 점을 인정하며 '하나의 중국' 원칙을 지지하고 있다. 그러나 미국은 동시에 중국을 '전략적 동반자'가 아니라 '전략적 경쟁자'로 간주하여 중국의 눈치를 보면서도 대만에 첨단무기 판매 등 안보지원을 강화하여 왔다. 러시아와는 중국 견제와 핵 문제 해결, 재래식 무기 감축 등에서 협력관계를 유지하고 있다.

특히 한반도에서 미군의 재배치를 추진하고 있다. 미국 국방 당국은 전 세계적인 미군 재배치 계획(Global Defense Posture Review, GPR)[13]에 따라 한국과 독일 등에서 감축될 미군 가운데 일부를 미국 본토에 배치할 예정이다. 2004년 7월 중 개략적인 귀환 배치 숫자를 확정, 의회에 보고할 것이라고 더글러스 페이스 국방부 정책담당 차관이 2004년 6월 23일 밝힌 바 있다.[14]

이에 대해 미국 정부는 한국을 포함한 동아시아 주둔 미군 재편과 관련, 주한 및 주일 미군의 기지 및 사령부를 통합하고 해군과 공군을 증강할 방침이다.[15]

북한핵 프로그램 종식을 위하여 한·미·일 3자 대북정책조정그룹(Triateral Coordination Oversight Group, TCOG)은 2002년 1월 25일 서울에서 제1차 회의를 갖고 한반도 정세와 각국의 북한과의 관계 현황 및 향후 대북정책 추진 방향에 대해 의견 교환을 하고, 각국의 대북정책이 상호 긍정적 영향을 미칠 수 있도록 협력을 강화해 나가기로 한데 이어 매년 4~5차례의 정례적 회의를 개최하고 있다.

이 회의에서 3국 대표단은 G-8 정상회담 및 한·미, 미·일, 한·일 정상회담 등을 통해 국제사회가 북한의 핵무기 보유를 용납할 수 없다는 점을 재확인한 것에 유의하였다. 3국 대표단은 또한 평화적이고 외교적인 수단을 통해 북한 핵무기 프로그램의 폐기를 위해 지속적으로 노력하기로 합의하였다. 북핵 프로그램의 종식을 위한 대화의 형식과 관련, 3국 대표단은 여타 관련국들을 포함한 다자 대화의 확대 필요성에 합의하였다. 특히 3국은 한국과 일본이 핵심적인 이해관계를 가지고 있으며, 다자 대화에 양국의 참여가 필수불가결하다는 데 합의하였다.

특히 3국은 북한의 제3국 및 국제사회와의 관계가 핵무기 프로그램을 종식시키기 위해 즉각적이고 검증 가능한 조치를 취하느냐 여부에 달려 있다고 재강조하였다. 3대표단은 외교가 북한 핵무기 프로그램의 종결을 가져 올 것이며, 이로 인해 한반도 및 이 지역의 안보와 번영의 증진에 기여할 것이라는 믿음을 재확인하였다.[16)]이처럼 동북아 역내에서 미국의 역할은 중요하며, 아직도 경제와 안보 중요성에 따라 동북아시아는 미국의 중심 역할을 필요로 할 것이다.[17)]

〉〉〉대일정책

클린턴 미국 대통령은 일본 하시모토 수상과 1996년4월 16일, '미 · 일안보공동선언'[18)]을 발표하고 아 · 태 지역 평화와 안정의 유지와 지역경제 성장에 상호 협력하고 범세계적 협력에도 공동보조를 함께 하기로 하였다.

미국은 일본에 대해 전통적 동맹관계를 강화하려하고 있다. 특히, 일본의 대테러전 및 이라크전 지원을 통해 미국 내 일본의 위상이 크게 강화된바 미 · 일 양국은 이러한 우호 · 협력 기조를 계속 강화해 나갈 것으로 전망된다. 또한 미국은 주일미군 유지를 포함, 일본의 안보 분담 역할 증대를 바라고 있다. 특히 북한 문제와 관련하여 미·일·한 간 공조가 지속되고 강화하는 것을 추구하고 있으며[19] 미국은 일본을 동북아에서 미국이 추진하는 정책의 '보조적 동반자'로 인식하고 있다.

미국의 입장은 일관되어 있다. 일본은 북한이 침공할 경우 미국과 맺은 방위조약에 따라 남한을 방어하는 데 가담할 의무가 있다는 것이다. 일본지도자들은 미국의 이런 입장에 맞서 일본 국민의 평화주의를 거론하면서 남한의 강렬한 반일 감정이 군사 협력을 저해할 것이라고 주장해 왔다. 애초 미국이 한반도의 분할에 간여했기 때문에 한반도 평화를 유지할 책임은 마땅히 미국이 져야 한다고 믿기 때문이다.[20]

미국과 일본 정부의 안보협력 강화는 '중국 위협(china threat)'을 어떻게 인지하고 파악하는가에 달려 있다.[21] 냉전시기를 통틀어 미국은 일본한테 남한 방어에 의미 있는 역할을 맡기려고 노력했으나 번번이 실패했다. 미국의 압력은 일본의 비둘기파들이 가끔 북한과 관계를 정상화하려고 하는 것을 막는 데는 성공했다. 그러나 미국은 한반도에서 새로운 군사적 충돌이 일어났을 때 일본이 군사적 책임을 분담하겠다는 명시적 합의를 이끌어내는 데는 그저 입에 발린 양보를 얻어냈을 뿐이다.[22]

한편, 동아시아에서 일본은 미국에게 있어 협력과 견제의 상대라는 이중의 의미를 지니고 있다. 견제라는 측면에서 러시아의 국내문제에의 몰두와 국력의 약화 현상, 이 지역에서 미군사력의 점진적 감축 그리고 중국의 국내경제 건설에의 주력 현상 등은 결국 세력의 상대적 확대가능성을 의미하는 것이다. 미국으로서는 장차 일차적으로 일본을 견제해야 할 필요성에 직면하게 될지도 모른다. 이러한 일본 견제에 중국과 러시아는 미국에 공동협력자들이 될 가능성이 있다.[23]

〉〉〉대중정책

1949년 이래로 미국이 중국에 대해 취해 온 정책의 기본목표는 중국의 정치 · 경제를 다원적 정치체제(민주주의)와 자유시장경제 체제로 변화하도록 하는 것이었다.[24]

1979년 1월, 중국에 대한 미국의 인식으로 두 나라 사이의 30여 년 간 계속된 불편과 충돌은 종료되었다. 중국-미국 관계의 기초는 소련 군사력의 팽창을 방어하기 위해서였다.[25] 미국은 소련을 견제하기 위하여 중국카드를 활용하였다. 냉전기간 중 미국 · 중국 · 러시아의 관계는 1980년대 말 형성된 '전략적 삼각관계(strategic triangle)'에서 탈냉전기에는 1998년 한반도 주변 4국 국가들의 정상회담을 거치면서 미 · 중, 미 · 러, 중 · 러 등의 '전략적 동반자관계(strategic partnership)'[26]로 변모하였다.

20세기 후반기에 미국과 소련의 대립이 냉전종식으로 해소되어 러시아의 위협이 감소했지만, 21세기에 미국은 중국과의 승부가 불가피할 것으로 전망[27]되고 있다. 실제로 미국은 중국의 경제성장에 따른 군사력 증강에 우려를 나타내고 있는 반면, 중국에 대한 세력균형정책 추진 가능성으로 미국은 중국의 강대국 부상을 못마땅하게 여기면서도 동북아에서의 세력균형체제의 안정을 위해 지원하고 있다고 보는 시각[28]도 있다.

한편, 미국은 중국의 정치적 · 경제적 · 군사적 부상에 대해 지금까지의 봉쇄(containment)와 개입(engagement) 정책으로 문제를 해결하기보다는 미국에 국익이 되는 방향으로 진전되기를 바라고 있기도 하다. 이는 중국이 장차 미국의 최대 교역국이 될 가능성과 중국의 점진적인 성장이 동북아에서 균형을 가져다 줄 수도 있다고 본다. 클린턴 행정부가 중국을 전략적 동반자로 인정하고 대량파괴

무기 확산 방지 등의 문제에 대해 협조를 추구했던 것과는 달리, 2000년 11월 선출되어 2001년 출범한 부시 행정부는 중국과 러시아와의 관계를 '전략적 경쟁자관계(strategic competitors)'로 표현[29]하여 적도 동지도 아닌 관계로 설정하여 변화를 예고하였다. 미 · 중간 미국의 대만[30]에 무기판매 등으로 긴장 국면이 일시적으로 고조되기도 하였으나, 이는 역설적으로 중국과 협력해야 할 관계임을 의미한다.

미국은 중국에 대해 중국의 자본주의화와 민주화 촉진, 세계 경제체제로의 편입 등 기존의 미 · 중 안정적 협력관계 유지에 주력하고 있다. 북한 문제 해결을 위한 중국의 역할을 지속적으로 유도하려 하며, 세계무역기구(WTO) 가입 이후 시장이 가속화되고 있는 중국에 대한 미국 기업의 진출 강화 등 경제 이익 추구 노력도 지속하고 있다.[31]

한편, 미국은 몽골과 1997년 양국간 '군사 교류 · 방문 협정'을 체결 이후 산불진화, 재난구조 훈련 등을 실시하는 등 양국간 군사협력을 지속해 오고 있다. 몽골의 경우 미국 이외에 러시아, 중국 등과도 군사협력을 강화하고 있다.

〉〉〉대러정책

미국은 레이건 정부 시절의 강경한 대소 외교인 군비 증강을 바탕으로 한 힘의 외교에서 고르바초프 등장 이후 소련정부와 핵무기 감축과 재래식 무기 감축 등에서 소련과 합의를 이끌어내는 정책으로 바뀌었다. 미국은 러시아의 핵무기 통제를 위하여 옐친의 권력 장악을 묵시적으로 동의[32]하였다. 미국에게는 소연방 해체와 아울러 2만 8천 발의 전술핵을 보유한 12개 공화국에 대한 핵통제가 관건이었다. 미국은 우크라이나, 벨로루시, 카자흐스탄의 핵무기를 미국의 협조하에 러시아로 이관하여 핵의 중앙통제가 되도록 하였다.

미국은 러시아와 중국을 동시에 의식하여야 하고, 또 협조를 구하여야 할 부분이 미사일방어체제(MD) 구축 문제이다. 러시아와 중국의 미사일 위협은 물론(미국은 러·중 견제가 아니라고 극구 부정하고 있다), 불량국가(rogue state)나 9·11 테러의 전례와 같은 테러리스트들로부터의 기습적인 도발에 대처하기 위하여 미사일방어체제를 필요로 하고 있다. 미사일방어체제(MD) 체제 구축을 위해서는 탄도미사일 요격실험이 필요하다는 이유로 이의 강행을 위하여 1972년 러시아와 맺었던 탄도탄요격미사일(Anti Ballistic Missile, ABM) 조약을 폐기하였다.

미국은 앞으로의 전략을 수립하려 할 때 한반도와 관련한 결정의 경우 주요강국으로서 발언권을 확보하려는 러시아의 지속적인 압력에 부닥칠 것이다. 사실 러시아의 협조 없이는 미국은 한반도의 비핵화와 중립화라는 제안을 이행하기 어렵다.[33]

미국의 한반도 정책

미국의 한반도를 비롯한 동북아지역에 있어서의 전략적 목표는 역내 평화와 안정을 유지하여 역내 번영과 자유를 증진하는 것으로 볼 수 있다. 상기 목표를 위해 미국은 중국이 동북아 평화와 안정 유지에 긍정적으로 기여할 수 있도록 건설적인 협력관계를 유지하고 있다. 역내 동맹국인 한국과 일본과의 관계를 중시하고 있다. 군사적인 차원에서 미국은 새로운 안보환경과 도전에 보다 효과적으로 대처하기 위해 전 세계에 배치된 미군의 규모와 편제 및 운용방식 등을 조정하고 있으며, 그러한 군사전략의 변화가 한반도에도 적용되고 있다.

클린턴 정권은 힘에 의한 대북 압살정책으로부터 북의 정권과 체제를 인정하고 그와 평화공존 하는 쪽으로 대북 정책의 방향을 선회하였다. 클린턴 정권의 이 같은 정책 선회는 1999년 9월에 나온 페리보고서[34]를 통해서 최종적으로 정리되었다. 그에 따라서 미국은 '10 · 12 북미 공동성명'을 채택하였고 올브라이트 국무장관이 방북하였다. 그리고 비록 클린턴 대통령의 방북이 무산되기는 하였지만 이를 통해서 북한과의 완전한 관계정상화를 도모한다는 계획이었다.[35] 미국의 변화된 대북 정책은 북에 대해 정치적 · 경제적으로 개입을 확대해 나가되 군사적 봉쇄를 통해서 장기적으로 북을 미국 지배의 세계질서로 통합시키려는 전략이라고 하겠다.

부시행정부는 출범과 동시에 대북포용정책을 재검토하면서 북미간의 모든 협상을 중단시키고, 마치 냉전시대의 대북 강경노선으로 회귀하는 듯한 모습을 보여주었으나 근본적으로 대북포용정책을 지속할 것으로 보인다.[36]

더불어 21세기에 나타난 미국의 대한반도 정책 중 특징적인 것은 동북아에서 패권 확보와 한반도에서 주도권 유지라는 목표하에 힘에 의한 북한의 붕괴정책에서 북 · 미 간 평화공존 정책으로의 방향 전환과 함께 언제 다가올지 모를 한국의 통일에 대비하는 것이다. 이를 위해 미국으로서는 북한핵 문제 해결을 위한 6자회담, 미사일 협상, 북한과의 협상, 미사일방어(MD)체제 구축, 남북관계, 동북아에서의 세력균형, 남북의 통일노력, 주변국가의 태도 등에 따라 정책도 가변적일 수밖에 없게 되었다. 특히 현재의 정전협정이 바뀌고, 북 · 미 사이에 평화협정이 체결되고 남북간의 불가침협정이 이뤄진다면 한반도에서 미군주둔의 명분을 상실하게 되어 미국이 중요시하는 주한미군에 대한 철수 압력에 직면하게 될 것이다.

부시 행정부의 한반도 정책기조는 다음 3가지로 요약할 수 있다.

첫째, 한반도에서 대량파괴무기를 제거하고 나아가서 북한의 실질적 변화를 유도하는 것이다. 부시 행정부의 대북 정책은 제2단계 반(反)테러 전쟁의 목표 즉 대량파괴무기에 의한 테러방지라는 맥락에서 북한의 핵·미사일·생화학무기 확산방지에 목표를 두고 있으며 나아가서 경제부문뿐만 아니라 정치적·군사적으로도 북한의 실질적인 변화를 유도하는 것이 궁극적 목표이다.

둘째, 한반도에서 재래식 군사력에 의한 위협을 감소시키는 것이다. 부시 행정부는 지난 2001년 6월에 북한에 대해 대화의 재개를 제의하며 클린턴 행정부와는 달리 핵, 미사일 등 대량파괴무기 이외에 북한의 재래식 군사력 문제를 양국간 협상의제로 추가하면서 재래식 무기의 감축과 비무장지대 인근에 배치된 군사력의 후방이동을 요구하고 나섰다. 대 테러 장기전 수행을 위한 준비를 하고 있는 부시 행정부는 장기전 수행 능력의 제고는 물론 대량파괴무기 위협 등 미래의 안보 도전에 대처하기 위해 해외 주둔 미군 병력의 재조정에 착수할 계획인데, 이에 따라 주한미군의 재배치 및 감축 문제가 검토될 예정이다. 이 경우에 한반도 재래식 군비통제 문제가 남북한 및 미국 간 관계에서 주요 현안으로 부상할 가능성이 있다.

셋째, 한미동맹을 유지하되 향후 동맹의 성격을 포괄적 동맹으로 발전시키는 것이다. 동북아 전략적 차원에서 한미동맹체제를 재조정한다는 것은 한반도에서의 전쟁 억지를 위한 한미동맹체제가 궁극적으로 동북아의 안정에 기여한다는 점을 재확인하는 것이다. 또한 북한의 위협이 소멸되더라도 한미동맹체제가 지역 안정에 기여하는 방향으로 그 성격을 변화시키고, 병력 구조를 재조정하는 것을 의미한다.[37)]

한편, 미국의 정부관리, 정책전문가, 학자들의 한반도 통일의 시나리오(평화통일, 북 붕괴 흡수통일, 전쟁에 의한 통일) 중 미국 정부는 평화적 통일 방식을 선호하고 있으며 통일과정에서 남북한 간의 안보관련 문제에 대한 대화를 촉진시키려 한다. 또한 신뢰구축 조치들을 관리하며, 상호 군비 통제가 구축되는 것을 감시하는 등 조정자의 역할을 담당하기를 원한다. 게다가 동북아 차원에서 안보 불안 요소를 억제하고, 남북한에 대해 외부의 잠재적 위협에 대한 안보를 보장하며, 주변국들이 한반도 통일과정에 부정적인 영향력 행사를 막는 역할을 할 것으로 예상된다.[38] 이러한 측면에서 미국은 남북한 간 합의에 의해 평화적인 방식으로 통일이 이루어지는 것을 지지하고 지원한다는 입장을 견지하고 있다고 해석할 수 있다.

교차승인의 완결문제와 관련된 북·미 수교에 대한 미국의 입장은 클린턴 행정부 당시에는 상당히 전향적이었다. 왜냐하면 북한이 미국 및 한국의 대북포용정책에 따라 변화하고 있으며 결국 대외개방을 통해 국제사회의 책임 있는 구성원으로 등장할 것이라는 인식이 있기 때문이다. 그리하여 2000년 10월 12일에 북한의 조명록 국방위원회 제1부원장이 김정일 국방위원장의 특사자격으로 미국을 방문하여 클린턴 대통령과 회담한 결과로서 '북미공동성명'을 발표하였다. 이 성명은 양국 현안 문제에 대해 구체적으로 언급하고 있지는 않지만 양국이 지난 50여 년 동안의 적대적 관계를 종식한다고 선언함으로써 관계정상화의 중대한 계기가 마련된 바 있었다.

그러나 부시 행정부가 들어서자 북·미 수교에 대한 미국의 입장은 완전히 변화하였다. 우선 부시 행정부는 북한에 대해 매우 회의적인 시각을 갖고 있다. 따라서 미국의 대북 정책의 기조는 '선(先) 보상을 통한 북한의 유인정책'으로 즉 대화와 협상을 하되 북한의 위협·공갈·허세 등에 대해서는 원칙적이고 단호한 입장으로 대처하면서 북한이 미국이 제시하고 있는 협상의제에 대하여 긍정적인 입장을 보이지 않은 한, 대북 관계의 개선을 서두르지 않는다는

입장을 보이고 있다.[39]

한반도 평화체제의 구축과제와 관련해서 미국은 평화협정이 체결되기 전까지는 정전체제가 유지되어야 하며 한반도 평화협정은 남북한 간에 협의되어야 한다는 입장을 견지해 왔다. 그러나 북・미 평화협정을 체결해야 한다는 북한 측의 주장을 일방적으로 무시하기보다는 이를 적절한 협상절차를 통해 해결하는 것이 바람직하다고 느낀 한・미 양국은 1996년 4월 16일 정상회담에서 한반도 평화체제를 구축하기 위해 남북한・미국・중국 대표 간의 4자회담을 개최할 것을 공동 제의하였다. 미국은 북한의 개방・개혁을 유도하기 위해서는 4자회담이 가장 현실적이고 효과적인 방안이라는 인식을 가지고 있다. 그러나 6차례에 걸친 4자회담이 실질적 성과를 거두지 못한 채 중단되었다.

한편, 2002년 10월 이후 북한의 핵 문제가 다시 불거지자 미국은 북・미 양자간 협상보다는 다자간 협상을 통해 북한의 핵동결을 추진하기를 원했다. 북한 핵에 반대하는 주변 국가들을 포함하는 다자외교를 통해 북한을 압박하려는 의도에서 비롯된 것이었다. 중국의 적극적인 중재 노력의 결과로서 남북한, 미・중・러・일이 참가하는 6자회담이 2003년 8월부터 5차례 개최되었다. 2005년 9월 19일 제4차 6자회담 폐막시 공동성명을 채택하였고, 5차 6자회담은 2005년 11월 9일 개최되었다가 3일 만에 폐회되었다.[40] 그러나 부시 정부는 북한핵 문제를 외교를 통해 해결하려는 정책기조를 견지하고 있기 때문에 향후 6자회담을 계속 추진할 전망이다. 만일 6자회담에서 북한의 핵 문제가 해결되고, 북한의 체제보장, 북・미 간 관계정상화가 이루어진다면, 미국은 6자회담을 한반도 평화체제 구축을 위한 다자간 협의 방식으로서 발전시킬 가능성이 충분히 있다.

한반도 군비통제 실현과 관련해서 부시 행정부는 대량살상무기

비확산이라는 문제에 관심을 둔 클린턴 정부와는 달리 대량살상무기는 물론 재래식 무기감축문제도 북미협상의 의제로 포함시키고 있다. 미국 부시행정부가 재래식 군사위협 감소를 협상의제로 제기한 것은 긴장완화를 포함한 한반도 재래식 군비통제 문제에 대한 미국의 개입 의사를 분명히 하고, 한반도 평화체제 구축과정에서의 관리자의 역할과 위상을 강화하기 위한 것으로 해석된다.

또한 재래식 군비 문제를 협상의제로 제기한 것은 미국의 새로운 국방정책으로써 미군의 전반적인 재편 정책과 밀접한 관계를 갖는 것으로 이해할 수 있다. 부시행정부는 해외주둔 미군의 재조정을 포함하여 전반적인 미 국방력의 효율화 정책을 수립하고 이에 대한 구체적인 정책 이행 계획을 강구하고 있다. 부시 행정부는 대북한 '포괄협상'이라는 명분 아래 대북 지원과 관계개선의 대가로 북한의 재래식 군비 문제를 함께 제기함으로써, 한편으로는 북한을 압박하여 핵 및 미사일 문제를 보다 수월하게 해결하려는 의도를 갖고 있다. 그러나 다른 한편으로는 비무장지대 인근에 배치되어 있는 북한의 재래식 군사력의 감축과 후방 이동 문제가 주한미군의 재조정 가능성과 관련이 있기 때문에 이를 협상의제로써 제기한 것이다.[41]

한국의 노무현 대통령도 기회 있을 때마다 주한 미군의 역할과 주둔 필요를 강조하고 있다.[42] 노무현 대통령은 한 걸음 더 나아가 향후 주한 미군의 전략적 유연성에 대한 이른바 '조건부 인정' 방침을 시사하기도 하였다.[43]

미국은 '휴전'을 미군 주둔의 명분으로 꼽는다. '한반도 평화를 위해서'라는 명분이 한반도에 급기야 핵무장을 하기에 이르렀고, 이는 북한을 자극하기에 충분했다. 적어도 남한에서는 '한반도 비핵화'가 이루어진 지금, '균형' 역시 미 주둔군의 주둔 명분이다. 미국은 표면상 통일을 원하고 있으나, 통일을 지원하기 위한 구체적 실행은 나타나지 않는다. 그러나 미국은 한국 통일이 험난한 길임을 알고 있으며, '통일 메뉴'를 즐기고 있다. 통일이 더딜수록, 한반도에서 긴장완화가 지속되고 상승될수록 미군의 효용가치는 정비례로 상승하고 있음이 현실이다.

〉〉〉대한국 정책

미국은 대한국 정책으로 전통적 한·미 동맹관계를 강화하고 발전해 가고자 한다.[44] 이를 위해 변화하는 시대적 환경에 걸맞는 새로운 한·미 동맹관계 수립에 노력하고, 한반도 문제 해결에 있어 한국의 주도적 역할을 적극 지지하며, 이러한 맥락에서 한국의 '평화·번영정책'을 지지하고 있다. 또한 북한핵 문제 등 현안 해결을 위한 한·미 공조를 강화하고 있다.[45]

한·미 양국은 2002년 12월 제34차 한미연례안보회의시 '미래한미동맹정책구상협의(Future ROK-US Alliance Policy Initiatives, FOTA)'를 개시키로 합의한 바 있으며, 한국정부는 주무부처인 국방부를 중심으로 긴밀하게 한·미 협의를 준비하고 개최해 오고 있다.[46] 이 협의는 2003년 7월 하와이 회의에서 주한미군의 단계적 이전, 재배치 계획을 구체적으로 합의하고 미군감축에 관해 논의[47]하는 등 실질적인 한·미 군사적 현안 문제를 주기적으로 다루고 있다.[48]

한·미 양국은 2004년 6월 6일 사실상의 공식협상을 갖고 미국의 해외주둔재배치계획(GPR)에 따른 주한미군의 역할·기능 조정 및 주한미군 감축 문제 등을 협의했다.[49] 이어 한국과 미국은 2004년 10월 6일, 지난 2004년 7월 미측이 통보한 '1만 2천500명 2005년 말 감축안'을 놓고 4개월여 간 벌인 협상에 따른 합의안으로 주한미군을 2008년까지 3단계 철수로 2009년부터 2만 5천 명을 유지하기

로 동시에 발표했다.[50)]

한·미 양국간에 주한미군의 여중생 전차 압살 사망 사건으로 문제시되었던 한미주둔지위협정(Status of Forces Agreement, SOFA)[51)]은 1995년부터 2차 개정 협상을 시작한 이후 2001년 1월, 제2차 개정[52)]이 이뤄짐으로써 주요 범죄에 대한 기소시 미군의 신병인도·살인·강간 등 흉악 범죄의 경우 체포시 계속 구금·환경조항 신설 등 형사·민사·환경 등의 분야에서 개선이 이루어졌다.

지난 2003년 5월 노무현 대통령 방미 계기로 개최된 한·미 정상회담에서 미국과 한국은 한·미 동맹관계를 "포괄적이고 역동적인 동맹관계"[53)]로 심화·발전시켜 나가기로 합의한 바 있으며, 이를 위해 한국과 정치·경제·문화 등 제반 분야에서의 협력을 강화해 나가고 있다.

2005년 6월 10일 워싱턴에서 한·미 정상회담이 열렸고, 두 나라 정상은 그동안 균열 내지 이상기류 논란이 벌어졌던 한·미 동맹이 여전히 굳건함을 재확인하였다. 2003년 2월 노무현 정부 출범 이후 지난 2년 3개월여 동안, 한·미 양국 사이에는 역대 어느 정부에서보다도 많은 한·미 동맹 현안이 터져 나왔던 시기였다. 그 까닭은 무엇보다 부시 행정부가 해외주둔미군재배치(GPR) 등 군사전략을 포함해 세계전략에 근본적인 변화를 강력히 추진해 온 데다, 참여정부도 경제발전과 민주화의 성과를 토대로 한반도 및 동북아 정세의 변화에 맞춰 새로운 역할을 추구하면서 50년이 넘은 전통적인 한·미 동맹관계의 재조정이 불가피했던 데 있다. 이 과정에서 주한미군의 전략적 유연성, '작전계획 5029' 수립, 참여정부의 동북아 균형자론 등에 대한 양국간 입장 차이가 그런 의구심을 부채질한 측면이 적지 않았다.[54)]

한국의 북방정책의 추진은 미국의 대소정책이 그 궤도를 크게 수정함에 따라 가능했으며, 또한 워싱턴 측의 정치적 지원에 의해 활성화될 수 있었다는 점을 주목할 때, 미국이 상당히 중요한 역할과 기능을 담당했음은 분명하다. 중장기적으로 볼 때 동아시아 주둔 미군을 점차 감축시켜야 하고 전진배치전략에서 이동배치전략으로 전환시킬 계획을 하고 있는 미국에서 이 지역의 안정은 긴요한 것으로, 이러한 맥락에서 한국의 대러·대중 긴장완화 정책은 미국의 정책과 부합된다. 또한 미국이 역내의 잠재적 패권국가인 일본을 장차 견제할 필요가 있을 경우 역내 국가들과의 공동보조가 필수적이다.[55]

〉〉〉대북한 정책

부시행정부의 대북정책은 '강경한 포용정책'으로 특징지을 수 있다. 이는 '대화의 지속'이라는 측면에서는 클린턴 행정부의 대북포용정책의 큰 틀을 수용하는 것이지만, 협상의제와 원칙에서 중요한 차이를 가지고 있다. 우선, 협상의제의 측면에서 클린턴 행정부는 핵 문제와 미사일 문제, 재래식 무기 문제 등에 포괄적인 접근방법을 취하고 있다. 또한 협상의 원칙에 있어서도 클린턴 행정부에 비해 부시행정부는 검증과 투명성의 원칙을 엄격하게 적용하고 있다.

9·11 테러 이후에도 이러한 부시행정부의 대북정책에는 별다른 변화의 조짐이 없지만, 사실상 미국은 테러와의 전쟁으로 북한에 신경 쓸 겨를이 없기 때문에, 대북정책은 미국 대외정책의 우선순위에서 밀려나고 있다. 따라서 북·미 관계는 향후 상당기간 동안 진전도 후퇴도 없는 동면기에 들어갈 것이라는 것이 일반적이라는 예측도 나왔다.

그러나 현 국제테러 정세하에서 만일 북한이 미국의 '반테러 국제연대'에 적극적으로 동참한다면, 북·미 관계의 새로운 전기를 마련할 수 있을 것이다. 현재 미국은 아프가니스탄 포위작전을 위해 미국 스스로 테러지원국으로 분류한 7개 국가 중 이란, 시리아, 리비아, 수단 등 4개국에 협조를 요청해 놓고 있으며, 북한에도 조만간 정보협조를 요청할 것으로 예상되고 있다. 만일 북한이 이에 적극적으로 응한다면, 미국의 테러지원국 해제와 나아가 북미관계 정상화에 결정적 전기를 마련할 수 있을 것이다.[56]

2003년 11월 25일자 〈뉴욕타임스〉의 "탈레반 다음은 누구? 북한을 잊지 마라"라는 제목의 사설은 북한이 언제든지 미국의 군사적 공격대상이 될 수 있음을 말해주고 있다. 북한핵 문제에 대한 미국의 정책 여하에 따라 한반도는 언제든지 전쟁터로 돌변할 수 있다.[57]

부시행정부는 대북협상의 원칙으로 '검증 가능한 상호주의'를 제시하고 있다. 이것은 북한에 대한 검증이 이루어진 후에야 보상하겠다는 사실상 일방주의이다. 미국의 핵전략 역시 '상호확증파괴(Mutual Assured Destruction, MAD)'가 아니라 '일방적 확증파괴(Unilateral Assured Destruction, UAD)'로 가고 있다.[58]

워싱턴에서는 대화 재개라는 북한의 태도변화와 그에 따른 한반도의 대화무드가 부시행정부의 대북 '강경정책(big stick policy)'의 성과라고 보는 시각이 확산되고 있다.[59] 2002년 1월 부시 대통령이 북한을 '악의 축(axis of evil)'으로 지목한 이후 북미관계 등에서 변화하는 북한의 태도 때문이다.

2002년 9월 부시행정부는 이라크와의 2단계 테러전을 준비하면서 이전과는 완전히 다른 안보전략을 수립하였다.[60] 가장 놀라운 변화는 선제공격을 핵심으로 하는 군사독트린으로 '일방주의적(unilateral)', '선제적(preemptive)', '예방적(preventive)' 군사력의 행사를 천명하였다. 이는 '억지(deterrence)'에 기반을 둔 지난 반세기의 군사독트린과 구별된다.[61)]

「아미티지보고서」(1999년 3월)는 기존 미국의 대북정책은 제네바합의를 통한 북한핵 동결 및 북한붕괴 임박이라는 잘못된 가정에 기초한 것으로 분석하였다. 그 결과 북한 붕괴는 요원하며 시간이 갈수록 북한정권 강화, 핵 · 미사일 개발 및 강화에 대한 우려가 나타나고 있다고 하였다. 그러므로 '새로운 포괄적 접근방식'이 필요하다고 하고 북한의 자세변화를 위한 보다 큰 유인방안과 상응하는 억제방안을 제시[62)]하는 개념적 틀이 필요하다고 하였다. 또한 억지와 외교요소를 연결시키되 억지강화가 포괄적 접근의 중심이 되어야 한다[63)]고 하였다. 또한 외교노력 실패시 미국은 첫째, 억지강화 · 봉쇄 둘째, 선제공격의 두 가지 대안을 준비해 둘 필요가 있다고 하였다.[64)]

미국정부는 2003년 6월 24일, 국무부 인권보고서에서 지목한 94개 인권침해국과 관련하여 미국의 인권증진과 민주주의 강화 노력을 기술하는 「인권 및 민주주의 전략보고서」를 발표하였으며 북한 관련 사항으로 "미국정부는 북한의 인권침해의 심각성과 인도적 문제를 국제사회와 미국 청중에게 제기[65)]하고 북한정권에 우려를 직접 전달하였다. 한편, 대북 식량 지원을 하고, 중국 내 탈북자의 송환을 중단시키는 노력을 전개 중"이라고 하였다. 미국은 쌀, 옥수수, 밀가루 등 UN 기구인 세계식량계획(World Food Programme, WFP)을 통해 매년 1억 달러 내외의 대북 식량지원을 해오고 있다.(표 3-1 참조).

미 · 북 관계에 있어서 가장 시급하고 중요한 현안은 북한핵 문제인바, 미국은 북한핵 문제를 6자회담을 통하여 평화적 · 외교적 방법으로 해결한다는 입장이다. 특히 미국은 북한을 주권국가로 인정

표 3-1. **미국의 북한 원조 지원 내용**

연 도	UN기구 어필	양자 지원
1996	710만 달러(WFP-쌀: 1.1만 톤, 혼합식품: 3.7톤)	–
1997	4,500만 달러(WFP-옥수수: 10.9만 톤, 쌀: 6.8톤, 혼합식품: 5.2톤)	1,200만 달러(옥수수: 5.5만 톤)
1998	1억7천만 달러(WFP-식량: 50만 톤)	130만 달러
1999	1억6천만 달러(WFP-식량: 46.5만 톤)	(씨감자: 200만 달러, 감자 재배 취로사업용 식량지원: 3,000만 달러)
2000	2,900만 달러(WFP-밀가루: 8만 톤, UNICEF-식수·위생: 1만 달러)	–
2001	1억270만 달러(WFP-지방식량생산공장 밀가루: 10만 톤, 콩: 5만 톤, 혼합곡물: 4천 톤, 설탕: 65톤)	2.4만 달러(콩: 20톤, 콩기름: 15톤)
2002	6,346.5만 달러(WFP-식량지원, 식량생산지원)	–
2003	3,151.8만 달러(WFP-식량지원)	–

*UN 인도지원조정국(Office for the Coordination of Humanitarian Affairs, OCHA) 홈페이지(http://www.reliefweb.int) 참조.
출처: 외교통상부, 『2004년도 국정감사 요구자료 VI』(서울: 외교통상부, 2004), p. 427.

하고, 북한을 공격하거나 침공할 의도가 전혀 없다는 점을 수차례 걸쳐 표명하였다. 아울러 2005년 6월 10일 개최된 한·미 정상회담 및 4차 6자회담시 미국 측은 북한이 핵을 포기하면, 다자안전보장과 에너지를 포함한 실질적 지원이 가능하며, 궁극적으로 미·북 간 관계정상화도 가능할 것임을 분명히 밝힌 바 있다.

미국의 대북정책은 정권의 변화에 따라 시기별로 변천[66]을 해왔고, 북한핵 문제의 해법을 두고 강·온파 간 논리가 대립되고 있다. 미국 내 북한 문제와 관련, 강경한 입장을 견지하고 있는 인사들은 대북 압력을 통해 문제 해결을 도모해 나가는 것이 효율적이라고 판단하였다. 반면, 온건파는 압력보다는 대화를 통해 문제를 해결해 나가고자 하고 있다. 그러나 미국 내 강·온파를 막론하고 북한이 제네바 합의를 위반하여 고농축 우라늄 핵 프로그램을 비밀리에 추진한 것과 관련, 금번 기회에는 북핵 문제를 보다 근본적이고 철저하게 해결할 필요성에 대해서는 같은 입장을 취하고 있다. 또한, 미국 내 대북정책에 대한 다양한 견해에도 불구하고 미국 정부가 표방하고 있는 입장은 관계 기관 간 협의를 거쳐 일관되게 유지되고 있다.[67]

미국이 추진하여 발효한 '북한자유법안(North Korean Human Rights Act of 2004)'[68]과 현재 추진 중인 '북한 납치행위 규탄 결의안'[69]도 북한에 대한 변화가 주목되는 내용이다.[70] 미국은 북한 탈북자에 대한 청문회를 실시하는 등 적극적인 법안의 입안 작업을 해왔다.[71] 이에 대하여 한국정부는 신중하게 접근하고 있다.[72]

북한 인권과 관련한 한반도 주변 주요 4국가의 입장은 미국과 일본은 인권은 인류의 보편적 가치라는 인식하에 북한 인권의 개선을 지속적으로 촉구하는 데 비해, 중국은 미온적인 입장이며, 러시아는 구체적 언급을 자제하고 있다(표 3-2 참조).

한편, 유엔인권위원회의 북한 결의안이 2005년 11월 17일 유럽연합 주도로 공식 채택되었다.[73] 미국과 일본은 찬성, 중국과 러시아는 반대, 한국은 기권하였다.

미국은 북한에 대해 북한핵 문제 해결시 대북 개입(engagement) 정책(bold approach) 적용을 다시 검토할 것으로 전망되고 있다. 미국은 북한의 핵무기 개발 등 대량살상무기(Weapons of Mass Destruction, WMD) 문제와 미사일 개발 문제 등 역내 안정 저해자로서의 행동을 방지하기 위해 한·일·중·러 등 관련국들과의 협력

표 3-2. **북한 인권 관련 4국가 입장**

구 분	북한인권 관련 입장	최근 구체적 행동
미 국	· 인권은 인류 보편적 가치라는 인식하에 북한인권 개선 지속 촉구	· '05. 7. 11 미의회는 '한국인 및 일본인 납치문제'를 6자회담 의제로 추가시킬 것을 촉구하는 결의안 통과 · 미북한인권법에 따라 7. 19 프리덤하우스 주최 북한인권대회 개최 · 8. 19 북한인권특사 임명
중 국	· 북한인권 개선 촉구에 미온적 입장	· 정부 차원에서 북한인권과 관련된 최근의 구체적 활동은 없음.
일 본	· 인권은 인류보편적 가치라는 인식하에 북한인권 개선 지속 촉구	· '05. 8. 1 제2회 북한인권국제의원연맹총회 개최 -북한인권개선을 촉구하는 공동선언 및 실행계획을 채택·발표하고 차기회의는 몽골의 울란바토르에서 '06. 7 개최키로 결정
러시아	(북한인권과 관련하여 구체적 언급 자제)	· 정부 차원에서 북한인권과 관련된 최근의 구체적 활동은 없음.

출처: 통일부, 『2005년도 국정감사 요구자료 Ⅰ』(서울: 통일부, 2005), p. 367.

을 강화해 나가려 하고 있다. 특히 북한 문제의 근본 해결을 위해서는 다자적 접근을 중시하고 있다.[74]

미국은 북한의 핵 프로그램이 '완전하고 검증가능하며 돌이킬 수 없는 방법으로 폐기'되어야 한다(complete, verifiable and irreversible dismantlement, CVID)는 입장을 견지하고 있으며, 핵 문제 해결은 외교적인 방법을 통해 평화적으로 해결해 나간다는 입장이다. 미국은 북한핵 문제를 미·북 양자 간 문제가 아닌 지역적·국제적 문제로 보고, 그 해결도 다자회담을 통해 이루어져야 한다는 입장이나 일부에서는 위협적인 발언[75]도 나오고 있다.

제1차 6자회담에서 제시된 미국의 북핵 문제 해결방안은 북한이 핵폐기 이행을 개시할 경우 미국도 이에 상응하는 조치를 취하고, 미·북 관계 정상화를 목표로 미사일, 재래식 무기 등 북한 관련 주요 사안에 대한 해결을 추구해 나가려 하고 있다.[76)]

부시 미국 대통령은 베이징에서 2004년 6월 열린 제3차 6자회담에 참가하는 미국 측 대표단에 북한의 핵무기 계획 포기를 유도할 수 있는 새로운 조건을 제시하도록 승인했다.[77)] 부시대통령이 북한에 핵무기 포기에 대한 새로운 대가를 협상 조건으로 제시하도록 승인한 것은 처음이다.

미국은 아프가니스탄과 이라크에서 성공적인 군사작전 후에 안정화를 시도하고 있기 때문에 부시 행정부는 북한이 다음 차례라는 징후를 주지 않고 있다. 차라리 미국의 관료들은 동북아에 대한 책임을 클린턴 행정부에 의해 시작된 북한 개입 전략에 행정부 자신들의 매파의 감소에서 그들의 이익을 지적하는 것을 계속하고 있다.

북·미 간 협상 부족뿐만 아니라 남북간 대화 부족으로 북한의 우유부단과 미봉의 징후가 나오고 있으며, 부시 행정부는 전략을 가지기가 어렵게 나타나고 있다.[78)]

미국인들이 제한적이든, 전면적이든 북폭을 추진한다면 북한의 대응은 어떻게 될 것인가? 그들의 민족근본주의를 고려할 때 가능성이 가장 높은 시나리오는 '도쿄 폭격'이며 그것도 보유가 추정되는 전술핵무기를 사용할 수도 있을 것이다. 그 결과로 북한정권은 붕괴되겠지만 일본발 세계공황으로 치달을 가능성이 높을 것이다.

이와 같은 불행한 전쟁시나리오를 제압하고 한반도의 평화를 구축하기 위해서는 북한과 미국은 상대방에 대한 정확한 이해와 각자의 최고·최저 수준의 목표를 인식해서 합리적인 절충점을 도출해 내야 할 것이다. 그리고 한반도 운명의 가장 중요한 주체인 우리 역시 북·미 협상과 북핵 문제, 북한 문제, 한반도 문제의 해법에

필요한 역할을 다해야 할 것이다.[79)]

북핵에 대한 한국 정부의 대응 전략은 한·미 간 긴밀한 대북 정책 공조를 위한 외교적 노력을 강화하고 미국의 대북 강경 기조를 현실적이고 합리적인 정책으로 변화되도록 대미 외교 노력을 강화하며, 북한핵 문제의 평화적 해결을 통한 한반도의 평화·안정 도모를 위해 한·미·일 공조하에 중국, 러시아 등 관련국과의 긴밀한 협력체제 구축하고 6자회담의 성공적 마무리를 위해 미국 등 관련국의 현실적이고 유연한 대응을 유도하는 것이다. 아울러 한국의 평화·번영 정책에 대한 미국의 지속적 지지 확보를 위해 남북간 화해·협력 추진과정에 대한 미국의 지속적 협력을 확보하려 하고 있다.[80)]

2. 미국의 한국 통일에 대한 태도

미국이 한반도를 분단시킨 장본인이며 민족통일에 특별한 책임이 있다는 것은 남북한에서 똑같이 하나의 확신처럼 되어 있다. 이런 뿌리 깊은 불만은 미국이 냉전 기간 주로 일본과 관련한 자신의 전략적 목적을 추구하기 위해 한반도의 분단을 그대로 유지하려 했다는 판단과 관련이 있다. 남한에서조차 반미 민족주의는 놀랍게도 적의에 차 있고, 미국에 대한 군사적 종속으로 인해 외국인 혐오의 강한 기류가 흐르고 있다. 그 정도는 한국전쟁에서 미국의 역할에 대해 나이든 세대들이 느끼는 고마운 감정을 일축해 버릴 만큼 강하다.

미국에 대한 한국인들의 비난은 카이로회담(1943년 11월), 얄타회담(1945년 2월), 포츠담회담(1945년 7월)으로 거슬러 올라간다. 한국민들은 전승 연합국들이 한반도를 제멋대로 처리해 끝내 분단에 이르게 했다고 비난한다. 조순승은 한국민들의 지배적 태도에 관한 글에서 러시아의 외교는 전통적으로 한반도 분단을 요구해 왔다고 지적하였다. 그러나 미국이 욕을 먹는 것은 한반도 분단이 아주 우발적으로 이루어졌고, 루스벨트와 트루먼이 한반도를 낮은 우선순위에 두고 다루었다는 점 때문이다.

1945년 8월 12일 선포된 조선건국준비위원회와 10월 16일 미군정의 후원 아래 귀국한 이승만 사이의 운명적인 정치 드라마는 한국민들에게 한반도의 분단이라는 정신적 상처에 대해 무감각하고 자기 이익에만 충실한 훼방꾼이라는 미국의 이미지를 민족주의적 입장에서 결정화했다.

정전협정에 대한 남한 사람들의 원망은 미국이 분단의 주된 책임을 져야 한다는 인식과 뒤엉켜 있다. 박정희의 5·16 군사 쿠데타의 주역으로 두 차례나 국무총리를 지낸 김종필은 "미국이 자신들의 이익과 편의를 위해 38도선과 1953년 정전협정이라는 우리 민족의 쌍둥이 재난을 강요했다."고 말했다. 주미 한국 대사 중 한 명인 함병춘은 "휴전으로 인해 미국이 그 이후 한국을 지원해야 하는 책임을 지게 되었다."고 말했다. 그러나 남한 사람들은 미국의 원조를 "무엇보다도 서태평양에서 미국의 이익을 방위한다는 남한으로서는 적절치 않은 역할을 수행하는 데 대한 일종의 배상"으로 간주하고 있다고 지적한다.

1953년 한미상호방위조약 체결 이래 남한에서는 이 조약의 핵심 조항인 남한군에 대한 미군의 작전통제권이 일차적으로 '북진' 충동을 억누르기 위해 채워진 '자물쇠'라는 인식이 유지되어 왔다.

미국은 변함없이 한반도를 미일 관계의 보조적 요소로서 간주하는 경향을 보여 왔으며 그런 경향은 미국의 동기를 평가하는 남북한 사람들에게 똑같이 강력한 영향을 미쳤다. 1905년 가쓰라-태프트 비밀협약은 일본의 조선 합병을 미국이 묵인하는 대가로 필리핀에서 미국의 주도권을 약속 받는 속이 뻔히 들여다보이는 맞교환이었다. 워싱턴 당국은 일제 식민 통치가 무엇을 의미하는지에 대해 철저히 무지하다는 것을 드러냄으로써 1945년 이후에는 한국민들의 상처를 모욕하였다.

박정희와 김일성은 실제로 1972년의 남북 대화에 이르는 비밀 접촉을 독자적으로 시작하였다. 두 사람은 모두 미・중 화해가 지난 세기 말 한반도에 재난을 가져왔던 강대국의 놀음에 남북한을 다시 한 번 내맡기고 말 것이라고 우려하였다. 이후 10년 동안 미국이 중국뿐만 아니라 소련과도 화해하자 박정희의 후임인 전두환과 노태우도 똑같이 북한과 비밀 접촉을 시작하였다. 이 일은 흔히 미국 몰래 또는 미국의 동의 없이 이루어졌다.1985년 10월 17일 장세동 안기부장과 박철언 안기부장 제2특보는 김일성과 만나 전두환의 방북에 이어 김일성이 방남하는 상호 방문 형식의 정상회담에 합의하였다. 그러나 1998년에 박철언이 밝힌 바에 따르면 전두환은 '미국의 압력을 받아' 정상회담 계획을 돌연 취소하였다.

1992년까지 미국은 한국 통일을 정책 목표로 분명하게 공약하지 않았다. 한국의 여론조사에서 대학생 응답자 64%가 한반도 통일을 가장 꺼려하는 나라로 미국을 꼽은 것은 전혀 놀라운 일은 아니다. 이런 감정을 완화시키고 노태우의 대북화해정책에 보조를 맞추기 위해 한국을 방문한 조지 부시 대통령은 1992년 1월 6일 국회 연설에서 미국은 "한국민들이 받아들일 수 있는 조건에서의 평화 통일을 지지한다."고 밝혔다. 의도적으로 모호하게 처리된 이 연설은 미국이 통일의 명백한 적이라는 비판을 어느 정도는 차단하는 효과를 거두었다. 그러나 이 연설은 분단이 영구적일 것으로 내다보는 판단을 담은 것이었고 남북한은 모두 미국의 동기에 대해 여전히 의구심을 품고 있다. 평양에서는 남한에 흡수당하는 경우라야 미국이 통일을 지지한다고 생각한다. 반면 한국에서는 많은 사람들이 북미 관계의 정상화가 한반도 내에 '두 개의 한국'을 고착화할 것이라고 우려하면서 경계심을 품고 있다. 이와 달리 북한 정권 붕괴 시나리오는 비록 비용이 들긴 하지만 통일을 보다 앞당길 수 있을 것이란 희망을 갖게 한다는 것이다.[81)]

미국 하버드 대학의 헌팅턴 교수[82)]는 한반도 통일과 관련하여 주변 강대국들의 이해관계에 대해 "함께 생각할 때 잊지 말아야 할 사실이 있다. 어느 나라도 한국 통일이 자국의 이익에 긍정적으로 작용할 것으로 생각하지 않는다는 점이다."라고 하였듯이 미국을 포함한 주변 어느 국가도 한국 통일을 우선시하지 않고 있다.

유럽과 아시아 상황이 다른 점은 평행 구조가 있다는 점이다. 미국은 유럽에서 '독일 문제' 해결에 중요한 역할자였으나, 아시아에서는 상대자가 없는 상황이다.[83)]

미국의 국제전략연구소(Center Strategic International Studies, CSIS)가 상정하는 통일의 시나리오는 평화적 통합에 의한 통일, 붕괴(default)에 의한 통일, 그리고 전쟁에 의한 통일 세 가지를 제시하고 있다.[84)]

첫 번째 평화적 통합에 의한 통일에서는 통합의 추진력으로 경제를 들고 있는데, 남북한 간의 투자와 교역 등과 같은 경제적 상호작용이 정치적·사회적 통합의 기초가 된다는 것이다. 그런데 이 시나리오는 북한이 주한미군의 주둔을 인정하는 것을 가정하고 있고, 또한 남한이 평화적 공존을 위해 미군의 철수를 주장할 수도 있다는 가능성을 배제하고 있다. 따라서 평화적 공존이 경제통합을 가져오고, 이것이 곧 통일로 연결된다는 이 시각은 지극히 이상적인 것으로 보고 있다.

붕괴에 의한 통일은 북한의 실패(state failure) 혹은 흡수에 의한 급작스런 통일(abrupt unification by means of absorption)을 말하는 것으로, 이러한 시각은 탈냉전, 김일성 사망, 남북간의 경제격차 심화 등을 배경으로 하고 있다. 북한의 붕괴는 아래로부터의 붕괴(crumbling from below)와 위로부터의 붕괴(crumbling from above)로 나눌 수 있는데, 즉 붕괴의 촉발사건이 대중의 동요(mass disorder)로 인해 발생해서 개혁·개방을 낳을 수 있고, 엘리트에 의한 쿠데타로 인해 발생할 수도 있다는 것이다. 그런데 이 시나리오에서는 개입의 형태(the form of intervention)의 문제가 쟁점화될 수 있다. 즉 해결해야 할 과제이면서 반드시 고려해야 할 사항은 "질서회복을 위한 개입이 한미동맹 혹은 한미연합군 차원에서 진행되어야 할 것인가?", "남한은 엄연한 자신의 영토(북한)에서 반드시 미국 혹은 국제적 동의를 얻어야만 개입이 가능한가?", 아니면 "UN의 지원하에 다국적군이 개입해야 하는가?" 등의 문제들이다.

이를 다시 생각해 보면, 김구 등 중도파의 남북한 협상을 통한 정부의 수립이 실패로 돌아가게 되고, 1948년 유엔 결의에 따라 남한에서만 5·10 총선거에 의해 제헌국회를 구성하고 대한민국이 수립되었는데, 그렇다면 과연 북한이 붕괴했을 경우에는 북한 내에서 유엔의 새로운 결의 없이 자연히 북한이 남한의 영토가 될 것으로 생각하는 것이 가능할지를 고려해 볼 필요가 있다.

급작스러운 북한의 붕괴가 있더라도 남한에 의한 흡수통일의 과정은 쉽지 않을 것으로 보인다. 왜냐하면 흡수통일 주체의 문제가 남아 있기 때문이다. 즉, 우리의 입장으로는 남한이 주도권을 행사하는 것이 당연한 권리로 볼 수 있지만, 미국이나 유엔의 시각은 이와 달리 나타날 수 있기 때문이다. 특히 한반도에 이익이 개입되어 있는 이상 미국으로서는 미국 주도하에서 북한의 핵을 포함한 무장해제를 통한 안보를 확보하려 할 것이기 때문이다.

또한 북한의 붕괴가 있을 경우 정치·행정의 통합 주체도 문제가 될 가능성이 있다. 만약, 북한의 붕괴 직후에 평안도지사는 누가 임명하며 누가 보낼 것인가? 즉 북한에서 UN이 정치·행정의 주체가 될 것인가, 아니면 미국이 될 것인가, 남한이 될 것인가를 고려해야 할 것이며, 우리는 이에 대한 준비를 갖추어야 할 것이다.

마지막으로 생각할 수 있는 통일 시나리오는 전쟁에 의한 것으로 통일의 스펙트럼에서 최악의 경우이다. 전쟁의 촉발요인은 무엇보다 견고한 한·미 간의 억지(deterrence)가 될 것이다. 즉 북한이 폭력(violence)과 벼랑 끝 전술에 제한을 받게 되거나 한계에 봉착하게 될 경우 통제력을 잃을 수 있다는 것이다.

그런데 이 시나리오는 중국과의 문제가 가장 심각하게 대두될 수 있다. 남북한 간의 전쟁 문제뿐만 아니라, 중국이 전쟁으로부터 자연히 자신을 방어하고자 하는 데서 문제가 발생한다. 예를 들어, 중국은 난민유입 방지를 위한 완충지대(buffer zone)를 중국 영토 내에 설치하는 것이 아니라, 북한 땅에 설치할 것이다. 이는 전쟁이 발발할 경우 북한이 중국의 군사적 지원을 얻기 위해 자동 개입을 확보하는 조치로서 북한 영토 내에 완충지대 설치를 요구할 것이다. 중국으로서는 자국의 영토 내에서 난민을 수용하는 것보다는 북한에 설치하는 것이 훨씬 난민 관리가 용이하다는 점과 북한 내에 중국군이 존재함으로써 한국과 미국에 군사적 행동을 섣불리 선택하지 못하도록 하는 보다 큰 상징적 의미를 지니고 있다. 따라서 이러한 점은 "한국과 미국은 한국 땅에 존재하는 중국군을 어떻게 생각할 것인가?"라는 문제가 발생되는 것이며, 앞으로 통일을 위한 시나리오상에서 반드시 고려해야 할 대상인 것이다.[85] 그러나 미국이 가지는 한국 통일 문제에 대한 적극성을 보이지 않고 있으며,

오히려 미군주둔의 명분으로 현상유지를 선호하고 있는 것으로 나타나고 있음은 숨길 수가 없는 사실이다.

미국의 한국 통일 지지

1953년 6월 6일 미국 아이젠하워(Dwight Eisenhower) 대통령이 한국의 이승만 대통령에게 보낸 편지에서 "한국의 통일은 제2차 세계대전 이후 미국이 한 번이 아니고 여러 번 시도한 목표였다. 불행하게도 한국은 제2차 세계대전 이후 분단국으로 남은 유일한 나라이다. 우리는 그렇게 분단된 모든 나라들의 정치적 통합을 성취하는데 우리의 역할을 다할 것이다. 그러나 그 도구로 전쟁을 쓰려는 의도는 없다. 북한이 저지른 행위는 결국 죄다."라고 하였다.[86)]

그동안 한국을 주변 어느 국가보다도 잘 알고 있는 미국의 한국 통일에 대한 정책 우선순위는 보이지 않았다. 다만 한국의 통일에 대하여 언급이 없었던 미국이 1992년 조지 부시 대통령이 국회에서 평화통일 지지 발언을 한 정도였지만 미국이 무관심의 영역을 넘어 북한핵 문제에 이어 관심을 가져야 할 문제로 서서히 부각되고 있다.

2000년 6월 16일, 빌 클린턴 미국 대통령은 "남북정상회담의 결과를 환영하고 한반도의 평화와 화해를 위한 김 대통령의 장래 계획을 지원할 수 있기 바란다."고 말했다.[87)]

2000년 9월 7일, 빌 클린턴 미국 대통령은 "남북한의 통일은 인도적 차원에서뿐만 아니라 한반도의 장기적 안보를 위해서도 바람직한 일"이라고 말하였다. 클린턴 대통령은 유엔 밀레니엄 정상회의에 참석 중인 김대중(金大中) 대통령과 뉴욕 월도프 아스토리아 호텔에서 회담하기에 앞서 이같이 밝혔다. 클린턴 대통령은 김 대통령이 지난 6월 분단 이후 첫 남북정상회담을 위한 평양방문 기간에 "용감하고도 훌륭한 일"을 해내고 남북한 간 화해의 전기를 마련한 데 대해 찬사를 보냈다. 클린턴 대통령은 남북한의 궁극적인 통일에 대해 "매우 긍정적인 목표이며 우리는 그것을 지지할 것"이라고 강조하였다.[88]

2000년 10월 31일 제55차 유엔총회는 '남북한의 대화와 평화통일을 지지하는 총회결의안'을 만장일치로 채택했다. 총회는 한반도 결의안을 의제로 상정해 남북한 대표의 제안 설명에 이어 미국과 일본, 중국, 러시아 등 12개국의 지지발언을 들은 뒤 표결 없이 총회 결의안으로 확정하였다. 총 150개국이 '한반도의 평화, 안보, 통일' 이란 제목으로 공동 발의한 이 결의안은 남북 정상회담과 공동성명을 지지·환영하며, 남북한에 평화통일의 확고한 기반을 마련할 것을 권고하고, 한반도 평화에 대한 국제사회의 지지와 지원을 요청하는 등의 내용을 골자로 하고 있다.

미국은 지지발언을 통해 남북대화가 한반도의 항구적 평화를 건설하는 데 중심점임을 강조하면서 "현재 진행되고 있는 남북대화와 관계개선의 지속과 성공을 지원하려는 확고한 의지를 갖고 있다."고 밝혔다.[89]

2002년 2월 20일, 조지 W. 부시 미국 대통령은 도라산 역에서 행한 연설에서 "남북한 통일은 기아로 고통 받고 있는 북한 주민들에게 평화와 번영, 자유를 가져다 줄 것이다. 남북한 통일 노력을 지지하겠다."고 말했다. 그리고 "이 분계선의 양쪽 주민들은 폭력과 기근, 전쟁의 공포 없이 자유와 존엄 속에서 살기를 원한다. 나는 언젠가 이런 희망이 실현되기를 바란다. 그날이 오면 한반도의 모든 주민은 미국이 든든한 친구임을 알게 될 것이다. 내 비전은 분명하다. 나는 한반도가 철조망과 공포로 분열되기보다는 교류와 협력 속에 언젠가 통일될 것이라고 본다."고 말했다.[90]

2005년 11월 17일 경주에서 갖은 한·미 정상회담에서 "북핵의 폐기는 우리의 공통관심사이기도 하고 또 전 세계 관심사라고 생각한다. 이 한반도에서 언젠가는 평화롭게 통일되는 그런 나라가 서는 것을 제가 보고 있다. 그것은 제 비전이고 또 대통령께서도 갖고 계시는 비전이라고 생각하고 있다. 그러한 가능성이 현실성이 있고 우리가 함께 이러한 기회에 있어서 공존함으로써 언젠가는 한반도가 평화적으로 통일된 그러한 곳이 될 것이라고 생각한다."[91]며, 한·미 정상회담에서 '통일'을 언급하였다.

미국인들은 한반도 통일이 미국의 경제적·전략적·국가적 이익의 추구에 맞는다고 생각하며, 주한미군의 감축과 주한미군과의 정상적인 관계를 추구하는 과정의 기회라고 생각한다.[92]

미국은 통일한국을 필요로 하고 있다. 금융상으로 미국에 의존한다고 하더라도 강력한 한국을 일본-한국-중국이라는 삼각지대에 건설하는 것은 일본에 대한 효과적인 대응 세력을 미국이 갖게 된다는 것이다. 다른 측면으로 볼 때 좀더 강한 통일된 한국은 일본과 더불어 중국에 대해 좀더 무게 있는 대응 세력이 될 것이다.

러시아 특수기관에 따르면, 통일 후 미국은 한반도의 경제적 위상 강화를 계획하고 있다. 무엇보다도 한반도 서쪽에 위치한 인천을 동서를 연결하는 교통 요충지로 개발코자 한다. (일본은 러시아의 자루비노 항구가 이 용도로 이용되길 원하고 있다.) 인천은 황해의 동쪽에 위치해 있는데, 중국의 북동권 전체의 중심지 역할을 할 수 있을 것이며, 미국은 인천이 중국 북동지역에 영향을 미치는 도구가 되기를 원한다. 통일된 한국은 미국 자본을 위한 전망 좋은 투자지가 될 수 있을 뿐만 아니라 중국 북동부를 진입하기 위한 교두보가 될 수 있다[93]고 본다.

한반도 분단에 대한 정치적·도의적 책임을 통감하고 있는 미국은 한반도가 자국의 영향권 안에서 한국의 주도로 통일되기를 바라고 있다. 한국의 주도로 한반도가 통일이 되면 북한의 핵 문제, 미사일 문제, 화학무기 등의 난제들이 일시에 해결될 수 있어 동북아 평화와 안정에 도움이 될 뿐만 아니라 시장 확대로 자국의 수출 증대를 꾀할 수 있을 것으로 예상하고 있다.

미국은 한반도가 통일이 되면 한·미관계는 종속관계가 아닌 미·일과 같은 수평적 안보협력관계로 전환될 것이다. 이러한 변화로 통일한국과 미국의 관계가 소원해지거나 한반도 주둔 미군이 완전 철수하는 사태는 발생하지 않을 것이며, 한·미 우호관계는 변함이 없을 것으로 전망하고 있다.

또한 한국의 민주화 통일은 시장경제를 추구하고 있는 중국의 민주화를 앞당기는 계기가 될 것이다. 이는 아시아에서 민주주의와 시장경제의 확산을 바라는 미국의 정책과도 일치하기 때문에 한반도가 한국의 주도로 통일되는 것은 미국의 국익과 일치한다고 보고 있다. 따라서 미국은 한국이 주도하는 한국 통일을 지원하는 입장[94]으로 보는 시각도 있다.

한편, 앞의 대담에서 헌팅턴은 "미국은 오랜 세월 한반도 통일을 지지해 왔지만 이를 우려하는 사람들이 있다. 그들은 한반도가 통일될 경우 한국이 미군의 주둔을 반가와 하지 않을 것으로 생각한다. 그러나 한반도의 미군주둔 문제는 통일된 한국 정부가 선택할 수 있는 사안이다. 한국 정부가 판단해서 병력규모를 축소시켜서라도 미군이 한반도에 머무르게 할 수 있다. 그동안 한국 통일을 지지해 왔던 미국을 납득시키는 것은 비교적 쉬울 것이다."고 하였다.

미국의 한국 현상유지 선호

비록 미국이 핵을 소유하거나 개발하고 있다는 북한의 핵 가능성이 무엇이든지 제거하겠다는 상황 속에서 북한의 상당한 변화를 명백히 원한다 하더라도, 남북한 문제를 분석하는 것에 필수적인, 한국의 평화 과정을 향한 미국의 접근은 여전히 주목할 만하게 현상유지 지향적이다. 미국은 한국의 통일을 주도하지 않고 있다. 또한 미국은 그 마지막 게임(end game)에 대해 열정을 보이고 있지 않다.[95)]

미국 대외정책의 기본원칙은 '미국의 국가이익(national interests)'과 연관지어진다. 미국은 국가이익이란 관점에서 국제정치의 구조 속에서 자국의 이해관계를 고려한 '합리적 선택'을 취하는 경향을 보이고 있으며, 그 예는 한국전쟁과 휴전 과정에서 찾을 수 있다. 결국 대선에서 승리한 미국 아이젠하워 대통령은 공화당 강경론자들의 통일보다는 국제 여론을 감안해 소련의 제안을 받아들여 휴전협정을 체결하기에 이르렀다. 미국은 한반도에서 북한의 불안한 행동 때문에 우선 평화와 안정이 필요하다고 생각했을 것이다. 미국은 한반도에서 민주주의의 보루로서 북한을 방어하고 역내에서 평형을 유지해 주기를 원하고 있어 북진통일, 중립화통일, 흡수통일 등 통일을 가상하지 않고 소극적으로 지금까지 반세기 이상을 흘러보내오다 최근에서야 논의가 약간씩 시작되는 분위기다.

한편, 미국은 한반도에서 미군 철수가 전제되는 한국 통일은 반대하는 입장이다. 미국은 한국 통일이 다가올 것으로 보고 있으며, 통일이 되더라도 미군이 주둔하게 되길 원하고 있다[96)]는 입장을 표명하고 있다. 이는 미군 주둔의 지속과 연계된 대외용임을 알 수 있다. 미국은 통일한국 이후에도 한반도를 미국의 영향 아래에 두어 동북아시아에서 영향력을 지속하고자 한다. 이것은 한반도가 평화로운 자유주의의 통일국가가 되는 것을 상정하기 이전에 미국의 국익을 위해 한국 통일이 필요하다는 자기논리이지 한국 통일을 진정으로 원하지 않고 있음을 주시할 필요가 있다.

미국은 통일한국이 민족주의를 내세워 미군철수를 주장하게 되는 가정을 생각하기도 싫어할 뿐만 아니라 미군 주둔의 명분을 잃게 될 것을 우려하고 있다. 이는 동아시아 전진배치 전략에 차질을 가져오기 때문이다.

실제로 미 합참은 2000년 5월 30일 미래군사전략으로서 「Joint Vision 2010」을 심화하여 「Joint Vision 2020」을 발표하였다. 「win-win strategy」를 재검토하여 작성된 동 보고서에는 2020년대 안보환경, 군사력 운용 목표, 합동작전 개념 및 구현방안 등을 포함하고 있다. 이 가운데 주요 관심 내용은 21세기 미국의 세계전략이 충실한 본토 방위와 기존의 유럽 중심에서 아시아 중심으로 전환할 것을 예고하고 있다. 이는 소련의 위험이 사라지고 중국의 부상으로 잠재적 위협 가능성에 대비하여 아시아 중심 정책으로 변화하고 있다는 점이다.[97]

한편, 컬럼비아대학교 정치학과 로버트 샤피로 교수는 "한반도에 대한 미국의 이해가 부족하다. 미국 국민은 북한을 잘 모른다. 앞으로 한반도에는 통일로 가는 변화들이 있을 것이다. 미 국민은 그걸 조금 의심스러운 눈으로 볼지 모른다. 한국은 그런 변화가 미국에 나쁘지 않다는 점을 인식시켜야 한다."며 개인적으로 한반도의 전망이 밝다[98]고 하였다.

또한, 다트머스대학교 데이비드 강 교수는 2005년 11월 28일 워싱턴 포스트 기고문에서 "미국은 그동안 말로는 통일을 지지한다 하면서도 실제로는 통일에 소극적이었다."면서 "미국이 동북아에서 입지를 강화하려면 한반도 통일에 더 적극적으로 나서야 한다."고 충고하였다. 그는 "미국이 한반도 정책 초점을 핵 문제에서 통일로 확대 전환할 경우 한반도 비핵화는 물론 한·미 동맹관계도 한층 강화될 것"이라고 주장하였다. 그는 또 "한반도 통일을 추구하는 과정에서 북한의 경제적·군사적 변화를 유도할 수 있고 이는 장차 한·미 양국의 정책수립가들이 협력할 수 있는 기반을 마련해 줄 것"이라고 하였다.[99)]

미국의 태도 평가

미국은 한국 통일에 대하여 적극적으로 지지하거나 이렇다 할 행동을 보이지 않다가 1992년 조지 부시 대통령이 한국을 방문하여 국회에서의 통일지지 발언을 시작으로 2000년 남북정상회담에 따른 클린턴 대통령의 입장 표명과 김대중 대통령과의 정상회담시 지지 발언, 2000년 제55차 유엔총회에서의 '남북한의 대화와 평화통일을 지지하는 총회결의안' 지지 발언, 2002년 조지 W. 부시 대통령의 방한시 남북통일을 위한 노력 발언, 2005년 11월 한·미정상회담에서 처음으로 '통일' 언급 등을 볼 때 한국의 통일에 대하여 향후 다가올 사건으로 기정사실화하는 분위기이다.

그러나 미국은 여전히 한국의 통일에 대하여 주도하는 것을 꺼리고 있으며, 통일이 되더라도 미군이 주둔하는 것을 바라고 있다. 미국이 말로만 통일을 지지할 뿐이라는 학자들의 주장도 나온 상태다. 미국은 한국이 통일된다 하더라도 미국의 영향력하에 있는 한국의 통일을 원하는 조건부 통일을 지지하고 있으며, 그렇지 않은 경우 통일보다는 차선책으로 현상유지를 선호하는 것으로 판단된다.

미국은 중국, 일본, 러시아와는 한국에 대하여 다른 입장에 놓여 있다. 미국은 다른 국가와는 달리 한국과 '포괄적이고 역동적인 동맹관계'인 상호방위조약을 맺고 있고 50년 이상이나 동맹국으로서 유지해 왔다. 오히려 미국은 지금 취하고 있는 태도가 등거리 방향으로 가는 것이라고 볼 수도 있다. 물론 자유민주주의와 시장경제체제가 유지되는 통일에 대하여 미국이 절대 찬성을 보일 것은 당연하다.

미국이 보이는 현재의 태도는 한국 통일에 도움이 되지 않으며, 통일을 더디게 한다. 미국은 이제 분명한 의지를 보여야 한다. 마치 독일 통일과정에서 미국이 통일을 지지하지만 자유민주주의에 어긋나는 통일, 즉 소련세력하의 통일을 경계한 것과 한국의 상황도 다름 아니다. 이제 미국의 결단과 한국 통일과정을 위한 미국의 역할이 요구되는 시점이다.

이러한 미국의 한반도 통일 입장과 관련하여 한국 정부는 "전통적으로 미국은 '민주적 가치 실현'이라는 측면에서 한반도의 평화적·민주적 통일을 지지하고 있다. 최근 부시 행정부는 북한 핵무기 개발 우려 해소를 강조하고 있으며, 이를 위해 6자회담을 추진하는 등 현안 해결에 주력하고 있다. 한국 정부는 긴밀한 한·미 공조를 토대로 북한핵 문제 등 현안을 평화적으로 해결하고, 평화번영정책 추진을 통해 평화적·민주적 통일을 지향해 나간다."는 입장을 가지고 있다.[100]

4장 탈냉전 이후 중국의 한국 통일에 대한 태도

중국 외교정책은 1949년 이래로 어느 때보다 현존하는 국제적 상황, 국제적 규범, 국제적 · 지역적인 힘의 구조에서 미국의 우위를 받아들이고 있다.[1] 중국 외교정책의 현상유지 상황에서 가장 분명하고 위험한 예외는 대만 문제이다. 중국은 타이완 섬의 독립에 대한 상징적 요구를 방어하는 노력 이외에, 정치적 · 군사적 요인들을 변화키는 힘을 비축하고 있다.[2]

탈냉전시대에 중국이 취한 대외전략은 세계를 다극체계로 보고 거대한 국가들인 미국, 유럽연합, 러시아, 일본과 잠재력을 가진 인도, 동남아국가연합, 브라질, 아랍국가들과 협력을 추구하였다. 또한 균형자로서의 역할을 취하며 '미국 유일초강대국 지배체제'에 도전하여 중국의 독립자주 외교정책을 강조하는 전략이었다. 이는 미국과 중국 간 패권전쟁 가능성을 배제할 수 없다.[3]

중국은 1975년 국방현대화를 제시한 이래 모택동 군사전략의 수정 발전 및 무기 · 장비의 현대화, 국방과학기술의 현대화, 군의 정규화 · 정예화 등을 지속 추진해 오고 있다. 중국군은 국방전략 면에서, 첨단과학기술에 중점을 둔 제한 국지전 전략을 추진 중이다. 종래의 게릴라전 위주 전략으로부터 각 군종 · 병종 협동 운용에 의한 통합작전 능력과 즉시 대응 능력을 중시하며, 지상군보다 해군 · 공군 전력 증강, C4I〔지휘통제통신 전산정보체계, 지휘(Command), 통제(Control), 통신(Communication), 컴퓨터(Computer), 그리고 정보(Intelligence)〕 체제 발전, 한정적 핵 억지전략 수행능력 개발에 역점을 두고 있다. 장병 처우개선 및 장비현대화 달성 등을 위해 국방예산을 1997년 이후 평균 15%씩 지속적으로 증액하고 있다. 군의 정규화 · 정예화의 일환으로 군 간부의 연소화, 지식화, 전문화, 혁명화(4화)를 지속 추진함과 아울러, 1985년 병력 대규모 감축계획 이래 1999년까지 250만 명 규모로 감군을 하였다.

1. 중국의 동북아와 한반도 정책

중국의 동북아 정책

중국은 정치면 · 경제면 등 모든 외교 부문에서 이전보다 주변국에게 더 협력적이 되었지만, 주변 다른 국가들 특히 미국, 일본, 대만에게는 '떠오르는 중국'에 대한 거부감을 갖게 하고 있다.[4)]

중국 외교의 기본 정책기조는 전방위 외교 전개를 통해 개혁 · 개방의 성공 및 2020년까지 '소강사회(小康社會[5)], 중산층 생활수준)'의 전면적 건설에 유리한 안정적 주변 환경 조성에 적극 노력한다는 것이다. 중국은 현재 1조 달러 수준의 국내총생산(GDP)을 2010년에는 2배인 2조 달러, 2020년에는 4배인 4조 달러 수준으로 확대하여 성장시키는 것을 정책목표로 설정하고 있다. 따라서 중국의 대동북아 외교정책도 지속적인 '경제발전'을 위해 동북아에서의 평화와 안정을 지속적으로 확보・유지한다는 데 역점을 두고 관련 국가들과 실용주의 외교정책을 추진해 나가고 있다. 유사한 맥락에서 중국의 한반도 정책방향은 '한반도 안정'이 '동북아 평화・안정' 및 중국경제 건설의 관건이라는 인식하에 한국과는 실질관계 증진에 중점을 두는 한편, 북한과의 관계도 기존 우호관계를 유지하고 있다.

또한, 중국은 미국・일본・러시아와의 관계에 있어서도 마찰보다는 협력에 기초한 관계 증진에 노력하고 있지만, 미국과는 대만문제, 일본과는 과거사 문제 등이 지속적으로 걸림돌로 작용할 것으로 보인다.[6)]

〉〉〉대미정책

북한군의 도발로 시작된 한국전쟁 때 미군이 압록강을 향해 진격하자 중화인민공화국이 자국의 이해를 지키기 위해 단호하게 행동한 것은 놀랄 일이 아니다. 건국한 지 1년밖에 안 된 중국 공산당 정부는 미군에 맞서기 위해 압록강을 건너 운명적인 발걸음을 내디뎠다. 그때 중국은 오랜 내전 끝에 정치적・경제적 제도를 새롭게 정비하는 일을 막 시작하고 있었다. 중국은 250만 명의 병력을 파견했는데 11만 5천 명이 전사했고, 22만 1천 명이 부상당했다. 한국전쟁에 대한 중국의 개입 결정은 종종 초기 냉전 시기 중소 블록의 단결을 과시하는 것으로 해석되었다. 그러나 중국의 개입은 안보 측면에서 한반도에 대한 중국의 역사적 역할이나 1937년부터 1945년까지 중국 북부에서 일본의 점령에 맞서 민족적 저항을 벌였던 공산당 지도국으로서의 이미지와 더 관계가 깊다. 근본적으로 중국은 냉전 시기 공산권의 연대보다는 국가 이익에 따라 한반도에 대한 미국의 영향력을 제한하기 위해 한반도에 개입한 것이다.[7)]

개혁과 개방 정책의 지속 추진으로 경제성장을 계속 중인 중국은 미국이 주도하는 국제질서를 중국이 포함된 다극체제로 재편하기 위해 러시아와 전략적 협력관계를 맺고 국제사회에서의 영향력 확대를 희망하고 있다. 이는 러시아가 미국을 견제하기 위해 중국과 같은 관계를 가지는 것과 다름 아니다. 이럼에도 중국은 자국의 경제발전을 지속시키기 위해 미국과의 '항구적 정상무역관계'(2000)를 맺는 등 중·미 관계가 안정적으로 유지되길 원하고 있다. 미국의 경계심을 늦추고 주변국들에게 호의적인 태도로서 '중국위협론'을 불식시키고자 중국은 대외적으로 전략적 차원에서 안정을 희구하는 전략외교를 펼치고 있다. 통일된 한반도를 상정할 경우 중국의 관리와 분석가들은 미국이 평화를 지키기 위해 한반도에 미군 주둔이 필요하다는 주장을 더 이상 할 수 없다. 그런데도 계속 미군이 주둔해야 한다고 주장한다면 중국을 봉쇄하기 위한 것 이외에는 다른 이유가 없다는 데 의견이 일치한다.

북한은 미국이 성실한 중재자로 역할을 바꾼다면 앞으로 최대 10년 간 한반도에 주둔하며 단계적 철수 과정을 밟아 나가는 것을 받아들일 용의가 있다. 이는 중국도 받아들일 수 있는 것이다. 북한과 중국이 미군의 계속적인 한반도 주둔을 바라거나 용인할 수 있을지, 통일한국이 수립될 수 있을지는 오직 시간이 말해 줄 것이다. 완전한 통일에 이르기 전 과도기에는 남한과 북한이 각각 병력을 유지할 것이기 때문에 군사적 충돌 가능성이 상존한다.[8)]

중국의 외교 관리들과 수년간 방대한 토론을 한 뒤 내린 결론은 이렇다. 한국 통일 이후 미군과 한국군 사이에 어떤 종류의 연계가 맺어질 경우, 그것이 한국과 중국의 반일 동맹의 일부가 아니라면 중·미 관계에 심각하고 결정적인 쟁점이 될 것이다. 중국인들이 보기에 한국 통일 이후의 미군 주둔이 동북아시아 정세 '안정'에 기여할 것이라는 주장은 일본과 협력해 중국을 봉쇄하고, 방대한 국토와 무력을 갖춘 중국이 패권국으로 나아가는 것을 저지하기 위한 전략을 감추려는 얄팍한 속임수에 불과하다고 본다.[9]

한편, 중국은 현대화 추진에 도움이 되는 방향으로 유리한 국제적 환경을 조성하고 주변국들이 가지는 경계심을 완화시키기 위해 미국과 대만 문제, 인권 문제, 미사일 방어(NMD, TMD) 문제 등 갈등요소가 있으나, 미국과의 관계를 중요시하고 있으며 미국의 지원을 바라고 있다.

〉〉〉대일정책

1972년 중·일 국교정상화에 따라 일본과 중국은 상호협력의 장이 마련되었다. 중국은 1978년부터 시작한 개혁·개방의 노정에서 일본의 선진 기술과 자본과 투자를 필요로 하고 있다. 일본은 지리적으로 가까운 중국의 원자재 수입과 12억을 넘는 인구의 중국시장을 향해 무한한 가능성이 있다고 보고 있다. 중국의 경제발전을 위해해서는 경제 강국 인접국 일본의 도움을 필요로 하던 중국은 미·중 관계가 열리면서 자연스럽게 일본과 우호적·협력적 관계를 유지하고자 하고 있다.

그러나 중국이 일본의 군 현대화에 대하여, 일본이 중국의 급속한 경제발전과 군사대국화에 대하여 서로 의심과 경계의 눈초리를 가지는 한 과거로의 회귀양상도 예상되고 있기도 하다. 양국은 서로 상대국이 지나치게 강해지는 것을 원치 않고 있다. 중국은 중국의 경제적 성장이 완성기에 이르러 일본을 따라 잡을 경우, 양 국가간의 균형과 협력의 지속 여부도 불투명할 것이다. 동북아에서 러시아의 위협이 약화되고, 미국과의 관계를 전략적 동반자관계(미국은 전략적 경쟁관계로 규정)로 하는 한 일본과의 전략적 동반자 관계의 지속은 계속될 전망이다. 한반도의 급진전된 통일이 이루어지거나 또는 미군철수 등에 따라 미국의 역할이 급속하게 감소하는 경우 주도권을 놓고 중·일 간의 극한상황의 대치 양상도 배제할 수가 없다. 반면, 한국 통일이 동북아 평화체제에 긍정적이고 다자간 안보협력 체제가 수립된다면, 중·일 관계는 동맹관계까지도 발전하여 재정립될 수 있겠지만 양 국가가 동북아에서 보인 과거의 행적은 이를 추정하기 어렵게 한다.

〉〉〉대러정책

1949년 중국과 러시아가 동맹을 맺은 이후, 그 동맹은 30여 년간 견고했다. 첫 번째 중국과 러시아 동맹의 불화는 1953~54년에 한국전 종전 이후 대만 문제와 1958년 핵 문제 등에서의 이견을 시작으로 몽고를 사이에 두고 좌우의 지역인 아무르, 우수리 강 국경분쟁에까지 번졌다.[10]

중국은 1989년 천안문사건 이후 고르바초프의 개혁·개방사고에 자극 받은 동유럽에서의 개혁이 중국 내 민주화운동 요인으로 작용했다는 분석에 따라 공산당 와해 등 국내정치에 미칠 파급 영향을 잠재우기 위한 이른바 '3불정책', 즉 소련의 변화에 대한 논평을 하지 않으며(不評), 지지하지도 않고(不支持), 반대하지도 않는다(不反)는 방침을 세우고 있었다.[11] 중국은 구소련의 해체를 보면서 그 여진이 중국 내로 들어와 중국공산당과 소수 민족들의 독립 문제 등에 대해 대비하고 차단하고자 하였다.

그러나 중국은 2000년 7월에 타지키스탄에서의 상하이-5 정상회의, 2000년 7월 푸틴의 방중으로 전략적으로 맺은 중·러 동반자관계를 지속해 오고 있다. 미국과 미 · 일 안보조약을 견제하기 위한 양자 간 협력 구도는 두 나라가 2001년 중 · 러 선진우호협력조약을 체결함으로써 정치, 군사, 경제, 외교 등 모든 면에서 지원과 협조를 약속하였다. 중국과 러시아는 2002년 미국의 이라크 공격 후, 중 · 러 양국간 연합훈련 실시를 합의한 바 있다. 또한 2004년 7월 '중 · 러 연합군사훈련 협정'을 체결한 데 이어 2004년 12월에는 중-러 국방장관이 지상군만 참가하는 2005연합훈련에 합의하여, 실제로 중국과 러시아 양국의 군대가 2005년 5월 18～25일간 중국 산동성과 인근 해역에서 '평화임무-2005'라는 최초의 대규모 합동군사훈련을 실시하기도 하였다.[12] 이러한 협력관계의 발전은 중국과 러시아는 미국의 미사일 방어(MD) 체제 견제를 공동 대처하고 중국의 대만, 러시아의 체첸 문제 등에 대해 상호 지지한다는 양국의 이해가 맞물려 생긴 결과물이다. 두 국가 모두 경제 활성화를 위한 서방의 도움을 필요로 하고 있다. 따라서 자국의 이익 여부에 따라 전략적 동반자관계는 언제라도 경쟁관계로 발전할 수도 있으며, 또 다른 측면에서는 서로에게 경계의 대상으로 남아 있다.

중국의 한반도 정책

중국은 개혁 · 개방 및 2020년 전면적인 '소강사회(小康社會)' 건설 목표 실현 등 국가발전을 위해 안정적인 국제환경이 필요하며, 특히 한반도의 안정이 긴요하다는 인식에 따라 북한 체제 유지와 함께 한국과의 협력을 적극 추진하고 있다. 중국 · 북한 관계는 과거 '혈맹관계'에서 '보통국가관계'로 전환 추세이며, 중국은 북한의 붕괴방지를 위해 지속적인 원조를 제공하고 있다.

중국은 한반도 문제와 관련하여 첫째 한반도 평화와 안정 확보,

둘째 한반도 비핵화 시현, 셋째 대화·협상을 통한 문제 해결 입장을 일관되게 견지하고 있으며, 북핵문제의 평화적 해결을 위한 조정자로서 적극적 역할을 해나간다는 입장이다.

한국의 미래는 특별히 북·남 충돌과 한국 통일이 이슈다. 이것은 중국에 밀접하게 연결되어 있다. 장쩌민(江澤民)은 1991년 10월 김일성을 만났을 때 "중국은 한반도 상황과 관련되어 있다. 이 지역에서 긴장완화와 안정은 동북아에서 전체적인 상황과 직접적인 관계를 가지고 있다."고 강조했다. 이러한 국제적·국내적 변화에 따라 중국은 한반도의 안정성에 대한 그들의 안보적 관심을 변화시켜 왔다.[13)]

남북한에 대한 중국외교정책의 변화 속에서 근대화는 주도적인 역할을 수행해 왔다. 남한과의 관계를 정상화하기 위한 베이징을 자극적인 것 중 하나는 경제개발이었다. 중국의 근대화 프로그램은 광대한 외부지원과 진보한 기술, 자본, 시장, 경영기술을 제공해 줄 수 있는 산업국가와의 교역이 없으면 실현될 수 없었다. 한국은 이런 자원의 지원자였다. 한·중 양측의 관계를 강화하기 위한 첫 공식적인 단계는 1990년 10월 양국 수도에 무역센터를 세우는 것에 동의한 것이었다. 그리고 양 센터는 1991년 봄에 정식으로 개소함으로써, 그 다음해 양국간 새로운 관계의 국교정상화를 가능하게 하였다.[14)]

2002년 11월 중국공산당 제16차 전국대표대회에서 총서기직을 승계한 후진타오(胡錦濤)가 2003년 3월 전국인민대표대회에서 국가주석직을 승계하면서 중국 지도부의 신구세대 교체가 일단락되었다.

중국의 한반도 정책의 핵심기조는 한반도의 안정과 평화유지, 중국의 영향력 확보이다. 중국은 북한과의 '우호협력', 남한과의 '호혜협력'을 통해 남북관계의 균형을 도모하고 이를 한반도 안정의 기반으로 삼고자 하고 있다. 그러나 중국이 한반도 정책기조를 기본적으로 유지한다고 하더라도 일정 부분은 유동적이다. 그 중에서도 북·

중 관계는 주변국과의 관계로 양자관계가 축소되고, 한국 · 미국 · 일본 · 러시아 등의 관계와 연계된 다자 구도 속에서 북 · 중 관계가 재조정되어 나갈 것으로 보여진다.

1990년대 중반이래, 중국외교 영역에서 가장 빈번히 출현한 단어 중의 하나가 바로 '훠반꽌시(伴關係, 동반자 관계)'이다. '동반자 관계' 는 21세기 중국외교의 가장 중요한 핵심어로 더욱 결정적인 역할을 발휘하여 나갈 것이다. 중국은 한국과 과연 얼마나 친할까? 중 · 러 정도는 안 되지만 중 · 미나 중 · 일은 물론 중 · 영 관계보다 훨씬 더 친밀도가 높다는 중국 정부의 자체 분석이 나왔다. 이 같은 평가는 2000년 3월 초 중국 경제일보 출판사가 펴낸 『중국이 당면한 긴요 문제의 해결』이라는 책에서 밝혀졌다.[15]

냉전이 종식된 이래 중국의 기본적인 대외전략은 자국의 경제발전과 정치안정에 유리한 평화롭고 안정된 국제환경을 조성 · 유지하는 것이다. 보다 구체적으로 중국의 대외전략의 기본 목표는 첫째, 중국 공산당의 지도력하에 자국정부의 정치적 안정을 확보하는 것이고, 둘째는 자국의 경제발전을 위한 평화로운 국제환경을 유지하는 것이며, 셋째는 대만과의 통일이다.[16]

중국의 한반도 정책은 이러한 기본 목표에 기반을 두고 있다. 따라서 가장 우선시하는 정책기조는 한반도의 평화와 안정의 유지이다. 중국은 공식적으로 외세에 의해 주도되지 않는 남북한의 자주적이고 평화로운 통일을 지지[17]하고 있지만, 당분간은 한반도에서 현재의 정치적 안정과 세력균형 상태를 선호하고 있다. 중국이 그동안 4자 회담에 참여하고, 이를 통해 한반도 평화체제를 구축하는데 적극적인 관심을 보인 이유는 첫째, 이 회담이 교차승인 과정의 완결, 불안정한 정전협정을 대체할 평화협정의 체결, 이에 따른 한반도 안정의 제도화 등을 통해 남북공존의 현 상태를 더욱 지속시킬 수 있기 때문이다.

둘째, 중국은 한반도 평화의 안정을 위해 남북한이 정치적·경제적·군사적 대화와 협상을 주도하면서 남북관계를 개선시키는 것을 적극 유도한다는 정책 기조를 표방하고 있다.[18]

셋째, 한반도에서 영향력을 확대하는 것이다. 1992년 8월 한·중 수교 이후 중국이 남북한에 대해 균형외교 정책을 전개하고 있는 것은 한반도에서 최대한 영향력을 확보하기 위함이다. 중국은 북한과 전통적 우호협력관계를 지속함으로써 북한에 대한 영향력을 유지하는 한편, 한국과의 협력관계를 강화함으로써 한국에 대한 영향력을 확보하는 동시에 북한과 미국, 일본을 견제하고자 한다. 현재 중국은 한국과 전면적 협력관계를 구속하면서, 동시에 북한과의 관계에서도 2000년 5월과 2001년 1월 김정일 국방위원장의 중국 방문, 2001년 9월 장쩌민 국가주석의 북한 방문을 통해 정상급 외교를 회복하고 다양한 협력 채널을 확립함으로써 한반도 현안 문제의 해결에 적극적이고 건설적인 역할을 할 수 있는 조건과 영향력을 갖게 되었다고 평가할 수 있다. 한반도가 가지는 전략적 이익이 지속되는 한, 중국은 두 개의 한국정책을 전개함으로써 남북한에 대해 지속적으로 영향력을 유지하려 할 것이다.

넷째, 북한의 외교적 고립을 탈피하고 체제생존을 유지하도록 지원하며 나아가서 북한이 중국식 발전모델을 따라 경제를 개방·개혁하도록 유도하는 것이다.[19]

중국은 북한의 대외고립이 한반도에서 긴장이 지속되도록 하는 중요한 원인의 하나로 작용하고 있다고 판단하여 교차승인의 완결, 즉 북·미, 북·일 수교를 적극 지지하는 입장을 취해 왔다.[20] 우선 북한은 미국과의 관계정상화를 통해 체제생존을 보장받고 미국의 경제 제재가 해제되어 대외개방이 촉진될 것으로 판단하고 있다.

또한 북·일 수교가 되면 일본의 경제지원이 북한의 경제난 해소와 대외개방에 기여할 것으로 보고 있다. 이러한 상황은 또한 한반도에서 긴장완화가 이루어지고 남북한 간 교류협력을 증진시키는 데 긍정적인 영향을 줄 것이고, 결과적으로 한반도에서의 평화와 안정에 기여할 것이기 때문이다.

한반도 평화체제 구축에 관해서 중국은 기본적으로 4자회담의 틀 내에서 남북한이 정전협정을 대체하는 평화협정을 맺기를 원해왔다. 중국은 4자회담을 통해 남북한, 북·미 관계가 개선되어 한반도에서 긴장이 완화되고 평화체제가 조성되기를 바라면서 동 회담에 적극 참여한 바 있다. 한반도 문제에 대한 중국의 평등한 참여를 제도적으로 보장하고 있는 점, 4자회담을 통해 미국을 견제할 수 있다는 점 등이 4자회담에 대한 중국의 지지와 적극적 참여를 유도한 요인들이라고 해석할 수 있다.

한편, 2002년 10월 이후 북한의 핵개발이 다시 국제적으로 쟁점화되자, 중국은 적극적으로 중재역할을 담당하여 2003년 8월 말에 북핵 문제 해결을 위한 제1차 6자회담을 성사시켰다. 만일 향후 6자회담이 북핵 문제를 성공적으로 해결하고, 이 과정에서 중국이 주도적인 역할을 담당한다면, 중국은 한반도 평화구축을 위한 다자간 협의체로서 4자회담을 대신하여 6자회담의 형식을 선호할 가능성도 있다. 또한 중국은 정전협정이 남북한 평화협정으로 대체될 경우에 체결당사자 문제에 대해 비록 정전협정 체결 당사자이긴 하지만 자국이 평화협정 체결 당사자임을 크게 주장하지는 않을 것이다. 왜냐하면 중국은 미국 및 한국과의 외교관계 수립으로 인해 사실상 전쟁상태가 이미 종결되었다고 판단할 것이기 때문이다. 따라서 중국은 남북한 사이에 평화협정을 체결하고 미국과 함께 이를 보장하는 '2+2방식'을 지지하는 한편, 북한이 주장하는 북·미 평화협정

에는 반대하는 입장을 취하고 있다.[21)]

대량살상무기의 통제와 관련해서 중국은 북한이 핵무기를 개발하게 될 경우에 한국 · 일본 · 대만에게 핵무기 개발의 빌미를 제공함으로써 한반도를 포함한 동북아에 심각한 불안정이 조성될 우려가 있다고 판단하여 북한의 핵무기 개발정책을 반대하였다. 그러나 중국은 국제적 제재와 무력수단을 통한 북한핵 문제 해결방식은 북한으로 하여금 극단적인 정책의 추진을 강요할 수 있다는 이유에서 대화와 협상을 통한 해결을 주장해 왔다.

한반도 내 미군주둔 문제에 대해서 중국은 즉각적인 철수를 원하지는 않지만 통일 이후에는 철수해야 한다는 입장을 보이고 있다. 중국이 주한미군의 즉각적인 철수를 바라지 않는 이유는 주한미군이 한반도의 안정유지에 기여하는 측면이 있다고 판단하고 있기 때문이다. 그러나 중국은 한국 통일 이후에는 미군이 한반도에 주둔해야 할 이유가 없다고 보고 있기 때문에 주한미군의 철수를 강력히 요구할 가능성이 높다.[22)] 한국 통일 이후에도 미군이 한반도에 주둔하게 된다면 중국은 미국군대와 직접적으로 대치하게 되는 상황에 처하게 되기 때문이다. 중국은 한국 통일 이후 한반도에서 미군 주둔의 주목적이 중국을 견제하기 위한 것이라도 해석할 것이다.

마지막으로 남북경제공동체 건설문제와 관련해서 중국은 남북한의 경협과 한국의 대북 지원 및 투자에 대해, 북한의 경제난을 해소하여 북한정권의 안정에 기여하는 것으로 간주하고 지지해 왔다. 또한 중국은 남북경협이 증대되면 될수록 자국의 동북3성 및 내륙지역의 경제발전에 크게 이바지할 뿐만 아니라 북한에 대한 중국의 경제적 부담을 경감시키기 때문에 남북경협의 진전을 환영하는 입장이다.

북한 김정일 국방위원장이 지난 2004년 4월 19일 세 번째로 중국을 방문, 후진타오(胡錦濤) 중국 공산당 총서기 겸 국가주석과 정상회담을 가졌다.

한반도 안정과 평화는 중국의 안보와 경제 성장을 위한 기본 틀이자 필수적인 전제조건이기 때문에 중국은 북한이 현 체제를 지속, 남북 관계가 개선되기를 대단히 바라고 있다고 중국 사회과학원 한반도 전문가 리둔추(李敦球) 박사는 밝혔다.

북한에 대한 에너지와 식량 지원이 중국에 부담이 되지 않는 것은 아니지만 경제난을 더 이상 방치할 경우 현 체제의 붕괴가 우려된다. 그렇게 되면 중국이 가장 바라지 않는 상황, 즉 극도의 혼란이 야기될 수 있기 때문이다. 북한이 혼란에 빠지면 한반도의 안정이 깨져 중국의 안보와 경제성장에도 걸림돌이 되는 것은 불 보듯 뻔하다는 것이 일반적인 상황 인식이다.

북한이 경제난을 극복하고 현 체제를 유지하는 데는 북핵 문제 해결과 남북관계 개선이 필수적이라는 것이 중국 외교부의 판단이다. 중국은 바로 이러한 관점에서 6·15 공동선언의 의미와 그 이후의 남북관계 발전을 높이 평가하고 있다. 중국이 북핵 문제 해결을 위한 6자회담에 중재자 겸 주최자 역할을 자임하고 회담 성공에 최선을 다하고 있는 것도 이와 맥을 같이하고 있다고 보면 된다는 설명이다.

중국은 북한체제와 김정일 위원장에 대한 중시정책 못지않게 수교 12년의 한국의 정치안정과 경제 성장 지속에도 관심이 크다. 중국은 노무현 대통령의 탄핵안이 기각된 지난 2004년 5월 14일 국영 TV인 중앙전시대(中央電視臺, CCTV)를 통해 헌법재판소 판결 발표 장면을 생중계 했고, 즉각 노 대통령의 직무복귀를 환영하는 내용의 성명을 발표한 것은 남북관계 개선에 적극적인 노 대통령 체제유지에 대한 큰 관심의 표현이라는 것이다.[23)]

주한 미군의 미래와 관련한 논쟁에서 핵심 쟁점의 하나는 미군 철수가 중국과 통일된 한반도의 관계에 어떤 영향을 끼칠 것인가 하는 점이다. 통일 이후에도 미군이 주둔해야 한다고 주장하는 사람들은 주한 미군 철수에 따른 '힘의 공백'을 중국이 파고들 것이라고 경고한다. 중국은 '통일한국'과 핵우산을 포함한 군사 동맹을 맺고, 한국에 대해 무역 투자와 관련한 우호적 지위를 부여함으로써 '공백'을 파고 들 것이라는 이야기다. 논자들은 이런 군사 동맹의 근본적 이유로 중국과 한국은 일본이 그들을 위협하고 있다는 인식을 공유할 것이라는 점을 꼽았다. 그러나 이런 경고는 한·중 관계의 역사를 왜곡하는 분석의 연장선 위에 있다. 그뿐 아니라 지난 반세기 동안 성장해 온 한국의 민족주의를 무시하고, 이미 한중 관계에서 나타나고 있는 분열적 요소의 힘을 과소평가하고 있다.[24)]

〉〉〉대한국정책

중국의 한반도 정책은 북한으로부터 한국에 기우는 두 개의 한국 사이의 균형으로 이동했다. 중국의 한반도 정책의 도약은 아시아 태평양 지역에서 국제관계의 밀접한 관계를 가져왔다. 중국은 오늘날 한반도에서(미국을 따라) 지도적인 영원한 역할자의 역할을 계속하고 있다. 한국정책의 변화에 따라 균형을 이룰 것이며, 중국은 한국의 불확실한 미래에 와일드카드로서 여겨진다. 많은 사람들은 한국의 이슈(북한의 급작스런 붕괴)가 잘 해결되지 않을 때 중국과 미국 사이의 군사적 충돌의 위험을 여전히 믿는다. 그러므로 베이징과 워싱턴의 이익에서 두 나라 사이의 의사소통 채널이 유지되고 있다. 다른 한편으로 미 국방부 한국 관계자는 전쟁 시나리오 분석에서 "중국정책이 한국으로 기울어 있다. 중국은 서울이 명백히 침략자가 아니라면 북한 직접지원을 않을 것이다."라고 주장한다.[25)]

중국이 정부 차원에서 오랫동안 후원하고 독려해온 고구려사 연구를 최근 2년 사이에 공정이라는 이름을 통해 공론화 하는 이유는 베이징이 공정에서 추구하는 것은 역사바로세우기가 아니라 국가안보 전략이다. 베이징은 역사적 사실의 객관적 재구성이 가능하다 해도 거기에는 관심이 없으며, 동북아 국가안보 전략의 논거와 명분을 마련하는 데 주된 목적이 있다. 즉 베이징은 공정을 통해 남북한·미국·일본·러시아·대만 등을 상대로 전형적인 다면 전략을 수행하고 있는 것이다. 논쟁의 당사자인 남북한에 대한 전략은 단기적·중기적 안보전략의 일환으로 무엇보다도 향후 북한 체제의 유동성과 관계가 있다.

현재 북한은 최악의 경제난국을 넘기고 부분적인 경제 개선 조치들을 취하고 있지만, 체제개혁의 전망은 불투명하며 핵 문제 해결은 지연되고 있다. 북핵 문제의 파열과 미국의 무력 사용 혹은 북한의 내부 상황 등으로 북한 정세가 위기상황으로 돌입할 경우 북한의 국가체제 위기가 어떻게 전개될 것인가는 중국의 사활적인 국가이익의 범주에 들어간다.

고구려사가 중국사라는 주장이 의미하는 바는 분명하다. 중국은 현재 국제 전략 환경에서 한·미동맹의 전통적 성격이 그대로 지속되는 한 한국이 주도하는 친미적인(과거 고구려 권역인 북한 영토를 포함하는) 통합 혹은 통일을 수용할 수 없다는 것이다. 공정의 주장처럼 북한을 직접적인 영향 권역이라고 보기 때문이다. 동시에 북한 지역에서 혼란과 내전이 발생할 경우 일본의 주변 사태법, 그리고 유사 대비 입법들 중 '무력공격 사태 대처법'을 빌미로 미국과 일본이 함께 개입하는 것을 방관하지 않겠다는 경고 의미를 갖는다. 그러므로 국가안보 영역에서 고구려사 왜곡이란 역사연구의 결과를 인용한 '문화적 신호 보내기'다.

과거 중국의 전략은 북한 정권의 비호 및 우호 관계 유지를 통해 동북 지역의 정치적 · 군사적 안보를 보장하는 형태였으나, 이제는 평양 정권의 존속 여부와 별개로 북한 국가체제에 위기가 발생한다면 자신의 국익 수호를 위해 직접 개입하는 전략으로 선회한 것으로 추측된다.[26)]

2004년 7월 2일, 중국관영 신화통신과 〈인민일보〉 등 유력 매체들이 고구려가 중국의 지방정부라는 보도를 쏟아냈다.[27)] 이들 매체는 중국정부가 주인인 언론사이다. 따라서 이 보도는 곧 중국 중앙정부의 뜻이고 고구려사에 대한 중국정부의 공식적인 입장인 셈이다. 이른바 중국이 수년 전부터 추진해온 동북공정의 일환이다.

중국의 동북공정 연구 과제는 기본연구 과제로 흑룡강통사, 발해국사, 중국 동북 고민족 발전사, 고구려 약사, 동북변방 이민족 문화교류 및 융합 등 등 27개 과제에 대하여 2002년 4월부터 2004년 12월까지 완성 계획을 가지며 한국저서 번역 과제로 한국의 고조선, 부여, 발해, 고구려 등 저서와 논문에 대하여 번역을 목표로 14개 과제가 있다. 동북공정 연구 과제 현황은 다음 표 4-1과 같다.

이에 대하여 한국 정부는 그간 중국 측과 구두 양해 사항으로 합의한 바 있고 추이를 지켜보고 있다. 앞에서 기술한 중국이 추진중인 군 현대화에 대하여 한국 정부는 중국의 군 현대화는 필연적인 추세라는 판단하에 한반도 및 동북아지역 안정에 영향을 줄 중국의 군 현대화에 효율적으로 대응해 나가기 위하여 중국과 군사 · 안보분야 교류 및 협력을 증진시켜 나가고 있다. 양국 국방장관 교류, 양국 군함 및 군 비행기 상호방문과 중국과의 안보대화 등을 추진하고 있다.

표 4-1. **중국의 동북공정 연구 과제 현황**

1. 동북공정 기본 연구 과제

구분	과 제 명	비 고
1	흑룡강통사	
2	20세기 중국 동북변방 문화 연구	
3	광개토대왕비 1580년	고구려
4	중국 동북과 러시아(소련)경제관계사	
5	발해국사	발해
6	기자 및 기자조선 연구	
7	러시아 동부이민 개발문제 연구(1861~1917)	
8	발해사론	발해
9	중국 동북고민족 발전사	
10	한·중 상관 성씨족 기원에 관한 논고	
11	민족시기 동북지방정부 변방통치에 관한 연구	
12	근대 중국 동북지구의 국제 이민문제 연구	
13	고구려 약사	고구려
14	동북 민족구역 설치연구	
15	중국 역대왕조 동북변방통치 연구	
16	국제법과 중북한 국경문제 연구	
17	청대 변방 성진 연구	
18	『삼국사기』 상세 주석 및 연구	고구려 등 3국
19	백두산 지역 역사, 문화 및 귀속문제 연구	
20	동북 몰족 인구사 연구	
21	중국 역대 동북변방 통치사상 연구	
22	발해이민의 통치 및 귀속 연구	발해
23	청대 압록강 유역의 봉금 등 연구	
24	압록강 이남 고구려유적 조사 연구	고구려
25	러시아 극동지역의 중국인	
26	동북변방 이민족문화 교류 및 융합	
27	만주국시기 동북 국경지역에서의 충돌 및 변경업무 교섭 연구	

2. 한국저서 번역과제

구분	과 제 명	비 고
1	한국, 북한의 사학계의 고조선, 부여 연구 논문 저서류	
2	한국, 북한학계 고구려 연구 문헌	고구려
3	국외 발해사 연구자료 모음	발해
4	한국어 관련 중요 저작 및 자료 번역	
5	중북한 변경사－백산자료원 총서	
6	한반도 현황 연구	
7	한국과 북한경제, 사회상황 비교	
8	21세기 러시아 동부발전전략과 계획	
9	아무르 연안지역의 중국인	
10	'90년대 상반기 중국과 러시아 극동지역 협력문제	
11	조약 조항의 기확정 문제	
12	러시아, 중국 및 소련-중국 경제 무역관계사	
13	자본주의시대 러시아 극동지역의 중국노동자	
14	대흑해자도상의 여진족 고고유족	

출처: 외교통상부, 『2005년도 국정감사 요구자료 III』(서울: 외교통상부, 2005), pp. 94-95.

〉〉〉대북한정책

1953년 7월 정전 이후 반세기 동안 중국은 북한과 선린우호관계를 유지해 왔다. 1958년 북한 정부의 요청으로 중국 군대는 북한에서 완전히 철수했다. 1961년 7월 11일 북한의 김일성은 중국을 방문했고 중국과 북한은 '우호협력 및 상호원조조약'[28]을 맺었다.

1970년대 초부터 북한은 중국과 소련 양측으로부터 거리를 두면서 중립정책을 취했고 통상적인 관계를 유지해오다 1980년대 초부터 중국외교정책의 서방 세계로의 지향으로 중국에서 북한이 차지하는 위상은 낮아졌지만 통상적인 우호관계는 지속되었다. 북한은 중국의 특별한 사회주의 파트너에서 평범한 파트너로 바뀌었으나 중국은 북한에 영향력을 행사함과 동시에 전통적인 우호관계를 계속 유지하고 있다.

2003년 초에 중국의 탕자쉬안(唐家璇) 외교부장은 핵 위기에 대해 중국의 입장을 다음과 같이 밝혔다. 그것들은 첫째, 한반도의 평화와 안전은 유지되어야 하고, 둘째, 한반도는 비핵지대로 남아 있어야 하며, 셋째, 분쟁은 외교적 · 정치적인 방법들을 통해 해결되어야 한다는 것 등이다.[29)]

이런 입장들의 이면에 있는 중국의 동기는 중국은 북한과의 전통적인 우호관계를 유지하고, 우호적으로 보이는 미 · 중 간의 관계를 계속 지속하는 것이다. 또 그러는 동안, 중국 바로 앞에 놓인 잠재적인 핵 위협은 확실히 제거되고 한반도의 안정이 계속 유지되는 것이다. 그리고 그것은 핵 위기에 대해 중국이 건설적인 역할을 해온 이상적인 결과라는 것이다. 중국은 북핵에 대해 어떤 상황이든지 군사적이거나 강압적인 방식에는 반대할 것이며, 북핵 위기를 막는 데에는 보다 많은 인내와 시간이 필요하다고 본다.[30)]

전략적이며 정치적인 이유를 위한 중국의 주요 관심사는 북한과의 협조 관계를 유지하는 것을 필요로 한다. 부가하여 평양정권의 붕괴는 확실히 더 많은 북한 망명자들의 중국으로 유입을 야기할 것이라는 베이징의 악몽이다. 그러므로 서울에서 제기되는 인권 문제에 대해 아직 강력하기보다는 조심스럽게 반응하고 있다. 전 중국대사인 우다웨이(武大偉)는 북한의 망명자에 대한 문제는 중국과 북한만이 다루어야 할 것이라고 주장했다. 북한 탈북자에 의해 일어난 외교상의 딜레마는 2002년 5월의 선양(瀋陽)사건[31)]에 의해 북한 망명자들이 주목받은 것이었다.[32)]

냉전 시기나 그 이후 중국의 기본적 이해는 한반도에서 어떤 다른 세력도 주도적 영향력을 행사할 수 없도록 하는 것이다. 이런 사정이 중국으로 하여금 소련이 평양에서 누리고 있는 유력한 지위를 상쇄하기 위해 실질적인 경제적·군사적 원조를 북한에 제공하도록 한 셈이다.[33)]

한국전쟁이 끝나자 중국은 북한의 채무를 면제해 주었다. 그 뒤 30년 동안 중국과 소련은 북한에 대한 영향력을 확보하기 위해 경쟁했고, 북한은 기술적으로 두 공산 강국이 서로 적대하도록 만들며 이를 즐겼다. 소련은 중국보다 대북 원조에 동원할 재정적 자원이 풍부했고 기술적으로도 앞서 있었다. 이 때문에 소련의 원조는 중국의 원조보다 앞섰다. 1976년까지 북한에 대한 차관과 원조 규모는 중국이 9억 6,700만 달러였고, 소련은 10억 5,300만 달러였다. 그러나 중국은 북한에 경제 원조 이외에 무역에서의 최혜국 지위도 부여하였다. 북한은 중국에서 가장 많은 원유를 수입했고 다칭 유전(大慶油田)에서 석유를 바로 공급하는 파이프라인도 건설하였다.

1982년과 1986년 맺은 무역협정에 따라 중국은 북한에 해마다 100만 톤의 원유를 '우호 가격'에 공급하였다. 중국의 이런 조처에 힘입어 북한당국은 정유 공장과 석유 화학 단지, 그 밖의 산업 시설을 건설했다. 1980년대 말에 이르자 소련은 소비에트 체제가 정치적·경제적으로 붕괴 직전에 이른 탓으로 북한에 대한 원조에서 더 이상 중국의 상대가 되지 못하였다. 모스크바는 1990년 40억 달러에 이르는 채무를 갚기 시작해야 한다고 북한에 통보하였다. 그리고 원유 등 북한이 수입하는 모든 물품을 경화로 그것도 국제시장 가격으로 지불해야 한다고 통보하였다. 한 해에 44만 톤에 이르던 북한의 소련산 원유 수입은 1991년엔 4만 톤으로 급격히 떨어졌다. 북한은 중국으로부터 한 해에 110만 톤의 원유를 수입했다.

소련이 대북 원조국으로서 더 이상 경쟁할 수 없게 되자 중국은 대북정책에서 무엇을 우선할 것인가를 두고 혼란을 나타냈다. 중국을 이끌어가는 경제적 실용주의자들은 북한을 비즈니스의 관점에서 실무적으로 대하려 했다. 그들은 북한의 지나친 중앙 집중과 경직된 이데올로기를 지적하면서, 중국의 원조는 이런 경제적 비효율성에 보조금을 주는 것과 마찬가지라고 생각했다. 반면 중국의 장기적인 국익에 비춰 보면 북한에 대해 더 많은 영향력을 유지하는 게 필수적이었다. 또 하나 중요한 것은 중국은 북한의 경제적 붕괴를 막고 싶어한다는 것이다. 북한이 붕괴하면 동북아시아의 정치적 불안정은 물론 난민의 대량 유입이나 미군이 포함된 남한과의 군사적 충돌 가능성이 있기 때문이다.[34)]

1996년 중국은 대북 긴급 식량 원조를 12만 톤까지 확대했고, 북한과 해마다 50만 톤의 곡물을 절반은 원조로 나머지 절반은 특별가격으로 제공한다는 5개년 협정을 맺었다. 그러나 원조 식량의 대부분이 북한 주민의 주식인 쌀이 아니라 옥수수로 이루어졌다는 사실은 북한 당국을 당혹하게 하였다. 예컨대 1996~1997 회계연도에 북한에 제공한 5억 7,020만 달러의 곡물 가운데 옥수수가 4억 6,390만 달러 어치였고 7,590만 달러만이 쌀이었다. 중국은 식량 원조를 공개하지 않았지만 여러 증거에 비춰 볼 때, 그 규모를 시장가격으로 환산하면 8억 달러를 넘어서는 것이었다. 2001년 1월까지 미국과 여타 외국 정부 및 기타 비정부기구는 16억 8천만 달러 어치를 지원하였다.

중국과 북한은 대체로 상호 무역과 원조 계약의 규모와 범위에 대해서는 공개하지 않는다. 주미 중국 대사관의 대변인은 1999년 식량과 연료를 포함한 원조 규모는 1억 5천만 달러를 넘지 않는다고만 밝혔다.

중국은 북한의 교통 체계가 연료난으로 마비되는 것을 막기 위해 1998년 하반기에 8만 톤의 원유를 2000년엔 50만 톤의 석탄을 무상 원조했다. 중국은 대북 지원을 신중하게 조절했다. 그것은 경제적 붕괴를 피하기에는 충분한 양이었지만 그 이상은 아니었다.

중국은 북한에 경제적 지원뿐만 아니라 실질적인 군사 원조도 하였다. 냉전 시기 북한에 대한 군사 원조의 대부분은 소련의 몫이었다. 중국군은 1958년 북한에서 '철군 선물'로 제2차 세계대전과 국공내전 때 미국과 일본, 국민당한테서 빼앗은 엄청난 양의 소형 무기를 북한에 주었다. 중국은 1958~1964년 소련의 지도와 지원으로 자체 무기 개발에 나선 뒤에야 북한에 4억 3,200만 달러어치로 추산되는 미그-15, 미그-17, 미그-19 제트기와 일류신-28 폭격기 등의 무기를 지원할 수 있었다. 중국은 자국의 무기 이전에 대해 공식적으로 통계를 밝힌 적이 없다. 그러나 미국의 군비통제군축국(U.S. Arms control and Disarmament Agency, ACDA) 자료에 따르면 중국은 1964~1994년에 대략 10억 5,400만 달러어치의 무기와 군수품을 북한에 이전하였다. 이는 같은 시기 소련의 110억 2천만 달러어치의 10분의 1에도 못 미치는 것이다.[35)]

1975~1992년 사이에 중국은 108대의 Q-5, Q-6 전투기 이외에 14대의 로메오급 잠수함과 이를 만드는 데 필요한 기술을 제공하였다. 북한은 노동 미사일과 대포동 미사일을 개발할 때 소련의 스커드 미사일 기술에 거의 전적으로 의존하였다. 그러나 중국은 자국의 고체 연료로 추진되는 HQ-2 미사일을 포함한 대공 미사일의 여러 변형 모델을 북한이 생산할 수 있도록 승인하였다. 이 기술은 북한이 1998년 인공위성으로 쏘아 올렸으나 실패했던 대포동 로켓의 3단계 고체 연료 추진체를 개발하는 데 기여했을 수도 있다. 1980년대 말에 이르자 중국의 대북 군사 원조는 차츰 줄어들었다. 이는

소련과의 경쟁이 완화되고 중국의 대한반도 군사정책이 더욱 더 군사적 긴장을 감소하는 쪽으로 나간 데 따른 것이다.

미 군비통제군축국(ACDA)의 통계는 1980년대 중국의 대북 무기 수출이 점차 감소하고 있음을 보여주기는 하지만, 다른 한편으로 1985~1994년간 중국의 대북 무기 원조액이 9천만 달러 정도는 된다고 지적하였다. 물론 그 원조의 대부분은 새로운 무기가 아니라 작전 수행에 필요한 무기와 군수물자, 부품 같은 것들이었다. 중국은 평양에 파견한 군사 고문단을 계속 유지했다. 그리고 중국과 북한의 군사 지도자들은 고위 군사 대표단의 정기적인 상호 방문을 지속하였다.[36)]

북한은 중국에 중요하다. 무엇보다 북한이 미국과 일본, 러시아가 한반도에 군대를 주둔시키지 않도록 완충 지대 구실을 하기 때문이다. 마찬가지로 중국은 통일이 평화적으로 이루어지고, 통일된 한반도가 중립적 외교정책과 군사 태세를 유지하며, 그 과정에서 외국 군대가 철수한다면 한반도의 통일에 반대하지 않을 것이다.

중국의 우려는 주로 미국이 남한과의 군사 동맹을 통일 이후에도 유지하려 한다는 것에 초점이 맞추어져 있다. 대부분의 중국 관측통들은 주한 미군이 존재하지 않는다면 중립적인 통일 한반도는 자주성을 열망하기는 하겠지만 다른 어느 강국보다 중국과 가까울 것이라고 생각한다. 역사적 유대뿐만 아니라 일본의 팽창주의에 대한 두려움을 심리적으로 공유하기 때문이라는 것이다. 중국인들은 통일된 한반도와 중국 사이에 공식적인 군사 동맹은 필요하지 않다고 본다. 한국과 중국은 일본의 팽창주의에 대한 깊은 두려움을 공유하고 있고, 이는 군사적 충돌이 발생할 때 즉각적인 공동 대응으로 전환할 수 있기 때문이다. 반면 미국이 미・일 동맹과 연계해 미군을 남한에 주둔시키는 목적은 자체 지역 전략에 따라 중국의 영향력

을 봉쇄하기 위해 한반도를 끌어들이는 데 있다고 본다.[37)]

중국은 지속적인 경제성장에 필수적인 안정된 주변 환경을 구축하고 북한의 급격한 몰락이나 여타 강대국의 대북 영향력 확대를 견제한다는 전략하에 대북 접근을 하고 있다. 이에 따라 중국·북한은 제반 측면에서 여타국에 비해 특별한 관계를 지속하여 왔다. 중국은 북한과의 전통적 우호·협력 관계를 거듭 강조하고 김정일 지도체제에 대한 사실상의 지지를 표명하면서 북한 체제 유지를 지원하고 있다. 또한 양측의 공산당·노동당 및 외교부간 대표단의 연례적 교환 방문 등 매년 당·정·군 간 상호방문을 지속적으로 실시하고 있다.

1992년 8월의 한·중 수교 및 1994년 7월 김일성 사망 이래 중국·북한 관계는 과거에 비해 소원해지기도 하였으나, 2000년 5월과 2001년 1월 김정일 위원장의 방중 및 2001년 9월 장쩌민(江澤民) 중국 국가주석의 방북으로 양국관계는 정상으로 회복되었다.[38)]

그러나 과거의 혈맹관계에서 벗어나 정상적인 국가 간의 관계를 지향해 나가고 있기 때문에, 때로는 상호이해 관계에 있어서 다소 마찰도 노정되었다. 예컨대, 2002년 9월 북한이 양무(楊斌)를 신의주 특별행정구역장관에 임명했으나, 2002년 10월 중국은 동인을 중국 내 경제범죄 혐의로 체포하여 구속시키기도 하였다.

특히 최근의 북한핵 문제와 관련하여, 중국은 과거 북한 지원 일변도의 입장에서 벗어나 책임 있는 국제사회의 일원으로서 사태의 평화적 해결을 위해 보다 적극적으로 노력하려는 추세를 보이고 있다. 그러나 중국 측의 북한 핵 불용 입장으로 북한핵 문제의 해결 여부에 따라 중국·북한 간 관계가 좀더 소원해질 가능성도 배제할 수 없게 되었다.

중국은 1992년부터 북한과의 무역에서 경화(硬化)결제를 도입함으로써 북한이 개혁 · 개방정책을 채택하여 중국에 의존하지 않는 독자적인 경제성장을 추진하도록 유도하고 있다. 다만, 북한의 어려운 외환사정을 감안하여 1993년 이후 구상무역 일부 실시를 허용하고 있기도 하다.

중국은 북한의 거듭된 경제난에 따른 체제붕괴 가능성을 우려하면서, 매년 10만 톤 내외의 식량과 원유, 디젤유 등을 지속적으로 지원하여 북한체제의 유지를 돕고 있다. 중국은 대북 식량 · 원유 지원이 북한체제 위기 해소는 물론 한반도 내 긴장완화 및 남북관계 증진을 위해서도 필요하다는 입장이다(표 4-2 참조).

중국은 1995년까지는 북한의 교역 의존도(1995년도 중국 교역액 5억 5천만 달러, 의존도 23.5%)에서 일본(교역액 5억 9,500만 달러,

표 4-2. 중국의 대북 무상지원 현황

연 도	식 량	유 류	기 타
1994	10만 톤		
1996	12만 톤		
1997	15만 톤	코크스 5만 톤	
1998	10만 톤	원유 8만 톤	
1999	15만 톤	코크스 40만 톤	
2000	4만 톤	디젤유 1.4만 톤	
2001	20만 톤	디젤유 4.5만 톤	
2002		디젤유 2만 톤	
2003		디젤유 1만 톤	
2004		원유 1만 톤	대안친선유리공장 착공(7. 1) 용천사고 구호물자(120만 달러 상당)

출처: 외교통상부, 『2005년도 국정감사 요구자료 II』(서울: 외교통상부, 2005), p. 263, 중국해관 통계 참조.

의존도 25.4%)에 뒤졌다. 그러나 1996년 이후에는 여전히 북한의 제1교역대상국(2004년도 교역액 13억 8,500만 달러, 대중교역 의존도 39.0% 수준, 일본 7.1%)이며, 식량 · 에너지[39] · 비료 등 주요 물자의 제1수입대상국이다. 2002년의 경우, 이들 물자수입액은 대중수입액의 약 40%를 점유하고 있다.

이에 대해 한국정부의 대응책은 한국의 평화번영정책에 대한 중국의 이해와 지지를 확보함으로써, 중국 측이 한반도의 평화와 안정에 기여하는 방향으로 대북 영향력을 행사하도록 적극 유도한다는 입장이다.[40]

북핵문제에 대한 중국의 기본입장은 한반도 비핵화, 한반도 평화와 안정 유지, 평화적 해결, 북한의 안보 우려해소 필요라는 4가지 입장을 가지고 있다. 2002년 10월 이후 북한이 상황을 악화시키는 조치의 수위를 높여감에 따라(핵동결 해제, NPT탈퇴, 원자로 재가동, 핵 보유 및 재처리 발언 등), 내부적으로는 북한의 핵개발 의도에 대한 의구심이 커지고 있어, 초기의 소극적 태도에서 적극적 개입으로 전환하여 북경 3자회담, 북경 6자회담을 적극 주선한 바 있다.

향후 중국은 '한반도 비핵화' 정책의 기초 위에서 북핵 문제를 평화적으로 해결하기 위해 북한을 다자대화의 장에 계속 참여하도록 유도하고, 미국 및 여타 참여국에 대해서도 북한의 안전에 대한 우려 해소의 필요성을 설득하는 적극적인 노력을 계속할 것으로 보인다.[41]

2. 중국의 한국 통일에 대한 태도

중국의 한국 통일 지지

1958년 2월 5일 북한의 '한국의 평화적 통일에 대한 성명'에 대해, 1958년 2월 7일 중국 정부는 관련한 성명에서 미국의 한국에 대한 핵무기 기지화를 거론하며 "중국 인민들은 한국의 평화에 관해 언제나 관심이 있다. 한국 문제의 평화적 해결을 증진시키는 노력을 아낀 적이 없다."고 하였다.[42)]

2000년 6월 15일 장쩌민(江澤民) 중국국가주석은 역사적 남북정상회담의 성공을 축하하는 서한을 김대중(金大中) 대통령과 김정일(金正日) 국방위원장에게 보냈다고 중국관영 신화통신이 2000년 6월 16일 보도했다. 장 주석은 서한에서 "남북정상회담이 성공을 거둬 진심으로 기쁘다."면서 "중국은 대화와 협의를 통한 평화적 남북통일 실현을 적극 지지한다."고 밝혔다.[43)]

2000년 6월 15일 중국 〈인민일보〉는 1면에 남북 공동선언서명 기사와 함께 국제면에 '한민족의 역사적 악수'라는 평론을 싣고 "평화와 발전이라는 세계적 주류에서 남북정상의 역사적 악수는 한민족의 자주 평화 통일을 위한 새로운 길을 열었다."고 논평하고 "이는 한반도 동북아시아는 물론 세계 평화와 안정에도 부합되는 환경과 조건의 창출"이라고 환영과 지지의사를 표명하였다.[44)]

2001년 9월 3일부터 5일까지 당 · 정 · 군 관리들과 경제인 등 100여 명을 대동하고 방북을 한 장쩌민(江澤民) 주석은 김정일 국방위원장과 단독 및 확대회담을 갖고 친선협력 증진과 국제무대 공조 방안을 논의하였다. 특히 당시 경제적 어려움에 처했던 '고난의 행군'을 가까스로 끝낸 북한에 식량 20만 톤과 디젤유 3만 톤(3천 528

만 리터)을 지원하기로 약속했다. 또한 장쩌민 주석은 '자주적 평화 통일'을 위한 남북한의 노력과 남북관계 개선을 위해 북한이 취한 조치를 평가하였다. 북한의 미국과 유럽연합(EU) 등 여러 나라들과 관계 개선 및 정상화에 대해 지지를 재천명했었다고 북한 언론매체들은 전하였다.[45]

2001년 12월 6일 '국회 한중포럼 창립총회 및 리빈(李濱)주한 중국대사 초청강연에서 리빈 대사는 "세계평화를 수호하며 공동발전을 촉진하려는 것이 중국 대외정책의 골자"라며 "중국은 앞으로도 남북화해에 확고부동한 지지를 보내고 한반도가 최종적으로 자주 평화 통일을 이룰 수 있도록 건설적인 작용을 발휘할 것"이라고 밝혔다. 그는 특히 "남북 쌍방은 반세기의 단절과 대립 때문에 화해를 실현하고 관계를 개선하는 데 인내심과 시간이 필요하지만 긴장완화는 대세의 흐름"이라고 강조하였다.[46]

2003년 2월 13일 장쩌민 중국 국가주석은 "한반도가 자주적으로 평화통일을 실현하는 것을 지지한다."고 말했다고 중국의 신화통신이 보도했다. 장 주석은 중국을 방문한 이해찬을 단장으로 하는 대통령 당선자 대표단과 만나, "남북한관계 증진과 협력발전을 지지한다."며 이같이 말했다. 장 주석은 또 "중국은 시종일관 평화와 발전에 유리한 한반도 비핵화를 지지해 왔으며, 최근 핵위기는 대화와 평화적인 방법으로 해결해야 한다."고 강조하였다.[47]

2005년 11월 16일, 후진타오 중국 국가주석은 청와대에서 노무현 대통령과 정상회담을 갖고 "남북한 화해 협력이 적극적인 진전을 거두게 된 것을 환영하고 남북한 양측의 관계가 개선되어 최종적으로는 평화통일이 실현되기를 계속 확고 불변하게 지지한다."고 말했으며 "한국 측이 한반도 문제의 직접 당사국으로서 계속 적극적인 역할을 발휘하기 바란다."는 당부도 잊지 않았다.[48] 후진타오 주석은 이어 2005년 11월 17일 국회 연설에서 "우리는 이전과 변함없이 남북 양측이 대화를 통한 관계개선과 신뢰구축, 그리고 자주적 평화통일의 최종적 실현을 지지할 것이다."라고 하며 후 주석은 "두 나라 관계가 역사상 가장 좋은 시기에 진입했다."면서 "협력 관계를 더욱 발전시키자." "중국은 이미 한국의 최대 무역파트너 국가와 투자대상국가가 되었으며 한국도 중국의 제3의 무역파트너 국가와 제2 외자 원천국이 되었다."고 말하였다.[49)]

2005년 10월 28일 북한을 방문 중인 후진타오 중국 국가주석은 김정일 국방위원장과 정상회담에서 먼저 후 주석이 북한 노동당 창설 60주년을 거듭 축하하고 "북한이 강성국가 건설과 자주평화통일 사업에서 더욱 새롭고 큰 진보를 얻기 바란다."고 축원했다. 또 "새 세기에 들어 양국 관계가 매우 양호한 발전추세를 보이면서 전통적인 우의가 계속 공고해지고 있으며 각 영역의 교류, 협력도 날로 활발해져 양국 관계의 전면적 · 심층적 발전을 촉진하고 있다."고 만족을 표시했다. 두 나라의 경제 · 무역 협력 증대, 공동의 국제적 · 지역적 관심사에 대한 협조 강화 등 상호 관계 발전이 양국 인민에 실질적인 이익을 가져다 줄 뿐만 아니라 지역 및 세계의 평화 · 안정 · 번영에 공헌하고 있다는 자평도 했다.[50)]

중국 옌볜(延邊)대학 동북아국제정치연구소 김강일 소장[51)]은 "한국의 적지 않은 학자들은 중국이 한반도의 불통불란(不通不亂, 분단 유지와 긴장억제 상태)을 원한다고 보고 있지만, 중국 학계에서는 한반도 평화통일이 종국적으로 중국 이익에 부합된다고 생각하는 관점이 많아지고 있다." "한반도 분단 상태는 중국의 이익에 결코 이상적이지 않다."고 말했다. 그는 "중국의 대 한반도 시각에 이념적인 측면이 상당히 약화되었다."면서 "중국은 한반도 평화통일을 원할 뿐, 통일 후 한반도의 이념적 체계에 집착하지 않을 것"이라고 전망했다.

그는 또, “중국 학계에서는 요즘 한반도 관련 논의가 열기를 띠고 있다. 북핵 문제라든가 북한의 개혁개방 문제, 한국 통일까지 광범위하게 연구하고 있다. 여기에서 아주 뚜렷하게 나타나는 흐름은 중국학자들이 열성적으로 한반도를 바라보고, 한반도가 평화적으로 통일되어 중국이 발전할 수 있는 국제적인 환경을 조성해 주기를 희망한다는 것이다. 중국이 적극적으로 한국 통일을 지지해야 한다는 관점이 많이 나오고 있다.”며, 중국이 한국 통일을 희망한다는 근거로 “중국의 동북아 전략 구상은 동북아지역의 안정을 기조로 한 실질적인 협력관계 구축에 초점이 맞춰져 있다. 각국에 경제협력을 강조하고 있다. 동북아지역이 분쟁지대로 남아 있는 것을 중국은 결코 바라지 않고 이 같은 시각으로 한반도 문제를 보고 있다. 한반도가 통일되는 경우 동북아지역은 협력 환경을 조성할 수 있다. 한반도의 평화적 통일, 혹은 북한의 대외개방 성공은 중국의 미래에 긍정적으로 작용한다.”고 말했다.

“중국은 세계 전략을 어떻게 짜고 있는가?”에 대해서는 “중국은 동남아와 동북아지역이란 2개의 날개를 펼치려는 복안을 갖고 있다. 한반도 분단은 중국 미래에 적극적이기보다는 소극적인 영향을 끼친다고 판단하고 있다. 중국 국내를 들여다보면 동북 3성(省)이 낙후된 상태다. 예전에는 동북 3성이 중국 발전의 중추였는데 개혁개방이후 낙후되었다. 공업 구조적인 면에서도 그 지역의 대외 개방도가 부족하다. 이 부분에서 한반도가 중요한 위치를 차지한다. 한반도 정세가 동북 3성에 주는 영향이 크다. 한반도가 평화적으로 통일되면 동북 3성의 발전에 결정적인 자극이 될 것이다.”고 하였고, 통일 한반도의 이념체계에 대해 “평화적인 통일을 원할 뿐 이념부분은 신경을 안 쓸 것이다. 또 통일된 한반도가 미국의 세력 확장에 도움이 된다면 중국은 달가워하지 않겠지만, 예상컨대 한반도는 통일되면 민족 자주의식이 증대하고 미국의 세력이 약화될 가능성이 충분하다. 중국이 유리한 동북아 국가들의 협력체계를 마련할 수 있을 것이다."[52]고 말한 바 있다.

한반도의 평화적 통일에 대해 딩 도우(丁斗) 북경대 국제관계학과 교수는 "중국의 목표, 동기, 그리고 입장을 살펴본 결과 중국은 한반도의 평화적 통일에 동의하고 있다. 만약 한반도가 비핵지대가 된다면, 남북한 간의 전쟁 가능성은 극히 제한된 수준으로까지 줄어들 것이고 남한은 안보에 대한 우려를 떨쳐 버릴 수 있을 것이다. 분명히 한반도 비핵지대화는 남북한 간의 평화적 통일을 위해 안보 시한폭탄을 제거할 것이다. 평화라는 통일 수단만이 전망을 확대시킨다. 더 나아가 한반도가 비핵지대로 된다면, 주변 국가들은, 심지어 미국까지도 한반도의 통일을 지원해 줄 것이다. 왜냐하면 강하게 단결된 한반도가 비핵지대라면, 주변 국가들에게 안보 위협이 되지 않을 것이기 때문이다."라고 주장한다.[53]

중국 국민 91.5%가 한반도의 통일을 적극 지지하며 55.6%는 한반도가 중국과 대만의 통일보다 먼저 이루어질 것으로 예상하였다. 또 이들은 한반도의 통일시기에 대해 75.7%가 10년 이내로 응답해 상당히 낙관적인 견해를 보였다.[54]

1992년 8월 24일 중국은 한・중 수교시 발표한 한중수교공동성명 제5조에서 "중화인민공화국 정부는 한반도가 조기에 평화적으로 통일되는 것이 한민족의 염원임을 존중하고, 한반도가 한민족에 의해 평화적으로 통일되는 것을 지지한다."라고 하였다.[55] 중국은 한반도의 안정과 평화가 중국의 안보와 경제발전을 위해 필요하다고 인식한다. 한반도 통일과정이 한반도의 현 상태를 크게 변화 또는 훼손되지 않는 방향으로 진행되어야만 한다. 그리고 통일된 한국은 친중 성향을 지니기를 기대하고 있으며, 적어도 반중국적이어서는 안 된다는 입장을 지니고 있는 것으로 판단된다. 이러한 요건이 구비될 경우에 중국은 한반도 통일을 지지할 것이다.[56]

중국의 한국 현상유지 선호

1981년 5월, 중국 최고지도자였던 덩샤오핑은 중·일우호협회 전국본부 대표단과의 회견에서 한반도 정세에 대해 "하나의 나라가 두 개로 갈라져 있는 상태는 조만간에 해결이 필요하다."고 지적하면서도 "10년 내에 해결할 수는 없다. 100년은 걸릴 것"이라고 말했다고 한다. 덩샤오핑은 남북통일에 비관적이었던 만큼 중국을 방문한 당시의 김일성 북한 주석에 대해 "남북 대화에 유익"한 것으로 미국이나 일본과의 무역·스포츠·언론 교류를 제안했었다. 이 사실은 그의 탄생 100주년(2005년 8월 22일)을 기념해 중국공산당 중앙문헌연구실이 펴낸 『덩샤오핑연보』를 통해 밝혀졌다.[57] 덩샤오핑의 발언처럼 중국은 한국의 통일에 성급하지 않다.

앞에서 언급한 중국 지도자들의 발언과는 달리 한국 통일과 평화과정의 문제와 관련하여 베이징 지도부 내에서 행해지는 다른 여론은 현상유지로 남는 것이다. 중국 전문가들은 "한반도 통일 결과에 대한 불확신이 중국에게 한반도 정책의 관리원칙으로써 현상유지를 채택하게 했다."고 주장한다.[58]

헌팅턴은 "중국도 일본만큼 심각하지는 않겠지만 통일된 한국이 경제적으로 대국은 물론 군사적으로 대국이 될 것을 염려할 것이다."라며 "한반도의 미군주둔 문제에 대해 중국은 쉽지 않다. 현재 중국공산당 정부는 통일된 한국을 위협으로 간주할 것이다. 중국이 진정한 자유 민주체제로 변할 가능성이 없기 때문이다."라고 말하고 있다.

중국은 한국과의 호의적인 경향에도 불구하고 2개의 분단 한국 정책을 유지하려 한다.[59] 중국은 현상유지를 원하고 있다. 통일된 한국은 불과 수년이 지나면 제2의 일본으로 등장할 뿐만 아니라 강한 군사력과 핵 보유 의사까지 갖고 있는 위험 국가로 등장할 것이다. 통일된 한국은 그리고 나서 인접 지역에 대해 무력을 사용해서 자신의 이익을 확보하기 시작할 것이다. 그리고 몇 년이 더 지나가면 이것은 전쟁을 야기할 수 있다. 이것이 통일된 한국에 대한 중국의 우려라고 서울 주재 러시아 기자가 밝힌 바 있다.[60]

중국이 추진 중인 동북공정을 보면 중국은 한국 통일을 결코 원하지 않는다. 통일이 되면 중국에 여러 가지로 위협이 될 것이라고 생각하고 있다. 고구려 역사를 자기네들 거라고 주장하면서 통일 전에 한국의 심리적 압박을 가하자는 저의가 다분히 깔려 있다고 볼 수 있다.

중국은 2001년에 발표한 외교전략 보고서에서 이미 한국 통일 이후 간도와 백두산 일대를 둘러싼 영토 분쟁 등 영토 문제가 필연적으로 나타날 것으로 예측하고 있다. 이 보고서는 "분명한 사실은 한국 통일 이후 중국의 동부 국경선 쪽에 민족주의로 무장한 중등강국이 출현할 것이며, 이로 인해 중국과의 영토 문제가 필연적으로 부각될 것"이라고 기술하고 있다. 중국은 한국전쟁 직후 북한과 백두산 일대의 국경선을 확정한 이래, 1998년 11월 3일에는 러시아까지 끌어들여 북한과 함께 세 나라가 두만강 일대의 국경선을 확정하는 문서에 서명하였다.

특히 중국은 200만 명에 이르는 중국 내 조선족들이 한국에 대해 귀속감(identity)을 갖게 되는 상황을 대단히 우려하고 있다. 단일민족으로 구성된 한국과 달리 54개에 이르는 다수민족으로 구성된 다민족 국가인 중국은 비단 현재뿐 아니라 과거에도 소수민족에 대한 관리가 국가 유지의 중요한 관건이었다. 다행히 중국의 내몽골 지역은 접경 국가 몽골이 중국과 비교할 수 없을 정도로 미약하기 때문에 내몽골 주민이 몽골에 귀속감을 갖는 경우는 드물다. 마찬가지로 중앙아시아 지역의 경우도 타지키스탄 등 옛 소련에 속했던 국가들에 귀속감을 갖는 현지 소수민족은 매우 적다.

중국은 조선족을 경계하고 있다. 조선족의 집단 거주지인 옌볜자치구의 가까운 곳에 경제적으로 발전한 한국이 존재하기 때문이다. 중국의 소수민족 중 이러한 상황에 있는 민족은 조선족이 유일하다. 더구나 한민족이 전통적으로 민족주의 성향이 강한 민족이기 때문에, 특히 한반도 통일 이후 조선족이 통일한국에 귀속감을 갖게 될 가능성은 다분하다. 따라서 최근 중국의 고구려사 편입 시도는 이와 같은 사태로 진전되는 것을 미리 막는 데 목적이 있는 것으로 보인다.

다만 조선족들도 이제 한국 등과 교류를 통해 상당수가 부를 축적하고 있는 상황이며, 최근 중국 정부는 조선족을 비롯한 소수민족에 대해 포용정책을 펼치고 있다. 이에 반해 한국 정부 및 한국인들은 중국 동포에 대해 여전히 배타적인 태도를 보이고 있다. 이러한 상황이 계속된다면 조선족이 반드시 한국에 귀속감을 가질 것이라고 보기는 어렵다.

역사와 문화를 잃은 민족은 자기 정체성을 가질 수 없고, 그러한 국가는 쇠망해 갈 수밖에 없다. 바야흐로 한국과 중국 사이에 소리 없는 '역사전쟁'과 '문화전쟁'이 벌어지고 있는 것이다. 2004년 7월 5일자 〈이코노미스트지〉는 고구려사 논쟁에 대한 기사에서 "고구려사 논쟁은 한반도와 중국 동북지방에 대한 영향력 확대를 위해 한국과 북한, 중국 등 3개국이 벌이고 있는 더욱 광범위한 전쟁의 1단계"라고 분석하고 있다.[61]

중국은 여러 접경국과 경계를 하고 있다. 중국의 고구려사 왜곡은 중국이 통일에 변수가 될 수 있다는 점이다. 북한이 정치적 · 경제적으로 공황상태에 빠질 경우 북 · 중 국경이 불안정해지고 그것은 중국의 대북한 군사적 개입의 구실이 될 수 있을 것이기 때문이다. 북한에 중국군대가 파견되는 상황이 온다면 한반도 통일은 이는 보다 복잡한 분단의 시발점이 될 수 있다.

중국은 남북한이 통일되고, 접경한 동북3성이 한반도의 경제적 영향력 아래 놓여진다면, 거기에 미군까지 한반도에 주둔하고 있다면, 그것은 바로 '중국 봉쇄'를 의미한다고 느끼고 있다. 중국이 고구려사를 왜곡하고 동북 3성에 대한 종주권을 강화하려는 의도가 한국 통일 후 미군과의 완충지대를 설정하기 위한 사전 정지작업으로 해석되기도 한다.

중국이 남북 관계 개선은 원하되 남북한 간에 지렛대 역할을 하기 위해 남북통일을 바라지는 않을 것이라는 일반적인 관측도 있다. 이에 대해 중국에 정통한 한 외교관은 중국의 깊은 속내는 알 수 없지만, 그렇다고 최대 현안인 대만 통일에 전력하고 있는 그들이 어떻게 남북통일에 반대 입장을 표시해 명분을 잃을 수 있겠느냐고 반문했다.

중국으로서는 지역 패권국으로의 부상으로 인해 득보다는 실이 많을 것이다. 물론 중국의 잠재력으로 본다면, 앞으로 동북아지역을 독점적으로 지배할 가능성도 배제할 수 없다. 그러나 이호재 교수는 만약 중국이 역사를 좇아 동북아의 패권을 추구한다면, 모든 면에서 월등히 앞선 미국과 일본 등이 철저히 봉쇄하려고 할 것이기 때문에 중국은 장차 상당한 기간 동안 일본, 미국과 대결하기보다는 평화공존하면서 종합 국력을 강화하는 방향으로 나갈 수밖에 다른 선택을 할 수 없을 것이라고 지적한다. 따라서 덩샤오핑이 제시한 중국의

3불(不)방식, 즉 불동맹(不同盟, 동맹을 맺지 않는다), 불타두(不打頭, 우두머리가 되려고 다투지 않는다), 불칭패(不稱覇, 패권을 잡지 않는다)를 진지하게 고려해 볼 수 있다는 것이다.

중국의 이러한 입장을 고려해 본다면, 대내적으로는 보다 조용한 경제적·군사적 성장을 도모하면서 대외적으로는 강대국과의 정치적·군사적 갈등은 최소화하는 데 주력하고 있는 것으로 보인다. 마찬가지로 중국은 한반도에서도 갈등상황이 발생하지 않기를 원하고 있다. 이를 위해 남북한에 대해 각각 상이한 대응으로 일관하고 있다. 먼저 중국은 남한에게는 북한과의 관계를 개선하고, 한반도의 평화와 안정을 확보하기 위해 다음과 같은 정책을 제안하고 있다. 즉, 선이후난(先易後難), 선경후정(先經後政), 선민후관(先民後官), 선급후득(先給後得), 그리고 마지막으로 선거후래(先去後來) 등이다.[62] 중국이 북한에게는 전즉전패(戰則戰敗), 화즉화패(和則和敗), 부전불화(不戰不和), 그리고 불승불패(不勝不敗)의 전략을 제시하고 있다.[63]

북한에 대한 중국의 제언은 적어도 남북관계의 개선이라는 차원보다는 현 상태를 유지하는 것이 북한에게 가장 유리하고, 그것이 궁극적으로는 중국에게 유리하다는 점을 시사하고 있다. 아울러 중국으로서는 북한 붕괴로 인한 남한에 의한 통일을 원치 않는다. 또한 남북한이 통일되어 지역에서 또 하나의 강국으로 부상하는 것을 원치 않으며, 민족주의의 급진전에 의해 국경 및 간도문제 등과 같은 갈등 요인들이 쟁점화 되는 것을 꺼리고 있는 것이다.

또 다른 중국의 큰 우려는 주로 미국이 남한과의 군사 동맹을 통일 이후에도 유지하려 한다는 것에 초점이 맞추어져 있다. 조용한 한반도, 안정된 한반도를 위해 중국은 미국과 북한 간에 중재자의 역할을 담당하면서 6자회담을 성사시키고 있다. 사실 중국은 일본의 재무장을 방지하기 위해서도 한반도의 비핵화를 지지한다. 북한에서 불안사태가 일어나는 것은 중국 자체의 안보와 경제에 심각한 피해를 초래할 것이므로 중국은 이런 경우를 피하기 위해서 현상유지를 선호하고 있는 것이다.[64]

중국의 태도 평가

중국은 한국의 통일문제에 대하여 통일을 지지하기보다는 어떤 통일이냐에 관심이 있는 것으로 평가된다. 한반도 주변 4국 모두 자국의 국익에 반대되는 통일한국 정부가 들어서는 것을 반대하며 중국으로서는 친미정권이 들어서는 것을 원하지 않는다. 그러므로 중국의 이익에 조금이라도 벗어나는 통일을 지지할 리가 없다. 물론 한국에서 반드시 공산화 통일을 바라지는 않지만, 사회주의 형제국으로 남은 북한이 쉽게 붕괴되거나 흡수되는 것을 절대 원하지 않고 있다.

중국이 북한과 맺은 '우호협력 및 상호협력조약'으로 북한에 대하여 친북태도를 보이는 것은 당연하며 미국과 한국이 맺어온 관계만큼이나 중국은 북한에 가까운 나라임을 부정할 수가 없다. 최근 중국이 한국과 수교 이후 한국에 편향된 정책으로부터 탈피를 시도하는 것도 이의 연장선에서 이루어지는 행태라 여겨진다.

중국은 미국, 북한과 함께 한국전쟁의 당사국이다. 현재의 휴전상태를 마무리하지 아니하고는 통일을 논할 수 없게 되어 있다. 특히 미국과 평화협정을 체결하지 않는 한 이 문제는 준전시 상태로 남는다. 그러므로 현재의 시점에서 중국이 한국의 통일을 원한다는 것은 외교적 수사로 남을 뿐이다. 적대적 국가와 전쟁을 경험하였고, 현재 휴전상태의 국가가 통일되어 북한이 함께 자유주의국가로 넘어

가는 것을 바라보고만 있을 리가 없게 되어 있다. 그러므로 중국은 한국이 미국 주도하에 또는 남한의 주도하에 통일되는 것보다 현재의 상태가 낫다는 판단을 하고 있는 것으로 보인다.

또 중국이 추진하는 동북공정 역시 차후 전개될 한국의 통일 협상을 앞두고 사전 정지작업과 다름 아니라는 사실을 중시할 필요가 있다. 이미 간도문제가 대두되어 있으나 부각되지는 않고 있지만, 미래에 갖게 될 통일회담에서 중국의 영토임을 주장할 것은 자명한 일이며, 한국에 영토 문제에 관한 한 협조적일 가능성이 낮게 보인다. 그러므로 간도문제는 통일회담 이전에 문제가 제기되고 논의되어야 할 필요성을 가진다.

이에 대해 한국 정부는 중국의 한국 통일 입장과 관련하여 "중국은 한반도 통일이 평화적 방법으로, 남북 당사자 간에 해결되어야 한다는 입장을 갖고 있으며, 통일이 한반도의 평화와 안정을 저해하지 않아야 한다."는 원칙적인 견해를 표명하고 있다. 또 한국은 중국이 최근 한반도 문제와 관련, 6자 회담을 주선하는 등 북한핵 문제 해결과 북한의 안보 위협을 해소하는 방향으로 노력하고 있다고 보고 있다.

한국정부는 중국이 주도하고 있는 6자회담 등을 통해 북한핵 문제 해결을 추진하면서 현재 진행 중인 남북 대화와 교류 협력이 평화적 · 민주적 통일 및 동북아의 평화와 안정에 기여할 수 있도록 노력해 나간다는 입장을 가지고 있다.[65]

한 · 중 관계는 수교한 지 13년에 불과하지만 비약적인 발전을 거듭하고 있다. 그러나 최근 부각되는 중국의 고구려사 왜곡을 비롯해 한 · 중 간 갈등으로 중국을 다시 보는 계기가 되고 있다. 중국의 실체에 대해 보다 심층적인 접근을 시도해야 할 시점이다.

동북공정에 대해 한국 정부의 입장은 중국 정부의 역사 왜곡에

'강력히' 대응하되 그 내용은 역사에 대한 '올바른' 해석을 촉구하는 수준에 머물러 있다. 정부가 나설 경우 자칫 민감한 외교적 갈등으로 비화할 수 있다는 우려 때문이다.

5장 탈냉전 이후 일본의 한국 통일에 대한 태도

1. 일본의 동북아와 한반도 정책

제2차 세계대전 후 일본외교의 기조는 미국을 비롯한 서방국가들과 관계 강화로 자국의 안보를 유지하고 경제발전을 이룩하겠다는 국제주의외교[1)]였다. 탈냉전시대의 도래와 더불어 일본은 21세기에 정치・군사대국을 지향하고 국제사회에서의 역할 증대를 도모하고 있다. 이러한 정치・군사대국화 노선은 2002년 10월 북핵문제 돌출 후 가속화되고 군국주의 발언도 연이어 나왔다[2)]. 일본의 정치대국화 노선과 국제사회에서의 역할 증대는 일본의 군사적 역할 증대로 나타나고 있다. 이는 한반도 안보상황에 영향을 줄 수 있을 뿐 아니라 주변국의 우려를 자아내는 사항이기도 하다.

탈냉전시대의 도래로 국제사회가 21세기의 새로운 국제질서를 향하여 변화를 겪으면서 일본정치는 1993년 7월 총선을 계기로 자민당 장기 집권의 붕괴와 더불어 이합집산의 연립정권의 시대를 겪은 뒤, 1996년 10월 총선 이후 자민당을 중심으로 한 보수 대연합의 구도로 재편되었다. 자민당 정권의 붕괴에서 자민당을 중심으로 한 보수대연합의 연립정권의 등장, 2005년 9월 고이즈미의 압승에까지 일본정치는 다양한 정치적 변동을 겪으면서 다음과 같은 변화를 나타내었다.

첫째, 공산당을 제외한 거의 모든 일본의 정당이 연립정권에 참여함으로써 여당의 일원으로 국정에 참여하는 기회를 가지게 되었다. 이런 집권 경험은 사회당의 정책노선을 현실주의적 정책노선으로 전환하도록 하였다. 그리고 보·혁 및 보·보 정당간의 제휴나 연합을 가능토록 하였으며, 나아가 정치공간을 보수·우경화하게 되었다.

둘째, 정계개편 등 일련의 정치변동 속에서 정치공간의 보수화와 더불어 쇼와(昭和)세대가 일본정치를 주도하는 세력으로 등장하게 되었다. 이는 일본정계에 세대교체가 이루어지고 있음을 의미하는 것이고, 아울러 신보수 세력이 일본정계의 중심세력으로 등장하고 있음을 의미하는 것이다.

셋째, 정치변동의 과정에서 국제사회에서의 '일본의 역할 증대론'의 공론화와 더불어 일본의 안보역할의 확대가 추구되기 시작하였다. 이와 같은 안보역할의 증대론은 정치공간의 보수·우경화 성향을 한층 가속화하였다.

미·일동맹은 1996년 4월, 미국의 클린턴(Bill Clinton) 대통령과 일본의 하시모토(橋本龍太郎) 총리의 동경 정상회담에서 '미·일 안전보장 공동선언 : 21세기를 향한 동맹(미일신안보공동선언)'이 발표됨에 따라 '재정의'되었다. 미·일 안전보장체제는 미일 양국의 협력범위를 기존의 '필리핀 이북의 극동'에서 '아시아·태평양 지역'으로 확대하였다. 즉, 일본의 군사적 역할은 한반도를 포함한 아시아・태평양 지역의 안보상황에 따라 탄력성을 가지고 확대될 수 있게 되었다. 따라서 일본의 신보수 세력은 미・일동맹을 기반으로 21세기 정치・군사 대국화를 추구하게 되었는데, 이를 위해 국가체제의 개혁 및 정비를 추진하고 있다. 신보수 세력은 보수 대연합으로 강화된 권력기반을 바탕으로 1999년 5월에 '미・일 신방위협력지침(1997)[3]'과 관련된 「주변사태법」, 「자위대법」 개정안, 「미・일 물품역무상호제공협정(Acquisition and Cross Serving Agreement, ACSA)」 제정하였다. 동년 7월에는 총리의 국정주도권 및 내각기능의 강화를 도모할 수 있는 「정부조직 개편법」을 통과시켰다. 나아가 평화유지활동(PKO)법안(1992. 6)의 개정, 유사법제의 제정(2003. 6), 집단자위권 행사를 위한 헌법개정 등 정치대국화를 지향한 제도적 정비가 진행되고 있다.

미・일동맹의 강화와 그에 따른 일본의 군사적 역할증대는 한국의 입장에서 보면 북한의 군사적 위협을 사전에 억제하고 사후에 효과적으로 대응할 수 있다는 긍정적인 측면이 있다. 그러나 일본의 정치・군사대국화 전략에 따른 일본의 군사적 역할의 증대는 동북아 전략 환경과 남북관계에 부정적인 영향을 미칠 수 있다. 특히 '미・일 대 중국'의 대립구도가 조성될 경우 북・중 및 북・중・러의 전략적 제휴관계가 강화될 수 있고, 남북관계 또한 그와 같은 대립구도의 틀 내에서 경직될 가능성을 배제할 수 없다.

일본은 국제사회에서 대량살상무기(WMD), 탄도미사일, 테러 등 복잡하고 다양한 위협이 상시화되고 있어 이에 신속한 대응의 필요성을 지적한다. 또한 유사법제[4]의 성립을 방위정책상 역사적 전환점으로 평가하면서, 국제사회의 평화・안전에 대한 공헌을 적극적이고 능동적으로 확대해 나가야 함을 강조한다.[5]

일본의 '신중기 방위력 정비계획(2001~2005)'[6]에 의거 국방 예산은 국내총생산(Gross Domestic Product, GDP) 대비 약 1%, 일반회계 대비 6.0~6.1%로 매년 약 5조 엔의 방위관계비를 투입하고 있다.

최근 일본 내 일각에서는 자위대를 평화유지활동(PKO) 이외의 목적으로 해외에 파견하기 위해서는 매 사안별로 특별법을 제정해야 하는 번거로움을 피하기 위해 유엔 결의에 의한 다국적군의 활동에 자위대 파견이 가능하도록 하는 항구법을 제정할 필요성이 제기[7]되고 있다.

일본 정부는 이에 대해 "국민적 논의가 필요한 사항으로서 장래의 과제로서 검토해야 한다."는 기본입장을 표명하고 있다. 자위대와 관련한 헌법 및 일본 국내법상 제약 조항[8]으로 자위대의 운신의 폭에 대한 논의와 자민당 헌법조사회의 헌법개정안 추진 움직임[9]은 예사로운 일이 아니다. 또한, 일본은 방위 · 안보 분야의 책임기구로서의 위상제고 목적으로 방위청을 성(省)으로 승격시키고자 하는 움직임[10]을 보이고 있으며, 성으로 승격될 경우에 방위 · 안보 분야의 역할 및 기능이 보다 강화될 것으로 보인다.[11]

일본은 중국에서 민주주의 발전과 한반도의 안정화에 대한 영향력을 끼칠 수 있는 능력을 강요당하고 있다. 일본의 외교정책은 한 방향 또는 다른 방향으로 지역에서 중심역할을 할 수 있다. 일본은 환경을 통제할 수는 없지만 중대하고 독립적인 역할을 할 수 있다. 그러나 일본의 외교정책은 과거에 가졌던 안보문제를 다루는 것을 더 이상 피할 수 없다. 영향력을 갖기 위하여 일본은 더 큰 지역적 · 국제적 안보 역할을 떠맡아야 한다.[12]

일본의 동북아 정책

〉〉〉대미정책

일본은 1956년 10월 소련과의 국교회복과 1956년 12월 유엔가입으로 국제사회에 복귀한 후인 1957년 발간한 『우리 외교의 근황(わが外交の近況)』에서 향후 정책방향을 밝혔다. 여기에서 일본은 유엔중심주의, 자유주의국가와의 협조, 아시아 일원으로서의 입장 견지라는 외교원칙을 발표하였다. 냉전체제하에서 미국과 소련 중심의 외교관계가 지속되었고, 자국의 생존과 번영을 위하여 미·일동맹체제의 유지가 무엇보다 중요하게 다루어졌다.

일본은 기존의 미·일안보체제하에서 점차 일본의 역할을 증대해 나가며 미국과의 관계를 재조정해 나간다는 구상을 가지고 있다. 1992년 1월 새로운 미·일관계 구축을 알리는 미·일정상회담에서 공동선언(도쿄선언)[13]이 발표된 데 이어, 1996년 '미·일안보공동선언'이 발표되었다.

모든 면에서 일본은 강하고 싶지 않겠지만, 아시아에서 강한 나라 중의 하나이다. 일본 경제 규모는 세계 2위이고 동북아에서는 가장 크다. 주변의 다른 나라들이 따라잡고 있지만, 일본의 국내총생산(GDP)은 여전히 이 지역 전체 GDP의 67%를 나타내고 있다. 일본의 기술적 능력들은 미국을 능가하고 있다. 일본의 무장 능력은 세계에서 가장 크고, 가장 장비화되어 있는 나라 중의 하나이다.[14]

일본은 미국과의 관계를 유지하면서 자립외교를 위하여 국제사회에서의 역할을 증대시키고자 하였고, 자주방위와 자위대 파병, 유엔 상임이사국 진출 등에서 미국의 직접적·간접적인 지원을 기대하였고 새로운 외교의 활로를 찾으려 하였다. 경제대국 일본이 한반도에 대한 군사비를 미국에게 맡기려는 무임승차는 셀리그 해리슨(Selig S. Harrison)의 다음 글에서 엿볼 수 있다.

> 일본은 한민족을 멸시한다. 그들은 2차 세계대전의 패전으로 한반도에서 축출된 것에 대해 씁쓸해 하는 감정을 아직도 지니고 있다. 그러나 일본은 또 다시 한반도에서 패권을 장악하려 들기보다는 냉전과 그 이후시기에 한반도에 대한 경제적·군사적 부담을 회피하려고만 했다. 한반도에서 일본을 축출했고 냉전 시기 남한을 전초 기지로 활용해 온 미국이 당연히 그 책임을 감당해야 한다는 것이 일본의 생각이다.[15)]
>
> 일본은 한반도의 현 상태가 유지되든 북한 정권이 붕괴되어 남한에 흡수되든 적응할 준비가 되어 있다. 일본은 미군이 남한에 계속 주둔하기를 바란다. 그것이 분단 상황을 지속시키고 남한에 대한 일본의 투자 환경을 안정화하는 데 도움이 된다는 것이다. 그러나 미군 주둔을 지지하는 일본의 열기는 미국이 북한과 전쟁을 하게 되면 여기에 일본을 끌어들일지도 모른다는 우려 때문에 크게 약화되고 있다. 만약 미국이 주한 미군을 철수시켜야 한다면 일본은 자기 방식으로 문제를 풀어 가려 할 것이다. 일본은 한반도에서 군사적 분쟁을 회피하는 한편으로 냉전 초기부터 미국이 반대하기 전까지 추진해 왔던 북한과의 관계 정상화를 다시 시도할 것이다.[16)]

일본은 독립된 동맹파트너로서 미국의 제한된 영향력을 발휘할 수 있다.[17)] 일본은 섣부르게 미국과 대결하기보다는 미국의 요구를 받아들이면서 자국의 정치적·경제적 이익 확대와 군사 현대화를 위해 미국을 활용하고자 하고 있다.

〉〉〉대중정책

일본의 대중관계는 미·일 관계에 제약을 받아 대중봉쇄정책을 유지해오다 1972년 일·중 국교수립 이후 정치적·경제적으로 발전되는 양상을 띠어 일본에게는 주요한 교역국이 되었다. 그러나 안보문제에서 중국의 기존 핵보유와 군사대국화의 추진은 19세기 말 이후 동북아에서 패권다툼을 벌였던 당사국가로서 적잖게 신경을 쓰지 않을 수 없게 되었고, 북한의 핵개발 문제까지 터져 안보위협으로 다가옴으로써 괴로움을 더해 주고 있다.

오늘날 일본의 안보정책은 수많은 도전에 직면해 있다. 일본은 한반도에 상존하는 위협을 생각한다. 일본 지도자들은 중국과의 관계를 걱정한다. 더구나 미국과의 안보 동맹을 고려해야 한다. 일본 지도자들은 국제관계에 대해 정치적으로 자유주의적인 접근을 하는 경향이 짙다.[18)]

일본인의 중국에 대한 뿌리 깊은 문화적 존중과 별개로 많은 일본인들은 중국의 핵 배치가 일본이 아니라 동아시아 지역에서 미국과 러시아의 핵에 대응하기 위한 것이라는 중국의 주장을 그대로 믿는다. 반면 한반도로부터의 핵 위협에 대해서는 그것이 비록 가정법에 기초를 둔 것이라고 하더라도 본능적인 반발을 일으킨다. 일본인의 한반도와 한민족에 대한 문화적 경멸은 군사적으로 한민족이 우위에 설 수 있다는 인식을 참을 수 없게 만든다. 그것은 안보 위협에 의한 것이라기보다는 심리적인 것이다.[19)]

일본은 중국에 대하여 "중국은 '부강', '민주', '문명'의 사회주의 국가 건설을 목표로 하고 경제건설을 최고 중요과제로 하는 개혁·개방노선을 추진하고 있다. 이를 위해 국내외의 안정적 환경 유지를 위해 노력하고 있는 중이다. 내정으로는 사회적 안정과 단결, 특히 사회적 안정을 중요시하고 있고, 대외적으로는 선진 제국과의 관계 개선, 주변 제국들과의 양호한 협력 관계의 유지 추진을 기본으로 하고 있다. 아울러 국방력의 근대화와 강화를 위해 노력하고 있다.

정치적으로는 후진타오 체제 출범으로 당, 국가, 군의 세대교체가 진행되었다. 경제면에서는 지난 10년간 매년 평균 7% 이상의 국내총생산(GDP) 성장률과 세계 6위 규모의 GDP로 급속 발전을 계속하고 있다. 중국의 문제로는 공산당 간부의 부패, 국내 분리 및 독립운동, 급속한 경제 성장에 따른 도시와 농촌의 격차, 연안과 내륙지방의 지역 격차, 국유 기업의 개혁, 실업자 증대 등의 문제가 나타나고 있다. 군사적으로는 핵·미사일 전력, 해·공군을 중심으로 '전군의 근대화'를 추진하고 있는 한편, 대만과 관련하여 미·일 안보동맹이 추진하고 있는 미사일방어(MD)에 대해 경계감을 표시하고 있다."고 보고 있다.[20]

〉〉〉**대러정책**

일본은 2000년 9월 푸틴의 일본 방문시 북방 영토문제를 공동선언문에 넣기를 시도했으나 푸틴이 일본 측의 북방영토 국경선 획정 제안에 수락을 거부함으로써 '러·일공동성명'에서 제외되었다.

일본의 북방영토인 쿠릴4도(에토로후, 쿠나시리, 시코탄, 하보마이) 반환의 지속적인 요구[21]로 빚어진 러시아와의 갈등은 쉽게 해결될 기미가 보이지 않는다. 러시아는 일본의 요구에 단호한 의사를 표명하는 가운데 입장을 밝히고 연쇄반응을 우려하고 있다. 그러나 러시아가 영토협상을 계속할 의사를 내비치자 탄도요격미사일(ABM)조약의 유지 및 강화, 2단계 전략핵무기감축협정(START-Ⅱ)의 비준 등과 유엔의 개혁 및 지위 강화에 대해서는 러시아의 주장을 수용하였다. 또한 1997년 영토협상을 담보로 '옐친(Boris Nikolayevich Yeltsin)-하시모토(橋本龍太郎) 경협플랜'을 확대 강화시킨 새로운 '푸틴(Vladimir Putin)-모리(森喜朗) 프로그램'을 성사시켰다.

이에 대해 러시아는 일본에 대하여 정치와 경제를 분리하는 중층적 접근법으로 실리적 측면에서 일본과의 경제협력을 추구하나, 안보적 차원에서는 일본의 재무장을 반대하고 북방 영토 반환을 거부하는 입장을 견지하고 있다.

그러나 일본은 시베리아개발 등 경제 분야에서 러시아를 필요로 하고, 러시아 역시 일본의 투자와 기술을 필요로 하고 있어 양국간의 경제협력을 위한 노력은 활발하게 전개될 전망이다.

일본의 한반도 정책

일본은 한반도 주변 지역 정세안정에 중점을 두고 미·일 동맹관계를 기축으로 한·미·일 공조체제하에 북한핵 문제의 평화적 해결을 모색하고 있다. 또한 일본은 '평양선언' 취지에 따라 핵·미사일, 납치 문제 등 제반 현안의 포괄적 해결 후, 일·북수교 및 대북 경제 협력이 가능하다는 입장이다.

일본은 한반도를 자국의 생존과 번영을 위해 중요한 지역이며, 한반도의 안전은 일본의 안전을 위해서도 긴요하다고 인식하고 있다.22)

일본의 전쟁 패배는 소련과 미국에 의한 한국의 분단을 야기했다. 냉전은 끝났지만 평양의 핵무기와 탄도미사일의 개발 결과로 인해 일본에게 한반도는 중요한 안보의 관심사가 되었다.23)

1990년대 이래로 일본의 대한반도 정책의 기조는 첫째, 한반도에서 평화와 안정을 유지하는 것이다. 일본은 한반도에서 남북한이 공존하고 평화와 안정이 지속됨으로써 동북아에서의 안정과 평화가 이룩되기를 추구하고 있다. 둘째는 한반도 문제에 대한 영향력을 확대시키는 것이다. 이를 위해 일본은 한국과의 우호협력관계를 유지하면서 다른 한편 북한과의 관계 개선을 통해 궁극적으로 수교를 달성하기 위해 북한과의 협상을 지속해 왔다. 거기다가 일본은 1997년 9월에 미국과 '미·일 방위협력지침'을 개정하여 일본 주변 유사시(한반도 및 대만해협 급변 사태시) 주일 미군을 후방 지원하는 과정에서 한반도 문제에 개입할 수 있는 길을 마련하였다. 또한 일본은 북한의 핵문제를 다루는 과정에서 한반도에너지개발기구(The Korean Peninsula Energy Development Organization, KEDO)를 통해 북한 경수로 건설 사업에 참여해 왔고, 대북 정책에 관한 한·미·일 정책협력 조정그룹(Trilateral Coordination and Oversight Group, TCOG)의 일원으로서 한반도 문제에 영향력을 행사해 왔다.

일본은 1990년대 초부터 자국의 정치적·안보적·경제적 이익에 따라 국교정상화를 위한 협상을 전개해왔다. 일본의 입장에서는 과거사를 정리해야 할 정치적 필요성, 북한의 안보적 위협을 해소한다는 안보적 이익, 한반도 문제에 대한 영향력의 확대 필요성, 북한지역에 유라시아 대륙 및 시베리아 진출을 위한 전략적 거점의 확보 목적 등이 대북 관계 정상화를 추진하는 주요 동기다. 북·일 양국은 1991년 1월에 제1차 수교협상을 시작한 이래로 국내외 요인들로 인해 몇 차례 현상이 중단되는 사태를 겪으면서도 지난 2002년 9월에 평양에서 북·일 정상회담을 개최하여 수교의 조기 실현 노력, 수교회담의 재개, 북한핵 문제의 국제적 합의 준수 등을 포함한 '조·일 평양선언'[24]에 서명하였다. 이 합의에 따라 2002년 10월에 제12차 수교회담이 열렸는데, 북한이 약속과 달리 자국의 핵무기 개발 계획을 시인함에 따라 수교협상은 중단된 상태이다. 일본은 북한이 핵 개발계획을 포기하지 않는 한, 수교협상을 재개하지 않는다는 입장이다.

한반도 평화체제의 구축 문제에 관해서 일본은 기본적으로 한반도 휴전체제가 평화체제로 전환되어야 한다는 데 지지입장을 취해 왔다. 그러나 일본이 배제된 4자회담보다 자국과 러시아도 참가하는 6자회담을 통해 평화체제 수립문제가 논의되기를 선호해 왔다.

이러한 입장을 고려해볼 때 일본은 한반도평화체제 구축을 위한 국제적 보장 장치로써 자국을 포함한 주변 4강이 남북평화협정을 보장하는 '2+4 방식'을 통해 한반도 문제에 대한 자국의 영향력을 확대하는 것을 지지할 가능성이 높다.

한반도 군비통제 문제에 대해서는 우선 북한의 핵무기 및 미사일 개발에 대해 적극적으로 반대하는 입장을 견지해 왔다. 북한핵 문제는 '북미기본합의'에 의해 해결되는 것을 지지해 왔고, 궁극적으로 한반도가 비핵지대화 하는 것을 선호한다. 북한의 미사일 개발 문제는 일본 영토의 상당 부분이 이미 북한의 중장거리 미사일의 사정거리에 들어가 있기 때문에 일본의 안보에 중대한 위협으로 간주하여 단호한 반대 입장을 표명해 왔다. 일본은 북한의 대량살상무기 개발 문제를 평화적으로 해결하기 위해 미국·한국과 긴밀한 정책 공조를 통해 대처해 왔다. 한편, 군사적인 대응으로서 미·일 방위협력지침의 개정, 안보 관련법들의 제정 및 개정을 통해 한반도 유사시에 미군을 지원하며 대처하는 방안을 마련해 놓고 있다. 한편, 한반도에서 재래식 군비통제 문제에 관해서 일본 정부는 2001년 6월 이후 미국이 북한에 대해 협상의제로 내세우는 북한의 재래식 군사력의 감축과 후방 배치 주장에 동조하는 입장을 취하고 있다.[25)]

남북경제공동체의 형성 문제와 관련된 입장으로서 1990년대 말 이래로 일본은 동아시아 공동체 의식을 강조하며 이를 바탕으로 동북아경제권, 화남경제권, 대메콩경제권 등을 상호결합 및 확대하여 '21세기 동아시아 지역 공동체의 건설'을 구상하고 있다.[26)] 이를 위해서 일본은 북한과의 관계정상화를 추진한 후에 보상금 및 배상금 형태의 대북한 지원과 민간투자를 통해 북한 경제를 개방시켜 동아시아 경제권에 진입하도록 유도하는 한편, 북한지역에 일본의 대륙진출의 거점을 마련하려고 할 것이다. 일본의 대북 지원과 투자는 북한 경제가 회복되고 개방되는 데 기여할 것이고 나아가서 남북 경제공동체를 건설하는 데 긍정적인 역할을 할 것으로 예상된다.

일본이 우려하는 것은 북한의 군사적 모험이 아니다. 그보다는 미국 중국 · 소련 사이의 갈등이 한반도로 비화되어, 한반도가 초강대국의 대리 전장이 됨으로써 일본이 미국의 동맹으로 참여할 수밖에 없게 되는 상황이 더 우려스럽다.[27)]

〉〉〉대한국정책

일본은 1965년 한국과 국교수립 이후 한국에 편향된 한국 일변도의 정책을 유지하다 1970년대 들어 닉슨의 중국방문(1971년)과 미 · 중관계 개선, 남북한의 7 · 4 남북공동성명 등 동서 해빙무드를 반영하여 정경분리정책으로 북한과의 접촉을 가지기 시작하였고, 1979년 소련의 아프가니스탄 침공을 계기로 한 · 미 · 일 유대강화가 강조되었다. 1980년 한국이 북방정책을 추진하며 중국 · 러시아 및 동구권과의 관계개선에 적극적으로 나서자 일본도 북한과의 수교를 적극적으로 추진하였다.

일본은 1965년 한국과의 국교정상화 이후 정치 · 경제 · 사회 · 문화 등 다방면에 걸쳐 확대 · 심화되어 온 양국간 우호친선 관계를 토대로, 2002년 월드컵의 성공적인 공동개최 및 '한일 국민교류의 해'를 통해 조성된 양국간 우호관계의 모멘텀을 유지시켜 나가면서 한국 정부와의 우호관계를 심화시켜 나가고 있다.

일본은 정상회담과 외교장관 회담을 비롯한 각종 고위급회담을 통해 한국과 협력관계를 심화시켜 나가고 있으며, 각종 협의체와 교류사업 확대를 통해 한일간 미래지향적 동반자 관계를 강화해 나가고 있다. 북한핵 문제의 평화적 해결을 위해 한 · 미 · 일 3국간 긴밀히 협력해 나간다는 입장이다.

한국 정부로서는 일본과 양자 차원에서뿐만 아니라 동북아지역 및 국제무대에 있어서도 협력해야 할 분야가 많은 만큼, 한일의 실질적 해결을 위해서도 한 · 미 · 일, 한 · 일 간 긴밀한 협력을 강화해 나갈 예정이다. 한국은 참여정부의 국정과제인 '평화 · 번영의 동북아' 구상 실현을 위해서는 한일 협력이 긴요하다고 보고 있다. 또한 일 · 북관계 진전이 남북관계 개선 및 동북아 평화와 안정의 증진에도 기여할 수 있도록 대일 외교를 전개해 나가고자 하고 있다.[28)]

일본은 한국에 대해 인식하기를 "한국은 한미 상호방위조약을 중심으로 미국과 안보상 매우 밀접한 관계에 있으나, 2002년 6월 주한 미군 차량사고로 한국 내에서 항의데모와 한미 주둔지위협정(SOFA) 개정요구 등이 발발하는 등 한미 관계에 우려되는 사건이 발생하였다."고 파악[29)]하고 있다. 또한 "조선전쟁(한국전쟁) 이후 현재까지 미군 주둔은 미 · 한방위조약의 핵심이므로 한반도 주둔이 필요하며, 동북아 평화와 태평양 지역 전반의 평화와 안정의 증진에 기여하고 있다는 것에 동의하고 있다며, 한국은 전 국민의 1/4이 수도권에 집중되어 DMZ와 지근거리에 있어 방위상 약점이다. 한국은 북한을 '주적'으로 보고 군사적 위협으로 간주하고 있다. 근년에는 국방 정보화를 목표로 하고 있다."고 보고 있다.[30)]

〉〉〉대북한정책

1990년대 초부터 일본은 남북한 동시 중시정책인 '두 개의 한국정책(two korea's policy)'으로 전환하여 북 · 일수교협상[31)]을 시작하였다.

일본은 한반도의 평화와 안정이 일본에 있어서 긴요하다는 인식하에 북한과 관계개선을 위해 노력해 왔다. 그러나 일본인 납치 의혹, 과거사 청산, 핵 · 미사일 문제 등으로 인한 일본 내 반북 여론의 고조로 양국간 수교교섭은 당분간 어려울 전망이다. 일본은 북한

핵, 미사일 및 일본인 납치 문제 등의 해결 없이는 일·북 수교를 할 수 없으며, 일·북 수교 후 대북 경제협력을 한다는 입장이다. 일본정부는 현재까지도 '북·일 평양선언'이 유효하다는 입장에 따라, 북한 핵·미사일 및 납치 문제 등이 포괄적으로 해결될 경우 북한과의 국교정상화 교섭을 추진해 나간다는 입장이다.[32)]

2002년 9월 17일, 고이즈미 일본 총리는 북한을 방문해 김정일 위원장과 북일 외교사상 최초의 정상회담을 하였다. 이 역사적 회담 말미에, 북한과 일본은 소위 '평양 선언'을 발표하였는데, 이 선언에서 양측은 외교 정상화를 위한 회담을 재개하는 데 합의하였다. 회담 이후 양측 간의 화해 분위기는 여론 조사에서 대략 80%의 일본인들이 고이즈미 준이치로(小泉純一郎) 총리의 북한 방문을 성공적이라고 평가하였던 것처럼 금방이라도 국교 정상화가 이루어질 것처럼 보였다.

하지만 이런 낙관주의는 곧 사라졌다. 북한이 피랍 일본인 중 5명을 일본으로 일시 송환시켰을 때, 일본 당국은 그들을 다시 북한으로 돌려보내지 않았다. 이에 북한은 이런 일본의 행위를 배신으로 비난하였으며 일본에 대해 강경노선을 취하게 되었다.[33)]

일본의 대북정책의 근간은 '대화와 압력'의 원칙이다. 북한 핵무기 프로그램에 관해 일본 정부의 입장은 핵무장된 북한은 용인될 수 없고 앞으로 핵문제에 대한 평화적 해결책을 모색할 것이라는 것이다. 남한과 미국 양측이 북핵문제에 대해 평화적 해결을 추구하는 것과 대화와 압력이 필요하다는 데에는 동의하고 있지만, 일본의 입장과는 그들 각각의 입장이 약간 다르다. 한쪽에서 남한은 '대화'를 강조하지만, 미국은 문제의 해결책으로 '압력'을 보다 중요하다고 본다. 3국의 입장들을 고려해 볼 때, 일본은 남한과 미국 간에 가교를 놓을 수 있는 최적의 입장에 있다.

하지만 안타깝게도, 일본은 전략적 딜레마와 국내 정치적 딜레마로 인해, 3국간의 협력을 다루는 적극적 역할을 담당할 수 없을 것이다.[34)]

第12차 일・북 수교회담(2002. 10. 29~30, 쿠알라룸푸르)시 일본 측은 납치 일본인의 북한 내 가족들의 조기 귀국일정 확정 및 납치 일본인 중 사망자에 대한 보다 상세한 정보제공을 요구하였다.

일・북 양측은 상기 수교회담 이후에도 비공식 접촉을 갖고 동건 관련 협의를 하였으나, 북한 거주 납치 일본인 가족들을 귀국시켜야 한다는 일본 측 주장과 일본 정부가 당초의 약속을 위반하였으며 일본에 일시 귀국한 납치 일본인을 북한으로 귀환시켜야 한다는 북한 측 주장이 여전히 대립되고 있는 상황이다. 일본은 북한이 북한 거주 납치 일본인 가족들을 조속히 일본으로 귀국시켜야 한다는 기본 입장하에, 북경 개최 6자회담을 계기로 북・일 양자 접촉을 통해 북한 측에 동 문제의 조속한 해결을 촉구하고 있다.[35)]

2004년 5월 22일 평양에서 제2차 북일정상회담이 열렸고 김정일 위원장은 양국관계 개선의 진전 여부는 일본의 동맹국이 어떤 태도와 입장을 취하는가에 달려 있다며 미국의 대북정책전환에 대한 기대감을 거듭 표명하였다. 고이즈미 총리는 두 나라간 신뢰 회복을 위한 노력과 지난 2002년 평양선언의 이행 의지를 재확인한 부분을 비중 있게 다루었다. 일본은 북한에 쌀 25만 톤과 천만 달러치의 의약품 지원을 약속하였고, 북한은 제1차 정상회담시와 마찬가지로 납치자 가족 5명을 일본에 돌려보냈다.[36)]

일본은 동북아지역 국가로서 북한핵 문제가 당사자인 한국 못지 않게 자국으로서도 심각한 안보문제라는 인식을 가지고 있으며, 한・미・일 간 긴밀한 공조하에 대화를 통해 평화적으로 해결해 나가야 한다는 기본인식을 보유하고 있다. 이러한 인식하에 일본정부는 북경에서 개최된 6자회담의 모멘텀을 살려나가면서 다자대화의 틀 속에서 북한핵 문제의 외교적 · 평화적 해결을 추구하고 있다. 한편, 일본정부는 일 · 북 대화를 통해 북한이 핵개발을 포기하고 국제사회의 일원이 되는 것이 이익이 된다는 점을 북측에 지속적으로 촉구한다는 정책을 가지고 있다.[37)]

일본은 북한 정세와 관련, "북한의 내정은 김정일 국방위원장을 중심으로 하는 통치가 일정한 궤도에 오른 것으로 보이며, 일부 경제관리 시스템의 변화를 시도하고 있으나, 구조적 개혁은 하지 못하고 있다."고 평가하고 있다. 북한핵 문제에 대해 "북한의 태도는 벼랑 끝 전술 또는 핵무기 보유 목적 등 여러 견해가 있으나 '체제유지'라는 관점에서 보면 상호 배타적인 것이 아니며, 과거 핵무기 개발의혹이 해명되지 않은 상태에서 최근 일련의 행동을 고려하면, 북한의 핵계획이 이미 상당히 진행되었을 가능성도 없는 것으로 관찰"하고 있다. 또한 "북한은 핵무기 이외에 스커드B, 스커드C, 노동미사일을 배치하고 있고, 장거리 탄도 미사일 연구 · 개발이 진행"되고 있는 것으로 관측하였다.

또한 "북한은 경제난 타개를 위해 한정적으로 현실적인 개선책을 도입하고 있으나, 통치체제에 영향을 줄 수 있는 구조적인 개혁은 하지 않고 있는 상황"이며, "북한은 한국에 민족단결을 호소하면서 남북대화 · 교류를 진행시키려 하고 있으나, 남북대화를 통한 북한핵 문제의 해결에는 구체적인 진전은 보이지 않고 있는 상황"이라고 진단하였다.[38)] 그리고 "사회주의 강성대국 건설을 기본정책으로 표방하는 북한은 심각한 경제 곤란에 직면해 있고, 식량을 국제사회의 지원에 의존하는 처지이며 총 인구의 5%가 현역 군인이며 국가 예산의 15.5%를 국방비로 지출하고 있으며, 대량 파괴 무기와 탄도의 개발 및 확산으로 한반도의 긴장을 고조시키고 있어 동북아에 중대

한 불안정 요인"이라고 하였다.[39)]

이에 대해 실제로 일본은 북한의 미사일에 대해 위협을 느끼고 있으며[40)], 2단계 미사일 방어(MD)체제 설치를 진행[41)]하고 있다.

2. 일본의 한국 통일에 대한 태도

일본은 이웃 국가들과 함께 국가의 전략적 관계에 대한 기본적인 상황이 결정되므로 한반도 통일의 결과에 대해 큰 이해관계를 가지고 있다.[42)]

일본 내에서 한반도 정책과 관련한 논쟁을 둘러싸고 널리 퍼져 있는 믿음이 있는데, 그것은 한반도에서 무슨 일이 일어나든 일본은 적응할 수 있다는 것이다. 또 한반도가 통일될지, 통일이 된다면 어떤 방식으로 비용을 지출해서는 안 된다는 것이다. 이런 관점은 북한이 점진적 개혁을 수용해 일정 기간 생존하든 아니면 현 체제의 붕괴 뒤 남한에 흡수되든, 결국에는 시장경제 체제로 바뀔 것으로 전망한다. 이런 전환이 일본의 이익에 부합되게 하고 남북한의 경제적 경쟁력을 최소화하는 쪽으로 진행되도록 하려면 남한과의 불평등한 경제적 관계를 계속 유지해야 한다. 즉 남한 산업이 부품, 원재료 등에서 일본에 계속 의존하도록 만들고 동시에 한반도의 환경이 무역과 투자에 유리하도록 미국으로 하여금 한반도를 안정시킬 책임을 떠맡긴다는 것이다.

한반도로부터 군사위협이 초래될 수 있다는 데 대해서도 이런 분석은 계속된다. 일본은 한반도가 분단되어 있든 통일되든 유사 위험에 직면할 수 있다는 것이다. 북한은 이미 잠재적인 핵과 미사일 위험을 가하고 있으며, 이제 남한의 핵무기 개발 또는 적어도 핵무기 개발의 선택권을 확보할 수 있는 재처리 능력 개발을 막을 수 있는 것은 오직 미국의 압력뿐이라는 것이다. 그럼에도 많은 일본인들은 안보적 관점에서 보면 통일된 한반도가 현재의 한반도보다 여러 가지 측면에서 좀더 위협적일 수 있다고 생각한다. 하나는 통일 이후 민족주의적 감정이 급격히 고조되어 한반도가 미국과의 군사적 유대를 끊는 쪽으로 나아가거나, 미국 스스로 더 이상 북한의 침공에 대한 억제의 필요가 없어진 주한 미군 철수를 고려할 가능성이다. 핵무기를 옹호하는 일본의 매파들은 핵 문제를 쟁점화하기 위해 미국의 핵우산 담보가 없는 통일된 한반도는 남과 북의 현존하는 핵과 미사일 능력을 결합시켜 필연적으로 독자적인 핵 개발로 나설 것이라고 주장한다. 그러나 이런 관점은 많은 일본의 분석가들로부터 비판받고 있다. 그들은 만약 일본과 미국, 중국, 러시아가 한반도에 핵무기를 배치하지도 사용하지도 않겠다는 협정을 맺고 이를 실행한다면, 통일된 한반도는 비동맹외교 정책을 취하고 핵무기 없는 방위 태세를 취할 것이라고 강력하게 주장한다. 일본에게 통일 이후 최악의 상황은 한국과 중국이 일본의 힘을 상쇄할 목적으로 핵을 포함한 군사 동맹을 맺는 것이다.[43]

이처럼 일본은 한국의 통일에 대하여 통일 비용 지출 불가, 핵과 미사일 위협, 미군 철수 우려 등의 문제에 있어서 기대보다는 우려를 많이 가지고 있다.

일본의 한국 통일 지지

2000년 6월 15일 일본의 모리 요시로(森喜朗) 총리는 김대중(金大中) 대통령과 김정일(金正日) 국방위원장의 남북공동선언성명에 대해 이날 지바(千葉) 현에서 가진 총선 유세에서 언급하기를 "남북한

정상이 합의문서에 직접 서명한 것은 진실로 역사적인 쾌거를 이룬 것이다. 베를린 장벽이 붕괴된 것과 같은 평화를 향한 커다란 변혁으로 생각한다."며 환영을 표시했다. 그는 또 "다음달 오키나와(沖繩)에서 개최되는 G-8(세계 주요 8개국) 정상회의에서 각국 정상들에게 한반도의 민족통일을 위한 전면적인 지원태세를 촉구할 것"이라고 밝혔다.[44] 모리 총리는 또 "각국 정상에게 한반도의 통일을 전면적으로 지원하도록 요청하고 그 뜻을 하나로 정리하고 싶다."고 하였으며, "두 정상이 민족통일을 위해 노력해 줬으면 좋겠다."고 덧붙였다.[45]

2000년 6월 17일 모리 요시로 일본 총리는 김대중 대통령과의 전화 통화에서 "회담이 성공적으로 끝난 것은 대통령님의 오랜 시간에 걸친 끈기 있고 인내심 있는 일관된 대북정책의 성과라고 생각한다. 양국 정상끼리 만나 서명을 한 것은 획기적인 쾌거이다. 일본 정부와 국민은 이를 환영하고 축하한다. 저희도 대통령께서 서울공항에서 하신 대국민 메시지 전문을 보았다. 눈물이 날 정도로 감격했다. 아주 훌륭한 메시지였다. 이번 남북간의 대화 진전이 한반도 긴장완화에 기여하고 G7 정상회담에서도 남북정상의 만남을 시작으로 전향적인 분위기를 전망하며 지지를 보내도록 논의할 예정이다."라고 하였다.[46]

2000년 7월 23일 폐막된 오키나와(沖繩) 주요국(G-8) 정상회담은 의장국인 일본의 주도로 채택된 '한반도에 관한 특별성명'[47]을 채택하였고 한반도의 긴장완화는 물론 동북아의 안정에 크게 기여할 것으로 평가되고 있다. 앞서 미야자키(宮崎)에서 개최된 G-8 외무장관 회담에서도 "남북정상회담을 환영하고 긴장완화의 진전을 지원키로 한다."고 합의한 바 있다.[48] 일본은 2000년 7월 13일 고노 요헤이(河野洋平) 일본 외상이 한국을 방문해 김대중(金大中) 대통령 등과 만나 특별성명 문안까지 협의하였다.

2001년 3월 19일 모리 요시로(森喜郎) 일본 총리는 조지 W. 부시 미국 대통령과 워싱턴에서 갖은 미-일 정상회담에서 "햇볕정책은 북한의 미사일 개발 우려를 대화를 통해 해소시키고자 한다는 점에서 매우 중요하다."고 강조하면서 부시 대통령에게 햇볕정책 지지를 당부했다. 이에 대해 부시 대통령은 "한반도 상황을 우려하고 있다." 면서 "긴밀한 한·미·일 대북 삼각공조가 매우 필요하다."고 말했다. 모리 총리의 이날 발언은 최근 부시 행정부 내 강경파들이 주장하고 있는 대북포용정책 변경에 대한 일본의 우려를 나타낸 것으로 보인다.[49)]

일본정부는 평화적 방법에 의한 한반도 통일을 지지한다는 공식적인 입장을 밝히고 있으나, 한반도 통일에 대한 일본 국내의 인식은 긍정적인 시각과 부정적인 시각이 병존하고 있다. 한반도의 평화와 안정과 남북한과의 동시 수교를 통한 영향력 증대하는 것이 일본이 추구하는 진정한 목표라고 판단해 보면 일본은 통일보다는 남북한 평화공존 상태가 지속되기를 더 선호한다고 해석할 수 있다. 그러나 일본은 한반도 통일이 불가피한 대세가 될 경우에는 갑작스러운 통일보다는 점진적인 평화통일을 선호하고 있고, 통일한국이 미국 및 일본과 우호적인 관계를 유지하기를 바란다.[50)]

한반도 문제 전문가인 오코노기 마사오(小此木政夫) 게이오대(慶應大) 교수는 지난 4년간의 변화를 적극적으로 평가했다. "남북정상회담의 의미는 최고지도자가 통일의 기본방향에 합의한 것이라고 할 수 있다. 베트남이나 독일식이 아닌 독자적 방식의 통일 추진에 합의한 후 평화공존을 다지고 상호의존관계를 강화하는 조치들이 추진돼 왔다." 그는 정상회담 당시 김대중 대통령이 "20~30년간 평화공존이 필요하다."고 지적한 사실을 상기시키면서 남북관계는 착실히 진전되고 있다고 평가하였다. "남북관계는 서두르지 말고, 북한은 공산독재국가인 만큼 한·미 안보체제를 견지하면서, 국제환경과의 조화를 고려해야 한다."는 것이 오코노기 교수의 의견이다. "독일의 예를 보더라도 통일은 혼자 힘으로는 안 되며 주변국의 협조가 반드시 필요하다. 그런 차원에서 핵문제의 평화적 해결과 북미관계 정상화 등도 시급한 과제다. 평화 공존과 상호 의존 강화라는 측면에서 볼 때 금강산 관광보다는 개성공단이 북한의 개혁과 개방, 체제변화를 준비하는 데 유용할 것"이라고 분석하였다.[51]

한편, 2003년 6월 9일 한·일 정상은 일본에서 정상회담을 갖고 공동성명을 발표하였다. 고이즈미 총리는 한반도의 항구적 평화정착과 동북아지역의 공동번영을 이룩하기 위해 한국정부의 '평화·번영 정책'에 대해 지지를 표명했다. 두 정상은 과거를 직시하되 미래를 지향하자는 인식을 바탕으로 '평화와 번영의 동북아시대를 위한 한일 협력 기반구축'이라는 정신을 반영키로 하였다.[52]

2005년 12월 9일, 주한일본대사관의 일본인 공보관은 필자와 직접 통화[53]에서 한국 통일에 대한 일본의 입장을 "당사자의 대화를 통해 평화적으로 통일이 성사되는 것을 지지한다."라며 "이는 일본이 오래 전부터 가지고 있는 명백한 기본입장이다. 한국은 분단 상태의 지금이 더 불안하며, 일본에게 이익이 되는 게 없다. 북한은 우리 일본에게도 위협이다. 일본은 평화적으로 안정된 한반도를 원한다. 통일은 남북당사자가 합의하면 되는 일 아닌가? 한국의 통일은 이웃나라에도 안정과 번영을 가져다 줄 수 있고, 평화로우면 경제활동에도 도움이 된다. 분단이 더 위협적이다. 많은 한국인들이 일본을 잘못 알고 있는 것 같다. 일본은 한국 통일을 반대한다고 얘기한 적이 없다."고 하였다.

일본의 한국 현상유지 선호

일본은 현재의 상황이 가능한 한 오래 지속되도록 하는 데 관심을 갖고 있다. 이에 따라 일본은 중국과 미국 간의 대치관계에서 독자적인 역할을 할 수 있다. 일본이 정기적으로 북한에 대해 인도주의적 원조를 함으로써 북한 내부 상황이 악화되지 않도록 하는 것은 놀라운 일이 아니다.

한국 통일이 이루어지지 않는다면, 일본은 동북아시아에서 경제적으로 그리고 기술적으로 주도적인 위치를 유지할 수 있으며, 역내 경제통합 과정을 주도할 수 있을 것이다. 중국이 주도하는 것을 허용하지 않기 위해 워싱턴은 일본의 지역적 야심을 지원할 수밖에 없다.[54]

일본은 한반도의 평화와 안정이 동북아의 안정에 필요하며, 북한이 남한에 위협적 요인으로 존재하는 한 일본에 대해서도 위협이 된다고 인식하여, '한 · 일 우호협력관계'를 한반도 정책의 기조로 삼고 있으며, 한반도에서의 비핵화와 현상유지 차원에서 남북대화와 남북한 평화공존을 지지하고 있다. 일본은 한국의 통일이 민주주의 및 시장경제체제하에서 이루어지기를 기대하고 있으며, 통일과정에서 나타날 우려가 해소되기를 기대하고 있다. 평화체제로의 전환 문제와 관련, 일본은 한반도문제의 해결을 위한 국제적 평화보장 이니셔티브에 적극 참여하기를 바라고 있다. 일본은 남북한 협상 진전 상황과 남북한 및 미국의 입장을 고려하면서 한반도 평화체제 구축을 위한 국제적 보장 장치로서 '2+4 구도'를 바라고 있다. 이러한 구도를 통해 한반도문제 해결과정에서 자국의 발언권을 확대하려 할 것이다. 일본은 한국 통일 협상 과정에서뿐만 아니라 통일 이후 시기에도 한반도에서 자국의 안보 및 정치적 · 경제적 영향력

확대를 위하여 다각적인 노력을 경주할 것으로 보인다.[55)]

일본 정부는 한반도의 정세 변화와 관련하여 일본의 이익과 연관지어 큰 관심을 가지지 않을 수 없다. 특히 미군 철수에 대해 민감한 반응을 보이고 있지만 통일 문제에 대해서는 쉽사리 속내를 보이지 않고 있다.

1972년 남북 공동 성명 발표 이후 일본 수상 다나카(田中角榮)는 "일본은 한반도에 두 개의 한국이 존재한다는 사실을 인정하지 않을 수 없으며, 남북한의 공존은 우리가 바라는 외교 목표이다."라고 하였듯이 한반도에서 통일보다는 안정과 평화를 염두에 둔 것이라고 볼 수 있고, 일본이 통일을 바라지 않음을 암시하는 것이라고 볼 수 있다.

일본은 한국 통일에 대해 강력한 경제력을 갖는 나라가 등장하는 것을 꺼리고 한반도의 변화가 일본에까지 비화하는 것을 두려워하며 경제 시장의 위축과 잠식을 우려한다. 특히 한국은 일본과의 교역액이 7백억 달러에 이르고 무역 수지차가 2백억 달러를 넘는 등 주요한 국가이며 남북한 등거리 외교에서 가지는 영향력을 유지하려 하고 있다.

남한과 북한은 일본이 한반도의 통일을 바라지 않을 것이라는 인식을 공유한다. 남북한 사람들의 눈에 비친 일본은 한반도에 대한 패권을 다시 차지하려고 노리고 있을 뿐만 아니라, 경제적 경쟁자이자 군사적 적대국이 될 가능성이 있는 인구 7천만의 이웃 나라가 출현하는 것을 막으려고 한다. 이들은 일본이 자신의 목표와 장기적 이해에 맞추어 한반도에 대한 판단을 내렸고 의식적으로 분단을 유지하려는 정책을 마련해 왔을 것이라고 본다. 그러나 실상 일본의 대 한반도 정책은 기회주의적인 데다 조건반사적이었으며, 명확하게 규정된 합의에 기초를 둔 장기적 전망을 결여해 왔고 지금도 그렇다. 한반도와 관련하여 일본에 존재하는 합의의 수준은 단순히 일본의 경제적 · 군사적 부담을 최소화한다는 것이다. 한반도의 통일 그 자체보다는 통일이 일본에 파괴적이고 값비싼 대가를 요구할 것인가가 문제이다. 그리고 통일된 한반도가 두 개의 한국보다 경제적으로나 군사적으로 다소 상대하기 어렵다는 점도 걸리는 사안이다.56)

헌팅턴도 "일본은 통일된 한국이 경제적으로 대국은 물론 군사적으로 대국이 될 것이기 때문에 달가워하지 않을 것이다."라고 앞의 대담에서 말하고 있다.

일본은 중국과 마찬가지고 한반도의 분할(divide and rule)전략을 지속하면서, 현상유지를 선호한다. 특히 일본이 바라는 것은 중국과 같은 적성국가(hostile power)가 한국을 이용치 않도록 사전 예방하는 점이다. 아울러 일본으로서는 통일된 한국이 핵보유국이 되어 일본의 역할을 잠식하는 것을 원치 않는다. 때문에 그들에게는 한반도의 현상유지가 안보상 최선의 이익이 될 것이다. 일본으로서는 과거 1953년의 정전협정이 대단히 만족스러웠을 것이다. 왜냐하면, 정전협정으로 일본과의 경쟁이 아니라 남북한 간 경쟁형태의 구도로 만들어 놓았기 때문이다. 따라서 일본은 앞으로도 남북한이 일본과의 경쟁상대로 부상하는 것을 선호하지 않을 것이다.

이와 같은 맥락에서 일본은 자국의 안보의 측면에서는 물론, 한국이 적성국가 또는 껄끄러운 국가(unfriendly state)와 제휴하는 것을 방지할 수 있다는 측면에서 한반도에서의 주한미군의 주둔을 지지하는 입장이다.57)

한편, 북한의 방송과 신문은 일본이 통일을 원하지 않는 방해 세력이라고 비난하고 있다. 1999년 9월 25일, 북한 평양방송은 "일제가 조선을 강점하지 않았더라면 조선은 분열되지도, 조선 문제가 생기지도 않았을 것"이라면서 "일본은 저들의 죄행에 대해 반성하고 사죄할 대신 미제와 한 짝이 돼 조선 문제에 개입하고 있으며 통일에 방해되는 행위를 집요하게 감행하고 있다."고 비난하였다. 평양방송은 "일본 반동들은 지금도 일본과는 하등의 인연이 없는 4자회담 문제에 끼어들어 간참(참견)하면서 주제넘게 놀고 있다."면서 "일본은 시대의 흐름에 맞게 조선의 통일에 방해되는 일을 하지 말아야 한다."고 말하였다. 방송은 또 오부치 게이조(小淵惠三) 일본 총리가 지난 1999년 3월 방한, 남한 정부의 대북정책을 지지하고 한·일 안보협력 공조체제 강화를 강조한 데 대해 "우리(북한)의 자주적 평화통일방침을 반대하고 분열을 조장하기 위한 일본의 책동"이라고 강조하였다.[58)]

2005년 7월 28일, 북한의 〈노동신문〉은 일본이야말로 민족 분열의 근원이고 조국 통일의 악랄한 방해자라고 비난했다. 조선중앙통신에 따르면 〈노동신문〉은 이날 "일본의 100년 죄악을 총결산할 것이다(부제: 조선의 통일을 악랄하게 반대한 용납 못할 죄행)."라는 제목의 기고문을 통해 "일본은 남조선일변도 정책으로 북남이 서로 대결하고 불신하게 만들기 위해 악랄하게 책동했다."고 보도하였다. 〈노동신문〉은 1965년 체결된 한일협정의 세 번째 조항에 남한이 한반도의 유일한 합법정부라고 명시한 점을 거론하며 "공화국 정권은 노동자, 농민을 비롯한 근로인민의 이익을 대표하고 인민의 자유와 행복을 위해 모든 것을 다하는 인민의 정권"이라고 반박했다. 〈노동신문〉은 "일본은 공화국 정부가 통일방안을 내놓을 때마다 기를 쓰고 반대하고 나섰다."면서 일본이 북한의 조국통일 3대원칙(1972년)과 고려민주연방공화국 창립방안, 3자회담 방안, 군사당국자 회담, 한반도 비핵·평화지대 창설 제안, 군축제안 등을 헐뜯었다고 덧붙였다. 또 7·7 선언을 비롯한 남한이 주장한 분열주의적

통일노선을 찬양하면서 성사시키려 노력했다고 강조했다.[59)]

2005년 11월 13일, 북한 〈노동신문〉은 일본이 한반도 통일을 방해하면서 영구분열을 추구하고 있다고 비난했다. 조선중앙통신에 따르면 〈노동신문〉은 이날 "조선의 통일을 악랄하게 방해하여온 용납 못할 죄행" 제목의 논설에서 "조국해방 후 일본이 우리 인민에게 저지른 큰 죄악의 하나는 조선의 통일을 한사코 방해해 온 것"이라고 강조하였다.

노동신문은 실례로 7·4 남북공동성명 발표 직후 주한 일본대사가 "조선 통일의 비극이 분열의 비극보다 크기 때문에 일본은 분열을 원한다."고 말한 것과 북한의 남북·미 3자회담 제안을 평화공세로 비판한 나카소네 전 일본 총리의 발언 등을 지적하였다. 이 신문은 "일본은 우리나라가 분열 상태에 있는 것이 남조선에 대한 경제적 예속화와 조선 재침 등 불순한 목적을 추구하는 데 유리하다고 보고 그를 고정화하기 위해 각방으로 책동했다."며 "오늘도 일본반동들은 조선을 영구 분열시키기 위한 책동을 계속 벌이고 있다."고 주장하였다. 신문은 "일본이 편견적인 입장에 서서 남조선 일변도, 반공화국 적대시 정책을 실시하면서 북남 사이의 협력과 관계개선을 음으로 양으로 훼방하고 있는 사실이 그것을 실증해 준다."고 밝혔다.[60)]

일본의 태도 평가

일본은 한국의 통일에 대하여 한반도의 주변국인 미국, 중국, 러시아의 지도자들이 흔히 사용하는 외교적 수사용 지지 발언조차도 쉽게 찾아내기 힘들 정도로 통일에 대하여 말을 삼가고 있다. 이전의 고이즈미 준이치로(小泉純一郎) 총리와 지금의 아베 신조(安倍晋三) 총리 역시 발언을 아끼고 있고, 통일 반대의 발언은 더욱 찾아보기가 힘들다.

그러나 일본 역시 한국의 통일에 대하여 관심이 많다. 일본의 많은 학자들이 조선반도(한국)의 통일에 대하여 논하지만 그들 역시 제3자적 입장이며 당사자들의 문제로 돌리고 있다. 간도를 중국에 넘긴 것과 한반도의 분단에 대하여 단초를 제공한 원인 제공자로서의 일본의 모습은 살펴보기 어렵다.

일본 역시 일본의 국가이익과 충돌하는 한국의 통일은 원하지 않는다. 지금까지 일본이 남북한에 대하여 가진 등거리 정책은 한국의 통일과는 무관한 다분히 전략적인 외교정책일 뿐이었다. 일본 정부는 불가피하게 통일이 될 경우 친일적인 한국 통일정부가 들어서는 것을 바라고 있다. 역시 이 측면에서는 미국처럼 자유민주의와 시장경제체제를 가진 통일국가를 원한다. 혹 있을지도 모르는 공산화통일은 절대 반대하는 것이 당연하다. 그러므로 지금까지 보여온 일본의 통일에 대한 태도는 여전히 조건부 통일이며, 이러한 통일이 되지 않을 바에는 현재의 상태를 지속하는 것을 차선으로 바라는 것으로 여겨진다.

한국이 통일이 되면 지금까지 한국을 방어전선으로 지켜온 안보에 대한 부담을 떠안게 될 가능성과 북한의 핵 위협 등이 완전히 해결되지 않은 시점에서 북한에 대한 위협을 통일 이후에도 가상하는 일본의 속내를 엿볼 수 있다.

이러한 일본에 대해 한국 정부는 일본의 한국 통일 입장과 관련하여 "일본은 한반도 통일보다는 한반도 안정에 관심을 보이고 있으며, 그러한 차원에서 북한과의 관계개선을 추진하고 있다. 일본은 한·미·일 3국 공조하에 한국 정부의 대북정책을 지지하며, 일본인 납치자 문제 및 북한핵 문제 해결을 위해 노력하면서 북한과의 관계정상화를 추진하고 있다. 한국 정부는 긴밀한 한·미·일 3국

공조를 토대로 북한핵 문제 등 현안을 해결하며, 일본과 북한과의 관계 정상화를 지원함으로써 한반도 평화통일에 유리한 환경이 조성되도록 노력해 나간다."는 입장이다.[61]

6장

탈냉전 이후 러시아의 한국 통일에 대한 태도

1. 러시아의 동북아와 한반도 정책

러시아가 동북아시아와 영토적으로 연결되어 있다는 점은 지난 격동의 세기에 누려온 동북아시아에서 러시아의 영향력은 앞으로의 위상을 가늠하게 한다. 즉, 대유라시아의 광활한 토지의 중심에 소련과 러시아가 위치해 있었으며, 또 위치한다는 사실은 역사적으로 중요하며 지금도 마찬가지다. 그것은 지난날 유럽 및 아시아의 다른 문명들과 정규적으로 접촉하는 것을 용이하게 해주었으며, 오늘날 나라는 동양과 서양으로부터 가해지는 기술적 · 문화적 · 경제적 · 정치적 영향력에 다시 노출되어 있다. 한때는 기독교 세계와 이슬람 세계 사이에 끼여 있었고, 지금은 서양과 제3세계 사이에 위치하고 있는 러시아와 소련은 세계사의 중요한 교차로로서 항상 기능해 왔다. 상이한 문화들과의 이와 같은 연계는 러시아와 소련의 발전을 고무하기도 하고 방해하기도 하였다. 피터 대제(Peter the

Great)가 추구하였듯이 "나라는 기본적으로 유럽을 지향해야 하는가, 아니면 동양과 서양의 가장 바람직한 요소들만을 통합하는 독특한 문명을 발전시키기 위해 유럽의 방식을 강력한 아시아적 유산과 결합시켜야 하는가?" 오늘날 러시아가 새로운 질서를 건설하려고 함에 따라, 이 지역의 민족들은 다시 이 문제에 봉착해 있다.[1)]

과거 소련 지도자들은 전통 사회를 혁명화하고 근대화하여 전 세계로 자신들의 영향력을 확대하고자 하였다. 그들은 또한 국내의 비러시아계 소수 민족들을 새로운 질서로 통합하려 하였다. 그러나 소련의 국제적 위상은 흔들렸으며, 연방 자체가 1991년에 산산이 부서져 버렸다. 더구나 시민적 규범을 확립하기로 결심한 교육받은 시민층이 대두하고 잘못 관리된 경제의 비효율성과 침체가 확산되면서, 사회주의 사회 자체가 해체되었다. 마르크스주의 혁명가들의 이상은 미완인 채로 남아 있게 되었다.[2)]

지난 2004년 3월 14일에 실시한 러시아 대선에서 총 투표의 70% 이상을 득표한 블라디미르 푸틴(Vladimir Putin)이 다시 대통령으로 선출되었다. 5년 전인 2000년 3월 비리와 부패로 얼룩진 옐친 대통령의 조기 사임에 의해 공석이 된 대통령을 뽑는 선거에서 강력한 공산당 후보자를 물리치고 대통령으로 선출되었던 그가 다시 한 번 4년 동안 인구 1억 7천만 명을 헤아리는 러시아연방을 이끌게 된 것이다. 1996년 이후 선거로 대통령을 세 번씩이나 평화적으로 선출했다는 사실은 러시아인들이 복수 후보에 대한 선거, 다당제, 의회주의 등, 서구적 정치제도에 대한 경험이 아주 적은 상태에서도 기본적으로 나름대로 훈련된 민주적 역량을 가지고 있음을 잘 보여준 것이라 할 수 있다.

하지만 이와 같은 상대적인 정치적 안정에도 불구하고, 러시아가 엄청난 경제적 · 사회적 문제점들을 갖고 있음은 주지의 사실이다.

무엇보다도 체첸 공화국의 분리 투쟁을 비롯한 러시아 남부 까프까스 지역에서의 인종적·군사적·종교적 분쟁은 앞으로 러시아 정부가 해결해야 할 가장 큰 과제로 여전히 남아 있다. 석유 및 가스 부문에 편중된 경제 구조, 금융 부문의 취약성 또한 극복의 대상이며, 광범한 빈곤으로 인한 출산율 저하와 높은 사망률로 인한 인구 감소 영향도 큰 걱정거리다.[3]

러시아가 무력감, 고립감, 자괴감이 극에 달했던 1999년 후반, 크렘린 지도부는 확고한 친서방노선도, 반서방노선도 아닌 회색 빛 노선이 러시아를 무기력과 국제적 변방국의 질곡으로 빠트렸다는 판단하에, 미국으로 대표되는 서구와 확실한 선을 긋는 외교노선의 방향을 모색하고, 새로운 대외전략 수립을 위해 1999년 8월 푸틴을 국가안보회의 서기에서 수상으로 발탁하였다. 1999년 12월 31일 푸틴의 대통령 권한대행 지명과 2000년 3월 권좌에 등극 후 새로운 러시아를 위한 러시아의 대외정책 변화를 시사하는 일련의 새로운 외교·안보 문건으로 '러시아연방 국가안보개념'(2000. 1. 10), '러시아연방 군사독트린'(2000. 4. 21), '러시아연방 신대외정책개념'(2000. 6. 28) 등을 내놓았고, 여기에 신국가안보개념[4]과 신군사독트린[5], 대외정책의 기조와 외교 전략을 담고 있다.

21세기 강력한 러시아의 부활을 목표로 하는 푸틴은 국내적 과제로서 정치적 안정과 침체된 경제 활성화의 제도적 토대를 마련하기 위한 메커니즘 구축과 국가 안전보장과 러시아 세력의 보존과 국제적 위상을 보장하는 적절한 대외전략의 구상이다. 실리적 강대국 노선을 견지할 것으로 보이는 푸틴의 대외정책 방향은 궁극적으로는 다국적 세계와 유럽과 아시아를 함께 아우르는 세계적 강대국으로서 러시아의 지정학적 위상 확립이다.

이런 측면에서 푸틴의 대외노선은 옐친 집권 2기의 전방위 강대국 노선의 기본 틀을 유지하는 가운데 러시아가 사활을 걸고 있는 유럽지역에서의 취약성을 보완하는 새로운 접근법[6]인 '신전방위 강대국 노선'으로 이는 대유럽 전략차원에서의 경제이익과 안보 이익을 모두 획득하기 위한, 국가 이익을 우선하는 '실용적 전방위 강대국 노선'으로 표현된다. 궁극적으로 러시아는 주요 강대국들과 전략적 연합으로 미국 중심의 단극적 패권질서를 저지하고 다원화된 세계질서를 창출하여, 다극체제의 핵심 축으로 나서려는 지정학적인 위상 강화를 목표로 하고 있다.

러시아의 동북아 정책

러시아는 약해진 위치 때문에 동북아에서 접근의 선택이 따로 없다. 푸틴은 9 · 11 테러 후 약한 러시아에 대해 다른 선택을 선호했다. 국가적 이익 때문에 러시아는 기득권을 포기할 것 같지는 않다.[7]

러시아는 동북아에서 자국의 안보를 의식하고 있다. 지금까지 동북아에서 벌어진 19세기 말의 일본과의 충돌, 북방 4도 등 일본과의 영토 분쟁, 미 · 일 동맹체제 결성, 1969년 중국과 국경 무력 충돌, 1970년대의 미 · 중 · 일 반소 연합체제 형성 등 일련의 사례들에서 러시아의 '안보'는 필수적이다. 또한 러시아는 동북아에서 벌어지는 보이지 않는 패권다툼에서 멀어지는 것을 두려워하며 자국의 영향력 확대를 도모하고 있다. 미국 · 중국 · 일본 어느 나라도 러시아에 녹녹치 않은 상황과 처한 주변 환경이 국제적 지위 유지에 힘이 부치는 러시아에게 결코 유리하지 않은 형국이다.

러시아의 푸틴은 미국의 방어 미사일 배치를 막으려는 그의 전략적 목표를 효과적으로 유지하기 위하여 평양에 새로운 접근을 하였

고, 일본·중국과도 새로운 길을 열었다.[8)]

이처럼 동북아에서 러시아의 목표는 기득권 유지와 영향력 확보라는 점을 활용하면서 정치적 안정과 경제 활성화를 위하는 실리를 취하고자 하고 있다.

〉〉〉대미정책

러시아는 미국과의 군비경쟁과 함께 힘의 평형을 유지해 오고자 노력하였다. 구소련의 해체와 함께 미국과의 군사적 균형도 흐트러졌고, 미국의 독주를 지켜보고 있을 뿐이었다. 이에 대해 러시아는 방관만 할 수 없게 되었다. 미국이 주도적으로 추진하는 미사일방어체제(MD)가 가져 올 공포를 무산시키기 위해 러시아는 사활을 걸고 이를 안보목표로 설정하고 외교력을 집중하고 있다.

근래에 들어 러시아의 안보적 불안감을 고조시키는 것은 미국의 국가미사일방어체제(NMD) 및 전역미사일방어체제(TMD)이다. 러시아는 동북아지역에서 미·일 신동맹체제 등 러시아의 안보를 위협하는 미사일 방어체제에 대해 단호하게 반대하고 견제하는 것을 사활을 건 안보목표로 설정하고 있다.[9)] 러시아는 미국에 대하여 강력한 추진 결정 연기 요청[10)]과 함께, 북한 등을 설득함으로써 미사일 개발 명분을 사전 제거하는 데 주력하며 관련 국가들의 참여를 막는 데 노력하고 있다. 반면, 새로운 핵미사일 개발 등 독자적인 미사일방어 계획 등을 위한 사업도 착수하는 등 미국의 러시아 위협에 대한 안보체계 방어와 구축을 추진하고 있다. 또한 미·일 신동맹체제 등에 대하여 동북아에서의 현실적인 위협으로 보고 있다.

러시아는 초강대국 미국과 긴밀한 우호협력관계를 유지하는 한편, 다국적 국제질서의 구축을 위하여 중국, 인도 등 아시아 국가들과 유럽연합(EU) 국가들과 활발한 정상외교를 펼치고 있다. 동북아에서도 역시 동북아 안보를 위한 다자간 안보협의체 창설을 주창[11]하여 역내에서 미국의 안보 주도권에 제동을 걸어보지만 미국의 부정적 반응과 중국, 북한의 소극적 태도에 활로를 마련치 못하고 있다. 그러나 최근 북한핵 해결을 위한 6자회담 등에서 참여와 아세안 지역안보포럼(ASEAN Regional Forum, ARF) 등에 꾸준한 참여로 영향력 확대를 도모하고 있다.

〉〉〉대일정책

러시아는 역사적으로 일본이 사할린과 시베리아에 대한 영토적 야망을 보여 왔기 때문에 일본이 재무장해 팽창주의로 나갈 것에 대한 두려움을 갖고 있다.[12]

1998년에 러시아는 과거 소모적 대립에서 일본과의 관계를 '전략적 · 지정학적 이익에 합치하는 창조적 동반자관계'로 정립하고 미국의 의도와 배치되는 탄도요격미사일 조약의 유지 및 강화, 2단계 전략핵무기 감축협정의 비준 등에서 일본과 공동보조를 취함에도 불구하고 일본의 쿠릴4도(에토로후, 쿠나시리, 시코탄, 하보마이) 반환 요구는 여전히 러시아 동부 국경선의 안보적 근심의 원천으로 남아 있다. 이는 러시아에 핵심적인 안보이익으로 일본에 영토 반환의사가 없음을 분명히 하고 있다. 러시아의 입장에서 흑해와 발틱 해에 위치한 군사적 요충지와 쿠릴 북방4도의 양도가 가져올 연쇄 파급 효과, 미 · 일 신동맹체제의 강화(1997년) 등에 따라 체감할 정도의 안보 위협으로 러시아는 절대불가의 입장을 견지하고 있다.

그러나 2003년 양국 정상은 3차례 정상회담(고이즈미 총리 방러, APEC 및 G-8 정상회의 계기)을 가졌으며, 2005년 5월 전승기념행사 계기에 고이즈미 총리가 방러[13]하여 정상회담을 가지는 등 나름대로 실질적인 관계 증진을 위해 노력하고 있다.

시베리아 및 극동지역 개발 추진 등에서 당면한 경제협력 등의 문제로 러시아는 일본에 대하여 정경 분리의 정책을 추진하고 있다. 이는 일본이 가지는 막강한 경제력이 위기에 처한 러시아에게 수혈될 수도 있다고 보고, 일본과의 경제적 협력을 도모하는 등 일본 경제의 유인을 바라고 있는 것이다. 양국간 경제 교류도 2003년 43.1억 달러에서 2004년 73.6억 달러로 증가하는 추세이며, 러시아는 일본의 전자제품, 기계류 등을 수입하고, 일본은 러시아의 1차 산품을 수입하고 있다. 그러므로 두 나라 사이에 러시아는 일본이 원하는 쿠릴4도와 러시아가 원하는 경제지원의 공유점을 찾기 위한 모색으로 상호협력을 할 가능성이 상존한다.

〉〉〉대중정책

러·중 양국의 전략적 밀착은 2000년 7월 푸틴·장쩌민의 '북경공동선언'으로 1996년 4월 옐친 대통령 방중시 합의한 양국간 전략적 동반자 관계를 강화하였다. 2001년 러·중 선린우호협력조약 체결 이래 국경선 문제 타결, 군사협력 등을 포함한 다방면으로 전략적인 동반자 협력 관계를 확대시켜 나가고 있다. 2004년 10월 푸틴 대통령의 방중시 양국은 오랜 현안으로 남아 있던 국경선 문제의 완전한 타결을 보았으며, 고위급 안보대화 개시에 합의하는 등 전략적 동반자 관계를 발전시켜 나가기로 하였다. 2005년 5월, 러시아 전승 60주년 기념행사에 후진타오 주석이 참석하였으며 2006년에는 푸틴 대통령의 방중이 계획되어 있고, 2006년과 2007년에 상호 '러시아의 해'와 '중국의 해'를 상대국에서 실시하기로 하는 등 양국 관계는 정치·경제·문화 각 방면에서 발전을 거듭해 나갈 것으로 보인다.

그럼에도 중국에 대한 러시아 지도부 내의 불신은 여전하다. 이는 중국과 방대한 4,280여 km에 달하는 국경선, 중국의 경제력 증가, 인구, 팽창주의 등에 의혹을 가지고 있다. 러시아는 동·서로 방대한 영토를 지니고 있으나 서부유럽에서의 독립국가연합(Commonwealth of Independent States, CIS)[14] 국가들의 독립으로 인한 국경 축소로 인한 영토적 안정과 동북아 방면에서 중국과 국경지역에서의 안정을 항시 안보적 취약성으로 가지며 우려를 나타내고 있다.

소연방의 붕괴는 러시아에 '영토적 통일성 보전'이라는 새로운 유형의 안보문제를 안겨주고 있다. 그것은 외부로부터의 군사적 위협이 아닌 비군사적 요소에 의한 안보위협으로서 러시아연방체제의 존속과 직결된 문제이다. 이 문제와 더불어 극동지역 영토적 통일성 보전을 저해하는 또 하나의 잠재적 위협은 러·중 관계 개선과 국경무역 활성화에 따른 중국인들의 불법 이주 물결이다. 또한 중국인들의 인구압박과 맞물린 러시아 극동지역의 현격한 인구감소 추세도 영토적 통일성 유지를 위협하는 중요한 요인으로 작용하고 있다. 러시아는 북경의 신경을 자극하지 않는 범위 내에서 중국인들에 대한 영주권 제한과 입국사증제도를 강화해 나가고 있다.

러시아는 중국과 교역확대에 역점을 두고 있다. 상대적으로 싼 러시아제 무기의 대중국 수출을 통해 경제발전을 꾀하는바 이는 양 국가 간의 공동의 이해관계가 일치하는 부분이다. 양국은 경제·통상 분야에서 2010년까지 양국간 무역 목표를 600~800억 달러 수준으로 증가시키고, 2020년까지 중국의 대러 투자를 120억 달러까지 증가시킬 계획이다.

러시아는 2005년 8월 산동반도에서 러·중 합동군사훈련을 갖은 바 있으며, 향후 중앙아시아와 인근지역에서의 안정을 확보하고 미국의 일방주의적 패권에 대응하는 안보적 차원에서 군사협력의 중요성을 강조하는 등 미국, 일본 견제를 위한 중국과의 전략적 제휴를 가짐과 동시에 중국의 성장을 함께 견제하는 정책을 취할 것으로 보여진다. 동시에 러시아는 세계전략에서 중국과의 전략적 동반자 관계 구축은 미국의 한 축과 러시아・중국・인도・서구 국가들을 다른 축으로 하는 양 대결 구도를 만드는 데 필수적인 단계라고 보고 있다.

한편, 러시아는 미국 견제를 위해 중국과 함께 반미사일 공동성명 등을 채택하여 전략적 공조를 과시했지만, 여전히 중국의 경제성장에 따른 팽창주의와 군비 현대화에 곱지 않은 시선과 경계심을 나타내고 있다.

러시아의 한반도 정책

러시아는 국내경제 발전에 유리한 대외환경 조성이라는 대외정책 기조하에 한반도 안정을 대한반도 정책의 기본목표로 추구하고 있다. 러시아는 남북한과의 균형외교와 북한핵문제의 평화적 해결을 추구하며, 한・러, 러・북 경제협력 증진을 통한 실질적인 협력의 확대를 추구하고 있다.

제정 러시아와 소련, 그리고 현재의 러시아연방은 모두 예외 없이 한반도를 동북아시아에서 자국의 지역 정치와 전략적 이해가 걸린 핵심 지역으로 여겨 왔다. 러시아 정부는 냉전 이후 한반도에서 러시아의 영향력이 주변으로 밀려 났다는 사실을 깨닫고서 낙담했으며, 다가올 몇 십 년 동안 다시 주요한 행위자의 지위로 복귀하기 위한 방안을 강구하고 있는 듯하다.[15]

2000년 6월, 푸틴 대통령에 의해 승인된 '러시아연방 대외정책 개념'에 의하면 러시아는 한반도를 아시아 지역에서 가장 큰 관심대상으로 삼고, 한반도 문제 해결에 주변국과 동등하게 참여하는 것, 남북한과 균형 관계를 유지하는 것에 외교적 노력을 기울일 것임을 밝히고 있다. 이러한 정책방향에 따라서 러시아는 2000년 2월 과거의 군사동맹 조약을 대체하는 신조약인 '조 · 러 친선선린 및 협조조약'을 북한과 체결하고, 같은 해 7월 푸틴 대통령의 방북시 '조 · 러 공동선언'을 채택하여 대북관계를 정상적인 국가 간 관계로 재정립하였다. 한편 푸틴 대통령은 2001년 2월 서울을 방문하여 김대중 대통령과 정상회담을 갖고 '한 · 러 공동성명'을 통해 '건설적이며 상호보완적인 동반자관계'를 확대 · 발전시키기로 합의하였다. 이와 함께 러시아와 북한은 8월 김정일 국방위원장의 답방을 계기로 '모스크바 선언'을 발표하였다.

앞서 언급된 '조 · 러 친선선린 및 협조조약', '조 · 러 공동선언', '한 · 러 공동성명' 및 북 · 러 간 '모스크바 선언'의 내용을 분석해 볼 때 최근 러시아의 한반도 정책에는 다음과 같은 특징이 나타나고 있다.

첫째, 러시아는 중국 및 북한과 연합전선을 구축하여 미사일방어(MD) 계획 등을 추진하고 있는 부시 미행정부의 세계 및 동북아 정책을 견제하고 있다.

둘째, 러시아는 북한 안보의 후견인 역할, 남북대화에 대한 중개자 역할을 자임하면서 한반도에 대한 영향력과 발언권 강화를 모색하고 있다.

셋째, 러시아는 시베리아 횡단철도(TSR)와 한반도 종단철도(TKR) 연결, 이르쿠츠크 가스관 연결과 같은 남북한과 러시아 간의 3각 경협과 남북한에 대한 군사무기 판매 등을 통한 경제적 실리를 도모하고 있다.

1990년대 중반 이래로 러시아의 대한반도 정책은 다음과 같은 정책기조하에서 추진되어 왔다.

첫째, 한반도에서 평화와 안정의 유지, 한반도 비핵화의 실현 등을 통해 러시아의 극동지역의 평화와 안정을 유지한다.

둘째, 한반도 문제해결에 참여함으로써 한반도에 대한 영향력을 회복한다.

셋째, 남북한과의 관계발전을 통해 아·태 지역으로의 진출을 위한 교두보를 확보한다.

넷째, 남북한과의 경제협력을 통해 극동지역의 경제발전을 도모한다.

다섯째, 한반도 문제를 남북한 당사자 원칙하에 평화적으로 해결한다는 것이다.[16] 그러므로 남북대화를 지지[17]하고 있고 남북한 간의 평화공존을 선호하고 있다.

이러한 정책기조하에 2000년 5월에 출범한 푸틴 행정부는 남북한에 대해 균형외교 노선을 유지하면서 남한과는 '건설적이고 상호보완적인 동반자 관계'를 심화시키면서, 동시에 북한과의 협력관계를 강화해 나가는 정책을 추진하고 있다. 거기다 러시아는 1994년부터 철도연결사업, 에너지 개발, 연해주 지역에서의 농업·임업·어업 개발사업 등 17개 분야에서 러시아의 자원과 기술, 한국의 자본과 기술, 북한의 노동력을 결합하는 3각 경제협력을 제안해 왔다. 특히, 푸틴 대통령은 3각 경협이 러시아의 경제·통상이익의 확대는 물론 대한반도 외교·안보 이익의 확대에도 도움이 될 것으로 판단하여 남북한 지도자와 회합 때마다 3각 경협의 실현을 적극 주장해 왔다.

북·미, 북·일 수교문제에 관해서 러시아는 지지하고 환영하는 입장을 취해 왔다. 특히 북·미 관계 개선을 지지하는 입장을 수차례 표명해 오고 있는데, 이는 북·미 수교가 이루지는 과정에서 북한의 핵, 미사일 등 대량살상무기 문제가 통제되는 방향으로 해결됨으로써 자국이 바라는 한반도에서의 평화와 안정에 기여할 것으로 판단하고 있기 때문이다. 또한 북・미 수교의 결과 미국에 의해 북한의 체제보장이 이루어지고 경제제재가 해제되면 남북간 교류협력이 확대될 것이고, 한반도에서의 평화공존이 더욱 진전될 것으로 예상하고 있기 때문이다.[18)]

한반도 평화체제의 구축문제에 대해서 러시아는 지난 2001년 2월의 한・러 정상회담에서 푸틴 대통령이 밝혔듯이 '남북한 간 평화과정의 남북한 당사자 원칙'을 지지하고 있다. 또한 동년 8월 북・러 정상회담에서 '한반도 문제의 자주적 해결', '외부의 간섭 없는 남북대화'를 강조함으로써 한반도 문제에 대한 미국과 중국의 영향력 행사에 반대하는 입장을 표명해 왔다. 게다가 평화협정이 남북한 간 체결되어야 한다고 주장하며 남북한 간 평화협정이 체결되고 미국과 중국이 보장하는 '2+2 방식'에 의해 평화체제가 구축되는 것에 공식적으로 반대하지는 않으나 러시아, 일본, UN 등도 포함하는 다자간 안보협의체를 통해 한반도 평화보장을 선호하는 입장을 반복적으로 표명하고 있다.[19)]

한반도 군비통제 문제에 관해서도 러시아는 상당한 관심과 이해관계를 갖고 있다. 우선 한반도 비핵화를 정책기조의 하나로 삼고 있기 때문에 북한의 핵 개발에 반대하는 입장을 견지해 왔다. 그러나 그 동안 제네바 '북・미 기본합의'에서 제외되고 한반도에너지개발기구(KEDO)의 회원국도 아니기 때문에 북한핵 문제에 직접 개입하지 않는 태도를 보이고 있었다.

그러나 2002년 10월 이후 북한이 농축우라늄 핵무기 개발계획을 시인함으로써 핵 사태가 재연되자, 러시아 정부는 2003년 1월, 알렉산드로 로슈코프 외무차관을 북핵 특사 자격으로 북한과 중국에 파견해 사태해결을 위한 중재안을 제시하는 등 핵 위기 해소를 위한 중재외교를 전개한 바 있다. 러시아의 이러한 적극적 행보는 향후 한반도 문제에 적극 관여하여 자국의 영향력을 확보하려는 의도를 나타낸 것으로 해석할 수 있다.

북한의 미사일 개발에 대해서는 동북아 안보를 위협하고 군비경쟁을 유발할 것으로 우려하는 입장을 표명해 왔다. 그러나 지난 2000년 7월과 2001년 8월의 북·러 정상회담에서 미사일 프로그램이 평화적 성격이라는 북한의 입장에 동조한 바 있다. 이는 북한 등 소위 '불량국가'들의 미사일 개발을 구실로 미사일방어(MD)체제를 구축하려는 부시 미행정부의 안보정책에 반대하고, 이를 견제하기 위한 의도였다고 해석할 수 있다.

마지막으로 남북경제공동체 건설 문제와 관련한 러시아의 공식 입장은 확인되지 않고 있다. 그러나 그동안 러시아는 자국과 남북한 간 3각 경협을 적극 추진한다는 입장을 견지해 왔다. 특히 푸틴 행정부는 우선적으로 추진하는 3각 경협 사업으로서 시베리아횡단철도(TSR)의 연결을 추진, 남북한을 연계한 시베리아 극동지역 개발은 물론 이 지역을 중심으로 한 다국 간의 경제협력을 모색해 국익을 도모한다는 방침을 강조하면서 이를 위한 실질적 노력을 기울이고 있다. 대한반도 정책의 일관된 기조가 한반도에서의 평화와 안정의 유지이고 3각 경협을 추진하려고 적극 노력해온 점을 고려할 때에 러시아는 남북경제공동체의 건설을 통해 남북연합을 형성하는 데 적극적인 지지입장을 취할 것으로 예상된다.

〉〉〉대한국정책

러시아는 냉전시기에 북한의 든든한 후견인으로서 한반도에서 전쟁을 일으켰던 전과가 있지만, 냉전 이후 급변화된 국제질서하에서 한국과 1990년 9월 수교를 맺은 이후 한반도의 평화와 안정이 자국의 안보와 경제발전에 필요하다는 인식하에 남북한에 대한 균형외교를 추구하고 있다.

1990년 한·러 수교 이후 러시아는 한국으로부터 대규모 투자와 경제지원을 기대하고 한국 중심 정책을 추진하였다. 그러나 러시아는 1994년 7월 김일성 사망을 계기로 한반도 정책을 재평가하고 한국 중심 정책으로부터 남북한관계에서 균형적 입장을 취하는 정책으로 전환하였고, 푸틴(Vladimir Putin) 대통령도 이러한 정책기조를 유지하고 있다.

위와 같은 러시아의 정책전환에는 한국의 대러 투자와 경제지원 중단, 북한핵 문제 해결과정에서의 소외로 인한 한반도에 대한 영향력 축소, 1994년 10월 제네바 기본합의서 채택 이후 미국과 일본의 대북 영향력 증대 가능성 등이 중요한 원인으로 작용하였던 것으로 분석된다. 1999년 12월 말 옐친이 조기 사임할 때까지 한·러 및 북·러 관계는 원만하지 못하였다. 1996년 4월 4자회담에서 러시아가 제외되었고, 한·러 간에는 1998년 여름 외교관 맞 추방 사건이 발생하였다. 또한 1997년 말 한국의 금융위기와 1998년 8월 러시아의 모라토리엄 선언 등으로 한·러 경협도 부진하였다. 북·러 관계에서는 1961년 양국간 체결되었던 군사동맹조약이 1996년 9월 폐기되었으며, 북대서양조약기구(NATO)의 동구 확대와 코소보 사태로 인한 러시아의 유럽중심 정책, 북한의 미국 중심 외교정책 등으로 양자 관계는 정체된 상태에 있었다.

그러나 러시아의 남북한관계는 푸틴 대통령이 집권하면서 재조정되었다. '강한 러시아' 건설을 주창하고 있는 푸틴 대통령은 러시아의 강대국 지위 유지와 경제난 해결을 위해 전방위 외교를 수행하면서, 경제실익을 중시하는 실용주의적이고 현실주의적인 정책을

추진하고 있다.[20]

한·러 양국간에는 수교 이래 정상회담 10회 개최, 교역액 60억 달러 돌파(2004년 기준) 등 제반 분야에서 협력 관계를 활발히 발전시켜 오고 있으며, 최근 북한에 있어서도 한반도 비핵화·NPT체제 유지·대화를 통한 평화적 해결 등 원칙에 있어 인식을 같이하여 협력하고 있다.

러시아는 남한에 주둔한 미군에 대한 경계와 함께 통일된 한반도가 미국의 영향력 하에 놓이게 되는 상황을 가정하는 것을 막기 위해 고심하고 있으며 6자회담 등에서 적극적으로 남북한 중재자로서의 모습을 각인시키려 하고 있다.

이에 대해 한국 정부는 러시아와의 건설적이고 상호보완적인 동반자관계를 지속 발전시켜 러시아의 한반도 문제해결에 있어서의 건설적인 역할을 지속 확보해 나가려 하고 있다.

〉〉〉대북한정책

러시아는 2000년 5월 푸틴 대통령 집권을 전후한 시점부터 러시아의 적극적인 대외정책 전개에 따라 한·러 수교 이후 소원해진 북한과의 관계 회복을 추진하였다. 러시아는 북한과의 대화·교류를 통해 남·북 관계 개선 등을 권유하면서 북한을 정상적인 국제사회의 일원으로 점차 변화시켜 나간다는 입장이다.

러시아의 '강성국가(strong state)'와 '강성대국 건설'이라는 동질성을 가진 북한과 2000년 2월 '조·러 친선선린 및 협조조약'으로 관계 복원 이후 두 나라는 계속적으로 정상교류를 시행하고 있다. 또한 고위급 인사들의 상호방문을 예전에 비해 활발히 추진하고 있으며, 특히 북한은 인접한 러시아 극동지방과의 실질협력에 관심을 가지고 있다. 그럼에도 불구하고 군사적으로 러시아는 한반도의 전략적 안정을 저해하는 군수물자의 대북판매를 지양하고, 북한과의 교역에 있어 현금판매원칙을 견지하고 있어 러·북 간 교류 협력이 순탄하지 않은 상황이다.

이에 대해 한국정부는 시장경제와 자유민주주의 체제를 발전시켜 나가고 있고, 대북 영향력을 갖고 있는 러시아가 북한과의 교류를 증진하는 것이 궁극적으로 북한의 개혁·개방을 유도하는 데 긍정적인 역할을 할 것으로 보고 있다.[21]

2000년 7월 20일, 소련과 러시아의 최고지도자로는 사상 처음 북한을 방문한 블라디미르 푸틴 러시아 대통령은 "한반도 평화는 무엇보다 남북한 민족 스스로가 다루어야 할 문제이며, 지난 2000년 6월 역사적인 남북한 첫 번째 정상회담은 매우 중요한 것이었다."고 평가한 바 있다.[22] 이는 러시아가 더 이상 한반도 문제 등에 국외자로 남는 것을 원치 않는다는 적극적인 표현이다.

러시아는 한반도 비핵화와 핵확산금지조약(NPT) 체제유지 및 대화를 통한 평화적 해결 원칙을 견지하고, 한국을 비롯한 관련국들과 긴밀히 협의를 갖으려 한다. 러시아는 6자회담이 대화를 통한 문제 해결의 가능성을 보여준 중요한 계기가 되었다고 보고, 대화 모멘텀 유지를 위해 관련국들이 상황 악화를 방지하고 후속회담이 조속히 개최되도록 노력하는 것이 긴요하다는 입장이다.

북한은 다자회담에서 북한에 우호적인 국가가 많을수록 자신들에게 유리하다고 판단했을 가능성이 있다. 2001년 8월과 2002년 8월(극동지역) 김정일 위원장의 방러 이후 복원되어 가는 러·북 관계를 감안하여 러시아가 북한을 지지해 줄 것이라고 판단했을 것으로 추측된다. 러시아의 참여로 6자회담은 한반도 문제 관련국들이 모두 참여하는 역사상 첫 계기가 되었으며, 중·러의 참여는 북한으로 하여금 회담 탈퇴 같은 극단적인 조치를 자제하도록 하는 동시에

회담에서 참여국간 대립을 완화하는 긍정적 효과가 있었던 것으로 평가되고 있다. 아울러 러·북 관계는 양국의 경제사정 등을 감안 시, 실질적인 협력 증진에는 한계가 있을 것이며, 정치·안보 부문에서의 협력관계는 지속될 것으로 예상된다.

최근 러·북 관계는 과거 냉전시대의 소련·북한관계와 같은 이념적·군사적 동맹과는 달리 통상적인 국가 간의 관계로 재정립되어가고 있는 추세를 보이고 있다.

2. 러시아의 한국 통일에 대한 태도

러시아는 언제나 한반도의 점진적 통일을 염두에 두었다. 이는 외국군의 단계적 철수를 동반한 연방제로부터 시작되는 것이었다. 이와 함께 러시아가 남북한 간의 협력을 증진시킬 목적으로 2001년부터 경제 외교를 본격화한 것도 중요한 점이다. 러시아철도회사는 시베리아횡단철도를 북한까지 연장하기를 바란다. 또 남한까지 이 철도를 연장할 수 있는데, 그러면 아시아와 유럽 사이의 컨테이너 무역을 크게 확대시킬 수 있다. 막대한 재원을 확보하고 있는 국영 러시아철도회사는 이 사업이 이윤을 낼 것이라는 확신 아래 북한의 철도 시스템 개선에 투자하겠다고 제안하였다. 러시아는 2001년 남북한과 실무적인 문제에 대한 협상을 벌였으며, 천연가스를 서부 시베리아와 사할린에서 남북한으로 운반하는 사업을 현실화하기 위한 노력도 배가하였다.[23)]

'조·러 공동선언'에서 조국통일 문제와 관련해 "외부의 간섭을 허용하지 말아야 한다는 데 대해 견해의 일치를 보았으며 모든 유관국들이 이를 지지하는 것이 중요하다고 간주한다."고 못 박은 대목

은 북한의 주장이 전폭 수용된 것으로 보인다.[24)]

러시아의 한국 통일 지지

전 소련 대통령 미하일 고르바초프는 한반도 통일에 대하여 2001년 11월 방한하여 갖은 고려대 인촌강좌에서 “러시아 정책에서 중요한 요소는 마지막 남은 냉전의 잔재 해소, 즉 한반도 분단을 종식하고 한민족 통일을 위한 노력을 지지하는 것이다. 이러한 입장은 한민족의 열망과 2차 대전 이후 남북 북단, 그리고 한국전 이후 분단 상황의 고착화에 대한 우리의 책임에서 기인한 것이다.”라며 통일 지지 입장을 표명하였다.[25)] 이어 푸틴 정부는 한반도 문제에 기존의 정책, 남북대화를 통한 평화통일의 지지정책에 입각하여 김대중 정부의 대북포용정책 및 남북정상회담을 적극 지지하였다.

2005년 11월 17일, 블라디미르 푸틴 러시아 대통령이 ‘2005 아시아 · 태평양경제협력체(APEC) 정상회의’ 참석에 앞서 한국 국민에게 “러시아는 남북대화를 지지하고 남북대화의 활성화가 한민족 통일에 기여하게 되기를 기대한다.”는 내용이 포함된 메시지를 발표했다고 한국 외교부 당국자가 전했다.

푸틴 대통령은 이 메시지를 통해 “경이로운 성공을 거두며 진보와 창조의 길로 정진하고 있는 여러분들의 훌륭한 나라를 다시 한 번 방문할 수 있게 돼 기쁘게 생각한다.”며 “이 방문이 한 · 러 수교 15주년에 즈음해 성사된 것은 의미 있는 일이다.”고 밝혔다. 이어 “15년이라는 짧은 기간 동안 한 · 러 양국은 건설적인 협력관계를 확립하고, 정치 · 통상 · 인도적 분야 등에서 관계의 폭을 확대했고 경제 · 학술 · 문화계 간 직접적인 교류도 크게 강화했다.”며 “나는 한반도의 안정과 평화의 확립을 위해, 이와 함께 동북아와 아 · 태지역에서의 다자협력체제 발전을 위해서는 한・러 양국간의 건설적인 협력이 매우 중요하다고 생각한다."고 설명하였다. 그는 "러시아는 남북대화를 지지하고 남북대화의 활성화가 한민족 통일에 기여하게 되길 기대한다."며 "러시아는 한・러 간에 이룩된 동반자 관계 수준을 높게 평가, 앞으로도 한국 측과의 적극적인 협력을 지속해 나갈 것이다."고 전하였다.[26)]

이러한 통일문제에 대한 당사자주의에 대한 지지는 러・북, 한・러정상회담 후 채택한 공동선언에 그대로 반영되었다. 하지만 러시아는 평화체제 구축문제는 한반도와 국경을 맞대고 있는 자국의 지정학적・전략적 측면 때문에 러시아가 참여해야 한다는 개입주의와 한반도를 포함한 동북아지역의 안정과 평화를 논의할 다자안보협력체의 구성을 계속 주장하고 있다.

한편 러시아는 김정일 정권의 급격한 붕괴보다는 개혁과 개방을 통한 점진적인 변화와 평화적인 남북한 통일 달성을 선호하면서 한국의 대북 포용정책 및 미・일의 대북 수교를 계속 지지할 것으로 나타나고 있다. 러시아가 대북 포용정책 및 남북정상회담을 적극 지지하여 온 이유는 남북한 긴장완화와 관계개선을 도모하여 러시아의 정책목표인 한반도에서의 평화와 안정을 유지하는 데 기여한다고 판단하기 때문이다. 즉 러시아는 통일한국이 동북아지역의 정치적・경제적 강국으로 부상하더라도 자국에 우호적인 국가가 되는 경우에는 극동 지역에서의 러시아의 이해를 위협하지 않을 것이라는 판단하에 한반도 통일에 긍정적인 입장을 취하고 있는 것으로 보인다.[27)] 다른 시각에서 러시아의 전문가 블라디미르 리는 "러시아는 한반도가 중립적 상태로 통일되길 희망한다."고 하였다.[28)]

러시아는 한반도에 군대를 주둔시킬 생각이 없다. 그리고 미래에 미국, 중국, 특히 일본군의 한반도 주둔을 방지할 다자간 중립화

합의를 전제로 미군이 철수하기를 원한다. 한반도 통일에 대한 중국과 일본의 모호한 태도와 달리 러시아는 한반도 통일이 자국의 이익에 도움이 될 것으로 확신하고 있다. 러시아 학자 겐나디 추프린(Gennady Chufrin)은 "역사적 경험을 고려하면 통일된 한반도는 우리와 가까울 것이고 이는 일본에 대한 우리의 협상력을 높여 줄 것이다."라고 말했다.[29)]

한편, 러시아 동방학연구소 연구원 유리 바닌은 "남북한은 주변국들, 특히 미국의 반응에 신경 쓰지 말고 나름의 화해와 협력을 위한 노력을 지속해 나가야 한다. 정치·경제·사회·문화 등 여러 분야 교류가 활성화되어 분단의 아픔이 하루 빨리 치유되어야 할 것이다. 주변국들도 남북한의 통일 노력을 방해하지 말아야 한다. 일부 국가는 현재도 북핵 문제를 빌미로 한반도 통일 논의에 훼방을 놓고 있다. 남북한이 주변의 눈치를 보지 말고 오로지 통일을 향해 전진하길 바란다."라며 남과 북이 한국의 통일에 대하여 노력할 것을 제기하였다. 또한 동방학연구소 선임연구원 알렉산드르 보론초프는 "무엇보다 중요한 것은 남북한 국민들이 서로를 원수로 적대시했던 것에서 벗어나 이제는 통일의 필요성을 인식하고 있다는 점이다. 이 같은 변화는 적지만 통일을 앞당길 수 있는 요인이다. 앞으로 남북 교류와 협력이 더욱 확대되고 문제가 발생하면 슬기롭게 극복해야 한다."[30)]며 통일의 필요성과 협력을 제기하기도 하였다.

러시아의 한국 현상유지 선호

냉전 기간 동안, 모스크바의 러시아의 주요 관심사는 극동에서의 안정과 안보였다. 따라서 한국과 북한의 전략적 균형을 붕괴시키는 통일에 대하여 현상유지를 선호해 왔다.

러시아 연합은 소련이 가졌던 분단된 한국에 더 이상 같은 이해관계를 유지하지 않았다. 소련제국의 붕괴 후, 러시아 입법자들은 북한 정권도 역사의 쓰레기통 속으로 사라진 소련과 동유럽국가와 같은 운명에 직면할 것이라고 예상하였다. 그들은 남북한의 통일을 한국의 주도하에 가까운 미래에 일어날 것이라고 예견하였다.

러시아인들은 남북한의 통일은 그들 스스로에 의해 평화롭게 이루어져야만 한다고 주장한다. 러시아는 강압적인 수단에 의해 남북한의 통일이 달성되는 것을 원하지 않았다. 왜냐하면 또 다른 한국전쟁은 극동을 개발시키고 국내 개혁을 실행하고자 했던 그들의 노력에 피할 수 없는 붕괴를 가져올 것이기 때문이다. 거기다가 한국 핵 원자로의 파괴와 또 다른 한국전쟁의 과정에서 한국 망명자들의 러시아로의 유입으로 인하여 러시아 극동의 안보에 직접적인 영향을 줄 것이기 때문이다. 그리고 그들은 한국에 대한 중국이나 일본의 영향을 최소화하기 위해 노력할 것이다.

반면, 러시아는 남북한의 통일에 반대하는 이유를 가지고 있다. 통일이 되면 독단적인 한국은 일본의 신속한 재무장을 촉구할 것이다. 서울과 도쿄의 전통적인 원한과 가끔 일어나는 마찰로 보아 통일한국의 출현은 일본에 경각심을 불러일으킬 것이고, 일본 국방력에 핵무기를 포함한 신속한 증강을 가져올 것이다. 이 가능성은 러시아 정책 입안자들에게 악몽이다. 왜냐하면 무장한 일본군의 외부 공격에 취약한 러시아의 극동의 안보에 직접적인 위협을 취할 것이기 때문이다. 반면에 러시아에 우호적인 통일한국은 아마도 일본의 재무장에 대항하여 러시아를 대등하게 도와 줄 것이다. 러시아는 한반도와 통일한국에 대해 명백하고 불변하는 계획을 갖고 있지 않다. 러시아의 한국에 대한 정책은 여전히 가변적인 상태이다.[31]

러시아는 공식적으로 평화적인 한반도 통일을 지지하면서 남북한 당사자원칙에 의한 한반도 문제의 해결을 희망하고 있다. 그러나 현재 러시아는 북한이 경제난에 처해 있으나 정치적으로는 안정되어 있어 단기적으로 동구에서와 같은 급격한 정치적 변혁을 겪지 않을 것이고, 한반도 통일과정에서 야기될 수 있는 급작스런 동북아 세력균형의 변화가 자국의 개혁정책에 부정적인 영향을 미칠 수 있다고 판단하고 있다. 따라서 러시아는 이러한 점들을 고려하여 현재는 한반도 통일보다는 한반도 안정을 위한 남북한 분단의 현상유지정책을 추진하고 있다. 러시아는 한반도 통일이 먼 장래의 일이라는 입장을 취하고 있다.[32]

러시아도 중국과 마찬가지로 적화 통일을 위해서는 막대한 위험부담을 무릅써야 하기 때문에 그만큼의 대가를 치를 필요성을 지금 느끼고 있지 않다고 본다. 따라서 러시아로서도 적화 통일을 추진할 필요가 없고 평화적 방법에 의한 통일에 있어서도 서두르지 않게 된다. 러시아는 중립 한국이 등장할 경우 그것을 친러화 할 수 있어야 한다. 따라서 중립 통일에 적극성을 나타낼 것으로 평가할 수도 있다.

러시아의 한국에 대한 정책에 관해서 몇 가지 일반론이 있다.

첫째, 러시아의 한국에 대한 정책은 러시아-미국과의 관계와 구조의 역동성과 동아시아 구도에 나타나는 현상에 의존해 크게 영향을 제한 받게 될 것이다.

둘째, 러시아의 기본적인 이익은 러시아에 친근한(적대적이지 않은) 통일한국에 달려 있다. 러시아는 만약 한반도 통일정부가 러시아에 친근하지 않을 것이라 생각되면 한국 통일을 간섭하거나 방해할 것이다. 러시아는 영구적인 평화에 취약성이 있는 극동에서 러시아에 대해 공격의 도약판이 되는 통일한국을 원하지 않는다. 통일한국이 극동에서 러시아에 군사적 위협을 가하지 않겠다는 보증이 없는 한, 러시아는 한반도 통일에 협조하지 않을 것이다.

셋째, 통일될 한국에 대한 러시아의 안보정책은 극동에서 위협적이지 않더라도 주의가 예견되기 때문에 방어적이다. 미군이 통일한국의 땅에서 블라디보스톡의 문전에 위치하는 것은 확실히 소련의 안보에 위협으로 여길 것이다. 러시아는 통일될 한국정부가 중립적인 외교와 안보정책을 채택하기를 바랄 것이다.[33]

러시아의 태도 평가

러시아는 극동에서 급격한 변화를 원하지 않으므로 한국이 통일되는 것을 찬성하지 않지만 외교적 수사로 통일을 지지한다고 하고 있다. 러시아가 한국의 통일을 지지한다고 발언을 시작한 것은 한·소 수교 이후이지만 전 대통령 고르바초프에 이어 최근의 푸틴의 통일지지 발언은 예사롭지 않은 일이다. 물론 러시아도 일본처럼 당사자주의를 내세우고 있다. 당사자주의는 책임질 것도 없고, 또 책임질 이유도 없다는 방관자적인 자세일 뿐이다.

러시아 역시 미국, 중국, 일본과 마찬가지로 자국의 국가이익에 반하는 통일을 원하지 않는다. 북한이 붕괴되거나 흡수되는 상황을 원하지 않으며, 미국 주도하의 통일도 원하지 않는다. 2000년에 북한과의 관계에서 소원하던 러시아가 북한과 '친선·선린 및 협조조약' 관계를 복원한 것에서도 알 수 있듯이 북한의 급격한 변화를 원하지 않는다.

러시아는 또 통일될 한국이 자국의 영향력에서 멀어지는 통일은 철저히 반대이다. 지금의 상황은 북한이 친러 성향을 분명하게 보이고 있다. 한국도 러시아와의 교역과 경제개발 등에서 호조를 보이고 있어 러시아에게는 불편함이 없으므로 경제적 어려움을 극복하고 강대국으로 복귀하기까지는 기득권을 놓지 않으려 하고, 한반도에서의 영향력 감소도 우려하는 상황이다.

한국이 통일되어 미국 군대가 극동에서 국경을 맞대고 주둔하게 되는 최악의 가정을 반기지 않을 것은 당연하다. 열악한 현재의 국가 재정 상황 속에서 한국 통일에 따른 일본의 군비증강과 이에 대응하는 중국의 군비증강 등을 두려워하며, 통일된 한국이 미국, 일본과 함께 공조를 벌이는 것을 달가워하지 않는다. 이에 대해 한국 정부는 러시아의 한국 통일 입장과 관련하여 "러시아는 남북한 균형정책을 표방하면서 한반도와 동북아지역에서의 영향력 확보를 위해 노력하고 있다. 북한핵 문제 해결과 북한의 안전 보장을 위해 미국, 중국, 일본과 6자회담 참가 등 외교적 노력을 경주하고 있으며, 시베리아횡단철도(TSR)-한반도종단철도(TKR) 연결 사업 등 남북·러 경제협력 실현을 적극 모색하고 있다. 정부는 러시아가 참여하는 6자회담 등을 통해 북한핵 문제 등 현안을 해결하며, TSR-TKR 연결 사업들을 추진함으로써 러시아가 한반도 평화통일에 기여할 수 있도록 유도해 나간다."는 입장이다.[34)]

7장 주변 4국의 이중성 문제가 한국 통일에 미치는 영향

1. 한국 통일과 이중성 문제와의 함수관계

한국 통일과 이중성 문제와의 관계

한국의 통일은 앞에서 논의한 바와 같이 주변 4국이 가지는 이중성에 대하여 함수관계를 가진다. 이 함수관계는 한국의 통일 가능성과 통일에 영향을 미치는 이중성 간의 관계이다. 그러므로 주변 4국이 보이는 이중성에 대한 분석과 대응이 절대 필요하다. 왜냐하면 한국의 통일 문제는 한국의 분단 과정과 지금까지 불안하게 지속되어 온 정전상태의 유지 과정에서 보여 온 주변 4국의 높은 영향력에 대한 장벽을 반드시 넘어야만 하기 때문이다.

한반도 주변 4국이 한국의 통일을 외면한 채 개별 국가들의 이익을 위하여 취하는 이중성을 가지면 가질수록 통일은 멀어질 것이 분명하며, 이중성을 버리고 한국의 통일을 이해하고 염려하며 걱정하는 입장을 가질수록 통일이 다가올 것은 분명하다.

한반도 주변 4국은 국가별로 처한 동북아의 상황하에서 국가이익을 위하여 상이한 현상유지 선호 사유들을 가지고 있음은 한국 통일을 대비하는 데 여러 경우의 수가 있을 수 있다. 이것은 주변 4국은 물론 남북 당사자 등을 포함하는 6개국 모두의 문제이므로 간단하게 진단하거나 대처하기 어려운 난제임도 통일과정에서 풀어야 할 과제이다.

그러나 한반도 주변 4국이 한국 통일에 대하여 이중성을 보이고 있다는 단면만으로 통일의 달성에 대한 속도를 논할 수만은 없게 되어 있는 동북아 환경이 가로놓여 있음을 간과할 수 없다. 한반도와 주변 국가들이 가지는 각 국가별 상황과 국가 이익에 결부된 이해관계의 조합은 총체적인 대외 정책의 행위를 결정할 것이기 때문이다.

한반도 주변 4국이 한국 통일에 대하여 가지는 이중성은 국가가 처하고 있는 상황하에서 가장 국익에 유익한 정책의 선택에서 나온 결과일 것이다. 특히 주변 4국이 취하는 역내에서의 현상 유지 정책은 지금까지 동북아와 한반도를 상당 기간 동안 지배하여 왔듯이 당분간 더 지속될 것으로 여겨지므로 각 국가의 이익에 부합되는 방향으로 한국의 외교노력이 요구된다.

한국 통일과 영향요인과의 함수관계

한국 통일은 앞에서 살펴보았듯이 남북한 통일 당사국은 물론 주변국 특히 4국과의 관계에서 불가분의 함수관계를 가진다. 즉 통일에 적극성을 가져야 할 남북한에게서 보이는 영향요인들과 한반도 주변 4국 각국이 가지고 있는 국가 이익과 관련된 한국 통일에 대한 영향요인들과의 관계는 영향요인을 독립변수로 통일 가능성을 종속변수로 설정할 수 있다. 다시 말해 정의역인 영향요인들의 변수에 따라 통일 가능성은 치역의 형태를 가지게 되는 것이다.

이 함수관계에서는 통일에 긍정적인 요인들은 통일을 촉진시킬 수 있지만, 부정적인 요인들은 통일의 장애물이 될 수 있다. 긍정적인 영향 요인들은 긴장 해소, 군비 축소, 동북아 평화체제 유지 및 주변 4국의 통일에 대한 이해와 관심, 적극성, 통일회담 추진 등이다. 또 부정적 영향 요인으로는 군비경쟁, 긴장 지속, 북핵무기 개발 등이다. 이 영향 요인들은 통일과의 관계에서 미치는 순기능과 역기능의 영향력을 가지고 있다.

한반도 통일과 영향 요인들을 함수관계식으로 표시하면 다음과 같다.

$$U = k \cdot F(E)$$

(U: 한반도 통일 가능성, k: 비례 상수, F: 함수관계, E: 영향 요인)

즉, 통일에 영향을 미치는 정도를 의미하는 $U = k \cdot F(E)$ 함수는 긍정적인 영향 요인에 따라서 통일이 앞당겨지는 정비례를 갖기도 하고, 이와 반대 경우로 부정적인 영향요인들을 가질 경우에는 반비례를 갖는다.

통일에 영향을 미치는 요인들은 예측이 어려울 정도로 다양하며 또 통일에 미치는 강도가 각기 다르게 나타날 수 있다. 긍정적인 요인들이 쌓아지면 통일 가능성 함수는 완만하게 또는 가파르게 증가하는 증가함수의 형태를 나타낼 것이며, 반대로 부정적인 요인들의 경우는 감소함수의 형태를 보일 것이다. 이 관계식에서 k(비례상수)는 영향력의 강도에 따라 가파르게 상승하기도 하고 하락을 하기도 하는 등 영향요인에 따라 상응하는 비례율을 나타낸다.

이러한 관계를 적용하는 데 있어서 급변하는 국제정치 상황하에서 돌발변수는 항시 존재한다. 따라서 급작스럽게 주변 여건과 환경 또는 통일 관련 이슈 발생 시점의 분위기에 따라 가변적이겠지만, 통일과 관련하여 영향을 미치는 요인과 변수들에 대비를 잘 준비하고 항시 점검하여야 한다.

한국 통일과 남북한 영향요인과의 관계

남북한은 그동안 분단 이후 전쟁을 치렀고, 군비경쟁으로 50여 년의 극심한 대립의 허송세월을 보냈다. 남북은 첨단무기들로 휴전선을 화약고로 만들었고 긴장감은 여전히 지속되고 있다. 한국이 햇볕정책 지속으로 큰 수혜자가 된 북한은 한쪽에서는 대북지원의 쌀을 수령하고, 다른 한쪽에서는 한국에 대해 반북대결전략, 대북와해전략이라는 표현을 거침없이 내놓고 있는 등 이중성을 보이고 있다. 또한 지금은 다소 소강상태이지만 남북한 간의 충돌도 육지와 해상에서 간헐적으로 일어나는 등 불안정한 상태가 지속되고 있다.

남북이 어떻게 통일정책을 가지는가에 따라 한국 통일은 준비될 수 있으며, 가능성은 열릴 수 있다. 통일 이전에 평화가 먼저임은 필수이다. 남북이 상호 체제를 인정하고 안보 위협이 해소될 때 비로소 군비경쟁은 그칠 수 있을 것이며, 군비 축소에 다른 여유는 남북한 간의 경제적 · 사회적 격차의 간극을 해소하는 데 주요 재원이 될 수 있다.

남북한이 서로 체제 유지를 위해 통일정책을 내세운다면 통일의 길은 멀 수밖에 없다. 분단으로 헤어진 이산가족의 상봉, 상호 체제의 인정, 안보 위협의 제거, 평화 보장, 실질적인 남북경협, 경제지원, 한반도 평화조성, 남북한의 경제 격차 해소, 통일에 대한 국민적 합의, 통일방안 논의와 통일방법 등에 대한 남북통일회담 등은 긍정 요인으로, 북핵무기 개발, 군비경쟁, 긴장 지속, 상호 비방 등은 부정 요인으로써 작용한다.

이를 연관 지어 남북한과의 영향 요인을 살펴보면 다음 그림 7-1과 같다. 즉 도표에서 살펴볼 수 있듯이 냉전시기에는 군비경쟁과 긴장지속에 따라 통일 가능성은 계속 하향하는 감소 형태를 보여왔다. 냉전 해체 이후에는 남북이 서로 체제 전복을 기도하지 않으며, 상호체제에 대해 적대감과 공격 의사를 접고 이산가족의 문제 해결과 더불어 긴장완화의 조치들은 남북경협을 통해 한반도에 평

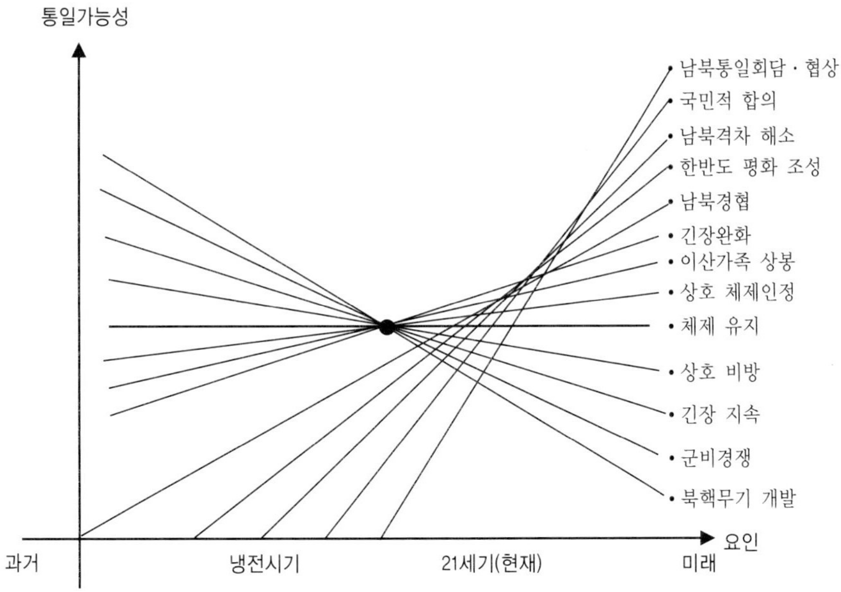

그림 7-1. **한국 통일과 남북한 영향요인의 관계**

화를 조성할 수 있으며, 완만하던 통일의 가능성은 보다 높은 기울기(비례상수)를 보일 것이다. 그래프에서 나타내는 어느 특정한 시점에서의 남북한 간의 변화와 통일 가능성의 변환에 대하여는 2000년 남북정상회담을 의미한다.

한국의 통일과 통일에 미칠 남북한의 영향요인들은 이외에도 남북한의 통일 노력 여하에 따라 변수가 발생할 수 있으므로, 규칙적인 증가, 감소의 성향을 보이는 함수의 형태일 수도 있는가 하면, 불규칙적인 함수에서 나타나는 이상 곡선을 나타낼 수도 있다.

이 그래프를 통해 보듯 한국 통일을 위해 남북한 민족들이 추구하고 노력해야 할 과제들은 어떤 것이며, 우선순위를 어떻게 가져야 하는가에 대한 공통분모를 공유할 때 한국 통일의 여건은 상승할 것이다. 이는 또한 주변 4국에게도 긍정적인 방향으로 영향력을 미칠 것이다.

한국 통일과 주변 4국의 영향요인과의 관계

한반도 주변 4국과 한국 통일의 관계는 불가분의 밀접한 관계를 가진다.

한국 통일을 앞당기는 긍정적 요인으로는 군비축소, 한반도 평화여건 성숙과 평화 지속, 동북아 평화체제 유지 그리고 4국의 관심, 통일 책임 인식, 이해와 협조, 지지에 이은 2+4 통일회담 등이며, 부정적 요인은 현상유지 지속, 4국 개입 확대, 긴장 지속, 군비 경쟁, 북핵무기 개발 등이다. 주변 4국들의 한국 통일에 대한 무관심과 현상유지 지속은 통일의 장애물일 뿐이다.

특히 한국의 통일 이후 중국과 러시아가 우려하는 통일한국에 주둔할 것으로 예상되는 미군 주둔의 문제는 향후에 일어날 수 있는 문제이므로 미리 통일에 직접 영향을 미칠 것으로 통일에 반대하는 것은 억측이다. 다만 현재 한반도에 주둔하는 주한 미군은 그동안 한국의 안보에 필요한 억지력을 가져왔다. 지금은 평화를 조성해야 하는 단계이고 통일 분위기는 그 이후에 나올 수 있으므로 한반도 평화에 도움이 되며 이에 대하여는 순기능을 하고 있는 것으로 여겨진다. 그러므로 주한미군의 철수 · 감축 · 이전 등의 문제는 향후 통일논의 과정과 단계에서 자연스럽게 이슈로 부상할 것이며, 한국의 통일과 관련하여 깊은 관계를 가지고 있다.

한국 통일을 둘러싸고 주변 4국이 가지는 영향요인들에 대한 함수관계를 살펴보면 그림 7-2와 같다.

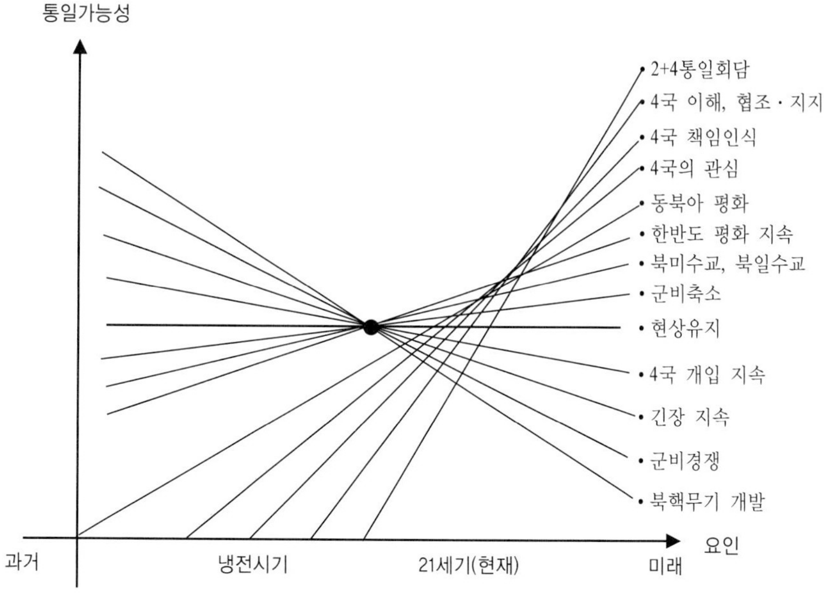

그림 7-2. **한국 통일과 주변 4국 영향요인의 관계**

그래프에서 볼 수 있듯 한국 통일에 대하여 주변 4국이 미치는 영향요인들에 따라 통일의 가능성은 그 기울기(비례상수)를 완만하게 또는 가파르게 가질 수 있을 것이며, 통일의 분위기가 형성되어 주변 국가들이 한국의 통일을 이해하고 지지하며 통일 회담이 성사되는 경우에는 급격한 수직에 가까울 정도로 통일 가능성은 상승할 것임을 나타낸다.

한국 통일의 단계별 함수관계

남북한의 분단 이후 반세기가 지난 현재 남북은 서로 상이한 체제와 너무 벌어진 경제 격차가 통일에는 큰 가름막이로 우리에게 주어져 있다. 지금 통일의 기회는 서서히 다가오고 있지만, 어느 날 갑자기 다가올 수도 있다. 당장 한민족에게 통일이 되어도 감당할 만한 준비가 되어 있는가도 문제이다.

현 시점 한국인에게 통일은 받아들일 여건이 미비되어 있다. 통일의 염원을 생각하면 내일이라도 통일을 원하고 싶지만, 그런 통일은 어려울 뿐더러 민족에게 고통만 안겨줄 뿐이다. 그러므로 한국 통일은 점진적이어야 한다. 남북한이 서로 상호 체제를 인정하고 충분한 교류협력과 접촉을 통하여 남북한 간의 경제 격차를 해소한 연후에야 통일에 대한 여망은 그 빛을 발할 수 있을 것이다.

남북한이 통일 앞당기기 위해서는 독일 통일 사례에서의 교훈과 세력전이 이론적 시각[1)]에서 알 수 있듯이 북한을 개혁 개방으로 유도하여 연착륙시켜야 한다. 또 북한이 불만족 국가로 나서지 않도록 여건을 조성하고 남북한이 평화체제를 유지한 이후에라야 통일이 가능하다는 결론에 이른다.

남북이 가져야 할 통일의 단계별 요인이 상승하며 진척될수록 통일 가능성은 높다. 남북한은 상호 체제 인정과 안보 위협 요인 해소, 군비 축소를 바탕으로 남북경협과 대화, 대북 지원, 이산가족 문제 해결, 한반도 평화 유지에 이어 통일 비용 재원의 마련과 준비, 동북아 평화체제 유지와 공동번영에 기여, 남북격차 해소에 따른 국민적 합의에 의한 통일 방안 마련, 남북통일회담, 2+4통일회담으로 통일이 달성 가능하다고 본다.

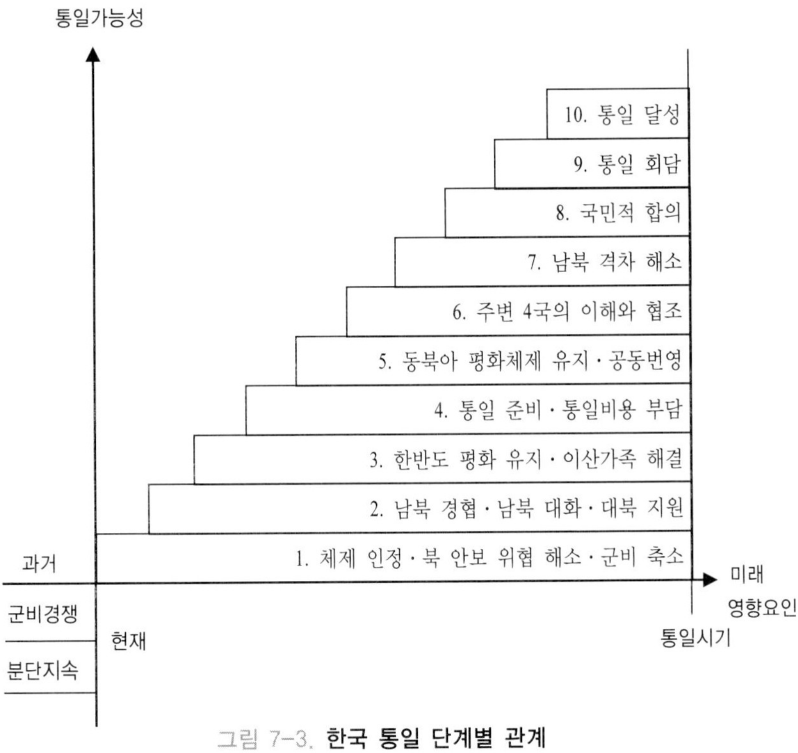

그림 7-3. **한국 통일 단계별 관계**

2. 주변 4국의 이중성 분석과 영향력

미국의 이중성 분석과 영향력

〉〉〉미국의 이중성 분석

미국은 한반도를 군사상 전략적 요충지로 판단하고 지금까지 미군 주둔을 해왔고 앞으로도 필요에 의하여 지속할 작정이다. 한반도에서 미군 주둔의 명분은 한국 통일 문제에 대해 미국에게 모호한 입장을 가지게 만들었다. 미국은 한반도에서 미군 철수를 원하지 않고 있다.

일본에 대하여는 든든한 미·일 간 방위조약을 내세워 안보를 중시하며 동북아에서 미국 정책 추진의 동반자로 여기고 있다. 미국·한국·일본과의 동맹관계를 단순한 동맹차원을 넘어 공동 안보를 취하기 위한 견고한 안보 구조라고 생각하고 중국과 러시아의 위협에 대비하고 있다. 러시아에 대하여는 다소 여유가 있어 보이지만, 특히 무섭게 따라잡는 중국에 대한 견제는 미국이 중국을 2001년 이후 '전략적 경쟁자 관계'로 규정한 것에서도 알 수 있다.

미국이 한국의 통일에 대하여 보이는 이중성은 동북아 역내 환경과 무관하지 않으며, 동북아지역 역내에서의 평화·안정과 자국의 국가 이익을 위하여 동북아와 한반도에서의 현상유지를 선호하는 것으로 보인다.

미국은 한반도에서 북한의 핵개발은 긴장감을 고조시키고 역내에 유지되고 있는 불안한 평화를 깨트리는 일이라고 생각하지만, 긴장 지속이 미국에게 영향력 확대 등 유익을 주고 있다고도 판단하는 듯하다. 미국에게 지금까지 한국 통일은 새로운 현상타파적 행위일 뿐만 아니라 미군 철수 등의 문제가 수반되고, 이에 따르는 역내 불안정 등으로 동북아가 소용돌이칠 수 있다는 가정을 염두에 두고 있다고 보인다.

지금까지 논의에서 미국이 한국의 통일을 지지하는 이유는 미국은 강한 통일한국이 중・러를 견제 가능한 것으로 보며, 통일한국에서 미국의 영향력 증대 가능, 미국 자본의 투자 적지 및 중국 진출 교두보 역할 가능, 미군의 감축 기회, 북한 핵・미사일 해결 가능, 중국 민주화 계기 및 시장경제 확산 등 국익에 도움이 되는 것으로 판단한다고 분석된다. 반면, 미국이 현상유지를 선호하는 이유로는 한국 통일시 주한미군 주둔 명분 소멸, 미군의 전략적 전초기지 상실 우려, 이에 따른 러・일 견제를 위한 미국의 역할 축소, 한국에서 나올 것으로 예견되는 반미 감정과 민족주의 표출로 미 영향력 감소, 이로 인한 동북아에서 중・러・일의 위상 상승을 우려하여 나온 것이라 분석된다.

이러한 기저에서 나온 한국 통일에 대한 미국의 이중성은 언젠가는 독일에서의 경우처럼 제2차 세계대전 승전국들이 논의할 사안에서 드러나듯, 지금은 미국의 동북아와 한반도에서 영향력 확대라는 측면에서 국익을 위하여 지지하기도 하고 반대하기도 하는 이중성을 보이는 것으로 분석된다.

〉〉〉한국 통일에 미치는 미국의 영향력

미국이 갖는 동북아에서의 위상은 거의 절대적이다. 19세기 말엽 조선에 대한 개항 요구, 1905년 가쓰라-태프트 비밀협약으로 일본의 지배 묵인, 한반도 38°선 분할 과정, 신탁통치, 1948년 남북한 단독 정부 수립, 1950년 1월 애치슨선언에서 한국의 미국 방위선 배제, 1951년 샌프란시스코 강화조약에서 중・러 견제를 위한 일본 선택, 한국전쟁에서 전쟁 영웅 맥아더의 하차, 1953년 휴전 결정과 정전협정, 주권국가 군통제작전권 불이양, 한국의 산업화와 근대화, 1994년 북 영변핵시설 폭격론 등 한국정부의 정권 수립에서 최근 북한핵 문제 해결과정과 동북아 역내 평화 유지 노력, 세력 균형자 역할 등에서 나타난 미국의 행보는 약소국인 남북한에게 아픔을 가져다주기도 하였고, 새삼 교훈을 가져다주기도 하였다.

미국은 한반도에 반세기 동안 자국의 군대를 주둔시켜 왔고 평화 유지에 공을 들여왔다. 러시아 · 중국 · 일본에 대한 직접적 · 간접적인 간섭과 견제가 지금까지 이어졌지만, 정작 한국 통일에 대한 진정한 언급과 논의는 없었다. 이미 미국은 남북한 국제정치의 파트너가 되어 있고, 한국의 통일 문제에 대해 자국의 이해관계를 짚고 있으며, 이제 미국은 더 이상 방관자여서는 안 되게 되어 있다. 미국의 힘이 넘칠 때 남북한을 도와 주변 국가를 설득하고, 국제기구 등에서의 역할 자임으로 한반도를 평화통일국가로 되돌리는 데 소임을 다할 의무가 있다. 북 · 중 · 러가 극구 반대하는 최대 관심사인 통일에 걸림돌이 될 수 있는 통일 이후에 있을 통일한국 주둔 미군에 대한 검토도 태평양 또는 일본으로 철수 등 전략적으로 신축성 있게 논의할 수 있어야 한다.

미국은 한국 통일 문제에 대해 미국의 의지와 노력을 보여야 한다. 남과 북으로의 분단 역할자였던 미국이 이중성을 보이면 보일수록 한국 통일 문제는 더디게 진행될 수밖에 없다는 점을 분명하게 인식하여야 한다.

중국의 이중성 분석과 영향력

〉〉〉중국의 이중성 분석

중국은 한 · 중 수교 이후 북한 편향에서 남북한에 대해 균형을 유지하려고 애쓰고 있다. 중국은 북한 체제의 붕괴나 변화를 원하지 않고 있으며, 한국 주도에 의한 통일도 원하지 않는다. 중국은 현재 진행 중인 소강사회의 건설에 한반도의 변화가 장애물이 되는 것을 원치 않고 있다.

중국이 한반도 통일에 대하여 지지를 보내는 것은 한국 통일은 한반도에서 미군철수의 명분을 가져다 줄 것이라는 기대감과 미군 철수에 따른 한반도에서 미국의 영향력 약화, 한국 통일은 결국 한반도의 평화와 안정에 기여할 수 있다는 점, 또 한국의 통일은 중국 내 동북3성의 발전과 자극에도 유리하여 종국에는 중국에 이익이 된다는 점을 고려한 것으로 분석된다.

그러나 반면 중국이 현상유지를 선호하는 이유로는 중국이 한국의 통일 문제에서 중국의 동맹국 북한의 붕괴를 염려하는 것 이외에도 통일시 한반도에 주둔할 가능성이 높은 미군에 대한 우려감이 높게 나타나고 있다. 중국은 지난 반세기간 한반도에서 미국과 전쟁을 경험했으며, 미국과의 수교에도 불구하고 통일한국에 주둔하는 미군은 중국과 국경을 직접적으로 마주하는 것에 대하여 상상하기 힘들다는 입장이다. 또한 한국·미국·일본의 공조가 중국을 포위하기 위한 전략이라고 생각하며, 군사력 증강에도 고삐를 늦추지 않고 있다. 통일한국이 북한의 핵무기 등을 전수하여 핵보유국이 되거나 또는 강대국으로의 부상을 염려한 일본이 대응하는 군사력을 갖추기 위하여 재무장을 하는 등의 상황도 중국의 현상유지를 다지게 하는 요인으로 작용하고 있음을 간과할 수 없다.

향후 통일한국이 가지게 될 위상으로 인해 중국은 미국에 대해 미군철수의 명분을 주장할 수 있다. 한반도는 물론 역내 평화를 가상할 수도 있는 반면, 중국의 국익에 불리한 상황들이 전개될 것을 걱정하고 있다. 여기에 중국인들이 가지고 있는 민족성 역시 의구심을 더하게 해 좀처럼 속내를 보이지 않음도 중국을 파악하고 판단하는 데 어렵게 만든다.

〉〉〉한국 통일에 미치는 중국의 영향력

중국이 한반도에서 수천 년 동안 대국으로서 지녔던 우월적 기득권이 사라져 중국에게는 향수에 가깝다. 중국은 그동안 668년 신라의 3국통일(당), 1359년, 1361년 홍건적의 침입, 1627년 정묘호란(후금, 명 관련), 1636년 병자호란(청), 1894년 중(청)일전쟁, 1931 만주사변, 1937년 중일전쟁, 1951년 한국전쟁 참전, 대북 지원, 동북공정 추진, 유엔의 북한인권법안 반대, 북한 붕괴반대, 북핵 6자회담 주선 등에서 경험하듯 간섭과 직접적·간접적인 전쟁에 관여하였다. 그러나 중국은 북한에 대하여는 미련을 버리지 못하고 있다. 광활한 중국 영토의 오른쪽 반도에서 벌어지는 4국들의 패권다툼에 대하여 개입과 지원을 해왔던 중국은 지금 국가 경제 재건에만 관심을 쏟고 있는 듯하다.

그러나 지금 북한의 상황이 국제사회에 적응하지 못하고 경제 피폐가 지속되는 한 북한의 붕괴는 중국에 영향을 미치게 되어 있다. 이미 10만여 명의 탈북자가 국경을 넘어 중국 내로 잠입해 있다는 비정부단체들의 주장에서 보듯 북한은 중국에 의존해 왔고, 또 중국에서 많은 도움을 받았다. 이미 중국이 현 시점 동북아 최대의 현안인 북한핵 문제 해결에서 중재자 역할을 자임해 온 것처럼 중국은 북한과의 열려진 관계를 유지해 왔다.

향후 한국 통일 문제에서 역시 중국은 중재자로서의 역할이 가능하다. 이는 북한을 설득할 수 있는 악역을 담당할 수 있고, 일본에 대한 견제와 함께 미국에 대하여 미군철수 등을 강력히 요구할 수 있는 명분을 가질 수 있기 때문이다. 물론 일본의 군사화가 두드러진다면 이 지역에서 미군의 균형자적 역할을 마다할 필요가 없을 수도 있다. 그러나 통일한국의 주둔 미군과 국경에서 맞닿게 되는 가정의 상황으로 미군의 주둔을 반대할 것은 자명하다.

일본의 이중성 분석과 영향력

〉〉〉일본의 이중성 분석

일본은 전후 미국의 도움으로 경제력과 주변국가의 위협에 대한 안보를 동시에 해결할 수 있었다. 한마디로 일본은 온실 속에서 폭풍우를 피하며 국가 경제 발전에 재원을 활용할 수 있었다. 한국의 통일에 대하여 일본이 가지고 있는 생각들이 잘 표출되지는 않지만 한국이 통일되는 것을 달가워하지 않는다. 그러나 일면, 일본은 한국 통일에 대하여 주변여건으로 인해 통일이 불가피할시 점진적인 통일을 선호하고 있으며, 통일한국이 일본과 우호 관계되기를 희망하고 있는 것으로 보인다.

반면, 일본은 한국이 통일되는 것에 대하여 여러 가지 부담을 가지고 있다. 미군 철수가 가지게 될 균형자적인 힘의 공백을 일본이 져야 한다는 점과 통일될 한국이 가지게 될 체제에 대하여도 확신을 가지지 못한다. 통일한국이 가지게 될지도 모르는 핵 능력에 대하여도 지금까지 북한에 대해 가졌던 불안감을 지속해야 한다는 점을 상기하지 않을 수 없다. 또한 동북아에서 누려온 경제 강국으로서의 지위를 새로운 통일한국과 공동으로 나누어야 할지도 모른다는 생각도 일본을 현상유지 선호 국가로 만드는 요인이다. 한반도의 변화로 일본이 가지는 동북아 국가들과의 교역량과 얻는 무역 수지차는 일본 경제에 심각한 타격을 줄 수도 있다고 여긴다.

이런 점들을 고려할 때 일본은 국가 이익을 위하여 한국 통일

문제에 있어 방관자적인 입장을 지속하는 것이며, 남북한과의 등거리 외교에서 가지는 일본의 영향력과 기득권을 쉽게 포기하려 들지 않는다. 그러나 세계정치 질서와 역내 환경이 바뀌어 한국이 통일되어야 한다면 반대해야 할 뚜렷한 사유를 내세우기 어렵다는 사실도 잘 인지하고 있다고 여겨진다.

〉〉〉한국 통일에 미치는 일본의 영향력

한반도 분단에 관한 한 일본은 원죄의 업보를 지고 있으므로 먼저, 남북한과 국제사회에 정중히 사과해야 한다. 일본의 대륙침략 야욕이었던 1592년 임진왜란, 1597년 정유재란, 19세기 말 개항 요구, 외세에게서 체득한 산업화에 의한 재침략, 1894년 중(청)일전쟁 1894년 동학란시 조선 파병, 1904년 러일전쟁, 국모 시해, 조선 강점을 위한 1905년 가쓰라-태프트 비밀협약, 1909년 간도협약, 1910년 한일병합, 1931년 만주사변, 1937년 중일전쟁, 1941년 진주만 기습, 36년간의 식민지 점령통치, 정신대・군인, 노무자 강제동원, 군사야욕과 지배무산, 한국전쟁시 특수 횡재, 반공 무임승차, 겉치레 배상, 독도 영유권 주장, 교과서 왜곡 등에서 일본은 한반도의 합방, 점령, 지배, 분단의 악순환을 생성한 장본인이다. 그럼에도 불구하고 통일에 대해 미온적이고 책무감도 의무감도 가지지 못하고 있다.

이제 일본은 주변 4국가들과 함께 한국 통일에 대해 조력자로 나서야 한다. 또한 한국 통일에 대하여 한국인 다음으로 책임과 의무를 동시에 가져야 한다. 일본이 한반도에 행한 행위와 범죄는 씻을 수가 없지만, 이 과정을 통하여 속죄를 할 수가 있다. 세계 경제력 2위의 경제 강국과 미국에 이어 유엔에 분담금 납부 2위의 국가적 위치에서 주변 국가와 국제사회에 영향력을 행사할 수 있다. 북한에 대하여도 경제 지원 등으로 북한의 연착륙을 돕고 통일비용에서도 부담을 져야 한다. 아울러 한국의 통일이 새롭게 변모할 역내의 평화체제유지와 경제공동체 건설, 공동 번영에서 일본에 마이너스 요인이 될 리가 없다.

러시아의 이중성 분석과 영향력

〉〉〉러시아의 이중성 분석

유럽에서 아시아까지 방대한 영토를 가지고 있는 러시아는 극동에서의 변화를 근본적으로 원하지 않고 있다. 그러나 지난 세기 동안 북한을 도와 미국과의 전쟁을 불사하였으며, 북한의 핵개발을 지원하는 등 동서 냉전의 잔재가 여전한 동북아에서 새로운 질서와 변화의 시기에 영향력을 잃지 않으려 하고 있다.

러시아는 이미 북한과 한·소 수교 이후 소원해진 관계를 2000년에 복원하였으며 한국과는 경제협력 등에서 상호 필요성을 느끼고 있다.

앞의 분석에서 러시아는 한국의 통일에 대하여 한반도가 점진적으로 통일되기를 희망하는 것으로 나타나고 있고, 중립상태로 통일되는 것을 원하는 것으로 보인다.

그러나 러시아는 자국의 경제여력이 어려운 시기에 동북아에서 벌어지는 미국, 중국, 일본의 군비증강 등과 국가 간 협력 등에 대해 부담을 가지고 있으며, 통일한국이 가지게 될 위상에 대하여도 걱정하고 있다. 러시아는 통일한국과 극동에서 국경을 마주해야 하고 미군이 계속 주둔할 가능성을 배제할 수 없는 상황이라고 본다. 더구나 미국·일본·통일한국 등은 러시아에게 위협적인 존재가 될 수 있다고 보고 있으며, 러시아와 혈맹관계인 북한의 붕괴를 원하지 않고 있음도 한반도에서 변화를 바라지 않는 중대한 이유이다.

러시아는 남북한이 통일이 되더라도 중립적인 국가로 남게 되기를 바라는 등 자국에 위협적이거나 국가 이익을 해치는 경우를 가정하기 싫어하므로 한국 통일 문제에 대하여 현상유지를 선호하는 것으로 보인다.

〉〉〉한국 통일에 미치는 러시아의 영향력

러시아는 미국과 함께 남북 분단의 역할연기자가 되었고, 미국과 극동에서 대치하게 된 이후로 북한의 후원국으로서 북한의 김일성 정권 수립은 물론, 한국전쟁에서 막대한 군수물자 등 지원 역할을 지속하여 왔다. 또한 1956년 이후 북한의 핵개발을 도와 오늘의 북한핵 문제가 불거지도록 한 장본인[2]이다.

러시아 역시 한반도에 인접한 지리적 요인으로 지배의 욕망을 버리지 못하다가 침략전쟁을 당하기도 하였고, 침공을 부추기기도 하였다. 19세기 말 개항 요구에 이은 한반도 각축장에서 열강들의 쟁투, 1904년 러일전쟁, 1945년 제2차 세계대전 참여, 1945년 38°선 분할, 1948년 북한 괴뢰 정권의 수립, 1950년 한국전쟁의 사주, 북한의 핵연구 및 지원, 2000년 북한관계 복원, 유엔의 북한 인권법안 반대, 북핵 6자회담 참여 등에서 강대국가로서의 영향력을 행사해 왔다.

러시아는 구소련 체제 붕괴 이후에 소원했던 북한과의 관계 회복 등으로 동북아에서 여전한 지위를 가지려 하고 있고 또 영향력을 가지고 있다.

현재 미국은 중국에 대한 우려와 견제가 심한 반면, 러시아에 대해서는 북한핵 문제 등에서 상당한 역할을 기대하고 있다. 러시아가 경제력 약화로 다소 뒤쳐진 상태임은 틀림없지만 북한과의 혈맹관계가 계속되는 한 러시아의 '의중'과 '지도(指導)'를 무시할 수 없을 것이기 때문이다. 한국 통일 문제에서 북한이 한국에 흡수되거나, 친미국가로 변하거나, 미국 군대가 통일 이후에도 이곳에 주둔하여 러시아를 견제할 것이라고 느끼는 한 러시아는 선뜻 협력하지 않을 것이다.

지금까지 한국 통일 문제에 대해 한반도 주변의 이해 당사국인 미국 · 중국 · 일본 · 러시아가 가지는 이중성은 개별 국가이익과 관련하여 다음과 같은 공통점과 국가별로 차이점을 가지고 있음을 발견할 수 있다.

주변 4국이 가지는 한국 통일 문제에 대한 공통점은 국제정치 속성에 따라 현실주의 패러다임에서 이중성을 보인다. 한국의 통일을 지지하는 경우에 겉으로는 한국의 통일을 선호하는 것으로 나타나고 있으나 이는 진정한 통일을 바라는 것이 아니고, 속으로는 자국의 세력권하에서 한국이 통일되는 것을 바라는 조건부 찬성일 뿐이다. 즉, 통일한국이 타국의 영향력권에 편입되거나 흡수되는 것을 절대 반대하는 것이다. 그러므로 통일을 반대하는 경우에는 자국의 국익과의 배치 또는 자국의 의도대로 통일이 불가능하다고 판단하거나 현재의 상황이 자국의 국가이익에 유리하다고 판단되므로 현상유지를 선호하는 것으로 분석된다. 반면 각 국가가 가지는 상이한 통일 반대 표출의 현상유지 선호 명분들은 개별 국가의 국익과 관련하여 미국은 주한미군 주둔 명분과 향후 영향력 축소 우려, 중국은 한반도 변화 반대와 미국 주도의 통일 우려, 일본은 통일한국의 강대국 부상 가능성, 러시아는 동북아에서 자국의 영향력 축소 우려 등에 따라 현상유지 선호 현상을 보이고 있는 것으로 분석된다.

이상의 연구에서 한국 통일에 대한 주변 4국이 보이는 통일 지지와 현상유지 선호의 이중성을 정리하면 표 7-1과 같다.

표 7-1. **한국 통일에 대한 주변 4국의 태도**

구 분	통일 지지	현상유지 선호
미 국	· 강한 통일한국이 중·러 견제 가능 · 미국의 영향력 증대 가능 · 미국 자본의 투자 적지 및 중국 진출 교두보 역할 가능 · 미군의 감축 기회 · 북한핵·미사일 해결 가능 · 중국 민주화 계기 및 시장경제 확산 등 국익 도움	· 통일시 미군 주둔 명분 소멸 · 미군의 전략적 전초기지 상실 · 러·일 견제 위한 미국의 역할 축소 · 반미 감정과 민족주의 표출로 미 영향력 감소 · 동북아에서 중·러·일 위상 상승 우려
중 국	· 한국 통일은 한반도에서 미군철수 명분 부여 · 미군철수에 따른 미국의 영향력 약화 · 한반도 평화와 안정에 기여 · 동북3성 발전 자극 등 종국에는 중국에 이익	· 중국 '소강사회' 건설시까지 한반도 변화 불원 · 북한붕괴 반대 · 한국 주도 통일시 맞을 정치적 불안정성과 충돌 가능성 · 미국 주도 또는 영향력 행사 통일 반대 · 통일한국 주둔 미군 중국 봉쇄 인식과 국경 대치 · 통일한국의 핵 보유 가능성 · 통일한국 대비 일본의 재무장 가능성
일 본	· 주변여건으로 통일 불가피시 점진적 통일 선호 · 통일한국이 일본과 우호 관계되길 희망	· 통일한국의 군사적·경제적 강대국 부상 가능성 · 동북아에서 경제적 기득권 상실과 등거리 외교 타격으로 인한 입지 약화 · 주한미군 철수시 갖게 될 부담 우려 · 통일한국의 독자적 핵 무장 가능성 · 적화통일 가능성
러시아	· 한반도 점진 통일 희망 · 중립상태의 통일 희망	· 극동에서의 급격한 변화 불원 · 한국주도 통일 반대 · 통일한국 주둔 미군과 위협적 국경대치 · 러시아 기득권 축소 우려 · 동북아에서 미·일·통일한국의 러시아 포위 우려

8장

주변 4국의 이중성 분석과 대응 방안

1. 주변 4국의 이중성 종합 분석

19세기 말 이후 한반도는 세기의 격동 속에서 지리적 환경에 처한 숙명적 요인과 주변 강대국들의 야욕에 의해 열강들의 각축장이 되었다. 급기야 일본에게 치욕적인 속국으로 영토를 점령당하였으며, 일본의 압제로부터 해방된 뒤에도 현명치 못했던 남북한 지도자들의 대처와 주변 4국의 소용돌이에 휘말렸던 결과로 얻은 민족 분단의 아픔을 여전히 간직하고 있다.

그러나 분단에 관여했던 주변 강대국 행위자들 중 누구도 한국 민족의 재통합을 주선하기를 주저하고 있으며, 오히려 분단 상황을 방조하고 있다. 국제사회뿐 아니라 당사국인 남북한도 분단 반세기가 지나도록 한민족의 통일에 대한 뚜렷한 목표를 제시하지 못하면서 지내왔고, 주변국들에 대해 통일에 대한 대비도 제대로 못해 온 것이 오늘의 현실이다.

한반도 주변의 강대국들 중 특히 미국, 중국, 일본, 러시아의 급변하는 한반도 정책에 대한 연구와 역학 관계에 따른 대응책의 연구는 한국의 통일을 가늠하는 데 꼭 필요한 시금석이다. 탈냉전 이후 새롭게 변화하는 세계화된 국제체제 내에서 표출되는 한반도 주변국간 국제정치의 변수에 대한 한국의 전략적 대응을 어떻게 가져야 하는지의 귀결은 주변 4국이 현실에 처한 한국 통일에 대해 어떤 생각과 이해관계를 가지고 있는가의 출발선에서 비롯된다. 국제정치 속성상 타국의 속셈을 훤히 들여다보기란 쉽지도 않고 접근하기도 힘들지만, 시도조차 안 하거나 게을리 한다면 한민족과 역사 앞에 죄악이다. 그러므로 주변국가에 대해 심도 있게 논의하고 미래를 철저히 준비하여야만 한다.

이런 목적을 가지고 연구한 결론은 다음과 같다.

첫째, 한반도 주변 4국인 미국 · 중국 · 일본 · 러시아는 한국 통일에 대하여 국가별 개별이익의 이해관계에 따라 찬성과 반대를 공유하는 겉과 속이 다른 '이중성'을 보이고 있다는 점이다.

각종 대외 외교 문서와 지도자들의 발언 등에는 한국 통일에 대하여 지지 행태를 보이는 반면, 속내는 자국의 국익을 위하여 각국들이 현실주의적 패러다임에서 '현상유지'를 추구하는 '이중성'을 보이고 있다.

둘째, 한반도 주변 4국들은 통일 지지에서 '조건부 찬성'을 보이고, 현 시점 한반도의 변화를 원하지 않으며 자국의 이익을 위하여 '통일을 지지'하기보다는 '현상 유지를 선호'하고 있다.

주변 4국이 가지는 이중성은 공통적으로 겉으로는 한국의 통일을 선호하는 것으로 나타나고 있다. 그러나 속으로는 자국의 세력권하에서 한국이 통일되는 것을 바라는 조건부 찬성일 뿐이며, 통일한국이 타국의 영향력하에 들어가는 것을 원하지 않고 있다. 즉, 현재의 상황이 자국의 국익이익에 유리하다고 판단되므로 현상유지를 선호하는 것으로 분석된다.

한반도 주변 4국이 가지는 내면의 전부를 탐구의 한계로 완벽하게 해부할 수는 없겠지만 지금까지 연구에서 적출한 각국의 한국 통일을 지지하는 입장을 살펴보면 다음과 같다.

미국은 강한 통일한국이 중·러를 견제 가능, 미국의 영향력 증대 가능, 미국자본의 투자적지 및 중국 진출의 교두보 역할 가능, 미군의 감축 기회, 북한 핵 및 미사일 해결 가능, 중국 민주화 계기 및 시장경제 확산 등 국익에 도움이라는 점을 내세워 통일을 지지하는 하는 것으로 나타난다. 중국은 한국 통일이 한반도에서의 미군 철수 명분, 그에 따른 미국의 영향력 약화, 한반도 평화와 안정에 기여, 동북3성 발전 자극 등 중국에는 중국에 이익이 된다는 점을 나타내고 있다. 일본은 주변 여건이 좋아져 통일이 불가피시 점진적 통일을 선호하며, 통일한국이 일본과 우호관계를 갖게 되기를 희망한다. 러시아는 한반도가 점진적으로 통일되기를 희망하며, 중립상태의 통일을 희망하는 것으로 분석된다.

반면, 각국이 한국의 통일을 반대하거나 달가워하지 않으며 현상유지를 선호하는 이유를 적시하면, 미국은 한국 통일시 가져올 미군 주둔의 명분 소멸, 미국의 전략적 전초기지 상실, 세계열강 러·일 견제 위한 미국의 역할 축소, 반미감정과 민족주의 등의 표출로 통일한국이 미국의 영향력에서 멀어질 가능성과 동북아에서 중·러·일 등의 위상 상승의 우려로 인하여 현상유지를 선호하는 것으로 보인다. 중국은 소강사회(小康社會) 건설시까지 한반도 변화 불원 및 안정 희망, 북한 붕괴 및 한국 주도 통일시 맞게 될 정치적 불안정과 충돌 가능성, 미국 주도 또는 영향력 행사하는 통일 반대, 통일한국의 주둔 미군은 중국 봉쇄 인식과 국경 대치 예상, 통일한국과 고구려, 발해 등에 대한 영토 분쟁 및 조선족 민족이탈 가능성, 통일한국의 핵 보유 가능성, 통일한국에 대비하기 위한 인접 일본의 재무장 가능성 등으로 현상유지를 선호하는 것으로 나타난다. 일본은 통일한국의 군사적 · 경제적 강대국 부상 가능성, 동북아에서의 경제적 기득권 등의 상실과 등거리 외교 타격으로 인한 입지 약화와 위축, 주한미군의 철수시 갖게 될 부담 우려, 통일한국의 독자적 핵무장 가능성, 적화통일 가능성 등으로 현상유지를 원하고 있다. 러시아는 극동 한반도에서의 급격한 변화 불원, 한국 주도 통일 반대, 통일한국 주둔 미국군과 위협적인 국경 대치, 러시아 기득권 축소 우려, 동북아에서 미 · 일 · 통일한국의 러시아 포위 우려 등으로 역시 현상유지를 택하고 있는 것으로 분석된다. 이처럼 주변국들은 한국의 통일보다는 오히려 현상 유지를 선호함으로써 '공포의 균형'을 즐기고 있는 상황이 지속되고 있다.

셋째, 한국 통일에 대하여 한반도 주변 4국들이 가지는 이중성은 한국 통일에 부정적인 요인으로 통일에 장애물이 된다는 점이다. 한국 통일에 대하여 주변 강대국들의 이해와 고려는 물론, 그들의 한반도 평화에 대한 진정한 기여 노력은 보이지 않는다. 변화된 국제 환경에서도 한반도를 분단시킨 장본인들은 과거의 잘못을 뉘우치고 개선하려는 어떤 시도도 보이지 않고, 오히려 자국의 이익을 위해 보이는 이중적 태도는 전망을 어둡게 한다. 이 지역 어느 국가도 동북아 질서 재편에 따른 한국의 통일에 대한 대안은 물론 역내 평화와 안정에 대한 이렇다 할 구상을 내놓지 않고 있음은 이중적 태도와 무관하지 않다.

이중성은 행위자가 가지는 접근 방식 및 태도와 무관하지 않고 밀접한 관계를 가진다. 한반도 주변 4국가가 한국의 통일에 대하여 이중적 태도를 가지면 가질수록 통일은 더딜 수밖에 없다. 주변 4국이 동북아 평화와 한국 통일에 대한 관심과 이해 등 한국 통일에 긍정적 요인들은 통일을 앞당길 것이다. 또한 한반도 주변을 감싸고 있는 수십 년 동안의 군비경쟁과 긴장고조는 통일의 가능성과는 반비례적인 함수관계를 가진다.

넷째, 우리는 한국 통일에 관해 현상유지를 지지하는 주변 4국가와 국제기구에 대해 이중성을 버리고 통일 지지로 전환하도록 적극적인 한국 통일외교를 전개해야 한다. 특히 한국 통일에 대해 이중성을 보이고 있는 주변국의 개별 국가 이익에 부합하는 대응 방안을 제시하여야 한다. 한국 통일은 전환기 동북아의 국제관계 속에 들어있으므로 남북이 주도하고 한반도 주변 국가, 특히 '4국을 활용한 자주통일' 해법의 실마리를 찾아내어 목표에 도달해야 한다.

한반도가 처한 지리적·정치적 역학 관계로 인해 과거 한반도가 당했던 일련의 통일, 침공, 합병, 분단과 지금의 북핵 문제 해결 주도권 상실에서 보듯 주변 4국과 한국 통일에 대하여 논의하여야 한다. 이는 독일 통일이 기능주의적 관점에서 출발하고, 유럽통합이 다차원적인 신기능주의적 시각에서 점진적으로 분위기가 확산되어 통합에 이르렀고, 정부간 협상에 의해 보완되고 완결된 것에서 볼 수 있다. 즉, '국가이익'과 '강한 나라의 의사'가 주요하게 반영된다는 점을 가정할 때, 한국 통일에서는 통합 촉진을 위한 남북한 간 협력을 바탕으로 주변 4국에 대한 '이해관계 수렴'과 '활용'이 필요하다. 이 과정에서 과거 한반도는 외세에 의한 분단이었지만, 외세에 다시 힘을 의존할 수는 없다. 그렇게 이루어진 통일은 다시 외세에 의해 좌지우지될 것이 분명하므로 남북이 주도권을 가지고 외세를 적극 활용하여 통일에 협력자·조력자가 되도록 해야 한다.

우리는 한반도 분단에 대한 원초적 책임 규명을 국제사회에 알리고, 냉전의 잔재가 지속되는 남과 북의 분단의 고통에 대해 '통일의 당위성'을 국제무대에 호소하며, 한국 통일이 동북아 역내의 항구적 평화와 세계평화에 기여할 수 있음을 주지시키고 도움을 요청해야 한다. 우리는 대4국 통일외교를 통해 한국 통일에 진실성을 가지고 찬성하도록 유도해가야 한다. 한반도 주변 4국에 산재한 6백만 명의 재외국민을 통일대사로 활용한다면, 그들도 조국의 통일한국을 위한 마지막 봉사를 사명감을 가지고 다하려고 할 것이다.

한국의 통일은 한민족에게는 민족분열을 민족통합으로, 4국의 변방에서 4국과 동등한 역내 중심국으로, 국력낭비를 국력신장으로 발돋움하게 할 것이다. 또한 동북아에는 냉전의 잔재에서 평화의 상징으로, 열강들의 각축장을 5국 균형자 역할과 완충지대로, 한반도를 물류 중심국가, 대륙과 해양을 연결하는 경제 중심국으로 변모시켜 역내의 경제 번영을 증대할 수 있을 것이다. 더불어 동북아연합 등 다자간 안보는 물론 평화체제 구축에 기여는 물론, 나아가 세계평화 정착과 공동번영에 이바지할 수 있을 것이다. 동북아지역 국가들이 이 지역에 새로운 평화체제를 견고히 구축하려고 한다면, 분쟁 소지들을 해결해 나가려는 역내 국가들의 공동의 시도와 노력은 일대 전환기를 맞을 것이며 한국 통일은 담보될 수 있을 것이다.

한국 통일은 과거의 열강에 의해 저질러진 분단 이전의 평화로운 나라였던 원상으로 되돌리는 것이며, 한국 통일은 곧 동북아 평화체제 논의와 확립의 시발점과 토대가 될 수 있다.

마지막으로, 한국 통일은 우리 민족 자신에게 부여된 절대과제이므로 우리는 통일 상대자인 북한 개혁·개방의 연착륙을 지원함과 아울러 '철저한 통일준비'를 해야 한다.

북한체제를 인정하고, 북한이 현재의 국제질서하에서 불만족국가가 되지 않도록 북한의 개혁·개방을 돕기 위한 다면적인 지원으로 남북 사이에 너무 크게 벌어진 경제적 격차의 간극을 좁혀야 한다. 아울러 통일의 장애물격인 남북의 형식적이고 체제유지적인 통일의지를 수면 위의 남북통일회담으로 드러내어 국민통일방안을 논의하고, 대책기구 구성과 함께 막대한 통일비용 마련에도 국민적 합의를 도출해 시행해야 한다. 이는 구체적이며 계획적이고도 전략적으로 접근되고 준비되어야 한다. 동시에 남과 북이 머리를 맞대고 '전략적 통일전략'의 통일 로드맵(road map)을 마련하고 실행하여야 한다. '지구의 평화'가 전 세계 인류의 목표인 이상 냉전시기의 분단 당사자인 남과 북의 한민족끼리 준비하여 새로운 민족공동체를 재결합하여 이루겠다는 데 극구 말릴 주변국이 있을 리 없다.

2. 주변 4국의 이중성에 대한 대응 방안

한반도를 둘러싼 주변 4국들이 한국 통일에 절대적인 영향력을 미치게 되어 있고, 각국들이 한국 통일에 대하여 취하는 입장이 이중적이며 현상유지를 선호하고 있다는 점은 한국의 통일 전망을 어둡게 하며 분단된 민족에게 괴롭게 만든다. 이에 대한 해답을 구하기가 쉽지 않지만 접근 방안은 어떤 길이 있을까 하는 것을 고심해 본다. 훌륭한 정책은 지불할 만한 가치가 있는 가장 좋은 상황으로 통하는 길이다. 특별히 중요한 정책은 언제나 불확실성에 둘러싸여 있다는 것이다.[1)]

모든 대외 행위가 외교는 아니다. 외교는 국제정치의 수단이다. 즉, 대외행위가 국가의 대외정책을 실현시키고 또 대외정책 목표를 성취시키려는 행위이어야 외교인 것이다. 오늘날에는 국가 간에 발생된 문제를 해결하고, 국가의 정책과 목표를 실현하여 국가의 이익을 극대화하기 위해 행해지는 대외행위가 외교의 진면목이다.[2)]

통일 당사자인 남북한은 비록 주변 4국이 한국 통일 문제에 대하여 이중성을 보이고 있지만, 국제사회가 수긍할 수 있는 외교역량을 발휘하여 민족통일의 목표를 달성 가능하도록 이해와 협조를 구해야 한다. 주변 4국이 가지는 이중성에 대한 대응에서 다음과 같은 기본 전략을 바탕으로 가져야 한다.

첫째, 남북한의 자주 통일 역량 강화가 필요하다.

분단 반세기의 역사가 증명하듯이 한반도 문제는 세 가지의 축, 즉 내세와 내세, 내세와 외세, 그리고 외세와 외세 간의 이해관계가 복잡하게 얽혀 있기 때문에 좀처럼 해결의 기회를 찾기가 어렵다. 그리고 앞에서 살펴 본 바와 같이 감상적 자주통일은 금물이다. 향후 한국의 통일은 '4국을 활용한 자주통일'[3)]일 수밖에 없다.

이러한 관점에서 볼 때, 탈냉전으로 인한 국제정세의 변화 속에서 1991년 남북 기본합의서 체결[4)]과 뒤이은 남북간의 화해분위기는 분단을 청산하고 통일을 염원하는 우리 한민족에게 커다란 희망을 안겨 주었다. 이전에도 이러한 남북관계 개선 시도가 없었던 것은 아니었지만, 같은 분단국이었던 독일의 통일과정을 지켜보면서 이 번만은 우리 한민족에게도 그동안의 대결상태를 완전히 청산하고 통일의 대열에 동참할 수 있는 기회가 올 수도 있다는 기대를 가지게 되었던 것이다.

또한 2000년 6월 남북정상회담으로 남북관계의 화해무드가 조성되었지만, 부시의 취임과 함께 또 다시 북한핵 문제가 제기되면서 남북문제의 주도권을 떠나게 되었다. 사실 이 부분에서는 북한이 핵 개발 의혹을 받을 만한 행동을 지속하였고, 핵 및 미사일 문제를 내세운 '벼랑 끝 외교'로 북한이 한반도 정세를 악화시켰기 때문에 상대적으로 책임이 가장 크다고 할 수 있다. 한반도는 남북관계를 협력적 분위기로 전환하고 평화를 정착시키는 데 또다시 실기하는 결과를 초래하고 말았다.

남북관계가 진전되기 위해서는 주변 강대국들 간의 화해 무드 조성이 절대적으로 필요하며, 남북관계라는 기본 틀 속에서 남북한의 협상파들이 주도하는 가운데 국내외 정치세력들이 이를 적극 지지 · 지원해 줄 때 모종의 해결책을 찾을 수 있다는 커다란 교훈을 던져 주고 있다. 특히 패권적 외세인 미국이 남북관계의 당사자원칙을 존중해 줄 때 남북관계가 상당한 진전을 보일 수 있다는 것을 시사해 주고 있다. 아울러 미 · 중 · 일 · 러 등 한반도 주변 4국의 대한반도 정책은 동북아 정세의 안정을 위해 기본적으로 남북한 간 분단 상황을 그대로 유지하게 되는 현상주의적 성격을 보이고 있는 만큼, 남북한 간의 대화와 협력은 평화통일을 위한 필수조건이라 할 수 있을 것이다.[5)]

자주통일은 중요한 의제로서, 외세가 둘러싼 한반도의 지정학적으로 처한 위치와 지금까지의 국제정치 상황에서 한민족 스스로의 힘에 의한 자주 통일이 쉽지 않을 것이다. 그러나 남과 북이 노력하여 남북한이 현재 추진 중인 경협 등은 물론 남북관계의 진전으로 한민족공동체가 형성되어 통일을 서로 교감하고 통일안을 합의하여 통일을 선언한다면 주변국은 반대 명분을 굳이 가질 수가 없을 것이다.

둘째, 북한의 개방 유도와 단계적 통일이 상정되어야 한다.

한국 통일에서 북한의 개혁 · 개방 유도는 필수 불가결하다. 또한 북한 핵 문제도 반드시 해결하고 넘어야 할 과제이다. 북핵 문제를 포함해 한반도 주변국들의 대북 전략 로드맵을 제시한 미국 브루킹스 연구소의 선임연구원인 마이클 오핸론 · 마이크 모치주키는 "한국과 미국 그리고 지역의 파트너들은 북한에 더 많은 것을 요구할 뿐만 아니라 더 많은 것을 제공해야 한다."며 지난 10년 간 미국이 북핵과 미사일 프로그램이라는 당장의 위기에 초점을 맞춘 편협한

정책을 폈다면서 보다 포괄적인 관점에서 '대타협(grand bargain)'[6]을 시도할 것을 제안했다.

이는 세력전이이론적 시각에서도 북한이 국제정치 질서에 불만족국가로 남지 않도록 그리고 국제 규범과 원칙 등을 준수하여 동북아지역질서에서 소외국으로 남지 않도록 주변국들의 공조가 필요하다. 지역통합이론적 시각에서도 남북간 인도적 지원과 심화되어만 가는 경제적 격차를 축소하기 위한 남북 경제협력 등 지원 프로그램들이 다양하게 구사되어야 할 것이다.

북한의 개방은 이미 시작되었고 북한 최고지도자인 김정일도 이를 알고 있다. 북한의 변화는 그들이 원하든 원하지 않든 간에 진행되고 있고, 그 종착점은 가시권에 들어와 있다 해도 과언이 아니다. 북한이 내심 두려워하는 체제위협에 대한 걱정을 해소시켜 가면서 북한의 개혁과 개방을 돕고, 단계적인 통일 프로그램에 접근한다면 겨울눈이 녹아내려 흐르듯 준비하고 마련한 시간이 경과되면서 탐스러운 통일의 과실을 맛볼 수 있을 것이다.

셋째, 주변 4국의 활용이 절대적으로 필요하다.

지금까지 한반도는 주변 4국으로부터 침략과 분단을 당하여 왔고, 현재의 민족 분단 상태는 계속되고 있다. 668년의 3국통일(당), 1592년 임진왜란(일), 19세기 말 각축(미 · 중 · 일 · 러), 1910년 한일병합(일), 1945년 해방(미 · 러 · 일), 1945년 한반도 분단(미 · 소), 1950년 한국전쟁(북 · 중 · 러-남 · 미), 1994년 북핵 위기(북-미), 2003년 이후 북핵 6자회담(남 · 북 · 미 · 중 · 일 · 러) 등에서 보듯 한반도에서의 통일과 분단은 외세, 특히 4국과 관련이 있었다. 이처럼 주변 4국으로 인해 점철된 과거의 역사에서 4국의 중요성을 인식할 수 있으며, 내일을 대비하는 지혜를 찾는 안목이 필요하다. 독일통일 역시 '2(서독 · 동독)+4(미국 · 소련 · 영국 · 프랑스)' 방식의 활용이 있었기에 가능했음을 교훈으로 삼아야 한다.

1950년 9월 4일, 한국전 발발 2개월 정도가 지난 후 한국에 파견된 'UN 한국위원회'는 "하나의 종족과 언어 그리고 문화를 가진 한국인은 통일되고 독립된 한국에서 살기를 열정적으로 원한다. 통일은 한국과 관련한 오직 단 하나의 목적이다. …… 분단이 공고화된 이후 계속되는 통일 노력에도 불구하고 한반도는 적어도 국제적 긴장이 누그러질 때까지는 불확실하게 분단된 형태로 남게 되는 공격 전야의 모습으로 나타났다."고 '통일의 전망'에서 적고 있듯[7] 한반도의 국제 문제화는 반세기가 지난 지금도 여전히 지속되고 있다.

한반도의 평화를 보장하는 데는 미국 · 중국 · 일본 · 러시아 등 주변 4대국이 모두 이해관계를 가진다. 특히 미국과 중국은 큰 이해관계를 가지며 일본도 직접적인 이해관계를 가진다. 러시아는 큰 이해관계를 가지고 있지 않지만, 역사적으로 조선반도(한반도) 문제에 깊이 관여하여 왔고, 또 조선반도와 직접 국경을 접하고 있는 나라로서 조선 문제에 무관심할 수 없다.[8]

국민적인 합의가 남북관계의 새로운 전개에 가장 중요한 전제조건이지만 그것 못지않게 중요한 것이 외부의 지지, 특히 한반도 주변 4국의 지지와 협조를 확보하는 일이다. 평화와 통일의 선후관계를 분명히 정의하여 이해당사국들의 혼란을 최소한으로 덜어주어 신뢰를 얻어야 한다. 남북이 평화적으로 공존하는 한국, 더 나아가 통일된 한국이 동북아시아의 평화와 안정에 기여함으로써 주변 4국과 동아시아 모든 나라들에게 이익이 된다는 점을 지금부터 파상공세적으로 인식시키는 외교적 노력이 절실하다. 그리고 유럽의 외교 및 안보정책[9]에서 보듯 한반도 주변 4국과의 경제를 통한 통일외교도 가능할 것이다.

한반도를 둘러싼 4국의 힘을 빌 수는 없으며 또 다시 주변국에 휘둘릴 수는 없다. 그러나 4국은 주요한 핵심적 관계자이므로 그들의 도움이 필요하며, 4국을 활용해야 한다. 4국과 함께 한국 통일에 대한 협의를 해야 한다. 아울러 매년 늘어가는 한국의 해외 동포수 총 664만 명 중, 2005년 8월 현재 중국 244만 명, 미국 208만 명, 일본 90만 명, 독립국가연합 53만 명 등 해외동포의 90%가 한반도 주변 주요 4국가에 거주하는 600만여 명에 달하는 재외국민들의 한민족 네트워크를 활용할 수 있다. 그들은 고국의 통일을 앞당기는데 작은 외교관으로서의 역할을 할 수 있을 것이기 때문이다(표 8-1 참조).

표 8-1. **재외동포 현황 통계**

(단위 : 명)

구 분	2001	2003	2005	점유비	전년비 증감률(%)
아 주	2,670,723	3,239,904	3,589,050	54.1	10.8
일 본	640,234	898,714	901,282	13.6	0.3
중 국	1,887,558	2,144,789	2,439,350	36.8	13.7
기 타	142,931	196,401	248,418	3.7	26.5
미 주	2,375,525	2,433,262	2,393,278	36.6	−1.6
미 국	2,123,167	2,157,498	2,087,946	31.5	−3.2
캐나다	140,896	170,121	198,170	3.0	16.5
중남미	111,462	105,643	107,162	1.6	1.4
구 주	595,073	652,131	640,378	9.7	−1.8
독립국가연합	521,694	557,732	532,697	8.0	−4.5
유 럽	73,379	94,399	107,681	1.6	14.1
중 동	7,208	6,559	6,923	0.1	5.6
아프리카	5,280	5,095	7,890	0.1	54.9
총 계	5,653,800	6,336,951	6,637,519	100	4.9

출처: 외교통상부, 『2005년도 국정감사 요구자료 VI』(서울: 외교통상부, 2005), p. 441.

한국 통일을 위한 주변 4국에 대한 통일외교는 매우 중요하다. 한국 통일은 4국의 이익에 맞아야 하며, 이러한 것을 전제로 하여야만 통일문제에서 4국의 지원을 받을 수 있다.[10)]

주변 4국은 남북한관계의 발전과 한반도에 들어서는 통일 상태 내지 통일국가의 정책이 자신들의 국가이익에 도움이 되지 않을 것으로 판단하면, 남북한관계 개선과 한국 통일에 협조하지 않을 것이다. 주변 4국은 남북한관계 발전과 통일국가가 취할 정책의 불확실성에 대해 우려하겠지만, 우리의 노력 여하에 따라 그 우려는 충분히 불식되어질 수 있을 것이다. 무엇보다도 우리는 주변 4국에게 남북한관계의 개선과 한국 통일이 그들의 국가이익을 결코 해치지 않을 방향으로 정책을 추진할 것이라는 믿음을 심어주어야 한다. 바로 여기에 주변 4국에 대한 우리의 통일외교의 필요성과 중요성이 있다.

넷째, 한국 통일은 동북아 평화와 공동번영의 기여할 수 있다는 인식을 고취시켜야 한다.

세계 정치(global politics)는 인간과 관련된 다양하고 법제화되어 있는 국가의 출현과 공동사회를 초월하는 것을 말한다. 이런 국가들은 영토 · 무기 · 테러 · 종교 · 무역 · 제약 · 이민 · 오염 · 뉴스 · 투자 · 직업 · 지식 · 인권 등의 영역에서 공동의 운명을 서로 가진다.[11)] 그러므로 남북한의 통일도 역내 국가들과 운명을 같이하여야 한다. 그것은 다름 아닌 평화와 번영이다. 그러나 동아시아에서는 세계적 공동사회의 평안함과 지역적인 동질성을 찾기가 매우 어렵다.[12)]

이호재 교수는 남북한이 통일되어 준강대국이 되었을 때 비로소 '동북아 5개국체제'가 형성되어 세력균형 체제가 가능하며, 동북아 지역에서 일본과 중국의 대결을 종식시키고 중 · 일 해양지배권 경쟁을 상호협력적 관계로 발전시킬 수 있다고 주장[13)]한다.

탈냉전 이전까지 동북아지역 내 주요국들은 역내 다자간 안보협력에 소극적인 태도를 보여 왔으나, 최근에는 미국, 일본, 중국, 러시아 등 주변 4국은 모두 동북아 다자간 안보협의체의 필요성에 대해 다소 융통성 있는 입장을 보이고 있다. 동북아 다자안보협력은 동북아지역차원의 역내 신뢰 구축과 분쟁 예방뿐만 아니라 최근 점증하고 있는 테러, 초국가 범죄, 해양, 환경, 보건, 에너지와 같은 새로운 안보위협에 대응하기 위해서도 그 필요성이 증대되고 있다. 특히 현재 진행 중인 6자회담을 통하여 북핵 문제가 평화적으로 해결되고, 이를 계기로 동북아지역 내 공통의 안보 문제를 협의할 수 있는 다자안보협의체가 추진되면 평화체제가 점차 구축될 것이다. 나아가 한반도 통일도 순항을 할 수 있을 것이고, 남북협력과 국제적 협력이 병행된 통일은 역내에서 분쟁소지의 먹구름을 걷게 하고 평화유지에 기여할 것이다.

이처럼 한국의 통일이 가져야 할 위상은 한반도 및 동북아 평화와 번영에 절대적으로 기여해야 한다는 점이다. 한국 통일을 둘러싸고 주변국들이 또 다시 먹이를 앞에 두고 다투는 맹수처럼 으르렁대거나, 기득권을 차지하려고 한다거나, 영향력을 행사하려 든다면, 동북아시아는 걷잡을 수 없는 소용돌이에 휘말려 통제 불가능한 태풍 속에 휘말릴 것이다.

이러한 기본적인 전략을 토대로 한국의 통일에 대하여 각국이 가지는 이중성에 대하여 우리가 취해야 할 대응 방안은 다음과 같다.

대미 대응 방안

한국 통일에 대한 미국의 영향력은 과소평가할 수 없다. 한국 통일에서 미국은 한반도 분할의 현장에서 주도적인 역할을 했던 행위자로서, 반세기 동안 한반도에 자국의 군대를 주둔시킨 개입자로서 지금까지의 악역을 마무리할 의무가 있다.

미국은 한국 통일을 지지하지만 통일과정이 한미관계에 미치는 영향, 그리고 통일 후의 양국관계에 관하여 어떠한 고정된 견해를 가지고 있지는 않다. 중국 또는 러시아가 한국 통일을 지지하는 조건으로 한미 방위조약의 폐기와 미군 철수를 요구한다면, 미국은 어떻게 나올 것인지, 혹은 미국이 정통적 한미관계를 고집하고 남북한 주민들의 자결의 원칙을 주장하여 중국과 러시아의 반통일적 개입을 저지하려 할 것인지 지금으로서는 판단하기 어렵다. 그것은 4국의 역학관계와 미국의 이해관계의 변화에 따라 달라질 수 있는 문제이다. 미국은 대외정책에 있어서 사태변화에 따라 그리고 선거 전략에 따라 방향을 신축적으로 변경하는 나라이기 때문이다.

그러나 미국은 동북아에 있어서 중국 · 일본 · 러시아에 대한 막강한 균형화 세력(counter-balancing power)이고 한반도와 동북아의 평화유지에 결정적 역할을 담당하고 있는 만큼 한국은 대외정책에 있어서 미국에 큰 비중을 두지 않을 수 없다. 한국은 4국의 역학관계와 이해관계의 추이를 예의 주시하면서 전통적 우호관계의 바탕 위에서 대미관계를 조절해 나가지 않으면 안 될 것이다.

탈냉전 이후 한반도의 전략적 비중이 상대적으로 감소했으나, 아시아 · 태평양 전략상 한반도의 중요성은 여전하다. 따라서 미국으로 하여금 한국의 통일 문제를 적극적으로 지원하도록 외교 정책을 추진해야 한다.

미국이 어떻게 한반도 평화 과정에 사전 지원을 할 것인가는 다양하다. 지원을 예견할 수 있는 수정구슬(crystal ball)을 가지고 있는 사람은 아무도 없다. 미국 외교부의 분석학자들이 할 수 있는 모든 것은 이 중요한 논쟁거리를 둘러싼 정책논의에 기여할 수 있는 힌트를 제공해주는 것뿐이다. 미국은 중국·일본·러시아 등 주변국들과 한반도의 화해와 통일의 촉진을 위해 대담한 외교를 주도하는 것을 고려해야 한다.[14)]

미국은 먼저 자국 내에서 진지한 사고를 하고, 그 다음에 그들의 동맹국들이나 중국과 러시아와 함께 한반도와 이 지역에서 그들의 이익에 따라 고려하는 것을 필요로 할 것이다. 예를 든다면, 미국은 한국 통일 후에도 한국과 군사적 동맹관계를 유지하기를 선호할 것이다.[15)]

미국이 독일 통일에서 역할을 하였듯이 한반도에서도 분단 책임자로서의 역할을 적극적으로 할 수 있도록 하여야 한다. 주한미군은 현재 북한의 군사적 위협을 억제하는 것이지만, 통일 이후에는 중국·일본이라는 지역대국의 영향력 확대에 대한 균형을 잡기 위한 조정자로서 성격을 변화시킬 필요가 있다. 통일 한반도에서 미군 주둔은 지역대국에 대한 감시역할 혹은 억제요인으로서도 의의가 커질 것이므로 이에 대한 미군의 이전·감축 등 논의도 고려되어야 한다.

한국 통일은 냉전의 산물로 미국이 반드시 도와야 할 책무감이 있으며, 동북아에서 자유민주주의의 확산과 역내 평화는 물론 공동 번영에 기여도가 높다는 점을 각인시켜야 한다.

대중 대응 방안

중국은 한국에 미군이 주둔하는 상태하에서는 중립을 지키거나 통일을 지원하지 않을 것으로 분석되었다. 그들에게는 한국 통일은 한미 군사력이 압록강까지 미치게 되는 것을 의미하기 때문이다. 중국은 한국 전쟁시에 미국이 압록강까지 진출하는 것을 막기 위하여 한국전에 참가했었다. 물론 그 후의 사정은 크게 달라졌고, 양국 간의 경제관계는 확대일로에 있다. 반면에 중국은 북한의 폐쇄주의와 경제적 실패에 당혹하고 있으면서도 북한과의 형제관계와 서방에 대한 전략상의 필요에서 북한을 끌어안고 있어야 할 처지에 있다.

중국이 한국 통일에 반대하는 가장 큰 이유는 한반도의 급격한 변화를 원하지 않는 것은 물론, 만약 통일한국에 미군이 계속 주둔할 경우 중국은 역사상 처음으로 미군이 안전을 보장하는 나라와 국경을 접하는 처지에 몰리게 되기 때문이다. 따라서 주한미군에 관해서는 장기적으로 중국·러시아·일본과의 관계를 염두에 두고 미국과 긴밀한 협의 아래 그 장래 문제를 연구하고 검토해야 할 것이다.

그러나 중국도 개혁·개방 정책의 효율적 추진을 위한 평화적인 주변환경 조성 차원에서는 남북한 간의 평화적 관계를 바랄 것이며, 장기적으로 동북아 역내 평화를 원할 것이다. 그러므로 기술 이전 등 효과적인 경제 협력 등의 방법을 통해서 우리의 평화 통일 노력을 지원할 수 있도록 세심한 외교 정책이 필요하다.

중국에 대해 한국이 통일되면 동북아에서 역내 평화를 가져올 수 있으며, 중국 동북지방과 한국 사이의 경제 협조가 획기적으로 발전하면 양국 모두에게 큰 이익이 될 것은 물론 러시아의 시베리아 개발에도 큰 전망을 열어 놓을 수 있다는 점을 활용하여야 한다.

대일 대응 방안

한국 통일에서 일본이 느끼고 가져야 할 책무는 일본이 자업자득한 업보에 가깝다. 일본은 결코 한반도 통일에 관한 한 그 책임감을 회피할 수 없다. 일본의 협력은 평화로운 공존과 통일로 향하는 한반도를 발전시키려는 미국의 중대한 노력에 필수적이다.[16)]

그러나 일본도 내심 한반도의 현상유지를 원하고 있다. 통일한국에 대해 동북아에서 경제적으로나 군사적으로나 다루기 힘든 세력이 될 것이기 때문이라고 생각한다. 그러나 이것은 일본이 가진 불변의 외교정책으로 보이지 않는다. 한반도의 평화와 안정은 동북아의 안정에 절대적이다. 북한이 남한에 위협으로 존재하는 한 일본은 한국의 안보를 나 몰라라 할 수 없다. 그러나 경제적인 측면을 고려한다면 일본은 한국의 통일을 바라지는 않을 것이다. 그러므로 일본의 정책은 남북한의 변화를 싫어하고 있다. 오히려 중국을 의식하는 일본은 통일한국이 지금의 한·미·일의 3각 협력관계를 유지할 수 있기를 바랄 것이다. 그런 의미에서는 중국과 러시아의 현상 유지 입장과는 다른 입장에 있다고 할 수 있다.

한국 통일이 열강들의 균형자 역할로서 동북아 평화와 안정에 기여할 수 있다는 점과 경제 공동체로서의 아시아 시장의 활성화는 물론, 활로를 확대하는 측면에서 남북이 통일된 통일한국 경제가 아시아에 도움이 된다는 점을 강조할 필요가 있다. 세계평화를 위하여 아시아 공동체를 구성하는 데 있어서도 한국 통일은 한반도가 대륙연결의 주요 통로이며 경제시장이 될 것이므로 일본의 기술력의 필요와 경제발전에 있어 국익에 부합될 수 있을 것이다.

우리는 멀고도 가까운 나라인 일본에 대해서 세심한 주의를 기울여서 남북의 통일 문제에 분단 원인 제공자로서 방해하지 말고 적극 협조하도록 요구하는 외교 정책을 강구해야 한다.

대러 대응 방안

러시아는 개혁과 개방에서 오는 혼란의 와중에 있고 군사적으로도 쇠약해 있어 국제문제에 대한 발언권이 크게 약해져 있다. 또한 한국과는 수교 관계에 있는 가운데, 북한에 대하여는 과거의 동맹관계를 복원하고 영향력 확대를 꾀하고 있다. 러시아는 남과 북에 대해 관계가 정상적으로 유지되는 것을 바라고 있지만 역시 한국 통일에는 한발 물러서서 지켜보겠다는 자세이다. 이러한 때에 한국의 통일 외교가 경제협력 등을 내세워 주효할 수 있는 소지는 있다. 그러나 러시아 역시 한반도가 미국의 세력권 내에 들어가는 것을 원치 않고 있고, 북한과의 혈맹관계 등으로 자신들이 조정자 역할을 할 수 있다고 생각하고 있다. 이 점에서 러시아는 북핵 해결 등에 6자회담 주장 등 한반도 지역에서 참여와 참여 확대를 기획하고 있다.

러시아는 1980년대 중반부터 대북 일변도 정책에서 한반도 균형정책으로 바꾸었고, 자기 나라의 경제적 성장을 위해서 평화로운 주변 환경 조성 차원에서도 한반도의 전쟁 상황은 원하지는 않을 것이며, 만약 전쟁이 발발하더라도 북한을 쉽게 지원하지는 않을 것이다. 그러나 통일한국이 미국 주도에 의해 통일되어 강대국이 되는 한국의 통일을 원하지는 않을 것이다. 그러므로 경제적 협력관계를 유지하여 러시아 경제 재건을 돕고, 나아가 한국 통일이 동북아시아의 항구적 평화에 반드시 필요하다는 점을 부각시켜 러시아가 우리의 통일 노력을 적극 지지할 수 있도록 능력 있는 적극적인 외교 정책이 필요하다.

러시아에게는 통일된 한국이 러시아와 국경을 접하지만 작은 통일한국을 크게 의식할 필요가 없으며, 한국의 통일에 따른 극동에서의 경제적 요충지로서의 위상을 가질 수 있다. 또한 통일한국은 물론 주변국들과 긴밀한 상호협조와 경제지원으로 시베리아의 무진장한 자원을 개발하여 러시아 경제의 발전에 발판을 마련할 수 있다는 점을 부각시켜 도움을 얻어내야 한다.

이상에서 논의하였듯이 한국의 통일은 독일에서의 경우처럼 전승 4개국과의 법적인 굴레를 가지지 않으므로 한반도 주변 4개국인 미·중·일·러에게서 승인을 받을 필요는 없으나, 주변 4국의 협조를 구하고 받아야 함은 절대적이다. 우리는 주변 4국이 자국의 국익을 위해 보이는 이중성에 대하여 한국의 통일이 오히려 동북아 역내 평화와 국가 이익에 도움이 된다는 점을 부각하여 외교적 역량을 펼쳐야 한다. 주변 4국이 한국의 통일을 방해하지 않도록 해야 하며, 서로 주변국끼리 이간질하는 것은 상호불신을 조장하고 적대감을 확대시킬 것이므로 통일에 도움이 안 된다는 점도 상기시킬 필요가 있다.

또한 한국의 통일이 주변국의 국익에 반하지 않는 반미, 반중, 반일, 반러의 통일이 아니라는 것을 주변 4국에게 확신시켜 주는 작업이 구체적으로 진척되어야 하며, 이것이 곧 통일외교노력이다.

곧 다가올 한국 통일은 우리 민족의 문제이며, 우리의 몫이다. 더 이상 분단의 책임을 남에게 돌릴 수만은 없으며, 한민족의 염원인 통일을 이상과 구호로만 남겨두고 다음 세대로 미룰 수 없다.

참고문헌

1. 국내문헌

■ 단행본

강성종, 『북한의 강성대국 건설전략』, 파주: 한울, 2004.

강원식, 『한반도 통일과정에서 러시아의 역할』, 서울: 민족통일연구원, 1997.

개빈멘지스 저, 조행복 역, 『중국, 세계를 발견하다』, 파주: 사계절출판사, 2004.

건국대 전사연구소 편, 『러일전쟁사』, 서울: 건국대학교출판부, 2004.

게르하르트 비스네프스키 저, 박진곤 역, 『제국의 꿈 작전 9 · 11』, 고양: 도서출판 달과소, 2004.

국제관계연구회 편, 『동아시아 국제관계와 한국』, 서울: 을류문화사, 2003.

국회통일외교통상위원회 편, 『한반도 – 동북아지역 연계 발전과 4강 외교』, 서울: 국회통일외교통상위원회, 2002.

권용립, 『미국의 정치운명』, 서울: 도서출판 삼인, 2003.

권혁범 외, 『한반도와 통일문제: 한반도 문제의 재조명』, 서울: 대왕사, 2002.

김강녕, 『한반도 통일안보론』, 부산: 신지서원, 2004.

______, 『동북아 국제정치와 한반도』, 서울: 신지서원, 2002.

김강녕 외, 한국통일전략학회 편, 『국제정세변화와 통일전략』, 서울: 신지서원, 2002.

김덕중, 『미 · 중관계와 러시아』, 서울: 태학사, 2002.

김문길, 『한일관계사』, 부산: 부산외국어대학교출판부, 2004.

김성한, 『미국 부시 행정부의 대외정책 방향과 한반도』, 서울: 외교안보연구원, 2001.

______, 『미 · 중 · 일 삼각관계와 한반도』, 서울: 외교안보연구원, 2000.

김세웅, 『중국의 대외정책과 한국』, 서울: 고려원, 1999.

김수남, 『2000년대 한반도 주변국과 북한의 안보정책』, 서울: 국방대학교 안보문제연구소, 2000.

김용학, 『국토 · 통일 그리고 동북아』, 서울: 혜원, 2003.

김우현, 『세계정치질서』, 서울: 한울아카데미, 2001.

김유남 외, 한국정치학회 편, 『21세기 남북한과 미국』, 서울: 삼영사, 2001.

김철수, 『독일통일의 정치와 헌법』, 서울 : 박영사, 2004.

김하영, 『국제주의 시각에서 본 한반도』, 서울: 책벌레, 2002.

김학성, 『한반도 평화체제에 대한 이론적 접근: 현실주의, 자유주의, 구성주의의 비교』, 서울: 통일연구원, 2000.

나카소네야스히로 저, 박철희・오영환 역, 『21세기 일본의 국가전략』, 서울: 시공사, 2001.
노암 촘스키 저, 황의방・오성환 역, 『패권인가 생존인가: 미국은 지금 어디로 가고 있는가』, 서울: 까치글방, 2004.
다니엘 플린 저, 오영진 역, 『미국의 변명』, 서울: 한국경제신문, 2003.
도진순, 『분단의 내일 통일의 역사』, 서울: 도서출판 당대, 2001.
라오웨이 저, 이향중 역, 『저 낮은 중국』, 서울: 이가서, 2004.
리처드 하스 외 저, 장성민 외 역, 『9・11 테러 이후 부시행정부의 한반도정책』, 서울: 김영사, 2002.
마대정 외, 조세현 역, 『중국의 국경・영토 인식』, 서울: 고구려연구재단, 2004.
마이클 오핸론・마이크 모치추키 저, 최용환 역, 『대타협 – 북한VS미국, 평화를 위한 로드맵』, 서울: 삼인, 2004.
매봉통일연구소 편, 『탈냉전기 한반도와 주변 4강』, 서울: 도서출판 매봉, 2004.
모리스 마이스너 저, 김수영 역, 『마오의 중국과 그 이후 1, 2』, 서울: 이산, 2004.
문두식, 『21세기 남북한 통일방안의 모색』, 서울: 도서출판 매봉, 2004.
문정인 외, 『21세기 국제환경 변화와 한반도』, 서울: 오름, 2004.
미셸초스도프스키 저, 김현정 역, 『전쟁과 세계화』, 서울: 도서출판 민, 2002.
박건영, 『한반도 평화보고서』, 서울: 한울, 2002.
박두복, 『중국의 대한반도 정책의 신추세와 한・중관계 발전 방향』, 서울: 외교안보연구원, 2001.
박순성, 『북한 경제와 한반도 통일』, 서울: 풀빛, 2003.
박영호 외, 『한반도 통일문제에 대한 주변4국의 입장분석: 전문가 인식조사 결과』, 서울: 민족통일연구원, 1997.
박재영, 『국제정치 패러다임』, 서울: 법문사, 2000.
박종철 외, 통일연구원 편, 『평화번영정책의 이론적 기초와 과제』, 서울: 통일연구원, 2003.
박종철, 『미국과 남북한: 갈등과 협력의 삼각관계』, 서울: 오름, 2002.
배정호, 『일본의 국가전략과 한반도』, 서울: 통일연구원, 2001.
백기완, 『백기완의 통일이야기』, 서울: 청년사, 2003.
사만디 파워 저, 김보영 역, 『미국과 대량학살의 시대』, 서울: 에코리브르, 2004.
사무엘 헌팅턴 저, 형선호 역, 『미국』, 파주: 김영사, 2004.
서대숙, 『현대북한의 지도자 김일성과 김정일』, 서울: 을유문화사, 2000.
서병철 편, 『분단 극복을 위한 초석: 한국과 독일의 분단과 통일』, 서울 : 매봉, 2003.
서옥식, 『통일을 위한 「남남갈등」 극복 방향과 과제』, 서울: 도리, 2003.
세종연구소 편, 『북한의 국가전략』, 파주: 한울, 2004.
셀리그 해리슨 저, 이홍동 역, 『코리안 엔드게임』, 서울: 도서출판 삼인, 2003.

송영우, 『국제정치학』, 서울: 건국대학교출판부, 1999.
______, 『중국학』, 서울: 건국대학교출판부, 1998.
송주명 외, 『21세기 새로운 동아시아 질서와 한반도: 탈냉전기 동아시아 국제질서의 구조변화와 한반도 통일전망』, 오산: 한신대학교출판부, 2003.
신동준, 『군국 일본의 국가제도와 그 운용자들』, 서울: 지식산업사, 2004.
______, 『근대 일본론』, 서울: 지식산업사, 2004.
신상진, 『중·러 전략적 협력 강화와 한반도』, 서울: 통일연구원, 2001.
______, 『중·미 관계와 한반도: 외교안보 및 통일문제를 중심으로』, 서울: 통일연구원, 2000.
신상진 외, 『한반도 냉전구조 해체: 주변국 협력유도방안』, 서울: 통일연구원, 2000.
신정현 외, 『국가연합 사례와 남북한 통일과정: 남북연합 형성에 관한 새로운 모색』, 파주: 한울, 2004.
아미가와에이치 저, 이홍배 역, 『미국의 패권주의 이대로 갈 것인가?』, 서울: 이채, 2003.
아서 사이어 저, 미국정치연구회 역, 『탈냉전기 미국의 외교정책』, 서울: 도서출판 오름, 2000.
여인곤, 『러·북관계 변화추이와 푸틴의 대북정책 전망』, 서울: 통일연구원, 2000.
______, 『러시아의 안보·군사전략 변화와 푸틴의 한반도정책』, 서울: 통일연구원, 2001.
외교안보연구원·경북대학교 편, 『한반도와 동북아 4강 관계』, 서울: 외교안보연구원, 1996.
우철구·박건영 편, 『현대 국제관계이론과 한국』, 서울: 사회평론, 2004.
우평균, 『소련붕괴와 현대러시아 정치』, 서울: 매봉, 2002.
윤민재, 『세계화시대 남북한 통합의 방향과 과제: 민족주의의 관점에서』, 서울 : 집문당, 2003.
이그나시오 라모네 외 저, 최병권·이정옥 편, 『아메리카』, 서울: 휴머니스트, 2002.
이기종, 『남북한의 국제관계와 안보외교』, 서울: 동림사, 2000.
이동복, 『통일의 숲길을 열어가며: 이동복의 미로 찾기 1·2』, 서울: 삶과 꿈, 1999.
이동휘, 『9·11 테러사태 이후 국제환경의 변화와 한반도』, 서울: 외교안보연구원, 2002.
이범준 외, 『미국외교정책』, 서울: 박영사, 2001.
이상우, 『21세기 동아시아와 한국 I·II』, 서울: 도서출판 오름, 1998.
______, 『국제관계이론』, 서울: 박영사, 1999.
이상철, 『안보와 자주성의 딜레마』, 서울: 연경문화사, 2004.
이에나가사부로(家永三郎) 저, 현명철 역, 『전쟁책임』, 서울: 논형, 2005.
이원종, 『새로운 중국과 한국』, 서울: 나남출판, 2002.
이창훈, 『네오콘 팍스 아메리카나의 전사들』, 서울: 미래M&B, 2003.

이태환 편, 『정상외교와 한반도: 주변4강 1998-1999』, 성남: 세종연구소, 2000.
이호재, 『21세기 통일한국의 이상론』, 서울: 화평사, 2003.
_____, 『통일한국과 동북아 5국체제: 한민족이 나아갈 길』, 서울: 화평사, 1997.
임두빈 편, 『한반도의 안보와 통일 II』, 서울: 아세아태평양문제연구소, 2002.
임혁백·성격릉·마동훈, 『세계화와 문화정치학』, 파주: 집문당, 2004.
장성민, 『전환기 한반도의 딜레마와 선택-북핵, 한미관계 그리고 정치개혁』, 서울: 나남출판, 2004.
전재성·박건영, 『현대 국제관계이론과 한국』, 서울: 사회평론, 2004.
정문길 외 편, 『주변에서 본 동아시아』, 서울: 문학과 지성사, 2004.
정문헌, 『남북한과 미국』, 서울: 도서출판 매봉, 2004.
정세진, 『동아시아 국제관계와 한반도』, 서울: 한울아카데미, 2002.
정옥임, 『미국의 대중 정책과 한반도』, 성남: 세종연구소, 2001.
정은숙 편, 『미·중·일·러의 대북정책』, 성남: 세종연구소, 2001.
정진위·김용호, 『북한 남북한관계 그리고 통일』, 서울: 연세대학교출판부, 2003.
제러미 리프킨 저, 이원기 역, 『유러피언 드림』, 서울: 민음사, 2005.
조제프 S. 나이 저, 홍수원 역, 『제국의 패러독스』, 서울: 세종연구원, 2002.
존 M. 톰슨 저, 김남섭 역, 『20세기 러시아 현대사』, 서울: 사회평론, 2004.
좌승희·문정인·노정호 편, 『한반도 통일핸드북 I-IV』, 서울: 한국경제연구원, 2003.
진방식, 『분단한국의 매카시즘』, 서울: 형성사, 2004.
최문형, 『러일전쟁과 일본의 한국 병합』, 서울: 지식산업사, 2004.
최장근, 『일본의 영토분쟁』, 서울: 백산자료원, 2005.
최춘흠, 통일연구원 편, 『한반도 평화체제 구축과 중국』, 서울: 통일연구원, 2002.
_____, 『중국의 동아시아전략과 대북한 정책: 지속과 변화』, 서울: 통일연구원, 2001.
최춘흠, 『중국의 대한반도 정책 전망: 외교·안보 분야 중심으로』, 서울: 통일연구원, 2000.
콘돌리자 라이스 외 저, 장성민 편 역, 『부시행정부의 한반도 리포트』, 서울: 김영사, 2001.
통일교육원 편, 『통일문제의 이해』, 서울: 통일부 통일교육원, 2004.
_____, 『통일문제의 이해』, 서울: 통일부 통일교육원, 2003.
_____, 『통일문제의 이해』, 서울: 통일부 통일교육원, 2002.
_____, 『북한 이해』, 서울: 통일부 통일교육원 연구개발과, 2004.
_____, 『북한 이해』, 서울: 통일부 통일교육원 연구개발과, 2003.
_____, 『통일문답 2003: 평화번영의 시대, 북한·통일문제 이해의 길라잡이』, 서울: 통일부 통일교육원 연구개발과, 2003.

통일연구원, 『한반도 안보정세변화와 협력적 자주국방』, 서울: 통일연구원, 2004.
통일연구원 편, 『국내적 통일인프라 실태』, 서울: 통일연구원, 2003.
______, 『한반도 평화번영과 국제협력』, 서울: 통일연구원, 2003.
______, 『한반도 평화정착의 현황과 전망』, 서울: 통일연구원, 2002.
______, 『남북관계 발전과 한반도 평화정착』, 서울: 통일연구원, 2002.
______, 『부시 행정부 출범이후 동북아정세와 한·중협력』, 서울: 통일연구원, 2001.
하영선 편, 『21세기 평화학』, 서울: 풀빛, 2002.
하워드 진 저, 이아정 역, 『오만한 제국』, 서울: 당대, 2001.
한국동북아지식연대 편, 『동북아공동체를 향하여』, 서울: 동아일보사, 2004.
한국통일교육연구회, 『통일6』, 서울: 도서출판 그린필드, 2004.
한스 J, 모겐소 저, 이호재 역, 『현대국제정치론』, 서울: 법문사, 1987.
헬렌 루이즈 헌터 저, 남성욱·김은영 역, 『CIA 북한보고서』, 서울: 도서출판 한송, 2001.
홍완석 편, 『21세기 러시아정치와 국가전략』, 서울: 일신사, 2001.
홍현익·이대우 편, 『동북아 다자안보협력과 주변 4강』, 성남: 세종연구소, 2001.
황병덕, 『부시행정부의 대북정책과 한국의 대북정책 추진방향』, 서울: 통일연구원, 2001.
황장엽, 『황장엽의 대전략』, 서울: 월간조선사, 2003.
Z, 브레진스키 저, 김명섭 역, 『제국의 선택』, 서울: 황금가지, 2004.
______, 『거대한 체스판』, 서울: 삼인, 2002.

■ 논문류

강석승, "북방정책 추진과 새로운 통일 환경 조성에 관한 연구," 인하대학교 박사학위논문, 1992.
강지한, "신국제질서 형성에 따른 한반도 통일여건에 관한 연구," 대구대학교 박사학위논문, 1993.
공천섭, "중국과 소련의 개혁 및 개방정책이 한반도에 미치는 영향에 관한 연구," 경희대학교 박사학위논문, 1990.
곽태환, "전환기의 대북정책과 주변국과의 관계," 원광대학교 통일문제연구소, 『통일문제논집』 제19집, 1999.
구갑우,"남북한관계에 대한 메타이론적 접근," 서강대학교 사회과학연구소, 『사회과학연구』 제12집 2호, 2004.
권기수, "페리 보고서와 한반도 정세변화," 『정부의 대북정책 평가와 전망』, 경북대학교 평화문제연구소, 1999.
김계동, "주변 4강의 대한반도 정책과 한반도 평화체제 구축," 국회도서관 입법조사분석실, 『입법조사연구』, 제250호, 1998.

김상규, "독일의 통일에 비추어 본 한국의 통일이념과 통일외교노선의 성찰," 21세기 정치학회 편, 『21세기 정치학회보』, 제15집 1호, 2005.
______, "한국의 북방정책과 미국의 안보역할," 『중소연구』, 제18호 2권, 1993 여름.
______, "통독에의 접근과정과 이의 외교사적 의미," 『국제정치논총』, 제30집 1호, 1990.
권상수, "분단국 통일 환경에 관한 비교연구: 독일 · 예멘 · 베트남의 사례를 중심으로," 중앙대학교 박사학위논문, 1995.
김성주, "동북아의 외교 · 안보환경과 한국의 선택," 『통일문제논집』, 제16집, 원광대학교 통일문제연구소, 1996.
김영환 , "한국정부의 통일정책 전개과정 연구," 조선대학교 박사학위논문, 1994.
김왕헌, "한반도의 평화실현을 위한 단계적 접근에 관한 연구," 대구대학교 박사학위논문, 1991.
김용욱, "통일을 위한 신사고," 『한국의 중 · 소 관계변화와 북한의 개혁전망』, 한국자유총연맹, 1990.
김진향, "한반도 통일에 관한 담론의 분석: 남한 사회의 통일담론을 중심으로," 경북대학교 박사학위논문, 2000.
김태운, "탈냉전시대에 북한의 대4강 외교정책과 한반도에 미치는 그 영향에 관한 연구,"조선대학교 박사학위논문, 1998.
문정주, "수렴론적 체제 접근을 통한 남북한 통합이론의 적실성에 관한 연구," 한국교원대학교 박사학위논문, 1997.
박두복, "중공 대한반도정책의 신추세와 한 · 중공관계," 『외교』, 제6호, 1998.
백종천 외, "미국의 동아 · 태 안보전략과 한국의 안보," 전국대학통일문제연구소협의회, 『통일연구논총집』, 제2집, 1999.
세종연구소, "주변 4개국의 북한인식과 우리의 대응방향," 『정책과제보고서』, 97-01, 1997.
신정현, "동북아의 전략환경과 한반도문제," 전국대학통일문제연구소협의회, 『통일연구논총집』, 제2집, 1999.
우성대, "수렴론적 시각에서 본 남북한 통합모델에 관한 연구," 고려대학교 박사학위논문, 1992.
유명철, "한국중립화론 연구," 경북대학교 박사학위논문, 1990.
이상근, "중국의 남북한 통일에 대한 입장변화 고찰," 단국대학교 박사학위논문, 1995.
이상만, " 21세기 통일 환경의 변화전망과 통일정책의 방향," 전국대학통일문제연구소협의회, 『통일연구논총집』, 제3집, 2000.
이우태, "남북한 평화이행체제 형성에 관한 연구," 고려대학교 박사학위논문, 2000.
이재봉, "김정일 체제의 출범과 대외정책전망," 원광대학교 통일문제연구소, 『통일문제논집』, 제18집, 1998.

임춘건, "한국의 북방정책 선택과 추진과정에 관한 연구," 경희대학교 박사학위논문, 1999.
전갑길, "신국제질서 형성에 따른 한반도 통일 환경에 관한 연구: 한・중, 북・미관계를 중심으로," 조선대학교 박사학위논문, 1999.
정원술, "북한외교정책의 변천과정에 관한 연구: 제3세계외교정책을 중심으로," 조선대학교 박사학위논문, 1991.
전재성・박건영, "국제관계이론의 한국적 수용과 대안적 접근,"『현대 국제관계이론과 한국』서울: 사회평론, 2004.
정지웅, "분단 통일국과 한반도 통일: 힘(power)과 통합이론의 관점에서," 서울대학교 박사학위논문, 1997.
조준래, "중국의 대북한관계 특수성 연구," 한국외국어대학교 박사 학위 논문, 2002.
진희관, "전환기의 대북정책과 주변국과의 관계," 원광대학교 통일문제연구소,『통일문제논집』, 제19집, 1999.

■ 기 타

국방부,『국방백서 2004』, 서울: 국방부, 2004.
______,『국방백서 2003』, 서울: 국방부, 2003.
______,『국방백서 2002』, 서울: 국방부, 2002.
______,『국방백서 2001』, 서울: 국방부, 2001.
______,『국방백서 2000』, 서울: 국방부, 2000.
국정홍보처, "노무현대통령 방중외교," 서울: 국정홍보처, 2003.
외교통상부,『2003년도 외교백서』, 서울: 외교통상부, 2004.
______,『2002년도 외교백서』, 서울: 외교통상부, 2003.
______,『2001년도 외교백서』, 서울: 외교통상부, 2002.
______,『2000년도 외교백서』, 서울: 외교통상부, 2001.
______,『2005년도 국정감사 요구자료』, 서울: 외교통상부, 2005.
______,『2004년도 국정감사 요구자료』, 서울: 외교통상부, 2004.
______,『2003년도 국정감사 요구자료』, 서울: 외교통상부, 2003.
______, "제1차 6자회담 결과 및 향후대책(국회 통일외교통상위 보고자료)," 서울: 외교통상부, 2003.
이동휘 외, "중장기 국제정세전망," 서울: 한국외교안보연구원, 2002.
조용균 외, "한반도-동북아지역 연계 발전과 4강 외교(연구보고서)," 서울: 국회통일외교통상위원회, 2002.
통일부 통일정책실,『통일백서 2004』, 서울: 통일부, 2004.
______,『통일백서 2003』, 서울: 통일부, 2003.
______,『통일백서 2002』, 서울: 통일부, 2002.

통일부 통일정책실, 『통일백서 2001』, 서울: 통일부, 2001.
통일부, 『2005년도 국정감사 요구자료』, 서울: 통일부, 2005.
______, 『2004년도 국정감사 요구자료』, 서울: 통일부, 2004.
______, 『2003년도 국정감사 요구자료』, 서울: 통일부, 2003.
______, 『2004년도 통일교육 기본지침서』, 서울: 통일부, 2003.
______, 『북한개요 2004』, 서울: 통일부, 2003.
황장엽, "평화통일전략," 서울: 월간중앙WIN, 1999, 2.
______, "비록 공개(어둠의 편이 된 햇볕은 어둠을 밝힐 수 없다)," 서울: 월간조선, 2001.

2. 외국문헌

■ 단행본

Armacost, Michael H., *The Future of America's Alliances in Northeast Asia*, Stanford: Asia-Pacific Research Center, 2004.
Asiatic Research Center, *International Conference on the Problems of Korean Unification*, Seoul: Korea University Asiatic Research Center, 1971.
Baek, Jong-Chun and Sang-Hyun Lee, *Korea-U. S. Relations in Transition: Korea-U. S. Alliance in Retrospect and Prospects for a New Strategic Partnership*, Seongnam: Sejong Institute, 2003.
Baek, Jong-Chun and Young-Jae Kim, *Peace and Stability on the Korean Peninsula*, Seoul: Korean Association of International Studies, 2001.
Bermudez Jr., Joseph S., *The Armed Forces of North Korea, London*, New York: I. B. Tauris Pub., 2001.
Brennan, Alice, *Inter-Korean Relations: Past, Present, and Future*, Washington, D. C.: Center for Strategic and International Studies, 2002.
Brown, Neville, *Global Instability and Strategic Crisis*, London: Routledge, 2004.
Bush, Richard C., *Brookings Northeast Asia Survey*, Washington, D. C.: Center for Northeast Asian Policy Studies, 2004.
Buzan, Barry and Ole Waever, *Regions and Powers: The Structure of International Security*, Cambridge: Cambridge University Press, 2004.
Choi, Young-Back, *Perspectives on Korean Reunification and Economic Integration, Cheltenham*, UK: Edward Elgar, 2001.
Clark, Ian, *The Post Cold War Order: The Spoils of Peace*, Oxford: Oxford University Press, 2001.

Coe, David T. and Se-Jik Kim, *Korean Crisis and Recovery*, Washington: International Monetary Fund, 2002.
Cornell, Erik, *North Korea under Communism: Report of An Envoy to Paradise, Translated by Rodney Bradbury*, London: Routledge, 2002.
Dahl, Robert A., *Modern Political Analysis*, Englewood Cliffs: Prentice-Hall, 1984.
Ducke, Isa, *Status Power: Japanese Foreign Policy Making toward Korea,* New York: Routledge, 2002.
Eberstadt, Nicholas and Richard J. Ellings, *Korea's Future and the Great Powers*, Seattle: National Bureau of Asian Research, 2001.
Eberstadt, Nicholas, *Korea Approaches Reunification, With a forward by Robert A. Scalapino*, New York: M. E. Sharpe, 1995.
Emmers, Ralf, *Cooperative Security and the Balance of Power in ASEAN and the ARF*, London: Routledge Curzon, 2003.
Feffer, John, *North Korea South Korea: U. S. Policy at a Time of Crisis*, New York: Seven Stories Press, 2003.
Flassbeck, Heiner and Gustav A. Horn, *German Unification: An Example for Korea?*, England: Brookfield; Vt.: Dartmouth Pub., 1996.
Goldstein, Joshua S., *International relations*, New York: Longman, 2003.
Grinker, Roy Richard, *Korea and Its Futures: Unification and the Unfinished War*, New York: St, Martin's Press, 1998.
Guzzini, Stefano and Dietrich Jung, *Contemporary Security Analysis and Copenhagen Peace Research*, London: Routledge, 2004.
Haas, Michael, *Korean Reunification: Alternative Pathways*, New York: Praeger, 1989.
Harrison, Selig S., *Korean Endgame: A Strategy for Reunification and U, S, Disengagement*, Princeton: Princeton University Press, 2002.
Held, David, *A Globalizing World?: Culture, Economics, Politics*, New York: Routledge, 2000,
Henriksen, Thomas H., *Clinton's Foreign Policy in Somalia, Bosnia, Haiti, and North Korea*, Stanford Calif.: Hoover Institution on War, Revolution and Peace, Stanford University, 1996.
Henriksen, Thomas H. and Kyong-soo Lho, *One Korea?: Challenges and Prospects for Reunification*, Stanford: Hoover Institution Press, 1994.
Heo, Uk. and Shale A. Horowitz, *Conflict in Asia: Korea, China-Taiwan, and India-Pakistan*, Westport, CT: Praeger, 2003.
Herrmann, Richard K. and Richard Ned Lebow, *Ending the Cold War: Interpretations, Causation, and the Study of International Relations*, New York: Palgrave

Macmillan, 2004.

Hill, Christopher, *The Changing Politics of Foreign Policy*, Basingstoke: Palgrave MacMillan, 2003.

Hong, Jeong-Pyo, *Regional Integration in Northeast Asia*, Seoul: Korea Institute for International Economic Policy, 2004.

Hong, Won-Tack, *Catch-up and Crisis in Korea*, Cheltenham, UK: Edward Elgar, 2002.

Hwang, Byong-Moo and Yong-Sup Han, *Korean Security Policies toward Peace and Unification*, Seoul: Korean Association of International Studies, 1996.

Institute of Foreign Affairs and National Security, *International Relations in the 21st Century: Challenges and Visions of Korea's Foreign Policies*, Seoul: Institute of Foreign Affairs and National Security, 2000.

Ito, Go, *Alliance in Anxiety: Detente and The Sino-American-Japanese Triangle*, New York: Routledge, 2003.

Joo, Seung-Ho, *Gorbachev's Foreign Policy toward the Korean Peninsula, 1985~1991: Power and Reform, Lewiston*, New York: Queenston; Edwin Mellen Press, 2000.

Kihl, Young-Whan, *Korea and the World: Beyond the Cold War*, Boulder: Westview Press, 1994.

Kim, Chae-Han, *Domestic Politics, Trade Negotiations and Regional Integration: The U. S., Japan and Korea*, Seoul: Sowha, 1998.

Kim, Dae-Hwan and Tat Yan Kong, *The Korean Peninsula in Transition*, New York: St, Martin's Press, 1996.

Kim, Dae-jung, *Peace on The Korean Peninsula and East Asia*, Singapore: Institute of Southeast Asian Studies, 2001.

Kim, Hak-joon and Gottfried-Karl Kindermann, *New International Order and Future of Divided Nations*, Seoul: IPSA Research Committee on System Integration of Divided Nations, 2003.

Kim, Hugo W., *Korean Americans and Inter-Korean Relations*, Washington: East-West Research Institute, 2003.

Kim, Kyong-Dong and On-Jook Lee, *The Two Koreas: Social Change and National Integration*, Seoul: Jimoondang, 2003.

Kim, Samuel S., *The International Relations of Northeast Asia*, Lanham: Rowman and Littlefield Publishers, 2004.

______, *North Korea and Northeast Asia, Lanham*, Md.: Rowman & Littlefield Publishers, 2002.

______, *The North Korean System in the Post-Cold War Era*, New York: Palgrave,

2001.
Kim, Samuel S., *China and the World: Chinese Foreign Policy Faces the New Millennium,* Boulder, Colo: Westview Press, 1998.
Kim, Samuel S. and Tai Hwan Lee, *North Korea and Northeast Asia*, Lanham, Md.: Rowman & Littlefield Publishers, 2002.
Koh, Byung-Chul, *The Korean Peninsula in Transition: The Summit and Its Aftermath*, Seoul: Kyungnam University, Institute for far Eastern Studies, 2002.
Korea Ministry of Unification, *Promoting Peace and Cooperation: Five Years of the Kim, Dae-jung Administration*, Seoul: Ministry of Unification, 2003.
______, *Kim, Dae-jung's Policies on North Korea: Achievements and Future Goals*, Seoul: Korea Ministry of Unification, 1999.
Kwak, Tae-Hwan and Seung-Ho Joo, *The Korean Peace Process and the Four Powers*, Aldershot: Ashgate, 2003.
Lee, Young-Sun and Masao Okonogi, *Japan and Korean Reunification*, Seoul: Yonsei University Press, 1999.
Letta, Corrado G. M., *Strategic Thinking: the Korean Experience*, Pusan: Pusan University of Foreign Studies Press, 2002.
Morgenthau, Hans J., *Politics Among Nations: The Struggle for Power Peace*, New York: Alfred A, Knopf, 1948.
Moon, Chung-In, *Odd Arne Westad; Gyoo-hyoung Kahng, Ending The Cold War in Korea: Theoretical and Historical Perspectives*, Seoul: Yonsei University Press, 2001.
Myers, Robert J., *Korea in the Cross Currents: A Century of Struggle and the Crisis of Reunification*, New York: Palgrave, 2001.
Noland, Marcus, *Korea after, Kim Jong-il*, Washington, D. C.: Institute for International Economics, 2004.
Oberdorfer, Don, *The Two Koreas: A Contemporary History,* New York: Basic Books, 2001.
Olsen, Edward A., *Toward Normalizing U. S. – Korea Relations : in due Course?*, Boulder: Lynne Rienner Publishers, 2002.
Park, Han S., *North Korea: The Politics of Unconventional Wisdom*, Boulder: Lynne Rienner Publishers, 2002.
______, *North Korea: Ideology, Politics, Economy*, Englewood Cliffs, NJ: Prentice Hall, 1996.
Shinn, Rinn-Sup, *South Korea: "Sunshine policy" and Its Political Context*, Washington, D. C.: Congressional Research Service, 1999.
Shuja, Sharif M., *Russias Northeast Asia Policy*, Baltimore: School of Law, University

of Maryland, 2000.

Summit Council for World Peace, *The Reunification of Korea and World Peace: The fifth, Summit Council for World Peace*, Washington: Summit Council for World Peace, 1992.

The Department of State, *The Record on Korean Unification 1943~1960*, Washington 25, D. C.: U. S. Government Printing Office, 1960.

Akaha, Tsuneo, *The future of North Korea*, London: Routledge, 2002.

U. S. House Committee on International Relations, *U. S. Policy toward North Korea, and the Expectations for an Upcoming Review*, Washington, D. C.: Government Printing Office, 1999.

Wang, James C. F., *Contemporary Chinese Politics: An Introduction*, University of Hawaii at Hilo: Prentice-Hall, 1995.

______, *Comparative Asian Politics: Power, Policy, and Change*, Englewood Cliffs: Prentice-Hall, 1994.

Wendt, James C., *The North Korean nuclear program: What is to be done?*, Santa Monica: Rand, 1994.

Yang, Sung-Chul, *The North and South Korean Political Systems: A Comparative Analysis*, Seoul: Elizabeth, 1999.

キム・ミョンチョル,『金正日朝鮮統一の日: 北朝鮮戰争と平和のシナリオ』, 東京: 光人社, 1998.

姜尙中・水野直樹・李鍾元 編,『日朝交渉: 課題と展望』, 東京: 岩波書店, 2003.

高峻石,『統一への 胎動と 朝鮮革命』, 東京: 社會評論社, 1984.

孔星鎭・川勝平太 編,『韓國の政治: 南北統一をめざす新・先進國』, 東京: 早稲田大學出版部, 1997.

關寛治・姜昌周 編,『南北朝鮮 統一論』, 東京: 日本評論社, 1991.

關寛治・高瀬淨 編,『朝鮮半島と 國際關係』, 東京: 晃洋書房, 1982.

廣島平和研究所 編,『21世紀の核軍縮: 廣島からの發信』, 京都: 法律文化社, 2002.

國際學術シンポジウム報告書編集委員會 編,『朝鮮の統一とアジアの平和』, 八尾: 大阪經濟法科大學, 1994.

金哲洙,『韓國憲法の50年: 分斷の現實と統一への展望』, 東京: 敬文堂, 1998.

民族統一シンポジウム日本事務局 編,『民族統一への模索: 侵略・分斷の「三十六年」を重ねて』, 東京: アンヴィエル, 1981.

山本皓一・松本利秋,『極東危機の最前線』, 東京: 廣濟堂出版, 1997.

小此木政夫 編,『ポスト冷戰の朝鮮半島』, 東京: 日本國際問題研究所, 1994.

小此木政夫,『日本と北朝鮮・これからの5年: 南北統一への視点とシナリオ』, 東京: PHP研究所, 1991.

矢ケ崎誠治, 『朝鮮半島統一問題の歴史と現況』, 東京: 教育社, 1979.
神谷不二, 『朝鮮半島で 起きたこと 起きること: 分斷・共存・統一の歴史と行方』, 東京: PHP研究所, 1991.
深田祐介, 『鍵は朝鮮半島にあり!』, 東京: 小學館, 1996.
吳正萬 編, 『朝鮮半島と アジアの 平和』, 東京: 八千代出版, 1987.
日本防衛廳防衛硏究所 編, 『東アジア戰略槪觀 1998～1999』, 東京: 日本大藏省印刷局, 1999.
______, 『東アジア戰略槪觀 2000』, 東京: 日本大藏省印刷局, 2000.
長谷川慶太郞, 『アジア大轉換と日本: 中國・北朝鮮危機を超えて』, 東京: 光文社, 1997.
在日朝鮮人社會・教育硏究所 編, 『朝鮮統一』, 東京: 晩聲社, 1991.
前田康博, 『どこへゆく朝鮮半島: 對立か統一か搖れる南北』, 東京: 社會評論社, 1994.
鄭銀淑, 『日本が知らない北朝鮮の素顔: 韓國の目線で考える朝鮮半島と南北統一』, 東京: 雙葉社, 2003.
中川信夫, 『激動の 朝鮮半島: 日朝新時代と90年代統一』, 東京: 綠風出版, 1990.
______, 『朝鮮半島は どうなるか: 韓國民主化・南北統一と 日本』, 東京: 未來社, 1988.
池東旭, 『どうなる? 朝鮮半島と 日本』, 東京: 草思社, 1991.
平山龍水, 『東アジア冷戰の起源: 朝鮮半島分斷の構圖』, 東京: 信山社, 2002.
浦野起央・崔敬洛, 『朝鮮統一の 構圖と 北東アジア』, 東京: 勁草書房, 1989.
韓國問題キリスト者緊急會議NCCアジア資料センタ- 編, 『朝鮮半島の 平和と 統一をもとめて』, 東京: 新教出版社, 1989.
和田春樹, 『日本・韓國・北朝鮮: 東北アジアに生きる』, 東京: 青丘文化社, 2003.
環太平洋問題硏究所 編, 『韓國・北朝鮮總覽 2002』, 東京: 原書房, 2002.

■ 논문류

Choi, Bum-Sik, "The Third World Policies of South and North Korea: A Comparative Analysis," Ph. D, Diss., UMI Research Press, 1988.
Jung, Belong-Ho, "The Korean Arms Race: A Theoretical Framework for Analysis," Ph. D, Diss., UMI Research Press, 1989.
Yang, Chang-Seok, "Soviet Policy towards Korea under Gorbachev," Ph. D, Diss., London School of Economics and Politics, 1990.
Dobbs, Charles M., "American Foreign Policy the Cold War and Korea: 1945～1950," Ph. D, Diss., UMI Research Press, 1978.
Byun, Dae-Ho, "North Korea's Foreign Policy of 'Juche' and the Challenge of

Gorbachev's New Thinking," Ph. D, Diss., UMI Research Press, 1990.
Wang, Fei-Ling, "Joining the Major Powers for the Status Quo China's Views and Policy on Korean Reunification," *Pacific Affairs, vol. 72*(Summer 1999).
Park, Gun-Yang, "Unification Policies of North and South Korea: Developments and an Alternative," Ph. D, Diss., UMI Research Press, 1990.
Lee, In-Ho, "Soviet Policy toward North Korea, 1943~1948," Ph. D, Diss., UMI Research Press, 1991.
Matray, James Irving, "The Reluctant crusade: American Foreign Policy in Korea, 1941~1950," Ph. D, Diss., UMI Research Press, 1977.
Heo, Jang, "Politics of Policy-Making: Environmental Policy Changes in Korea," Ph. D. Diss., Univ, of Wisconsin, 1997.
Michael, John, "North Korean Reunification Policy: Its Origins, Evolution and Prospects," Ph. D, Diss., UMI Research Press, 1980.
Chay, Jong-Suk, "The United States and the Closing Door in Korea: American-Korean Relations, 1894~1905," Ph. D, Diss., UMI Research Press, 1965.
Park, Joon-Yong, "The Reunification of Korea: An Examination of the Origins of the Problem and Policies and Prospects for Its Solution," Ph. D, Diss., University of Exeter Press, 1980.
Min, Byung-Suk, "A Study of North Korean Policy: Change and Development, 1955~1972," Ph. D, Diss., University of Cincinnati, 1975.
Han, Pyo-Wook, "The Problem of Korean Unification: A Study of the Unification Policy of the Republic of Korea, 1948~1960," Ph. D, Diss., UMI Research Press, 1963.
Ro, Seung-Woo, "The Korean Unification Policy under the Park Chung-Hee Regime," Ph. D, Diss., UMI Research Press, 1980.
Joo, Seung-Ho, "Gorbachev's Foreign Policy toward the Two Koreas, 1985~1991: Power and the New Political Thinking," Ph. D, Diss., UMI Research Press, 1994.
Tang, Shiping, "A Neutral Reunified Korea: A Chinese View," The Journal East Asian Affairs(Fall/Winter 1999).
Ok, Tae-Hwan, "President Carter's Korean Withdrawal Policy," Ph. D, Diss., UMI Research Press, 1990.
Park, Tong-Hyong, "Korean Arms Control: Arms Control Policies of the Two Koreas," Ph. D, Diss., UMI Research Press, 1991.
Stueck, William Whitney, "American Policy toward China and Korea, 1947~1950," Ph. D, Diss., UMI Research Press, 1977.

■ 기 타

Atlantic Council, Missile Defense in Asia, Washington, D. C.: Atlantic Council(June 2003).

Center for Strategic & International Studies, "A Blueprint for U. S. Policy toward a Unified Korea: A Working Group Report of the CSIS International Security Program"(August 2002).

Tang Supports a Nuclear Free Korean Peninsula, Xinhua News Agency(January 2003),

The White House, "The National Security Strategy of the United States of America"(September 2002).

USA Joint Chiefs of Staff, Joint Vision 2020, Washington, D. C.: US GPO(May 2000).

Washington Post.

Economist.

日本防圍白書 2004.

日本防圍白書 2003.

■ 주 해

1장

1) The Department of State, *The Record on Korean Unification 1943～1960*(Washington 25, D. C.: U. S. Government Printing Office, 1960), p. 102.

2) Christopher Hill, *The Changing Politics of Foreign Policy*(Basingstoke: Palgrave MacMillan, 2003), p. 297.

3) James C. F. Wang, *Contemporary Chinese Politics: An Introduction*(University of Hawaii at Hilo: Prentice-Hall, 1995), pp. 1-2.

4) 이에 대한 연구자와 저술은 다음과 같다.

Asiatic Research Center, *International Conference on the Problems of Korean Unification,* Seoul: Asiatic Research Center. Korea University, 1971, Barry Buzan, and Ole Waever, *Regions and Powers: The Structure of International Security,* Cambridge: Cambridge University Press, 2004, Go Ito, *Alliance in Anxiety: Detente and The Sino-American-Japanese Triangle,* New York: Routledge, 2003; Hugo W. Kim, *Korean Americans and Inter-Korean Relations,* Washington: East-West Research Institute, 2003.

5) Selig S. Harrison, *Korean Endgame: A Strategy for Reunification and U. S. Disengagement,* Princeton: Princeton University Press, 2002.

6) Samuel S. Kim, *The International Relations of Northeast Asia,* Lanham: Rowman and Littlefield Publishers, 2004.

7) Don Oberdorfer, *The two Koreas: A Contemporary History,* New York: Basic Books, 2001.

8) 외교안보연구원 · 경북대학교 편,『한반도와 동북아 4강 관계』, 서울: 외교안보연구원, 1996.

9) 구갑우, "남북한관계에 대한 메타이론적 접근," 서강대학교 사회과학연구소,『사회과학연구』 제12집 2호(2004), pp. 130-160.

10) 김계동, "주변 4강의 대한반도 정책과 한반도 평화체제 구축," 국회도서관 입법조사분석실,『입법조사연구』, 제250호(1998.4), pp. 92-124.

11) 전갑길, "신국제질서 형성에 따른 한반도 통일 환경에 관한 연구: 한 · 중, 북 · 미관계를 중심으로," 조선대학교 박사학위논문, 1999.

12) 정지웅, "분단 통일국과 한반도 통일: 힘(power)과 통합이론의 관점에서," 서울대학교 박사학위논문, 1997.

13) 조준래, "중국의 대북한관계 특수성 연구," 한국외국어대학교 박사학위논문, 2002.

14) John Feffer, *North Korea South Korea: U. S. Policy at a Time of Crisis*, New York: Seven Stories Press, 2003, Marcus Noland, *Korea after Kim Jong-il*, Washington, D. C.: Institute for International Economics, 2004, Michael Haas,

Korean reunification: Alternative Pathways, New York: Praeger, 1989, Nicholas Eberstadt and Richard J. Ellings, *Korea's Future and The Great Powers*, Seattle: National Bureau of Asian Research, 2001, Tae-Hwan Kwak, *The Four Powers and Korean Unification Strategies,* Seoul: Kyungnam University, 1997.

15) 이호재, 『통일한국과 동북아 5개국체제』(서울: 화평사, 1997).

16) The Department of State, *The Record on Korean Unification 1943～1960*, Washington 25, D. C. : U. S. Government Printing Office, 1960.

17) 김태운, "탈냉전시대에 북한의 대4강 외교정책과 한반도에 미치는 그 영향에 관한 연구," 조선대학교 박사학위논문, 1998.

18) Tae-Hwan Kwak and Seung-Ho Joo, *The Korean Peace Process and The Four Powers*, Aldershot: Ashgate, 2003.

19) Nicholas Eberstadt and Richard J. Ellings, *Korea's Future and The Great Powers*, Seattle: National Bureau of Asian Research, 2001.

20) 박영호 외, 『한반도 통일문제에 대한 주변4국의 입장분석: 전문가 인식조사 결과』(서울: 민족통일연구원, 1997).

21) 황장엽, "평화통일전략," 『월간중앙WIN』, 1999. 2.

22) 이상근, "중국의 남북한 통일에 대한 입장변화 고찰," 단국대학교 박사학위논문, 1995.

23) 국제관계이론의 한국 상황 적용에 대한 논의는 전재성 · 박건영, "국제관계이론의 한국적 수용과 대안적 접근," 우철구 · 박건영 편, 『현대 국제관계이론과 한국』(서울: 사회평론, 2004), pp. 599-604 참조.

24) 전재성 · 박건영, "국제관계이론의 한국적 수용과 대안적 접근," 『현대 국제관계이론과 한국』(서울: 사회평론, 2004), pp. 611-612 참조.

25) 김상규, "독일의 통일에 비추어 본 한국의 통일이념과 통일외교노선의 성찰," 21세기 정치학회 편, 『21세기 정치학회보』, 제15집 1호(2005), p. 250.

한국의 북방 영토문제는 원래 조선영토였으나 1909년 일 · 중간 '간도협약'에 따라 중국의 영유권이 일본에 이해 인정되었고, 일본이 그 대가로 만주철도의 병행선인 신범철도에 대한 부지권, 무순 · 연대 탄광의 채굴권 등의 이권을 보장받은 간도문제이다. 한편 1962년 북한 · 중국간의 '조 · 중 변계계약'은 압록강 · 두만강을 국경으로 정해 1909년의 '간도협약'을 사실상 추인하는 내용을 담고 있다. 중국은 특히 '간도협약'을 근거로 자국의 영유권을 주장해 오고 있다. 그러나 강박에 의한 1905년 을사조약이 국제법상 무효이고 그에 기반한 '간도협약'도 따라서 원인무효이며, 대한제국에 대한 보호국으로서의 권한인정 경우에도 그 권한은 외교 교섭권에만 국한될 뿐 조약체결권에까지 확장되지 않는다는 점, 그리고 1962년의 조 · 중변계계약은 제3자 즉 대한민국 혹은 미래의 한반도 통일국가에 대하여 효력을 발휘할 수 없다는 점이 중국의 주장에 대한 국제법상의 반론이 될 수 있을 것이다.

26) 김준희, "분단국가이론에서 본 한반도의 장래," 양호민 외 편, 『민족통일론의 전개』(서울: 형성사, 1986), p. 134.
27) 민병천, 『민족통일론』(서울: 고려원, 1988), pp. 11-23 참조.
28) E. H. Carr, *The Twenty Years' Crisis*(London: Macmillan, 1939).
29) 문정인 외, 『21세기 국제환경변화와 한반도』(서울: 도서출판 오름, 2004), pp. 41-42.
30) 구조가 행위의 매개체이자 재생산되는 행위의 산물이라는 '구조의 이중성'은 기든스가 주장하였다. 황명주 외 역, 『사회구성론』(서울: 자작아카데미, 1998), pp. 74-78 재인용; 국제관계연구회 편, 『동아시아 국제관계와 한국』. (서울: 을유문화사, 2003), pp. 112 참조.
31) 박재영, 『국제정치 패러다임』(서울: 법문사, 2000), pp. 41-42 참조. 전통적 현실주의자로 분류될 수 있는 미국의 학자로는 슈만(Frederick L. Schuman), 니버(Reinhold Niebuhr), 모겐소(Hans J. Morgenthau), 스파이크만(Nicholas Spykman), 케난(George Kennan), 립만(Walter Lippmann), 울퍼스(Arnold Wolfers), 키신저(Henry Kissinger) 등이 있고 영국을 대표하는 학자로는 카(E. H. Carr), 쉬바르젠버거(Georg Schwarzenberger), 위트(Martin Wight) 등이 있으며 프랑스의 대표적인 학자로는 아롱(Raymond Aron)을 들 수 있다.
32) 박재영, 위의 책, pp. 34-35.
33) 박재영, 위의 책, pp. 36-37.
34) Hans J. Morgenthau, *Politics Among Nations: The Struggle for Power Peace*(New York: Alfred A. Knopf, 1948)
35) 박재영, 앞의 책, pp. 46-49.
36) 우철구 · 박건영 편, 『현대 국제관계이론과 한국』(서울: 사회평론, 2004), pp. 81-88 참조.
37) 박재영, 앞의 책, pp. 55-60.
38) 김학성, 『한반도 평화체제에 대한 이론적 접근: 현실주의, 자유주의, 구성주의 비교』(서울: 통일연구원, 2000), pp. 43-49.
39) Roy Richard Grinker, *Korea and Its Futures: Unification and The Unfinished War*(New York: St. Martin's Press, 1998), p. 257.

2장

1) Samuel S. Kim, *The International Relations of Northeast Asia*(Lanham: Rowman and Littlefield Publishers, 2004), p. 21 참조.
2) Robert J. Myers, *Korea in the Cross Currents: A Century of Struggle and The Crisis of Reunification*(New York: Palgrave, 2001), p. 13.
3) 1905년 7월 27일 일본 총리 가쓰라 다로(桂太郞) 수상과 미국 대통령의 특사 육군장관 태프트(William Howard Taft)의 협약 결과로 일본이 필리핀에서

미국의 독점 권익을 인정하는 대신, 미국은 대한제국에 대한 일본의 독점적 지배권을 상호 묵인하였고 이 비밀협정에 의해서 미국의 한국문제 개입의 가능성을 배제시킨 일본은 같은 해 8월에 제2차 영일동맹, 9월에 포츠담 조약을 체결함으로써 한국에 대한 국제적 지배권을 획득하였다. 이를 바탕으로 일본은 조선에 대해 을사조약을 강요했다. 루스벨트(Theodore Roosevelt)는 일본으로 하여금 러시아를 막고자 하는 의도가 있었다.

4) 이에 대하여는 최문형, 『러일전쟁과 일본의 한국 병합』(서울: 지식산업사, 2004), pp. 305-316 참조.

5) The Department of State, *The Record on Korean Unification 1943～1960*(Washington 25, D. C.: U. S. Government Printing Office, 1960), p. 4. 1943년 카이로 회의에서 미국, 영국, 중국은 "한국 국민의 노예상태를 염두"에두고 "적당한 때에 한국이 해방과 독립(that in due course Korea shall become free and independent)"이 되도록 결정했다. 이 서약은 1945년 7월 포츠담선언에서 재확인되었다. 일본의 갑작스런 항복으로 미국 정부는 38도선 북쪽의 일본군은 러시아군에 항복하고, 남쪽은 미국군에 항복하는 문제를 결정했다.

6) The Department of State, *Ibid.*, pp. 86-87 참조.

7) Selig S. Harrison, *Korean Endgame: A Strategy for Reunification and U. S. Disengagement*(Princeton: Princeton University Press, 2002), pp. 108-109.

8) 외교통상부, 『2005년도 국정감사 요구자료 Ⅳ』(서울: 외교통상부, 2005), p. 236 참조.

'동북공정(東北工程)'은 중국 사회과학원 변강사지연구소가 2002년부터 5개년 계획으로 동북변경의 역사와 현상 등을 연구하는 사업이다. 이에 대해 한국정부는 그간 한·중 양국간 정상회담, 총리회담 및 외교장관회담 등 고위급회담을 포함, 다각적인 외교경로를 통해 고구려사 왜곡문제를 중국 측에 제기하고, 강력히 대응해 온 결과, 2004년 8월 양국 정부간 '구두양해사항'에 합의하였고, 중국 측은 '외교부 홈페이지 왜곡 삭제'(2004년 8월), '중국인민교육출판사 홈페이지 고구려사 왜곡기술 전면 삭제'(2004년 9월), 신화사 홈페이지 '중국의 문화유산'란 소개부분 삭제(2005년 1월), 신화사 인터넷판 게재 왜곡기사 삭제(2005년 7월), 오녀산성 관련 중국언론(대련일보, 강서TV) 인터넷 왜곡삭제(2005년 8월), 용담산성 왜곡 안내간판 일부 철거(2005월 8월) 등 시정조치를 취하였다. 아직 일부 지방성(집안시 박물관 머릿돌 문제, 용담산성 안내 간판 등) 차원의 왜곡과 교과서, 간행물('中國國家地理' 등) 상의 오류·왜곡 등이 시정되지 않고 있다.

9) 중국은 한반도를 침략하기도 하였고 원군으로 도움을 주기도 하였다. 당나라는 신라의 3국통일(676)을 도왔고, 몽고의 침입(1231, 1270), 홍건적의 침입(1359～1361)이 있었으며, 명나라의 임진왜란(1592) 도움, 청나라의 정묘호란(1627), 병자호란(1636) 등에 이어 동학란(1894), 한국전쟁(1951)까지 한

반도에서의 전쟁에 직접적으로 가담하여 영향력을 행사하였다.

10) 최문형, 『러일전쟁과 일본의 한국 병합』(서울: 지식산업사, 2004), pp. 322-326 참조.

11) 최문형, 위의 책, p. 418.

12) Samuel S. Kim, *op. cit.*, p. 274.

13) The Department of State, *op. cit.*, p. 2.

14) 한스 J. 모겐소 저, 이호재 역, 『현대국제정치론』(서울: 법문사, 1987), pp. 240-241.

15) 한반도의 분할 문제는 1592년 임진왜란 때 일본군의 침략으로 위기에 몰린 조선 정부가 명나라의 군사 개입을 요청했을 때부터이다. 조선의 요청에 따른 대규모 중국군(명)의 참전으로 전쟁이 한반도 남부 지방에서 교착 상태에 빠지게 되자 일본은 중국 명나라와 화평 조건으로 조선 남부 4개도는 일본이, 북부 4개도는 중국이 보유토록 하는 제의를 하였고, 그 경계선은 오늘날의 38도선에서 45마일 남부의 한강 주변이라고 하나, 중국의 거절로 한반도 분할은 실패로 돌아갔다.

16) 김영호, "한국 외교 100년 전쟁," 『주간조선』(2004년 2월 5일)

17) 김상규, "한국의 북방정책과 미국의 안보역할," 『중소연구』, 제18호 2권 (1993 여름), pp. 15-16.

18) 한스 J. 모겐소 저, 이호재 역, 『현대국제정치론』(서울: 법문사, 1987), pp. 149-152 참조.

예를 들어 미국 대륙이 동쪽으로 3,000마일, 서쪽으로 6,000마일 이상 대양에 의해 다른 대륙으로부터 떨어져 있는 사실, 영국이 유럽대륙으로부터 영국 해협이라는 작은 바다에 의해 유럽 대륙과 분리되어 있다는 점, 이탈리아 반도 역시 알프스산맥의 고산지괴에 의해 유럽의 나머지 부분과 분리되어 있어 이 상황은 이탈리아로 하여금 중부 유럽을 침공하기가 극히 어렵게 만들고 있으며, 북방으로부터 이탈리아를 공격하는 것은 훨씬 쉽게 하고 있다. 스페인이 외부 세계에로 접근하는 것을 막고 있는 피레네 산맥은 빙벽의 역할을 하였고, 소련의 영토는 지구면적의 1/7을 차지하고 있으며, 미국 영토의 2배 반에 해당한다. 동서로는 베링 해협으로부터 발틱 해 연안의 카리닌그라드까지 약 5,000마일에 걸쳐 뻗어 있으며, 남북으로 바렌츠 해의 무르만스크로부터 북부 이란에 면해 있는 아스카바드까지는 동서길이의 약 절반에 해당한다. 소련의 영토가 이렇게 광대하다는 사실은 소련이 강력한 힘을 행사할 수 있는 변함없는 요소이며, 이로 인해서 과거 소련을 군사적으로 정복하고자 했던 모든 노력은 좌절당할 수밖에 없었다.

19) 김현기, "21세기와 해병대 발전방향," 『국방저널』(2001. 6). http://www.dapis.go.kr/journal/200106/p79.html

20) 미국은 한국과 매년 정례적으로 개최하는 한·미연례안보협의회(Annual US-ROK Security Consultative Meeting, SCM) 공동선언문에서 빠짐없이 "미

군의 주둔을 지속 유지해 나갈 필요성에 합의"하고 있다. 이는 미군의 한반도 주둔에 대한 비중과 의중을 가늠할 수 있는 증거다. 자료: 공동성명서 2001. 11. 15(워싱턴, 제33차 회의), 2002. 12. 5(워싱턴, 제34차 회의), 2003. 11. 17(서울, 제35차 회의) 참조.

21) Samuel S. Kim, *The International Relations of Northeast Asia*(Lanham: Rowman and Littlefield Publishers, 2004), p. 22; International Institute of Strategic Studies(IISS), The Military Balance 2002～2003(London: IISS, 2002), pp. 332-337 재인용.

22) 외교통상부, 『2004년도 국정감사 요구자료 Ⅴ』(서울: 외교통상부, 2004), p. 540.

23) 일본 방위청, 『일본의 방위 방위백서』(동경: 방위청, 2004), pp. 88-89 참조. 일본의 방위 관계비는 자위대의 유지운영비 외에 방위시설 주변의 생활환경 정비, 주일미군의 주류(駐留)지원, 안전보장회의 등에 소요되는 경비를 포함한 개념이다.

24) 김경배, "이 시대 보수의 길," 『한국발전 리뷰』 제126호(2003년 11월). http://www.hanbal.com/review/review126/gigo1.htm

25) 아시안하이웨이는 아시아지역 국가 간 교류확대를 위해 한・중・일・러・인도・이란 등 32개국을 연결하는 55개 노선 14만km이며, 한국은 아래 2개 노선 907Km 통과 예정.
- AH1노선 : 일본 도쿄-후쿠오카-(ferry)-부산-(경부고속도로)-서울-평양-중국-베트남-태국-인도-파키스탄-이란-터키.
- AH2노선 : 부산-(동해안7번국도)-강릉-원산-러시아(하산)-중국-카자흐스탄-러시아.

26) 유럽의 선진국 네덜란드는 물류산업을 기반으로 세계적인 비즈니스 중심국가가 되었고, 그 기반 위에서 엄청난 부를 획득하였다. 불과 10여 년 전까지 실업률 17%, 국가채무가 국내총생산(Gross Domestic Product, GDP)의 120%에 달할 정도로 경제파탄위기에 놓여 있던 가난한 나라, 아일랜드는 IT산업을 기반으로 전 세계 다국적 기업 1,200여 개를 불러들여 유럽비즈니스 중심국으로 성장하며, 경제기적을 이뤄내 현재 전 세계 국가경쟁률 5위 국가로 우뚝 섰다. 그리고 아시아의 중심국가 싱가포르는 물류산업의 성공으로 아시아 중심 국가가 된 후, 비즈니스 중심지로도 굳건한 허브를 이루어 오늘날의 싱가포르가 되었다.

이 세 국가에 비해 미국・일본・중국・러시아 4대 강대국에 둘러싸인 한반도의 지정학적 가치는 못하지 않다.

27) 현재 한국에 지역본부를 두고 있는 기업은 극히 적다. 볼보건설기계코리아는 전 세계 생산거점을 한국에 두고 있고, 미국의 IT업체 플라리온(Flarion)도 한국에 아태지역본부를 설치했다. 또한 생산거점에서 기술거점으로 전환한 한국모토로라 R&D센터의 기술력은 CDMA부분에서 세계적인 수준임을 인

정받고 있다.

28) 제러미 리프킨 저, 이원기 역, 『유러피언 드림』(서울: 민음사, 2005), pp. 365-366 참조.

29) Tae-Hwan Kwak., and Seung-Ho Joo, *The Korean peace process and the four powers* (Aldershot: Ashgate, 2003), p. 1.

30) 김상규, "한국의 북방정책과 미국의 안보역할," 『중소연구』, 제18호 2권 (1993 여름), p. 8.

구소연방과 동유럽 정치체제의 급격한 붕괴, 그리고 이에 따른 제반 변화와 함께 나타난 범세계적 차원의 새로운 정치현상은 다음의 세 가지로 요약할 수 있다. 첫째, EC(EU), NAFTA 등으로 나타난 지역주의 강화, 둘째, 국력의 요소로서 경제력·기술력이 차지하는 비중의 상승과 군사력이 차지하는 비중의 상대적 감소, 셋째, 소련의 붕괴와 미국의 대외적 영향력 감소, 그리고 새롭게 형성되고 있는 다양한 강대국들 간의 신다극체제의 형성.

이와 같은 국제질서의 구조적 변화양태는 일반적으로 탈냉전질서라는 표현으로 압축되고 있다.

31) '신세계질서(New World Order)'는 1990년 9월 미국의 부시 대통령이 의회 연설에서 공식적으로 거론하였으며, 그는 이를 "밀림의 법칙을 대변하는 법에 의한 지배로서, 국가들이 자유와 정의에 있어서 공동의 책임을 인식하는 것"으로 정의하였다. 김덕중, 『미·중관계와 러시아』(서울: 태학사, 2002), pp. 62-65 참조.

32) 장성민, 『전환기 한반도의 딜레마와 선택』(서울: 나남출판, 2004), p. 14.

33) 게르하르트 비스네프스키 저, 박진곤 역, 『제국의 꿈 작전 9·11』(고양: 도서출판 달과 소, 2004), pp. 211-280 참조.

34) 현재 미국의 반테러 전쟁에 동참의사를 밝힌 국가는 영국, 독일, 프랑스, 이탈리아, 한국, 일본 정도이며, 다른 국가들은 반테러 전쟁과 이슬람국가와의 관계 사이에서 중간입장을 취하고 있다.

35) 김상규, "한국의 북방정책과 미국의 안보역할," 『중소연구』, 제18호 2권 (1993 여름), pp. 8-9.

36) 이호재, 『통일한국과 동북아 5개국체제』(서울: 화평사, 1997), pp. 23-24.

37) Nicholas Eberstadt, and Richard J. Ellings, *Korea's Future and The Great Powers*(Seattle: National Bureau of Asian Research, 2001), p. 122.

38) 김상규, 앞의 책, pp. 9-10.

39) 이호재, 앞의 책, pp. 26-27.

40) 일본이 일본자위대의 목적을 일본 본토와 근해 방위에 한정하던 종래의 '전수방위'전략을 확대하여, 일본열도 근해의 보호뿐 아니라 북서태평양으로부터 남쪽의 대만 및 동남아 쪽의 유황도까지의 해역에 이르는 지역을 보호하려는 '지역방위'전략으로 전환하는 정책으로 동북아시아국가들은 경계하고 있다.

41) 이호재, 앞의 책, pp. 25-26.
42) 이호재, 위의 책, pp. 24-25.
43) 러·일 간 영토 분쟁에 관하여는 최장근, 『일본의 영토분쟁』(서울: 백산자료원, 2005), pp. 241-299 참조.
쿠릴열도 4도(일본명 : 북방4도)는 에토로후(擇捉島), 쿠나시리(國後島), 하보마이(歯舞群島), 시코탄(色丹島)으로 동 분쟁은 일본 홋카이도와 러시아 캄차카반도를 잇는 쿠릴열도 20개 도서 중 최남단의 2개 섬(에토로후, 쿠나시리)과 홋카이도 북쪽의 2개 섬(하보마이, 시코탄)에 대한 일본·러시아 간의 영유권 분쟁이다.
44) 이호재, 앞의 책, pp. 27-28.
45) 장쩌민은 경제의 지속적인 발전을 추구하면서도 정권의 정통성을 강화하기 위해 사회주의 정신문명 건설을 외쳤다. 개혁 개방의 와중에서 나타난 빈부격차와 부패의 만연, 그리고 배금주의 풍조 등 부정적인 측면을 해결하자는 것이었다.
46) 외교통상부, 『2003년도 국정감사 요구자료 Ⅵ』(서울: 외교통상부, 2003), p. 256.
- 핵보유국 : 미국, 영국, 프랑스, 러시아, 중국
- 핵보유를 선언한 국가 : 인도, 파키스탄
- 핵보유를 긍정도 부정도 하지 않는 국가 : 이스라엘
- 핵능력 보유를 추진중 포기한 국가 : 브라질, 아르헨티나
- 핵무기 보유 후 폐기한 국가 : 남아프리카 공화국
- 핵보유를 추진하는 국가 : 북한
(*의혹이 제기되는 국가 : 이란)
남아프리카 핵개발 포기 개요 : 남아공은 과거에 핵무기를 개발하였으나, 자국의 정책변경에 따라 자발적으로 핵무기를 폐기한 후 1991년 7월 NPT에 비핵보유국으로 가입했다. 이후 IAEA는 약 2년간(1991.11~1993.9) 사찰을 통해 남아공의 안전조치협정 이행과 핵무기 폐기에 대한 검증을 실시하였다. 남아공의 핵무기 프로그램 포기 배경은 안보 요인으로는 앙골라 전쟁이 종식되고, 구소련의 와해 및 냉전 종식된 점 등이, 국내적으로는 1989년 9월 새로운 정치지도자인 F. W. de Klerk가 등장하였고, 완전한 민주주의를 향한 정치적 개혁, 국제적 고립상황의 신속한 완화가 필요한 이런 상황에서 핵무기는 자산보다는 부담으로 인식된 점 등이다.
47) 2005년 9월 11일 실시된 일본 총선에서 고이즈미 준이치로가 이끄는 자민당이 480석의 의석수 가운데 296석(선거전 212석) 승리의 대승을 거두고, 민주당 113석(선거전 177석), 공명당 31석, 공산당 9석, 사민당 7석, 국민신당 4석, 신당일본 1석, 기타 19석을 차지하였다.
48) 일본은 역사적으로 가장 힘센 나라와 동맹을 맺었다. 1백 년 전 대영제국 전성기에는 영·일 동맹을 맺었고, 1920년대와 1930년대 파시즘이 발호할

때는 독일, 이탈리아와 함께 추축(axis)을 형성했다. 그리고 제2차 세계대전이 끝난 후에는 미국의 동맹국이 되었다.

49) Joshua S. Goldstein, *International Relations*(New York: Longman, 2003), p. 3.

50) Barry Buzan and Ole Waever, *Regions and Powers: The Structure of International Security*(Cambridge: Cambridge University Press, 2004), p. 142.

51) 馬大正 외 저, 조세현 역, 『중국의 국경 · 영토 인식』(서울: 고구려연구재단, 2004), pp. 25-26.

52) 청은 영국에게 전쟁 배상금으로 1,200만 달러를 지급하고 광저우 상하이 등 5개항을 개항하며 홍콩을 영국에 할양하는 등 불평등 조약으로 중국의 문호가 개방되는 계기가 되었다.

53) 청나라 관리가 영국 소속으로 등록되어 있는 중국인 선박 애로호를 수색하고 선원을 체포하자 이를 트집 잡아 영국이 일으킨 사건.

54) 청과 맺은 불평등 조약, 시베리아 총독 무라비요프가 태평천국 운동과 애로호 사건으로 곤경에 처한 청나라를 위협해 맺은 조약. 그 결과 헤이룽 강 왼쪽 땅은 러가, 우수리 강 동쪽에 있는 연해주 땅은 청과 러가 공동으로 소유하고 헤이룽 강과 쑹화 강은 청과 러시아 선박만 통행할 수 있게 하였다.

55) 청일전쟁으로 일본이 이겨 랴오둥 반도를 차지하자 러시아는 프랑스, 독일과 함께 간섭해 랴오둥 반도를 청에 돌려주게 했다. 그 대가로 러시아는 만주지역에, 프랑스는 광저우 만과 윈난 성에, 독일은 산둥 반도의 세력을 확보하고 영국은 양쯔 강 유역에, 일본은 푸젠 성의 세력을 확보하였다.

56) 청은 한국의 독립을 인정하고 타이완을 일본에 양도하였다.

57) 장제스의 휘하에 들어가 공산군 토벌의 임무를 맡고 있던 장샤오량이 자신을 격려하기 위해 시안으로 찾아온 장제스를 가두고 공산군과 손잡고 일본에 대항하자고 주장한 사건이다.

58) 외교통상부, 『2004년도 국정감사 요구자료 Ⅳ』(서울: 외교통상부, 2004), p. 66 참조.

59) Selig S. Harrison, *Korean Endgame: A Strategy for Reunification and U. S. Disengagement*(Princeton: Princeton University Press, 2002), pp. 291-292.

60) '와(和)'는 '사람들이 사이좋게 밥을 나누어 먹는다(和=禾:벼=밥 + 口:입=사람)'라는 한자에서 유래한 오늘날까지 1천 4백여 년 일본을 지배한 사상이다. 그 기틀은 일본이 처음으로 나라의 꼴을 제대로 갖춘 고대국가가 등장한 4세기 말로 쇼토쿠 태자(聖德太子, 574～622)가 604년 일본 최초의 헌법이라고 할 수 있는 17개조를 제정 · 반포하였는데, 제1조가 바로 '와'를 강조한 것이다. 일본인들은 자국을 일컬어 '와(和)의 나라(和國)'라고 부르고, 일본의 음식은 화식(和食), 일본 스타일은 화풍(和風), 일본의 의상은 화복(和服), 일본의 시와 노래는 화가(和歌)라고 부른다.

61) <조선일보>, 1983년 6월 17일.

일본인의 특성 등에 관한 연구서적으로는 이규배, 『일본 두 얼굴 이야기』,

(서울: 학민사, 2005)를 참조.

62) Selig S. Harrison, *Korean Endgame: A Strategy for Reunification and U. S. Disengagement*(Princeton: Princeton University Press, 2002), p. 348.

63) <연합뉴스>, 2005년 4월 18일.

64) <헤럴드경제>, 2005년 5월 9일.

65) 전후 반세기의 미국의 기본정책에 대해서는 정문헌, 『남북한과 미국』(서울: 도서출판 매봉, 2004), p. 249 참조.

66) 김상규, "한국의 북방정책과 미국의 안보역할," 『중소연구』, 제18호 2권 (1993 여름), p. 8.

67) 김상규, 위의 책, pp. 11-12.

68) 이호재, 앞의 책, pp. 17-18.

69) 북한에서도 '6·15 공동선언'과 관련한 다음의 자료가 출간되었다.
- 김태영, 『애국애족의 통일방안』, 평양: 평양출판사, 2001.
- 송국현, 『우리 민족끼리』, 평양: 평양출판사, 2002.
- 심병철, 『조국통일문제 100문 100답』. 평양: 평양출판사, 2003.

70) 통일부, 『2005년도 국정감사 요구자료 Ⅳ』(서울: 통일부, 2005), pp. 146-153.

71) 북한의 핵무기 보유 여부에 대해 한국 정부는 2005년 2월 4일 『국방백서』를 통해 공식 입장을 밝혔다. 이 백서에서는 "북한이 1992년 5월 국제원자력기구(IAEA) 사찰 이전에 추출한 10~14kg의 무기급 플루토늄으로 1~2개의 핵무기를 제조했을 가능성이 있는 것으로 추정된다."고 명시했다. 북한의 핵무기 보유 가능성을 공개 인정한 것이다.

72) <연합뉴스>, 2004년 6월 25일.

73) 정문헌, 『남북한과 미국』(서울: 도서출판 매봉, 2004), pp. 259-272 참조.

74) 1990년 남북교류협력법 제정 이후 남북은 지난 15년 동안 경협을 중심으로 남북 인적 왕래가 10만 명을 넘어섰고, 교역도 52억 달러에 이르고 있으며 남한은 북한에게 중국에 이은 두 번째 교역상대국이다. 그동안 한국은 북한에 대해 인도적 차원에서 식량 240만 톤과 비료 190만 톤을 제공하였고, 2000년부터는 매년 식량 50만 톤과 비료 30만 톤을 지원함으로써 북한동포의 먹는 문제해결에 기여하고 있다.

무엇보다 남북경협은 평화협력을 견인하고 있는바, 3대 경협사업 추진을 위해 군사분계선과 DMZ를 일부 개방하고 지뢰를 제거, 군사적 요충지인 개성 인근지역 2,000만 평과 고성지역 일부를 한국 측 개발업자에게 임대하는 등 남북경협은 북한의 변화 및 남북관계 개선과 함께 한반도 상황을 안정적으로 관리하는 수단이자 토대가 되고 있다. 통일부, 『2005년도 국정감사 요구자료 Ⅰ』(서울: 통일부, 2005), p. 30 참조.

75) 남북한 간 인적 교류가 급속도로 증가하는 추세에 있다. 1998년 2,561명이던 북한 방문자는 2004년 25,509명에서 2005년 8월 현재 47,707명을 기록하

고 있으며, 북한의 남한방문도 매년 1천 명에 이른다.(표 2-7 참조)

76) 1998년 11월 개시된 금강산 관광객 수는 2005년 8월 말 현재 1,094,671명으로 100만 명을 넘어섰고, 2004년에는 27만여 명으로 2003년 9월부터 금강산 육로관광 정례화되고 2004년 1월 11일부터 해로관광이 중단된 이후 대폭 증가 추세에 있다.

77) 평양관광사업은 (주)평화항공여행사에서 2003년 4월 북측 금강산국제관광총회사와 2003년 중 2,000명 규모의 평양관광을 실시하기로 합의함에 따라 2003년 9월 15일에서 10월 31일까지 총 9회(1,019명)에 걸쳐 실시되었으나, 2003년 10월 북측 안내원·운전원들의 피로 누적, 동절기 관광 운영 곤란 등을 이유로 연기된 후 현재까지 재개되지 못하고 한시적으로 실시되었다.

78) 개성관광은 현대아산이 2003년 3월 개성관광사업 협력사업자 승인을 받고 북측이 개성공단 건설사업이 진척된 이후에 하자는 입장에 따라 2005년 8월 시범관광을 실시하였다.

79) 제1차 남북장관급회담(2000. 7. 31)에서 경의선 철도(개성역-문산역, 27.3km)·도로 연결(개성-통일대교 북단, 12.1km), 제8차 남북장관급회담(2000. 9. 1)에서 동해선 철도(온정리-저진, 25.5km)·도로(고성-송현리, 24.2km) 연결에 합의하였으며, 한국 측은 2000년 9월 18일 공사에 착수하여 경의선 철도는 2002년 12월 31일, 경의선 도로는 2003년 10월 31일 공사가 완료되었다. 동해선 철도·도로는 2002년 9월 18일 공사에 착수하여 철도는 노반·궤도 부설공사 진행 중이며 도로는 포장공사 완료되었다. 당초 2004년 10월 개통목표에서 2005년 내 개통을 목표로 추진하였다.

80) 한국의 한국관광공사와 현대아산은 공동으로 2005년 7월 14일 북측과 백두산관광 추진을 위한 합의서를 체결하고 남측은 북측에 백두산 도로포장 및 보수용 피치 8,000톤 및 부자재(49억 8천만 원)를 제공하였으며, 도로포장 및 보수가 끝나는 대로 우선 2005년 안에 2차례 이상 백두산 관광을 실시하기로 하였으며 구체적인 사항은 북측과 협의하였다.

81) 통일부, 『2005년도 국정감사 요구자료 Ⅰ』(서울: 통일부, 2005), p. 250 참조. 남북의 이산 가족수는 그동안의 체제경쟁과 전쟁 후유증, 가족 찾기 포기 등이 많아 그 정확한 규모를 측정하기가 곤란하다.

2005년 8월 말 기준 이산가족정보종합센터에 등록한 이산가족 신청자 124,523명 중 사망 등 26,176명을 제외하면 98,356명이 등록되어 있으며, 신청자 1인당 평균 가족수를 감안하면 약 60만 명의 이산가족이 남과 북에 흩어져 살고 있다고 추정된다.

2001년 이북5도위원회가 호적 발췌자료에 근거하여 작성한 이북5도민 DB는 이산 1세대를 70만 1천 명으로 추산했으며, 2001년 법원행정처의 호적 발췌자료에 의하면 이북출신 1세대는 62만 6천 명으로 나타났고, 2000년 인구주택 총조사 결과 이북출신자는 35만 5천 명으로 조사되었다.

82) 통일부, 『2005년도 국정감사 요구자료 Ⅱ』(서울: 통일부, 2005), p. 200 및 p. 270.
한국의 대북한 주요 식량지원은 정부차원에서 1995년 쌀 15만 톤(무상), 2000년 : 쌀 30만 톤, 옥수수 20만 톤(차관), 2001년 : 옥수수 10만 톤, 2002년 : 옥수수 10만 톤, 쌀 40만 톤(차관), 2003년 옥수수 10만 톤, 쌀 40만 톤(차관), 2004년 : 쌀 40만 톤(차관) 등 2004년까지 7억 달러 정도의 지원과 민간차원에서 1998년 이후 3억 5천만 달러의 지원 등이 계속되고 있다.

83) 통일부, 『2005년도 국정감사 요구자료 Ⅳ』(서울: 통일부, 2005), p. 91 참조.
북한의 아동 영양실태는 국제사회의 대북식량지원 등으로 1998년 이후 점차 개선되고 있으나 여전히 영양장애가 있는 것으로 파악되고 있다.
2004년 10월 세계식량계획과 유엔아동기금 공동조사 자료에 의하면 6세 이하 어린이의 37%가 발육부진 상태이며, 급성 영양실조 7%, 저체중아 비율이 23%였다. 산모도 조사 대상자의 35%가 빈혈 증세를 보이는 등 영양장애가 장기간 지속되고 있고, 산모의 영양장애로 영아의 35%는 모유 부족 상태이다.

84) 2005년 4월 15일, 한국수출입은행 발표에 따르면 '90년 제정된 남북교류협력법에 따라 유·무상으로 지원한 남북교류협력기금 지원건수는 '91년 3건(22억 원)→'96년 4건(103억 원)→'98년 6건(874억 원)→2000년 23건(5천 306억 원)→2001년 46건(5천 544억 원)으로 증가한 이후, 2002년 63건(금액 6천 494억원), 2003년 91건(7천 707억 원), 2004년 161건(4천 762억 원)으로 연평균 6천억 원대를 유지했다. 또 남북교류협력기금 지원사업을 보면 1999년 이전에는 대북 쌀 지원 등 인도적 지원사업에 치중됐으나, 2000년 이후부터는 인도적 지원은 물론 이산가족교류지원, 교류협력 기반조성사업, 경수로 사업대출 등으로 다양해졌다.
정부 출연금 등으로 조성되는 남북협력기금, 교역 및 경제협력사업, 식량 차관 및 자재, 장비 차관, 개성공업지구지원협회 등에 대해선 대출금 형태로 유상 지원되고 남북간 인적 왕래, 문화·학술·체육교류사업, 대북 인도적 사업, 남측 구간 철도·도로 연결사업 등에 대해선 무상 지원된다.

85) Marcus Noland, *Korea after Kim Jong-il*(Washington, D.C.: Institute for International Economics, 2004), pp. 83-84.

86) 김상규, "독일의 통일에 비추어 본 한국의 통일이념과 통일외교노선의 성찰," 21세기 정치학회 편, 『21세기 정치학회보』 제15집 1호(2005), p. 247-248 참조. 이에 대해 김상규 교수는 "햇볕정책은 서독 신동방정책의 '접근을 통한 변화(Wandel durch Annaeherung)' 개념을 원용한 대북 유화정책으로 현재도 지속되고 있으나, 국민적 미합의, 실행과정에서 투명성 결여, 상호주의 원칙이 적용되지 않고 일방적 시혜, 미국의 대북핵정책과 부조화로 한미 간 갈등 유발로 미국의 지지를 제대로 못 받고 있어 상당한 보완이 필요하며, 북핵문제가 해결되지 않은 상황에서 북한과의 교류와 협력을 일방

적이고 인위적으로 시도한다는 것은 성찰의 대상이 아닐 수 없다."고 한다.

87) 김영희, "남북정상회담과 주변 4강의 역할," 『관훈저널』(2000년 가을), 통권76호(제40권 제3호) 관훈클럽 발행, 2000년 8월 23일, 중국 연길 대우호텔 2층 로즈벨룸 행사.

88) 김상규, "한국의 북방정책과 미국의 안보역할," 『중소연구』, 제18호 2권 (1993 여름), p. 2.

89) 김상규, 위의 책, pp. 3-4.

90) 평화번영정책은 한반도 평화증진과 남북한 공동번영 실현 및 동북아 공동번영 추구를 목표로 설정하였다. 첫째, 당면과제인 북한핵 문제를 평화적으로 해결하고 이를 토대로 남북의 실질협력을 증진하며 궁극적으로 한반도 평화체제를 구축하려 하며, 둘째, 나아가 역사적·지정학적 측면에서의 한반도의 특성을 고려해 남북의 공동번영과 동북아 공동번영을 위한 동북아 경제중심의 토대를 마련하고자 한다.

위의 정책목표를 달성하기 위해 다음과 같은 정책 추진원칙을 제시하고 있다. 첫째, 대화를 통해 문제를 해결한다는 원칙, 둘째, 상호신뢰 우선과 호혜주의 원칙, 셋째, 남북한 당사자 원칙에 기초한 국제협력 원칙, 넷째, 국민과 함께 하는 정책 추진 원칙이다. 이는 평화번영정책에 대한 초당적 협력 추진을 의미하며, 초당적 합의 형성을 위해서 정당 및 국회와의 협력을 제도화하는 것이 필요하다.

91) '국민의 정부'와 '참여정부'의 외교정책의 차이점 비교

'참여정부'의 외교정책은 '평화·번영정책'에 집약되어 있는바, 이는 '국민의 정부' 정책성과를 계승·발전시켜 한반도의 평화증진과 공동번영을 추구하고, 나아가 평화통일의 기반 조성 및 동북아 경제중심으로의 발전 토대를 마련하려는 구상이다.

'국민의 정부'의 '대북 화해·협력 정책'은 남북간 화해·협력 과정을 발전시키는 데 초점을 두어 왔으나, '참여정부'의 '평화·번영정책'은 북핵 문제의 평화적 해결 이후 남북간 화해와 교류협력 증진을 바탕으로 한반도 냉전구조 청산 및 항구적 평화체제 구축을 궁극적인 목표로서 추구하고 있다. 또한, '대북 화해·협력 정책'은 남북관계 발전에 우선 주력하였으나, '평화·번영정책'은 이를 넘어 동북아의 평화와 공동 번영에 기여한다는 큰 시각에서 접근하고 있다.

92) 외교통상부, 『2003년도 국정감사 요구자료 Ⅵ』(서울: 외교통상부, 2003), p. 437.

93) 외교통상부, 위의 책, pp. 62-63.

94) 한국 정부는 북한의 핵 능력에 대해 "북한이 과거 핵 활동을 통해 핵무기 1~2개를 제조할 수 있는 플루토늄을 보유하고 있는 것으로 판단하고 있으나, 핵무기를 실제 제조했는지 여부는 확인되지 않고 있다."며 "미국과의 긴밀한 공조하에 북한의 핵 활동 상황을 면밀히 주시해 오고 있으나, 미

측과의 관계 등을 고려 이와 같은 정보사항에 대해 외교부가 공개적으로 말할 수 없다."라는 입장이다.

95) 미국 및 EU의 한국산 DRAM에 대한 상계관세 부과, 한 · EU 조선 보조금 문제 등.

96) 2003년 현재 한국은 경제협력 개발기구(Organization for Economic Cooperation and Development, OECD) 회원국의 1/4, UN권고 기준의 1/10 수준으로, GNP 대비 0.06%(2.8억 달러)로 국력에 비해 미흡한 편이며, 2006년 OECD 개발원조위원회 가입을 목표로 대개도국 ODA 대폭 확대를 추진하며, 특히 무상원조 사업비를 대폭 증액할 필요가 있다고 보고 있다.

97) 외교통상부, 현안 및 주요정책과제(국회 통일외교통상위원회 업무보고 자료), 2003. 4.

98) 통일부 통일정책실, 『2004 통일백서』(서울: 통일부, 2004), pp. 18-21 참조.

99) 민족공동체 통일방안은 통일의 과정을 화해 · 협력단계, 남북연합단계, 통일국가로 설정하고 있다. 화해 · 협력단계에서는 남북한이 남북간의 적대와 불신을 줄이기 위해 분야별로 교류와 협력을 활성화해 나가야 한다. 이 단계는 남북기본합의서를 규범으로 하여 분단 상태를 평화적으로 관리하는 단계가 된다. 남북연합단계에서는 남북한이 합의하는 데 따라 각기 대외적 주권을 유지하되 남북정상회의 · 남북평의회 · 남북각료회의 · 남북공동사무처 등 제도적 장치를 마련하여 남북관계를 제도화한다. 과도적 통일체제로서의 남북연합단계는 남북이 서로 다른 체제와 정부하에서 통일 지향적인 협력관계를 통해 통합과정을 관리해 나가는 단계라고 할 수 있다. 남북연합단계에서는 군사적 신뢰가 구축되고 평화체제가 정착된다. 그리고 경제협력과 사회 · 문화 분야에서 교류 · 협력이 실시되어 민족공동체가 형성된다.

이러한 점진적 과정을 거쳐서 남북한 간 이질감이 해소되고 민족공동체가 형성된 조건 위에서 통일국가가 형성된다. 통일국가로 발전하는 과정은 평화적으로 이루어져야 하며, 남북한의 합의에 의해서 이루어져야 한다. 통일국가는 '1민족 1국가 1체제 1정부'로서 자유 · 복지 · 인간존엄성 존중 등의 가치를 추구한다. 이처럼 민족공동체 통일방안은 단계적 통일방안을 상정하고 중간단계인 남북연합 형성에 초점을 맞추고 있다.

100) 통일부 통일정책실, 『2004 통일백서』(서울: 통일부, 2004), pp. 21-23 참조. 역대 한국정부가 발전시켜온 통일방안은 '민족공동체 통일방안'이다. 민족공동체 통일방안은 1989년 9월 노태우 정부시기에 '한민족공동체 통일방안'으로 처음 제시되었고, 1994년 8월 김영삼 정부가 '한민족공동체 건설을 위한 3단계 통일방안(민족공동체 통일방안)'으로 보완 · 발전시킨 것이다.

'민족공동체 통일방안'은 하나의 민족공동체를 건설하는 것을 목표로 점진적 · 단계적으로 통일단계를 이루어나가야 한다는 기조 위에서 통일과정을 '화해협력단계→남북연합단계→통일국가완성단계'로 설정하고 있다. '민족공동체 통일방안'은 '1민족 1국가 1체제 1정부'를 지향한다.

101) 한국은 1950년대에는 상징적 의미가 강했던 북진통일론과 승공통일론을 주장하였다. 1960년대에 한국의 통일정책은 선건설 후통일론으로 바뀌었다. 선 건설 후 통일론은 북진통일론의 비현실성을 인식하고 경제적 역량이 뒷받침되지 않는 한, 통일논의는 공허한 이념논쟁에 불과하다는 인식에서 출발하였다. 북한은 북한지역의 체제강화를 토대로 통일을 추진하겠다는 민주기지론을 제창하였다. 민주기지론은 북한지역의 경제복구와 체제건설을 바탕으로 대남혁명을 주도하겠다는 북한식 선건설 후통일론이라고 할 수 있었다.

1970년대 초 국제적 데탕트 분위기에서 남북한은 공식적으로 남북대화를 모색하였다. 그 결과 1972년 7·4 남북공동성명이 채택되고 남북조절위원회와 적십자회담이 개최되었으나 구체적 성과는 없었다. 1980년대 중반 남북한은 수재물자 제공을 계기로 남북적십자회담과 경제회담, 체육회담 등을 개최하였으나 실질적 성과는 없었다. 1970년대와 1980년대에 남북관계가 실질적으로 진전되기에는 국제적 냉전구조와 남북한의 대립구조라는 장애요인이 존재하고 있었다.

102) 첫째, 한국은 경제·사회·문화 분야의 교류·협력에 의해서 남북한의 이질감을 해소하고 동질감을 확대함으로써 궁극적으로 통일 환경을 조성하고자 한다. 그리고 점진적으로 군사적 긴장을 완화시키고 평화를 정착시키고자 한다. 반면, 북한은 경제회복을 위해서 남북과의 경협을 희망하고 있지만, 북한체제 유지를 위해서 가능한 남북협력의 범위와 속도를 조절하고자 한다. 또한 남한과는 비군사적 문제를 협의하고 미국과 군사·안보문제를 해결하고자 한다.

둘째, 한국은 한반도 및 동북아의 안정과 평화를 위해 주한미군이 필요하다는 입장을 지니고 있다. 북한도 단기적으로 주한미군이 동북아지역의 안정을 위해서 필요하다는 점을 인정하고 있는 것으로 보인다. 그러나 북한은 미국의 대북압력에 대응하기 위해서 주한미군 철수를 요구하는 전술적 입장을 유지하고 있다.

셋째, 한반도 평화정착에 대해서 남한은 남북한이 주도하되, 주변국의 협조하에 국제적 보장방안을 강구해야 한다는 입장을 지니고 있다. 그러나 북한은 북·미협상에 의해서 평화협정을 체결하고 평화체제로 전환해야 한다는 입장을 견지하고 있다.

넷째, 남한은 북한의 점진적 변화를 통해 평화·협력이 정착되기를 희망한다.

103) 1단계 : 관련국들의 문제 해결 의지 표명
2단계 : 핵 폐기 이행과 이에 상응하는 관련국 조치
3단계 : 참여국간 포괄적 관계개선 조치 시행

104) 외교통상부, 『2003년도 국정감사 요구자료 Ⅳ』(서울: 외교통상부, 2003), p. 487.

105) <연합뉴스>, 2005년 7월 12일.
한국 정부는 이를 위해 즉각 송전선로 및 변환시설 건설에 착수해 3년 이내인 2008년께 전력을 공급할 수 있도록 할 방침이라고 하였다. 한국 정부는 이날 노무현(盧武鉉) 대통령 주재 국가안전보장회의(National Security Council, NSC)를 열어 이 같은 내용의 '중대 제안'을 회의 직후 NSC 상임위원장인 정동영(鄭東泳) 통일부 장관이 공식 발표했다.

106) 앞서 북한은 2000년 남북정상회담 후 같은 해 9월 제주도에서 열린 제3차 장관급회담 때부터 200만kw의 전력을 직접송전방식으로 공급해달라고 남측에 요구했으나 남측은 비용과 기술적 문제 등을 이유로 거부 입장을 밝혔다.

107) 외교통상부, 『2004년도 국정감사 요구자료 Ⅰ』(서울: 외교통상부, 2004), p. 560.

108) 통일부, 『2005년도 국정감사 요구자료 Ⅰ』(서울: 통일부, 2005), p. 364 참조.

109) 통일부, 위의 책, p. 363 참조.

110) 통일부, 『2005년도 국정감사 요구자료 Ⅲ』(서울: 통일부, 2005), pp. 677-678 참조.

111) 신북방삼각관계는 냉전기 북방삼각관계와는 그 성격에 있어 다소 차이가 있다. 냉전기 북방삼각관계는 사회주의 이데올로기에 기초한 상호협력관계는 물론 군사적 동맹관계의 특징을 지녔다. 이에 비해 신북방삼각관계는 러시아의 시베리아 개발, 중국의 사회주의 대국 건설, 북한의 경제 강국 도약과 같은 공동의 관심사를 중심으로 한 경제적 협력관계의 특징을 보다 많이 띠고 있는 것으로 볼 수 있다.

112) 1975년 선진 6개국(미국, 영국, 독일, 이탈리아, 일본, 프랑스)이 처음 모여 G6를 결성했으며, 1976년부터 캐나다가 참여해서 G7으로 부르게 되었고, 러시아가 1991년 준회원 자격으로 참가하기 시작했고, 1998년 영국 브링엄 회의 때부터 정식으로 G8에 참가하게 되었다. 이제 유럽연합도 G8회의에 함께 참여하여, G8에 유럽을 포함해서 G8+1, 또는 G9이라고 부르기도 한다.

113) World of KCM 러시아 지회, "북한의 4강 외교"(2000년 6월 20일). http://russia.kcm.co.kr/politics/y004.html

114) 김수종, "북체제 인정 · 평화협정 체결이 급선무," 오마이뉴스(2004. 7. 17). http://www.inmoonnews.com/zeroboard/view.php?id=inmoon_peace&page=1&sn1=&divpage=1&sn=off&ss=on&sc=on&select_arrange=headnum&desc=asc&no=9
일본에서 활동하는 시민기자 김수종 씨가 김정일 북한 국방위원장의 '비공식 대변인'으로 알려진 재일 군사전문가 김명철 씨를 인터뷰한 것이다.

115) 1994년 10월 제네바 합의의 당사자인 미국과 북한 모두 제네바 합의에 대해 공식적인 폐기선언을 하지는 않고 있으나, 사실상 실효성을 상실한 것으로 간주하고 있는 상황이다. 한국 · 중국 · 일본 · 러시아도 이러한 입장을 공유하고 있다. 2005년 9월 북경 6자회담에서의 공동성명 합의는 제네바

합의의 내용을 실질적으로 대체하는 것이다.

116) KEDO 집행이사회는 2002년 10월 북한의 농축 우라늄 문제가 대두됨에 따라 2002년 11월 14일, 매년 50만 톤씩 제공해 오던 중유공급의 중단을 결정한 데 이어 북한이 2002년 12월 핵동결 해제 및 핵시설 가동과 건설 재개를 발표하고 2003년 1월 10일 NPT 탈퇴를 선언하자 2003년 2월 3일 건설공사의 속도조절을 결정하였다. 이후 북한핵 문제 해결에 진전이 없음에 따라 2003년 11월 21일 사업의 1차 중단(2003. 12. 1∼2004. 11. 30)에 이어 2004년 11월 26일 사업의 2차 중단(2004. 12. 1∼2005. 11. 30)을 결정하였다.

북한은 신포 경수로 사업에 대해서 핵의 평화적 이용으로서 경수로는 주권국가의 당연한 권리로서 포기할 수 없으며, 현실적으로 에너지 수요 충족면에서도 매우 긴요하다는 입장을 가지고 있으며, 이에 대해 한국 정부는 일정한 조건하에 북한의 평화적 핵 이용이 허용되어야 한다는 입장이나, 2년간 중단상태에 있는 신포 경수로는 현실적으로 완공하기가 어려우며, 이를 대신하는 것이 중대제안임을 분명히 하고 있으며 2단계 4차회담에서 북한에 대해 경수로를 포함한 평화적 핵 이용권리를 인정하면서, 한국 측의 중대제안을 합의문건에 포함시켰다.

미국, 일본은 조기종료 결정을 희망하는 편이다. 통일부, 『2005년도 국정감사 요구자료 Ⅱ』(서울: 통일부, 2005), p. 368 참조.

117) 4개 시설은 5MWe 원자로, 사용 후 연료봉, 방사화학 실험실, 핵연료제조공장(건설이 중단된 50MWe 및 200MWe 원자로에는 봉인 미설치)이며, IAEA는 북한이 5MWe원자로를 재가동하는 데 1∼2개월 정도 소요될 것으로 예상하였다.

118) 2003년 2월 19일, 안보리는 비공식 회의 후 “북한핵 문제가 안보리에 보고되었으며, 전문가회의에서 이를 검토할 것”이라는 요지의 의장 구두 브리핑(Press Briefing)을 발표한 데 이어, 2003년 4월 9일 안보리 의장은 안보리 내 비공식 협의 후 “북한핵 문제에 대한 우려 표명 및 향후 협의 계속” 요지의 구두 브리핑(Press Briefing)을 발표하였다.

미국은 2003년 5월 안보리 의장성명을 추진하였으나, 중국의 반대를 감안하여 보류한 상황이다. 1993년 북한핵 문제시 안보리 토의시에는 3개의 의장성명 및 1개의 결의안이 채택된 바 있다.

119) 북한이 4월 북경 3자회담시 제시한 내용은 2003년 8월 개최된 1차 6자회담에서 제시한 내용과 동일하며, 2003년 8월 29일에 조선중앙통신을 통해 공개되었다.

북한 측 제안내용은 ① 미국이 중유 제공을 재개와 인도주의적 식량지원을 확대하는 동시에 북한은 핵계획 포기의사를 선포 ② 미국이 불가침조약을 체결하고 전력손실을 보상하는 시점에서 북한은 핵시설·핵물질 동결 및 감시사찰 허용 ③ 미·북, 일·북 외교관계 수립 동시에 미사일 문제

타결 ④ 경수로 완공시 핵시설 해체를 주장하였다.

120) ① 각국은 핵문제를 대화를 통해 평화적으로 해결하고 한반도의 평화와 안정을 수호하여, 한반도의 영구적인 평화를 실현시켜야 한다고 생각하였다.
② 각국은 한반도의 비핵화를 유지하고, 북한이 안보분야에서 가지고 있는 관심사항을 검토하고 해결해야 할 필요성이 있다는 점에 인식을 같이하였다.
③ 각국은 단계별, 동시 또는 병행실시 등의 방식에 의거, 공정하고 합리적인 전체적 해결방안을 도출해야 한다는 데 원칙적으로 동의하였다.
④ 각국은 평화회담의 진행과정 중 사태를 악화시키거나 고조시키는 행동을 취하지 않는 데 합의하였다.
⑤ 각국은 대화유지, 신뢰증진, 이견축소, 공동인식 확대에 동의하였다.
⑥ 각국은 6자회담의 과정이 지속되어야 하며, 외교채널을 통해 차기회담의 시간과 정소를 가능한 조속히 확정할 것에 합의하였다.

121) 외교통상부, 『2003년도 국정감사 요구자료 Ⅴ』(서울: 외교통상부, 2003), pp. 41-42.

122) 이종석, "대북포용정책 18개월, 평가와 과제," 백종천, 『한국의 국가전략』(성남: 세종연구소, 2004), pp. 175-176.

123) 통일연구원, 『한반도 안보정세변화와 협력적 자주국방』(서울: 통일연구원, 2004), pp. 101-108, 김태우 토론 내용 참조.

124) 1970년 11월 3일 제5차 당 대회에는 당 규약 전문을 "당의 당면 목적은 전국적 범위에서 혁명과업을 완수하고 최종 목적은 공산주의 사회를 건설하는 데 있다."로 수정하였다.
김일성은 1968년 9월 7일 9・9절 경축연설에서 "우리 조국의 평화적 통일은 오직 남조선에서 현 괴뢰 정권을 뒤집어엎고 진보적 세력들이 정권을 잡은 다음에야 실현할 수 있습니다."라며 자신의 통일관을 피력하였다.

125) 북한은 전쟁은 위험부담이 너무 크고 경제력이 뒷받침되지 않기 때문에 상대적으로 위험 부담이 덜하면서 상대측에 영향력을 행사할 수 있는 대남사업에 매우 큰 비중을 부여하여 왔다. 특히 대남전략은 북한의 통일방안의 하부 개념으로 연결되기 때문에 북한의 국가목표에 포함되고 있다.

126) 통일부, 『2003년도 국정감사 요구자료 Ⅲ』(서울: 통일부, 2003), p. 267.

127) 한국 측의 연합제 안은 민족공동체 통일방안에서 상정하고 있는 남북연합단계를 염두에 둔 것이다. 남북연합 단계에서 남북한은 '2체제 2정부'를 유지하되, 가능한 분야에서 협력을 제도화하게 된다. 북한의 낮은 단계의 연방제는 북한의 고려연방제를 부분적으로 수정한 개념이다.
북한의 고려연방제는 '1민족 1국가 2제도 2정부'로서 남과 북의 사상・제도를 그대로 인정하는 기초 위에서 남과 북의 지역정부로 구성된 연방제의 통일국가를 형성한다는 것이다.
그런데 북한은 1991년 김일성의 신년사를 통해 '1민족 2제도 2정부'에 기초한 약간 느슨한 형태의 고려연방제를 제시하였다. 당시 김일성이 시사한 형태는 독일의 흡수통일에 충격을 받고 북한체제의 보장을 위해 지역정부의 외교권, 군사권을 부여하는 형태의 연방제를 제시한 것으로 해석되었다. 그러나 이때 김일성은 남한정부를 통일논의의 주체로 상정하지 않았다. 그 점에서 6 · 15 남북공동선언에서 북한이 제시한 '낮은 단계의 연방제'는 기존입장과 차이를 나타내고 있다. 그것은 통일논의의 주체로 남한정부를 상정한 데에서 찾아볼 수 있다.

북한에서는 '낮은 단계의 연방제'의 보다 정확한 의미에 대해 2000년 10월 6일 고려민주연방공화국 창립방안 제시 20돌 기념 평양시 보고회 보고를 통해 "1민족, 1국가, 2제도, 2정부의 원칙에 기초하되 남북의 현 정부가 정치 · 군사 · 외교권을 비롯한 현재의 기능과 권한을 그대로 보유한 채 민족통일기구를 내오는 방법"이라고 규정하였다. 이 개념은 1991년 신년사에서 제시한 내용에 비해 지역 자치정부의 권한을 보다 구체화한 것이라는 특징을 지니고 있다.

128) 이처럼 북한 측이 남북기본합의서를 거의 언급하지 않는 태도를 보이게 된 것은 그만큼 기본합의서에 명기된 남북대화나 교류가 체제에 부담으로 작용하기 때문일 것이다.

그런데 '민족대단결 10대 강령'은 전반적으로 추상적인 원칙을 천명하고 있는 것이긴 하지만, 내용에 있어서는 남북기본합의서와 중복되는 부분도 존재한다. 남북한 간의 공존 · 공영 원칙에 입각한 교류 · 협력을 전면 부정한다고 간주할 필요는 없다. 공식적으로도 북한 측은 남북기본합의서를 부정하고 있는 것은 아니며, 남한 정부에 대한 의사표명 수단으로서 전술적으로 활용하고 있음을 알 수 있다.

129) <노동신문>, 2004년 6월 26일.

130) 북한은 1980년대 말 이후 소련과 동구권의 몰락과 독일 통일 등 대내외의 정세변화 속에서 '느슨한 연방제'를 김일성이 직접 거론하였다.

이후 2000년 남북정상회담에서 김정일은 '느슨한 연방제'를 구체화한 '낮은 단계 연방제'를 제시하였으며, 2000년 10월 6일 '고려민주연방공화국 창립방안'제시 20주년 기념보고회에서 안경호 조평통 서기국장은 "낮은 단계 연방제는 남북의 2개 정부가 정치 · 군사 · 외교권을 비롯한 현재의 기능과 권한을 그대로 가지게 하고, 그 위에 민족통일기구를 내오는 방법으로 북남관계를 통일적으로 조정해 나가는 것을 기본 내용으로 하고 있다."고 보고하였다.

131) 1991년 1월 1일 신년사 중 "누가 누구를 먹거나 누구에게 먹히지 않는 원칙위에서…… 하나의 국가, 하나의 제도에 의한 제도통일을 후대에 맡기며…… 잠정적으로 연방공화국의 지역 자치정부에 더 많은 기회를 부여하며, 장차로는 중앙정부의 기능을 더욱 더 높여 나가는 방향에서 연방제 통일을 점차적으로 완성하는 문제도 협의할 용의가 있다."라고 하였다.

132) 예멘의 통일에 대하여는 장성민, 『전환기 한반도의 딜레마와 선택』(서울:

나남출판, 2004), pp. 309-310 참조.

133) 통일 직전인 1989년 기준, 서독은 6,260만 명의 인구는 동독의 1,640만 명보다 서독이 3.8배의 인구와, 경제성장률 서독 3.8% : 동독 1.9%로 서독이 2배, 국민총생산은 서독 22,452억DM : 동독 2,837억DM으로 서독이 7.9배, 1인당 GNP 서독 36,176DM : 동독 17,076DM으로 서독이 2.1배, 무역총액은 서독 6,111억$: 동독 470억$로 서독이 13배 우위의 경제력을 가지고 있었다.

134) 독일의 할슈타인(Hallstein, 1901~1982)은 외무부차관(1951~1958) 시절 동독을 승인하는 나라와는 외교관계를 맺지 않겠다는 '할슈타인 원칙'을 입안했다(소련은 제외). 할슈타인 원칙은 유고슬라비아·쿠바 등에 적용되었지만, 브란트 정권수립에 의한 동·서 독일 수뇌회담(1970)으로 사실상 폐지되었다. 할슈타인은 1941년 프랑크푸르트대학교 교수, 1946~48년 동 대학 총장을 역임했다. 1950년 국제연합교육과학문화기구(UNESCO) 국내위원회 의장 및 서독 정부의 총무처장관, 1951~58년 외무부 차관을 지냈고, 1958~61년 유럽 경제공동체(EEC)의 초대위원장으로 활약했다.

135) 베를린 장벽 설치 이후에도 이산가족을 포함하여 연간 150만 명 내외의 인적 교류가 지속되었다.

'서독→동독'의 경우 사실상 무제한이었지만, '동독→서독'의 경우 연금수혜자와 긴급한 가사 관련 방문자로 제한했다. 통신협정에 따라 사실상 무제한의 통신이 가능했었고, 비공식 거래에 의한 동독 정치범의 서독 정착과 동독에 대한 경제 지원이 이루어졌다.

136) '서독의 대동독 통일정책 전담기구와 직제'에 대하여는 통일부, 『2005년도 국정감사 요구자료 Ⅳ』(서울: 통일부, 2005), p. 94 참조.

137) 김상규, "통독에의 접근과정과 이의 외교사적 의미," 『국제정치논총』, 제30집 1호(1990), pp. 395-398 참조.

138) 김상규, "한국의 북방정책과 미국의 안보역할," 『중소연구』, 제18호 2권(1993 여름), pp. 4-5.

139) 통일부, 『2004년도 국정감사 요구자료 Ⅱ』(서울: 통일부, 2004), pp. 843-844 참조.

서독이 동독을 지원한 1,044.5억DM의 지원 유형을 구분하면,

① 서독정부 차원의 지원 : 203억DM

－서베를린과 서독사이의 동독 도로통과 사용료(78억DM), 정치범 석방 지불금(34억DM), 서독 방문 환영금(20억DM) 등.

② 서독정부가 지불 보증한 차관 : 19.5억DM.

③ 내독교역(물품 및 용역)을 통한 지원 : 74억DM

(이상 총 지원의 28%, 아래 72%는 민간 지원).

④ 서독주민 차원의 지원 : 692억DM

－소포(450억DM), 현금(100억DM) 등.

⑤ 서독교회 차원의 지원 : 56억DM

-물자 지원(25억DM) 등.

총 지원 1,044.5억DM 중 현금 지원은 33.5%에 해당하는 192억 달러(349.5억DM), 현물지원은 66.5%에 해당하는 382억 달러(695억DM)이며, 이 중 인도적 지원은 67.7%, 비인도적 지원(반대급부가 있는 거래의 성격)은 32.3%이었다.

140) 통일부, 『2004년도 국정감사 요구자료 Ⅱ』(서울: 통일부, 2004), pp. 845-848 참조.

2003년도 동독지역에 대한 총 재정이전 규모는 1,160억 유로(사회보장 520억 유로, 경제지원 100억 유로, 사회간접 자본 150억 유로, 기타 380억 유로).

141) 김상규, "통일 이벤트보다 '힘'이 중요," <조선일보>(2005년 10월 18일).

142) 독일 통일비용은 약 2조 마르크(DM), 통일 전(1989년) 서독 GNP의 20% 수준인 한국의 경우 2005년 미국 랜드연구소는 통일 후 5년간 북한의 GDP를 통일시점의 2배로 올리는 비용 500억~6,700억 달러(약 50조 원~670조 원), 2005년 삼성경제연구소는 2015년을 통일시기로 보고 북한주민의 기초생활 보장 446.8조 원, 통일 후 10년간 북한 초기산업화에 99조 원 등 545.8조 원으로 예상하고 있다.

한국의 통일비용 마련을 위해 김상규 교수는 대다수 국민들이 반대와 조세저항에 부딪힐 피동적인 통일 관련세를 신설하기보다는 능동적인 참여를 유도하고 효과를 극대화할 수 있는 국민들의 자발적인 국민통일기부금 제도 도입을 제안한다.

143) 독일통일에 대하여는 통일연구원의 독일통일 관련 다음 연구자료 참조. 김영윤, 『독일통일의 분야별 실태 연구』(1992); 황병덕, 『독일통일의 재정운용 실태 연구』(1992); 황병덕, 『독일의 정치교육 연구』(1995); 손기웅, 『독일통일의 군 통합 사례 연구』(1998); 여인곤, 『독일통일의 적극적 외교정책과 한반도』(2002); 정책연구실, 『분단비용과 통일비용』(1997); 기획조정실, 『독일통일 조약과 비준 법률』(1993); 기획조정실, 『화폐·경제·사회통합에 관한 조약』(1994) 등.

3장

1) 장성민, 『전환기 한반도의 딜레마와 선택』(서울: 나남출판, 2004), pp. 90-91.

2) 위의 책, pp. 22-23.

3) The White House, *The National Security Strategy of the United States of America* (September 2002) 내용 참조.

4) 노암 촘스키 저, 황의방·오성환 역, 『패권인가 생존인가: 미국은 지금 어디로 가고 있는가』(서울: 까치글방, 2004), p. 19.

5) 위의 책, p. 50.

6) Nicholas Eberstadt, *Korea Approaches Reunification. With a forward by Robert A. Scalapino*(New York: M.E. Sharpe, 1995), p. 164.

7) Jong-Chun Baek., and Young-Jae Kim, *Peace and Stability on The Korean Peninsula*(Seoul: Korean Association of International Studies, 2001), pp. 458-459.

8) 사만디 파워 저, 김보영 역, 『미국과 대량학살의 시대』(서울: 에코리브르, 2004), pp. 810-811.

9) <연합뉴스>, 2004년 6월 2일.
민주평화통일 자문회의 사무처가 여론조사 전문조사기관인 폴에버에 의뢰해 2004년 5월 19일부터 22일까지 대학생 1천 270명을 상대로 실시한 의식조사결과에 따르면 주변국의 한반도 통일 우호도 평가에서는 가장 우호적인 국가로 중국(38.3%)을 꼽았고, 미국(28.4%), 러시아(25.8%), 일본(7.4%) 순이었다.
역으로 통일에 가장 적대적인 국가를 묻는 설문에는 응답자의 49.1%가 미국을 꼽았고, 다음으로 일본(35.7%), 중국(10.3%), 러시아(5%) 순이었다.
북한은 우리에게 어떤 존재인가를 묻는 설문에는 응답자의 49.8%가 '포용해야 할 동포'로, 40.9%가 '주적이지만 동포'라고 답해 대학생 10명 중 9명 이상이 북한주민을 동포의 입장에서 받아들이고 있는 것으로 나타났다.
한미관계에 대해서는 응답자의 87.1%가 불평등하다고 답했지만 안보를 지키기 위한 주한미군의 필요성에 대한 설문에서는 조사 대상자의 73.1%가 필요하다고 답한 반면 필요하지 않다는 응답은 26.3%에 그쳤다.

10) Selig S. Harrison, *Korean Endgame: A Strategy for Reunification and U. S. Disengagement*(Princeton: Princeton University Press, 2002), pp. 355-356.

11) 클린턴 행정부는 장거리 미사일(ICBM)로부터 미국 본토를 방어하는 국가미사일방어체제(National Missile Defence, NMD)와 중·단거리 미사일(3,500km) 공격으로부터 해외 주둔 미군 및 동맹국을 보호하기 위한 목적으로 추진되던 전역미사일방어체제(Theater Missile Defence, TMD)로 나누어 추진하였다.
그러나 부시 행정부가 클린턴 행정부에서 제한적으로 추진하던 NMD에 대해 강력한 추진의사를 표명하면서 NMD의 방어대상을 미국에 한정하지 않고 우방국까지 확대한다는 입장을 정리하였고, 이에 따라 NMD, TMD의 구분이 없어진 미사일방어(Missile Defence, MD)라는 용어가 사용되었다.
부시 대통령은 2001년 5월 지상과 해상 및 공중 미사일방어(MD)체제 구축을 공식 천명하였고, 2004년까지 초보적인 미사일방어(MD)체제를 구축하는 계획을 수립하고 이를 추진하고 있다.

12) Atlantic Council, *Missile Defense in Asia*(Washington, D. C.: Atlantic Council, June 2003), pp. 15-18 and p. 31.
2003년 6월 Atlantic Council에서 작성한 「아시아지역의 미사일방어

(Missile Defense in Asia)」 제목의 정책 보고서는 미국 미사일방어(MD)관련 아시아 지역 각국(일본, 한국, 대만, 중국, 인도)의 국내 정치적 · 전략적 입장을 분석하고 있다.

13) GPR은 해외주둔 미군전력의 재편방안으로, 2001년 부시 행정부 출범 이후 럼스펠드 국방장관 주도로 검토되어 2003년 11월 부시 대통령이 GPR을 공식적으로 발표하였다.

GPR의 핵심은 21세기 새로운 테러와 안보위협에 신속하게 대처하기 위해 해외주둔 미군의 기동성과 첨단전투력의 강화의 일환으로 해외주둔 미군 병력 재배치 및 기지 통폐합한다는 것이다.

미군을 전력투사근거지(Power Projection Hub, PPH), 주요작전기지(Main Operation Base, MOB), 전진작전거점(Forward Operating Site, FOS), 안보협력 대상지역(Cooperative Security Location, CSL) 등으로 분류하고, 이에 따라 유럽, 중동, 아시아에 배치되어 있는 미군을 재배치한다는 계획이다.

14) <연합뉴스>, 2004년 6월 24일.

15) <요미우리신문>, 2004년 6월 24일 및 <한국경제>, 2004년 6월 24일 참조.

16) 외교통상부, 『2003년도 국정감사 요구자료 Ⅱ』(서울: 외교통상부, 2003), pp. 105-125, 한 · 미 · 일 TCOG 회의 공동발표문(2003. 6. 13) 참조.

17) Samuel S. Kim, *The International Relations of Northeast Asia*(Lanham: Rowman and Littlefield Publishers, 2004), pp. 244-245.

18) 미 · 일안보공동선언 주요내용

(일 · 미 동맹관계 평가)

- 일 · 미 동맹관계는 냉전기간을 통해 아 · 태지역 평화와 안정의 유지와 냉전 이후에는 계속하여 지역경제 성장의 기초가 되었다고 평가.
- 향후의 일 · 미 양국의 안정과 번영은 아 · 태지역의 장래와도 불가분의 관계임을 확인.
- 동맹관계 유지를 위한 일 측의 기지 제공 등 협조와 미군의 평화와 자유의 방위를 위한 헌신에 대해 상호 사의 표명.

(미국의 계속적인 개입과 미군주둔)

- 아 · 태지역의 평화와 안정을 유지하기 위해서는 미군이 계속하여 존재하는 것이 불가결하다는 점에 합의.
- 일 · 미 안보체제는 이 지역에 있어서 미국의 적극적인 개입을 지탱하는 지주.
- 냉전 후 이 지역에서의 미군의 배치에 다소간의 조정은 있었으나, 검토결과 현재의 안보환경하에서 그 책임을 다하기 위해서는 전 아 · 태지역에 10만 명, 일본에는 현재와 동일한 수준의 미군 병력 전진배치가 필요하다는 점을 재확인.

(주둔 미군에 대한 일 측의 계속적인 재정지원)

- 하시모토 수상은 미국의 계속적인 아 · 태지역에의 관여 결의를 환영.

– 일본정부는 주일 미군 주둔을 위해 계속하여 일·미 안보조약, 접수국 지원규정에 기초하여 시설 및 구역의 제공 등 계속적인 기여를 재확인.

(범세계적 주요협력 계획)

– 대량살상 무기의 확산방지를 포함한 군비통제, 군축분야의 협조.

– 유엔, 북한핵 문제, 중동평화과정, 구 유고 평화실현 과정 등 협력 계속하기로 합의.

19) 외교통상부, 『2003년도 국정감사 요구자료 Ⅳ』(서울: 외교통상부, 2003), p. 485.

20) Selig S. Harrison, *Korean Endgame: A Strategy for Reunification and U. S. Disengagement*(Princeton: Princeton University Press, 2002), p. 294.

21) Go Ito, *Alliance in Anxiety: Detente and The Sino-American-Japanese Triangle*(New York: Routledge, 2003), p. 142.

22) Selig S. Harrison, *op. cit.*, p. 349.

23) 김상규, "한국의 북방정책과 미국의 안보역할," 『중소연구』, 제18호 2권(1993 여름), p. 15.

24) 김덕중, 『미·중관계와 러시아』(서울: 태학사, 2002), p. 130 참조.

이러한 목표를 달성하기 위해 미국은 다음과 같은 정책을 수립·이행하였다.

① 1950~60년대 : 봉쇄를 통한 중국의 붕괴나 변화를 추구한 폐쇄정책(containment)

② 1970년대 : 고립을 배제한 억제정책(containment without isolation)

③ 1980년대 : 평화적 참여정책(peaceful engagement)

④ 1990년대 : 포괄적 참여정책(comprehensive engagement)

25) Robert A. Dahl, *Modern Political Analysis*(Englewood Cliffs: Prentice-Hall, 1984), p. 343.

26) 미국을 정점으로 일본, 러시아, 중국 사이에 맺어진 관계로 대립보다는 협력을 강조하는 새로운 국제질서인 각국 간 협력을 강화하고 이해가 상충하는 경우 상대국에 영향력을 행사하면서 협상과 타협을 계속하는 관계를 '전략적 동반자관계'로 부른다.

27) 김덕중, 『미·중관계와 러시아』(서울: 태학사, 2002), pp. 37-38 참조.

28) 이상우, 『국제관계이론』(서울: 박영사, 1999), p. 341 참조.

29) "Liaowang Views U. S. Foreign Policy, PRC Ties," *FBIS Daily Report* (FBIS-CH1-2001-0511) 참조; 김덕중, 앞의 책, pp. 58-59 요약·재인용.

30) 대만문제는 양국간 어려운 문제이다. 1972년 닉슨 대통령의 역사적 중국 방문시 '상해공동성명'에서 미국은 '하나의 중국정책'을 채택하였고, 1979년 중국과 외교관계를 수립하고 외교적 승인을 자유중국으로부터 중국으로 옮겼다. 1979년의 공동성명에서 중국은 미국인들이 대만과 통상, 문화 및 기타 비공식적인 관계를 계속하는 것에 합의했다. 1979년 대만관계법과 1982년 세 번째 공동성명에서 미국은 '하나의 중국' 그리고 '대만은 중국의

일부'라는 중국의 입장을 인정하였다. "U.S.－PRC Joint Communique," August 17, 1982, 김덕중, 앞의 책, pp. 143-144 요약・재인용.

31) 외교통상부, 『2003년도 국정감사 요구자료 Ⅳ』(서울: 외교통상부, 2003), p. 485.

32) 이에 대하여는 김덕중, 앞의 책, pp. 51-55 참조.
미국은 1985년 고르바초프의 서기장 취임 이래 고르바초프에 의존해 있던 정책에서 1991년 미국 방문을 성사시키며 고르바초프의 경쟁자인 옐친을 부각시켰다.

33) Selig S. Harrison, *op. cit.*, p. 328.

34) 1994년 10월, 북한핵 문제 해결을 위한 북미 기본합의서를 체결한 이후 클린턴 행정부는 북한에 대해 식량지원, 경제제재 완화 등의 조치를 취하며 북한의 핵 합의 이행을 촉구하였다. 아울러 북한과 미사일 협상, 4자회담 등을 추진하며 한반도 평화정착을 모색하였다. 그러나 북미관계 개선 협상은 미의회의 주도권을 장악한 공화당의 견제와 미사일 문제에 관한 북한의 미온적 태도로 장기간 답보상태를 면하지 못하였다.
1998년 8월, 북한 금창리 지하시설 핵의혹 및 미사일 실험발사를 계기로 클린턴 대통령은 페리(William Perry) 전 국방장관을 대북정책조정관으로 임명하여 대북정책 전반에 걸친 재검토 작업을 시작하였다. 1999년 9월 공개된 페리 보고서는 한반도 냉전구조 종식을 위한 3단계 방안을 제시하였다. 그 주요 골자는 ① 단기적으로 북한은 미사일 재발사를 자제해야 하며, 미국은 이에 상응하여 대북 경제제재를 완화하고 한국・일본도 적절한 조치를 취해야 한다. ② 중장기적으로 북한으로부터 핵・미사일 개발 계획을 중단하겠다는 보장을 받아야 한다. ③ 그리고 마지막으로 한국・일본과 북한의 협력하에 한반도에서 냉전을 종식시켜야 한다는 것이다. 그 후 클린턴 행정부는 페리보고서에 따라 북한과의 관계개선을 모색했지만 2000년 6월 남북정상회담이 개최될 때까지 북미관계는 실질적 진전을 이루지 못했다.

35) 이에 대해, 장성민은 "만일 2000년 말 예정됐던 클린턴 대통령의 방북이 성사됐다면, 북한과 미국은 정상회담을 통해 북한 미사일문제를 타결짓고, 본격적인 수교협상에 들어갔을 것이다. 그리고 북미수교가 본 궤도에 오르게 되면, 남북간에는 정전협정을 평화협정으로 대체하는 문제가 현안으로 대두했을 것이다. 평화협정이 체결되면, 한반도는 본격적인 평화공존체제로 진입하는 것이다."라고 하고 있다. 『전환기 한반도의 딜레마와 선택』(서울: 나남출판, 2004), pp. 96-100 참조.

36) 장성민은 부시 행정부가 대북포용정책을 채택할 것으로 보는 근거로, 첫째, 미국의 대북포용정책은 레이건 행정부 말기인 1988년의 '온건한 주도(modest initiative)' 정책으로부터 시작했다. 이때부터 미국의 대북정책은 냉전시대의 일방적인 대결과 차단의 봉쇄정책에서 '당근과 채찍'을 겸용한 유화정책으로 이행해 왔다. 또한 정권교체기마다 정책 혼선으로 인해 일정

기간 강경파가 득세하기는 했지만, 결국 포용정책으로 되돌아오곤 했던 경험이 있는 등 클린턴 행정부의 페리 프로세서는 이러한 우여곡절을 겪으면서 지난 13년 동안 쌓여온 포용정책의 최종결정판이라는 점, 둘째, 부시 행정부 내 온건 협상파의 입지가 강화되고 있다는 점, 셋째, 가장 중요한 것은 부시 행정부가 미사일방어체제(MD) 구축과 북미 미사일 협상을 분리하는 방향으로 노선을 선회하고 있다는 점 등을 들고 있다.

37) 외교안보연구원, 『중장기 국제정세전망』(서울: 외교안보연구원, 2002), pp. 50-52 참조.

38) Center for Strategic & International Studies, "A Blueprint for U. S. Policy toward a Unified Korea: A Working Group Report of The CSIS International Security Program."(August, 2002), http://www.csis.org/isp/blueprint.pdf, pp. 3-14.

39) 황병덕, 『부시행정부의 대북정책과 한국의 대북정책 추진방향』(서울: 통일연구원, 2001), pp. 33-34.

40) <연합뉴스>, 2005년 9월 19일, 2006년 12월 11일

(제2차 북핵 위기 주요 과정 일지)

- 2002. 10. 3 : 제임스 켈리 특사 등 미국 대표단 8명 북한 방문.
- 2002. 10. 17 : 미, 북한 핵무기 개발계획 추진 발표.
- 2002. 11. 15 : 한반도에너지개발기구(KEDO) 집행이사회, 12월분부터 북·미기본합의문에 따른 대북 중유지원 중단 결정.
- 2002. 12. 12 : 북, 핵동결 해제 선언.
- 2002. 12. 31 : 부시 미 대통령, 북핵 문제 외교적 방법으로 평화적 해결 천명.
- 2003. 1. 10 : 북, 정부성명 통해 NPT 탈퇴 선언.
- 2003. 8. 27~29 : 제1차 6자회담 베이징에서 개최.
- 2004. 2. 25~28 : 제2차 6자회담 베이징에서 개최.
- 2004. 4. 7~8 : 한·미·일 3자협의, '북한의 완전하고 검증 가능하며 돌이킬 수 없는 핵폐기(CVID)' 재확인.
- 2004. 6. 23~26 : 제3차 6자회담(베이징).
- 2005. 2. 10 : 북, 핵무기 보유 선언.
- 2005. 7. 12 : 남, '중대제안은 대북 200만kw 직접송전 계획' 공개. 라이스, '중대제안은 창의적이고 유익한 영향을 미칠 수 있는 긍정적 방안'.
- 2005. 7. 26 : 제4차 6자회담 베이징 댜오위타이(釣魚臺)에서 공식 개막, 김계관 '조선반도서 핵위협 없애야', 힐 '북핵 프로그램 영구적이며 검증가능하게 폐기하면 안보우려 해결', 북·미 두 번째 양자회동.
- 2005. 9. 19 : 6개국 전체회의 개최, 북의 '모든 핵무기와 현존 핵계획 포기' 등을 골자로 하는 공동성명 채택.
- 2005. 11. 9~11 : 제5차 6자회담, 미국 측 북한의 마카오 은행의 대북 거래 금지로 대립.
- 2006. 1. 18 : 북, "선(先)금융제재 해제" 요구
- 2006. 7. 5 : 북, 대포동 2호 등 미사일 발사
- 2006. 7. 16 : 유엔 안보리, 북한 미사일 결의 만장일치 통과
- 2006. 10. 9 : 북, 핵실험 실시
- 2006. 10. 14 : 유엔 안보리, 유엔헌장 7장에 근거한 대북 제재 결의
- 2006. 12. 18~22 : 제5차 6자회담 2단계회의 베이징에서 재개

41) 황병덕, 『부시행정부의 대북정책과 한국의 대북정책 추진방향』(서울: 통일연구원, 2001). pp. 43-46.

"한 · 미동맹관계는 소중했고 현재도 소중하며 미래에도 소중할 것이며, 반미는 극히 적은 사람들의 목소리일 뿐입니다. 미국이 앞으로도 우리의 우방으로 남아 있길 바랍니다. 주한미군은 필요하고 앞으로도 필요할 것이며, 이런 생각을 나는 일관되게 말해왔습니다. 한국 젊은이들의 촛불시위는 한 · 미 주둔지위협정(SOFA) 개정이 주된 요구이고, SOFA 개정은 미군 주둔을 전제로 하는 것입니다."(제임스 켈리 미 국무부 동아태 담당 차관보 면담 2003. 1. 13)

"한 · 미 동맹관계는 한반도 안보의 축이며, 그 근간은 주한미군입니다. 주한미군은 한국군과 함께 한반도에서 전쟁을 막고 동북아 안정에 크게 기여했으며, 한반도 평화와 안정을 위해 필요하고 미래에도 지속적으로 필요합니다. 북한 핵 개발은 절대 용납할 수 없으며, 긴밀한 한 · 미 공조를 바탕으로 국제사회에서 대화와 외교적 수단을 통해 반드시 평화적으로 해결되어야 합니다. 또한 북한핵 문제 해결에는 굳건한 한 · 미 동맹관계가 토대가 될 것이며, 한국과 미국은 반세기 동안의 혈맹 관계를 더욱 발전시켜 나가야 합니다."(한미연합사 방문 2003. 1. 15)

43) <연합뉴스>, 2005년 3월 9일, 2005년 3월 8일 공군사관학교 연설.

44) 통일코리아, http://www.unikorea21.net/kor/index.asp?fin

<중앙일보>, 2002년 2월 20일. 미국의 조지 W. 부시 대통령은 한국 김대중 대통령과 함께 가진 '한 · 미 정상 공동기자회견' 모두 발언에서 "미국은 대한민국의 안보에 대해 굳건한 공약을 가지고 있으며 이 공약을 성실히 이행해 나갈 것이다. 여기에 대해서는 추호의 의심도 없다. 우리는 또한 한반도의 평화를 확고하게 지지하고 있으며, 여기에 대해서도 역시 의심의 여지가 있어서는 안 될 것이다. 이는 우리가 한국에 대해 가지고 있는 굳건한 공약이다."라고 말했다.

45) 외교통상부, 『2003년도 국정감사 요구자료 Ⅳ』(서울: 외교통상부, 2003), p. 484.

46) 한 · 미 양국 정부는 1999년 말부터 한 · 미 동맹의 미래에 대해 공동 연구를 실시해 왔으며, 미래 한 · 미동맹정책구상협의(FOTA) 회의시 한 · 미 양국은 9 · 11 테러 이후 세계적 안보환경의 변화 및 군사기술혁명(Revolution in Military Affairs, RMA)을 반영하여 주한미군 기지 재배치, 임무 전환, 전력 증강, 연합지휘체계 발전방향 등을 협의하여 왔는바 현재까지 구체적 합의 내용은 아래와 같다.

한 · 미 양국은 2단계에 걸쳐 주한미군 기지를 궁극적으로 2개 권역(중서부 및 남동부)으로 통폐합해 나가기로 합의하였다.

우선 1단계 조치로써, 현재 분산되어 있는 2사단 소속 소규모 기지들을

2006년 말까지 의정부, 동두천의 사령부기지 내로 통합할 예정이며, 2사단을 한수 이남으로 이전하는 2단계 조치는 추후 한반도 및 동북아의 정치·경제·안보 상황을 신중히 고려하여 추진토록 합의하였다. 또한 용산 기지는 2006년 말 목표로 오산-평택으로 이전하고, 연합사·유엔사 사령부 등 일부만 현 국방부 인근지역에 잔류키로 합의하였다.

47) 최근 3년간 한국 외교부가 참여한 공식, 비공식 회의 일지

－2003. 9. 25 : 실무협의단 방미시 2003년 6월 미 측이 제시한 개념구상 내용 재확인.

－2003. 10. 6～8 : FOTA 5차회의 계기로 별도 협의시 감축 관련 일체 협의를 2004년 여름까지 중단키로 합의.

－2004. 6. 6 : FOTA 9차 회의 계기 2005년 말까지 12,500명을 감축코자 한다는 미 측의 기본계획 청취, 이에 관한 발표문은 2004년 6월 7일 외교통상부, "주한미군 재조정문제 관련 대미협의 결과 대외 발표문" 참조.

－2004. 8. 20 : FOTA 11차 계기 대미협의시 한·미 양국은 이라크 지원을 위한 미 2여단 전투단의 차출에는 동의하고, 한국 측의 입장에 따라 전반적으로 일부부대의 감축시기 연장이 필요하다는 데에는 인식을 같이하였으나, 감축대상 전력별 감축시기에 대한 이견이 있어 추후 재협의하기로 하였다.

48) ① '주한미군 방위력 증강계획' 내용 및 평가

미 정부는 주한미군의 능력향상을 위해 향후 4년 간 110억 달러를 150개 프로그램에 투자할 예정인바, 동 프로그램은 한반도 유사상황 발생시 미 증원군 파견에 소요되는 시간을 단축시킴으로써 한반도에서의 전쟁 억제력을 강화시키는 데 목표를 두고 있다.

② 한국의 MD 참여 관련 기본 정책

미국 정부는 한국 측에 대해 MD 체계에 참여해 줄 것을 요청해 온바 없으며, 한국도 참여를 검토하고 있지 않다. 한국 정부는 지난 1980년대 이후부터 북한의 미사일 및 항공기 공격 위협에 효과적으로 대응하기 위해 대공 방어망 개선을 위한 정책을 추진하고 있는바, 이는 미 정부가 추진하는 MD와는 전혀 별개의 사업이다.

③ 최근 3년간 방위비 분담 현황

한국은 1991년 이후 약 3년 주기로 미국과 '방위비 분담 특별협정(Special Measures Agreement, SMA)'을 체결, 주한 미군 주둔 비용의 일부를 분담해 오고 있다.

2002～2004년간 적용되는 협정의 경우, 2002년 4월 4일 서명, 4월 19일 국회 비준 동의를 받아 이미 발효 중인바, 2003년의 경우, 0.65억 달러+5,910억 원(약 5.57억 달러)을 분담(전년대비 18% 증가).

④ 기지이전, 미군 후방배치 합의에 따른 후속조치 현황, 소요 예산 추정

한·미 양국은 주한미군 재배치와 관련하여, 지난 2002년 3월 연합 토지관리

계획(Land Partnership Plan, LPP) 협정에 서명(동년 10월 국회 비준 동의)한 바 있다.

동 합의 내용에 따라, 미 측은 2011년까지 28개 기지 및 시설(약 210만 평)과 4,200여만 평의 훈련장을 한국 측에 반환(총 공여지의 약 55% 반환)할 예정이며, 한국 측은 미 측에 신규 토지 154만 평을 공여하고, 한국군 훈련장을 미 측과 공동 사용할 예정이다. 다만, 용산 기지 이전 및 전반적인 주한미군 기지 재배치에 따라 부분적인 LPP 수정이 불가피할 것으로 보인다.

추진비용 관련, 양측은 향후 10년간 약 3조 원 정도가 소요될 것으로 추정하였는바, 미 측이 총 추진비용의 약 55%인 1조 8천 4백억 원(13.8억 달러)을 부담하고, 한국은 약 45%인 1조 4천 9백억 원(11.2억 달러)을 부담하게 될 것이다.

49) <연합뉴스>, 2004년 6월 7일(주한미군 재조정 논의 일지)

- 2002. 11. 6 : 피터 페이스 미국 국방차관, 이준(李俊) 국방장관에게 미래한미동맹정책구상회의(FOTA) 제안.
- 2002. 12. 5 : 한미연례안보협의회(SCM.워싱턴)에서 FOTA 발족 서명.
- 2003. 6. 4~5 : FOTA 2차 회의, 미국의 개념 수준의 감축계획 설명 및 협의의사 최초 전달.
- 2004. 5. 6~7 : FOTA 8차 회의(워싱턴), 용산 기지 이전을 위한 포괄협정(UA)과 이행협정(IA) 문제 집중 협의.
- 2004. 5. 17 : 한·미 주한미군 1개 여단 약 4천 명 이라크 파견 합의.
- 2004. 5. 25 : 찰스 캠벨 미8군 사령관, "한미 연합군은 인도주의 작전뿐 아니라 동북아 평화유지군으로 활동할 수 있을 것"이라고 발언.
- 2004. 6. 2 : 럼스펠드 미 국방장관, "한반도와 유럽지역의 미군 편제에 근본적 변화가 있을 것"이라고 발언.
- 2004. 10. 6 : 미군 3단계 철수, 2009년 2만 5천 명 유지 발표.

50) <연합뉴스>, 2004년 10월 6일.

51) 미국은 파견군대의 임무를 원활히 수행할 수 있도록 접수국가와 군대의 지위에 관한 협정(SOFA)을 체결, 특권과 면제의 범위를 포함한 주둔군의 접수국 내 법적 지위를 규율하고 있다. 현재 미국은 우리나라(1953)를 포함하여 호주(1963), 캐나다(1941), 프랑스(1953), 독일(1963), 이탈리아(1953), 일본(1953), 영국(1953) 등 총 105개 국가와 SOFA를 체결하였다.

52) 1966년 SOFA 체결 당시 개선 필요사항으로 지적되었던 조항들에 대해 SOFA 분과위별로 관계부처에서 분담하여 1988년 12월 협상이 개시되었다. 1991년 1차 1월 개정 합의서에 서명한 데 이어 1995년 11월 1차 개정 이후에도 피의자의 신병인도시기, 환경조항 부재 등 개선 필요사항이 지적됨에 따라 한·미 양측 간 2차 개정 협상 개최에 합의하여 총 12차례의 공식 협상을 거쳐 2001년 1월 18일 정식 서명되고 2001년 4월 2일 발효되었다.

2차 개정 이후 한·미 양측은 동 개정 후 계기별로 제기되어 온 문제점을 추가적인 SOFA 개정보다는 SOFA 운영개선을 통하여 해결해 왔다. 최근 3년간 외교부 내 SOFA 운영실 신설(2003. 3), SOFA 합동위(3회), SOFA 운영개선 특별대책반회의(총 18회), SOFA 운영 운영개선 특별합동위(2회) 등을 개최하였다.

53) '포괄적'은 지난 50여 년 간 한미관계가 주로 안보중심의 동맹관계에 치중하였는바, 이제는 한 · 미 관계의 폭을 넓혀 경제 · 문화 · 사회 등 여러 분야에서 한 · 미 간의 협력관계를 심화 발전시켜 나간다는 의미이다. '역동적'은 그간 한 · 미 관계의 주체가 외교관, 언론인, 경제인 등 특정부류 인사에 극한되어 왔지만, 이제는 주체를 다양화하여 people-to-people 교류가 될 수 있도록 한다는 의미이다. 외교통상부, 『2005년도 국정감사 요구자료 Ⅵ』(서울: 외교통상부, 2005), p. 281 참조.

54) <연합뉴스>, 2005년 6월 11일.

55) 김상규, "한국의 북방정책과 미국의 안보역할," 『중소연구』, 제18호 2권 (1993 여름), p. 17.

56) 장성민, 『전환기 한반도의 딜레마와 선택』(서울: 나남출판, 2004), pp. 92-93.

57) 장성민, 위의 책, p. 106.

장성민은 이 책에서 워싱턴의 공화당 정책브레인 한 명을 만났는데 그는 부시행정부의 대북정책을 설명하면서 "북한이 대량살상무기를 가지고 또다시 '벼랑 끝 전술(brinkmanship tactic)'을 펼친다면 미국은 바로 군사공격에 돌입할 것이다. 이것은 과장이 아니다. 부시행정부와 클린턴 행정부는 다르다."고 강조했다고 하였다.

58) 이에 대하여는 전 미국방장관의 '핵태세검토보고서(Nuclear Posture Review)'에 관한 다음 글 Robert S. McNamara and Thomas Graham Jr, "A Pretty Poor Posture for a Superpower," *The Los Angeles Times*, Mar 13, 2002 참조.

59) Fred Hiatt, "N. Korea: What a Big Stick Can Do," *Washington Post*, April 23, 2002.

60) 부시대통령이 2002년 9월 미의회에 제출한 '국가안보전략보고서(The National Security Strategy of the United States of America)'는 테러리즘을 최대의 위협으로 하였고, 대량살상무기의 확산을 테러로 분류하였다. 이라크와 북한은 이 보고서에서도 대량살상무기를 확산시키는 불량국가로 포함하였다.

61) 장성민, 앞의 책, pp. 218-219.

62) ① 북측에 선택 요구 : 경제혜택, 안전보장과 강화된 군사적 억지 간의 명확한 선택.

② 접근방식 : 일본의 이익과 한국의 포용정책 반영한 접근방식 수립 필요.

③ 대북 요구사항 : 제네바합의사항 이행 강화, 미사일 시험 · 수출 중단 및 미사일수출통제체제(Missile Technology Control Regime, MTCR) 수준의 규

제, 재래식 무기 감축과정 개시를 위한 신뢰 구축 조치(Confidence-Building Measure, CBM).

④ 대북 혜택 : 경수로 사업 조속 추진, 인도적 식량 · 경제 지원, 북한 안전보장, 미 · 북관계 정상화.

63) ① 외교교섭의 성과 없을 경우, 북한의 고립 · 봉쇄에 대한 분명한 메시지 전달.

② red line 설정 등 억지강화 조치 실시.

③ 대통령에 직접 보고하고 북한 최고위층의 관심 유도할 수 있는 point person을 임명.

④ 한 · 미 · 일 3국 외무장관 회담 개최.

64) 외교통상부, 『2003년도 국정감사 요구자료 Ⅳ』(서울: 외교통상부, 2003), pp. 393-394.

65) 보고서 내용 중 구체 내용으로 2002년 10월 Kelly 동아태 담당 차관보의 방북시 북한 정권의 심각한 인권침해 문제를 제기하였고, 2002년 중 Craner 민주주의 · 인권 · 노동 담당 차관보의 미국 내 각종 연설 및 청문회 발표를 통해 북한의 심각한 인권문제를 제기하였으며, 정기적으로 다자 포럼과 여타 정부와의 양자회담시 북한 인권문제에 대한 우려를 제기하였다.

66) (미국의 대북정책 변천사)

2001년 1월 공화당 후보로 당선된 부시 대통령은 클린턴 행정부의 대북정책을 검증장치가 결여된 북한에 끌려 다니는 정책으로 인식, 대통령 취임 이후 대북 정책에 대한 전반적 재검토 착수를 지시하였다.

2001년 6월 6일 발표된 부시 행정부의 대북정책 재검토 결과는 핵 · 미사일 문제에 치중하였던 클린턴 행정부와는 달리 핵 · 미사일 문제를 포함하여 재래식 군사력 문제 등 광범위한 의제에 대하여 포괄적 접근을 추구하였다.

(2001년 6월 6일 부시 대통령 대북 정책 방향 설명 요지)

- 미국은 ① 북한의 핵 활동 관련 제네바 합의 이행 개선 ② 북한의 미사일 개발 계획의 검증 가능한 규제 및 미사일 수출 금지 ③ 보다 덜 위협적인 군사태세 등 광범위한 의제에 대하여 북한과 진지한 논의에 착수.
- 북한과의 논의는 남북 화해, 한반도 평화, 미국과의 건설적 관계 및 지역 내 안전 증진을 목표로 포괄적 접근의 맥락에서 추진.
- 북한이 긍정적 반응을 보이고 필요한 조치를 취할 경우, ① 북한 주민을 돕기 위한 노력 확대 ② 제재완화 및 여타 정치적 조치를 취할 용의.
  9 · 11 테러 이후 미국의 대외정책이 테러 및 WMD 위협에 대한 대처에 초점이 맞추어지면서, 대북 정책도 강성기조를 띠었으며, 2002년 1월 발표된 부시 대통령의 연두교서에서 북한을 이란, 이라크와 함께 '악의 축'으로 지목.

이후 한 · 미 협의 과정에서 우리의 미 · 북 대화 재개 요청 등이 있었으며, 부시 대통령은 조속한 시일 내에 가시적 성과가 도출될 수 있는 '과감한 대북접근법(bold approach)'을 추진토록 지시.

한편, 이 과정에서 서해 교전사태(2002. 6)가 발발하여 대북 협의가 지연되고, 이어 북한의 고농축 우라늄 프로그램에 의한 핵개발 시도가 포착됨으로써 미・북 관계는 급속히 악화.

미국은 북한이 고농축 우라늄 핵 프로그램을 폐기하지 않을 경우 북한과 대화하지 않겠다는 강경한 입장을 견지하였다. 그러나 이후 다자 회담을 통해 핵문제 해결을 추구할 수 있다는 입장을 표명하였고, 2003년 4월에 3자회담 개최하였다. 또한 미국은 이후 중국의 요청과 한・일과의 협의를 거쳐 다자 틀 내에서 미・북 간 양자접촉을 수용하고, 이에 따라 6자회담이 개최되는 등 그간 미국은 대화형식 문제에 있어 유연한 입장을 계속 취해 왔다.

미국은 6자회담에서 북한이 핵 폐기를 시작할 경우 이에 상응하는 조치를 취하고, 미・북관계 정상화를 목표로 미사일, 재래식 무기, 인권 등 주요 북한 문제의 타결을 추진해 나간다는 입장을 밝혔다. 이후 '선핵포기' 주장을 견지하고 있다는 북한의 비난은 미국의 입장을 제대로 이해하지 못하고 있는 것이라는 입장을 밝힌 바 있다.

67) 외교통상부, 『2003년도 국정감사 요구자료 VI』(서울: 외교통상부, 2003), pp. 390-392.

68) 2003년 11월 미국 상・하원에 상정되어 2004년 7월 23일 미국 하원 만장일치 통과, 상원 심의 회부된 '2003 북한자유법(North Korean Freedom Act of 2003)'의 목적은 ① 대량 살상무기와 그와 관련된 유통구조・물질・기술의 개발・판매・이전의 금지, ② 민주주의 체제로의 한반도 통일을 지원, ③ UN헌장에 부합하는 북한의 인권보호라고 밝히고 있다. 법안의 본문에는 1장 북한주민의 인권보호(4개 조문), 2장 북한난민(4개 조문), 보호를 위한 조치(12개 조문), 3장 북한의 민주주의를 촉진하기 위한 조치(5개 조문), 4장 대북협상(3개 조문), 5장 기타 사항(2개 조문)으로 되어 있으며 2004년 3월 하원에서 '북한인권법안'으로 대체되었다.

법안의 주요 내용은 북한주민 인권신장을 위해 2005~2008년간 매년 4백만 달러, 북한주민 지원을 위해 2005~2008년간 매년 2천만 달러, 북한 난민 보호를 위해 북한 주민이 미국에 난민지위 또는 망명을 신청할 경우, 북한 국민을 한국 국민으로 불간주한다는 내용이다.

이와 유사한 법안으로 1996년의 쿠바자유민주연대법, 1998년 이라크 해방법, 2003년 이란 민주주의법 등이 미국 의회에서 통과한 바 있다. 미국 행정부는 대북 협상의 안건으로 '인권' 의제를 법제화한다는 것이다.

69) 이 법의 제안자는 미국 의회 Henry Hyde 국제관계위원장이며 공동제안자는 John Shimkus 의원 등 6명. 결의안의 중요 내용은 북한의 한국인 및 일본인 납치를 심각한 인권 침해 행위라고 규탄 및 생존 중인 모든 피납자, 전쟁포로 석방과 함께 이 행위를 철폐하고 납치사례 자료를 제공할 때까지 미국

정부가 북한을 국무부의 테러지원국 명단에서 해제하지 않도록 촉구하였다. 이 결의안은 2005. 5. 26 하원 회부, 2005. 7. 11 하원 통과(찬성 362, 반대 1, 기권 1), 2005. 8 현재 상원 계류 중이다.

70) (북한인권법안 심의 경과)

- 2003. 7 : 미국 NGO들이 결성한 '북한자유연합'이 '북한자유법안(North Korean Freedom Act of 2003)' 초안 준비
- 2003. 11. 20 : Sam Brownback 등 상원의원 2명이 '북한자유법안'의 상원안 제출(법사위 배정)
- 2003. 11. 21 : Jim Leach 등 하원의원 4명이 '북한자유법안'의 하원안 제출(국제관계위 및 법사위 배정)
- 2004. 3. 23 : Jim Leach 등 하원의원 16명이 '북한자유법안'을 대체할 '북한인권법안' 제출(국제관계위 및 법사위 배정)
- 2004. 3. 31 : '북한인권법안' 하원 국제관계위 통과(만장일치)
- 2004. 7. 21 : 하원 본회의 통과 (만장일치 구두표결)
- 2004. 9. 28 : 상원 본회의 통과(수정)
- 2004. 10. 4 : (수정안)하원 통과
- 2004. 10. 18 : 대통령 서명, 발효(PL No. 108-333)

71) 역대 미국 의회 탈북자 관련 청문회 개최 일지.

미국 의회는 2002년 이전까지는 탈북자 문제에 대해 별다른 관심을 갖지 않았으며, 탈북자들이 중국주재 각국 외교공관에 진입하여 국제적인 관심을 끌기 시작한 2002년부터 탈북자 문제에 관심을 갖고 청문회 개최 등을 하기 시작하였다.

- 2002년

하원 아태소위 북한인권 청문회(2002. 5. 2)

- 2003년

① 국무부 인권 보고서 관련 하원 청문회(2003. 4. 30)
② 상원 동아태소위 북한실상 청문회(2003. 6. 5)
③ 상원 동아태소위 북한 인권 청문회(2003. 11. 4)

- 2004년

탈북자 관련 청문회 없었다.

(청문회 참고 인터넷 사이트 : www.gpoaccess.gov)

72) 미 하원에서 통과된 '북한인권법'에 대해 한국정부의 입장 및 향후 대응 방안은 기본적으로 동 법안은 미국 의회의 입법 과정에 있는 상황이므로, 한국정부가 공개적으로 법안의 내용에 대한 입장을 밝히는 것은 적절치 않다고 보고 있다. 다만, 한국정부는 의회 제출 전 법안 초안 단계에서부터 주시하고 있었으며, 미국 행정부 및 의회는 물론 NGO들에게도 한국정부의 입장을 개진해 왔다. 한국정부로서는 미 의회 내 심의동향을 면밀히 주시하면서 새로운 문제조항이 삽입되지 않도록 노력해 나가는 한편, 동 법안이

입법화되면 이행과정에서 한반도 평화와 안정이 저해되지 않고 6자회담에 부정적 영향이 미치지 않도록 미 행정부와 협의해 나갈 방침이다.

73) 2005년도 제 61차 유엔인권위원회(2005. 3. 14~4. 22)에 이어 유럽연합(EU)은 일본과의 공동 주도로 북한 인권결의안을 3년 연속 재상정되었고, 유럽연합(EU) 주도로 2005. 11. 17 통과되었다.

주요 내용은 북한에 대해 조직적이고 광범위하며 심각한 인권 침해를 즉시 중단할 것과 북한 인권상황 개선이 없는 경우 유엔총회 등 유엔 내 다른 기관들이 북한인권 문제를 다루도록 요구하는 등 전년도에 비해 강화된 내용이며, 유럽연합, 일본 등 공동 제안한 동 결의안이 채택되었다(찬성 84, 반대 22, 기권 62개국). 한국은 2004년에 이어 결의안 표결 직전 투표입장 설명 발언을 통해 북한 인권 상황에 대해 우려 표명과 동시에 한국정부의 기본 입장을 국제사회에 설명한 후 기권하였다.

74) 외교통상부, 『2003년도 국정감사 요구자료 Ⅳ』(서울: 외교통상부, 2003), pp. 484-485.

75) <연합뉴스>, 2005년 3월 17일.

76) 외교통상부, 앞의 책, p. 488.

77) 2004년 6월 23일 <뉴욕타임스>는 미행정부 관리들의 말을 인용, 미국이 마련한 협상안은 북한이 지난해 리비아가 한 것처럼 김정일 북한국방위원장이 플루토늄과 우라늄 무기 개발 포기 선언을 할 경우 즉각 국제적인 지원을 하는 내용을 골자로 하고 있다고 전했다.

북한에 대한 지원은 한국과 중국, 러시아, 일본이 매달 수만 톤의 중유를 북한에 공급하고 미국은 북한을 침공하거나 김정일 정권 전복을 시도하지 않는다는 '잠정적인' 보장을 하는 것으로 되어 있다.

미국의 협상안에는 북한에 대한 경제제재 해제와 장기 에너지 원조 및 북한 핵과학자에 대한 재교육 문제에 관해 직접 협상을 시작하는 것도 들어 있다.

78) Samuel S. Kim, *The International Relations of Northeast Asia*(Lanham: Rowman and Littlefield Publishers, 2004), p. 296.

79) 구해우, "서로를 모르는 북한과 미국," 『미래전략연구원』(2003. 7. 30) http://www.kifs.org/main/column/notice_read.php?tno=3&number=43&author=구해우

80) 외교통상부, 『2003년도 국정감사 요구자료 Ⅲ』(서울: 외교통상부, 2003), p. 803.

81) Selig S. Harrison, *op. cit.*, pp. 105-108 참조.

82) MBC, 헌팅턴 교수와의 대담, 1998년 8월 15일. 최광수 전 외무장관과 미 보스턴 하버드 대학에서 가진 대담. 세계적인 정치학자인 사무엘 P. 헌팅턴(Samuel P. Huntington)은 당시 미 하버드대학의 앨버트 J. 웨더헤드 석좌교수이자 존 M. 올린 전략연구소장을 맡고 있었고 하버드대학 국제관계센터

부설 국제 및 지역연구 학회장도 겸임하고 있었다.

83) Ian Clark, *The Post Cold War Order: The Spoils of Peace*(Oxford: Oxford University Press, 2001), p. 124.

84) Center for Strategic & International Studies, "A Blueprint for U.S. Policy toward a Unified Korea: A Working Group Report of The CSIS International Security Program."(August, 2002), http://www.csis.org/isp/blueprint.pdf, pp. 7-9 참조.

85) 정문헌, 『남북한과 미국』(서울: 도서출판 매봉, 2004), pp. 257-259.

86) The Department of State, *The Record on Korean Unification 1943～1960*(Washington 25, D. C.: U. S. Government Printing Office, 1960), pp. 128-129 참조.

87) <동아일보>, 2000년 6월 17일.

88) <연합뉴스>, 2000년 9월 8일.

89) <연합뉴스>, 2000년 11월 1일.

90) <국민일보>, 2002년 2월 20일.

91) <노컷뉴스>, 2005년 11월 17일, 공동기자회견(전문) 참조.

92) Tae-Hwan Kwak., and Seung-Ho Joo, *The Korean Peace Process and The Four Powers*(Aldershot: Ashgate, 2003), p. 96.

93) 벨 브꼬프・뾰뜨르 블라소프, "한반도 통일과 주변 4강," 모스크바 한국무역관(1999년 11월), http://www.kotra.or.kr/main/trade/nk/research/etc_09.jsp 이 글은 러시아에서 발행되는 주간지 '엑스뻬르뜨(Expert)' 1999년 11월 1일자에 빠벨 브꼬프와 뾰뜨르 블라소프가 기고한 기사 내용이다.

94) 옥태환, 통일연구원.
http://www.kinu.or.kr/bbs/content.asp?tb=kinu10&id=34&page=3&block=0

95) Tae-Hwan Kwak and Seung-Ho Joo, *The Korean Peace Process and The Four Powers*(Aldershot: Ashgate, 2003), p. 88.

96) 한반도 통일시 미군 주둔 필요성은 2000년 12월 15일 발표, 미 국가정보협의회의 'GT 2015' 보고서에서도 나타나고 있다. "2015년에는 남한 내 정치가 성숙한 민주주의의 단계로 올라설 것이며 향후 10년에서 15년 동안의 통일과정은 남한의 자원과 힘을 상당량 소비할 것이며, 미군이 주둔하는 통일한국은 지역적 군사력 역할을 할 것이다."라고 하고 있다. 이는 한반도에서 미군을 철수할 의사가 전혀 없으며, 한반도 통일에 대비하기 위해서는 미군의 계속적인 주둔과 강화가 요구되며 경우에 따라서는 이를 위한 미군 구조의 일정한 조정이 필요하다는 것을 제기하고 있다.

97) USA Joint Chiefs of Staff, *Joint Vision 2020*(Washington D. C.: U. S, GPO, 2000).

98) <중앙일보>, 2005년 8월 21일, 인터뷰 기사.

99) <중앙일보>, 2005년 11월 30일.

100) 통일부, 『2003년도 국정감사 요구자료 Ⅲ』(서울: 통일부, 2003), p. 263.

4장

1) 김종헌 · 김호준 · 공의식 저, 『미 · 중 · 일 대외정책』(부산: 부산외국어대학교출판부, 1998), p. 87, 각 연대별 정책변화와 전략에 대하여는 pp. 123-151 참조.
1949년 이후 중국대외정책을 시기적으로 분석해 보면,
① 1950년대 : 대소련 편향 외교정책으로 대미연합 전선전략
② 1960년대 : 양초강대국에 대한 동시 대결전략(이중적 전략)
③ 1970년대 : 대미 편향의 외교정책으로 대소연합 전선전략
④ 1980년대 : 독립자주 외교정책
⑤ 1990년대 : 미국유일초강대국체제 견제전략으로 요약.
2) Samuel S. Kim, *The International Relations of Northeast Asia*(Lanham: Rowman and Littlefield Publishers, 2004), p. 90.
3) William T. Tow, "China and International Strategic System." in Thomas W. Robinson and David Shambaugh, ed., *Chinese Foreign Policy: Theory and Practice*(Oxford: Oxford University Press, 1994), pp. 155-157, 김종헌 · 김호준 · 공의식 저, 『미 · 중 · 일 대외정책』(부산: 부산외국어대학교출판부, 1998), pp. 121-122 요약 · 재인용.
4) Samuel S. Kim, *op. cit.*, p. 65.
5) 2002년 11월 중국 북경에서 개최된 제16차 공산당 전국대표대회에서 장쩌민(江澤民) 국가주석은 '전면적인 샤오캉 사회 건설(全面建設 小康社會)'이라는 목표를 제시하면서 2020년 1인당 GDP 3,000달러 달성을 목표치로 제시한 바 있다. 이를 계기로 샤오캉(小康)은 중국 경제 발전 과정의 도달 목표로 해외에 소개되었으며, 이는 '괴로움이 없는 비교적 풍요로운 상태' 즉 비교적 잘사는 중산층 사회를 의미한다.
6) 외교통상부, 『2003년도 국정감사 요구자료 Ⅳ』(서울: 외교통상부, 2003), p. 490.
7) Selig S. Harrison, *Korean Endgame: A Strategy for Reunification and U. S. Disengagement*(Princeton: Princeton University Press, 2002), p. 310.
8) Selig S. Harrison, *Ibid.*, p. 326.
9) Selig S. Harrison, *Ibid.*, p. 327.
10) 중-소 국경 분쟁에 대하여는 Robert A. Dahl, *Modern Political Analysis* (Englewood Cliffs: Prentice-Hall, 1984), pp. 328-338 참조.
11) 김덕중, 『미 · 중관계와 러시아』(서울: 태학사, 2002), p. 54 참조.
12) 외교통상부, 『2005년도 국정감사 요구자료 Ⅴ』(서울: 외교통상부, 2005), p. 97 참조.
13) Tae-Hwan Kwak and Seung-Ho Joo, *The Korean Peace Process and The Four Powers*(Aldershot: Ashgate, 2003), p. 116.
14) Tae-Hwan Kwak and Seung-Ho Joo, *Ibid.*, p. 105.

15) 네트로폴리탄 유니버시티, "한국은 중국에게서 무엇일까?" http://www.netuni.net/netropolitan/network/network.asp?id=92&City=%EB%B2%A0%EC%9D%B4%EC%A7%95
『중국이 당면한 긴요 문제의 해결』에서 중국과 동반자 관계를 구축한 국가들을 성격에 따라 5단계로 구분하고, 한국을 두 번째로, 미국과 일본은 최하위인 다섯 번째 단계로 본다. 중국은 1990년대 중반부터 세계 각국과 '건설적', '전략적' 등 갖가지 수식어가 붙는 다양한 동반자 관계를 구축하였다.
① 중국의 수교국 분류 : 중국은 수교국과의 양자관계를 긴밀도에 따라 단순수교, 선린우호, 동반자, 전통적 우호협력, 혈맹의 5단계로 구분한다.
동반자 관계는 세 번째에 해당한다. 북한은 혈맹에서 김일성(金日成) 사후 전통적 우호협력으로 한 단계 떨어졌다. 반면 한국은 1998년 김대중(金大中) 대통령의 중국 방문 이후 선린우호에서 협력적 동반자 관계로 한 단계 격상됐다.
② 동반자 관계 : 이는 국가 간에 서로 적대시하지 않고 상호존중과 호혜평등의 원칙에서 공통의 정치적·경제적 이익을 추구하되 제3국을 겨냥하지 않는다는 것이다.
③ 동반자 관계의 분류
㉮ 전면합작형 동반자 관계 : 러시아, 프랑스, 파키스탄
㉯ 우호합작형 동반자 관계 : 한국, 태국, 캐나다, 멕시코, 남아프리카공화국, 브라질, 우크라이나, 카자흐스탄(근본적 이해충돌이 없고 광범위한 공동의 이익이 있어 지역·양국간 깊이 협력할 수 있다.)
㉰ 협조형의 동반자 관계 : 동남아국가연합(아세안)국가들과 영국, 독일
㉱ 건설적 동반자 관계 : 중국과 유럽연합(EU)
㉲ 전략적인 건설적 동반자 관계 : 미국, 일본, 인도(이 동반자 관계는 실용주의에 기초한 것이다. 이들 국가는 중국을 전략상의 잠재적 적수로 보며 중대문제들에서 분명한 이견을 갖는다.)

16) Fei-Ling Wang, "Joining the Major Powers for the Status Quo China's Views and Policy on Korean Reunification."(*Pacific Affairs*, Vol. 72, no.2(Summer), 1999), p. 172.

17) 2001년 9월 초 평양에서 개최된 장쩌민(江澤民) 중국 국가주석과 김정일 북한 국방위원장과의 정상회담에서 장쩌민 주석은 "중국은 남북 쌍방이 대화를 추진하고 자주적으로 평화통일을 이루는 것을 지지한다."고 공식적으로 강조한 바 있다. <한국일보>, 2001년 9월 5일.

18) 최춘흠, 『중국의 동아시아전략과 대북한 정책: 지속과 변화』(서울: 통일연구원, 2001), pp. 15-17.

19) 박건영 외, 『한반도 평화보고서』(서울: 한울, 2002), pp. 105-106.

20) 신상진 외, 『한반도 냉전구조 해체: 주변국 협력유도방안』(서울: 통일연구

원, 2000), p. 28.

21) 최춘흠, 『한반도 평화체제와 중국』(서울: 통일연구원, 2002), pp. 42-49 참조.

22) Shiping Tang, "A Neutral Reunified Korea: A Chinese View." *The Journal East Asian Affairs*(Fall/Winter), 1999, p. 466.

23) <연합뉴스>, 2004년 6월 14일. <6 · 15선언 4돌> — 주변 4강의 시각

24) Selig S. Harrison, *op. cit.*, p. 306.

25) Tae-Hwan Kwak and Seung-Ho Joo, *op. cit.*, p. 116.

26) 강봉구, "'동북공정'은 중국의 안보전략이다." <중앙일보>(2004년 9월 9일) 참조.

27) 2004년 7월 2일, 중국의 관영 신문인 인민일보와 신화통신은 '고구려는 중국 왕조와 예속관계에 있었고, 중원 왕조의 관할을 받았던 중국의 지방정권'이라는 요지의 주장을 실었다. 동시에 중국 외교부는 인터넷 홈페이지에 한국사의 삼국시대를 설명하면서 고구려를 삭제해 3국사를 2국사로 기술하는 등 고구려 역사를 중국의 역사로 편입하려는 시도를 노골적으로 드러냈다.

28) 이 협약이 규정하는 내용은 "양측은 어느 한 국가라도 타국에게 공격을 받지 않도록 가능한 모든 조치를 취할 것을 약속한다. 즉 조약국 중 한 국가가 타국가나 혹은 여러 국가들에게 공격받는다면, 그래서 전쟁상태가 된다면, 상대 조약국은 지체 없이 군사지원을 비롯한 모든 지원에 최선을 다해야 한다." Liu Jinzhi., and Yang Huaisheng, *The Collection of Chinese Policy Documents over North Korea and South Korea*(Chinese Social Science Press, 1994), pp. 1279-1280.

29) Tang Supports a Nuclear Free Korean Peninsula, Xinhua News Agency, January 21, 2003.

30) 딩 도우(丁斗), "북핵문제와 중국의 이해," 매봉통일연구소 편. 『탈냉전기 한반도와 주변 4강』(서울: 도서출판 매봉, 2004), pp. 263-270 참조.

31) 2002년에는 탈북자의 외국 공관 진입 사건이 이어졌다. 중국 베이징(北京) 스페인 대사관 진입(3월)을 시작으로, 선양(瀋陽) 일본 총영사관 진입(5월), 중국 외교부청사 진입 시도(9월) 등 탈북자들의 '기획망명'이 일어났고, 국내외 파장을 증폭시키자 중국은 주중 한국 공관을 통한 탈북자들의 망명행을 사실상 허용하기에 이르렀다.

32) Tae-Hwan Kwak and Seung-Ho Joo, *op. cit.*, p. 116.

33) Selig S. Harrison, *op. cit.*, p. 311.

34) Selig S. Harrison, *Ibid.*, pp. 311-312.

35) Selig S. Harrison, *Ibid.*, pp. 312-313.

36) Selig S. Harrison, *Ibid.*, pp. 314-315.

37) Selig S. Harrison, *Ibid.*, pp. 323-324.

38) 정종욱 전 주중대사는 2005년 3월 25일 동아일보와 중국 런민(人民)일보가 공동 주최한 '동아일보 창간 85주년 기념 심포지엄: 한중 관계의 과거 현재

미래'(서울 신라호텔)에서 "중국의 덩샤오핑(鄧小平) 주석이 일찍이 한국과의 수교방침을 정한 것은 경제적 동기가 중요한 원인 중 하나였다. 하지만 당시 외교부장을 지낸 첸치천(錢其琛) 전 부총리의 회고록에 따르면 덩 주석은 한중 수교가 한국과 대만의 관계를 단절시키고, 이는 궁극적으로 중국의 통일에도 도움이 될 것으로 판단했던 것 같다. 중국은 북한의 반대를 예상하고 북한의 이해를 구하기 위해 최대의 노력을 기울였다. 한중 수교협상이 마무리된 1992년 7월 첸 전 외교부장은 장쩌민(江澤民) 총서기의 구두메시지를 당시 김일성(金日成) 북한 주석에게 전달했지만 김 주석의 반응은 냉랭했다. 후유증은 오래 갔다. 39차례나 공식 비공식으로 중국을 찾았던 김 주석은 1991년을 마지막으로 다시는 베이징을 방문하지 않았다. 그러다가 김정일(金正日) 국방위원장이 2000년 중국을 찾음으로써 양국 정상회담은 9년 만에 재개됐다. 중국은 한국과의 수교를 위해 북한을 공들여 설득한 것으로 보인다.

39) 1999년 이래 중국의 대북한 원유 수출 현황은 1999년도 317,240톤(30,963,000달러), 2000년도 389,236톤(75,570,000달러), 2001년 579,278톤(108,757,000달러), 2002년도 472,167톤(76,468,000달러).

40) 외교통상부, 『2003년도 국정감사 요구자료 Ⅲ』(서울: 외교통상부, 2003), p. 808.

41) 외교통상부, 『2003년도 국정감사 요구자료 Ⅳ』(서울: 외교통상부, 2003), p. 491.

42) The Department of State, *The Record on Korean Unification 1943～1960*(Washington 25, D. C.: U. S. Government Printing Office, 1960), p. 215 참조.

43) <동아일보>, 2000년 6월 17일.

44) <매일경제>, 2000년 6월 15일.

45) <연합뉴스>, 2005년 10월 21일.

46) <프레시안>, 2001년 12월 7일.

47) <MBN>, 2003년 2월 13일.

48) 청와대 국정브리핑, 2005년 11월 16일.

49) <연합뉴스>, 2005년 11월 17일.

50) <연합뉴스>, 2005년 10월 29일.

51) 김 소장은 중국 동포 2세로 중국 란저우(蘭州) 대학 철학과를 졸업한 뒤 1982년부터 옌볜 대학 정치학부 교수로 재직하고 있다. 1998년부터 동북아국제정치연구소 소장을 맡아 중국과 한반도 관계에 집중하고 있다. 1993년 경희대 아태연구소 객원 연구원으로 활동했고, 2002년에는 일본에서 동북아 관계를 연구했다. "중국의 동북아 전략에 관하여", "중국 조선족 사회문화 자원과 발전 전략" 등 50여 편의 논문을 저술했다.

52) <문화일보>, 2004년 7월 7일.

53) 매봉통일연구소 편, 『탈냉전기 한반도와 주변 4강』(서울: 도서출판 매봉, 2004), p. 270.

54) <매일경제>, 2000년 8월 5일.

55) 중국의 한반도 통일에 대한 입장에 대해 경희대 주재우 교수는 "중국은 한반도 통일을 지지한다고 했다. 그러면서 중국은 항상 당사자 원칙을 강조한다. 이는 중국이 걱정하는 두 가지 문제를 견제하기 위함인데, 하나는 외세에 대한 경계이며 나머지는 통일한국에 대한 영향력 유지나 확대의 여지를 남겨두는 것이다. 따라서 표면적으로 남북 당사자들의 힘으로 한반도가 통일되길 지지한다. 하지만 내심은 바라지 않는다. 북한도 이를 명확히 알고 있다."고 평가하고 있다.

56) 최춘흠, 통일연구원. http://www.kinu.or.kr/bbs/content.asp?tb=kinu10&id=34&page=3&block=0

57) <서울신문>, 2004년 8월 23일.

58) Tae-Hwan Kwak and Seung-Ho Joo, *op. cit.*, p. 101.

59) Nicholas Eberstadt., and Richard J. Ellings, *Korea's Future and The Great Powers* (Seattle: National Bureau of Asian Research, 2001), pp. 119-121.

60) 벨 브꼬프 · 뾰뜨르 블라소프, "한반도 통일과 주변 4강." 모스크바 한국무역관 (1999년 11월). http://www.kotra.or.kr/main/trade/nk/research/etc_09.jsp

61) 『주간동아』 제451호, 2004년 9월 9일.

62) 선이후난(先易後難)은 남북관계에 있어 쉬운 것을 먼저하고 어려운 것은 나중에 토론한다는 것이다. 선경후정(先經後政)은 먼저 경제적인 것으로 남북관계를 개선 · 유지하고, 나중에 정치적인 문제를 접근한다는 것이다. 선민후관(先民後官)은 남북관계 개선을 위하여 민간인 접촉을 우선하고 나중에 관료나 정치인들의 접촉을 통하여 양국관계를 해결할 것을 조언하고 있다. 선급후득(先給後得)은 먼저 북한에게 남한이 제공할 수 있는 모든 것을 주고, 나중에 북한으로부터 받는 것이 양국관계를 위하여 바람직하다는 것을 말하고 있다. 선거후래(先去後來)의 경우는 북한에게 먼저 보내거나 가고, 나중에 북한의 물자나 인사, 그리고 정책적 변화를 받으라는 것을 의미한다. 김승채, "중국과 남북한, 그리고 한반도 통일문제," http://www.eastasianstudies.org/archives/99-2.hwp 재인용; 정문헌, 앞의 책, p. 252.

63) 전즉전패(戰則戰敗)란 남한과 전쟁(물리적인 전쟁을 포함한 다양한 의미의 갈등을 의미)을 하면 곧 패하게 된다. 화즉화패(和則和敗)는 남한과 어떠한 협력이나 화해의 과정도 실패하게 되어 있음을 말한다. 부전불화(不戰不和)는 앞의 이유로 인하여 싸움도 하지 말고, 어떤 화해나 협상도 하지 말아야 승리도 패배도 아닌 최소한의 입지를 확보할 수 있다는 불승불패(不勝不敗)를 제시하고 있다. 김승채, 앞의 글 재인용; 정문헌, 앞의 책, p. 253.

64) 정문헌, 『남북한과 미국』(서울: 도서출판 매봉, 2004), pp. 251-254 참조.

65) 통일부, 『2003년도 국정감사 요구자료 Ⅲ』(서울: 통일부, 2003), p. 265.

1) 이러한 일본외교의 기조는 미국과 샌프란시스코 강화조약 체결 전에 요시다(吉田) 수상에 의해 나타난 '요시다 독트린'에서 대외정책의 기본원칙으로 미국 등 서방국가들과 유대관계 중시, 안보의 미국의존과 최소한의 방위력 유지, 경제외교 중시를 천명하였다.

2) 일본 방위청장관인 이시바 시게루(石破 茂)는 2003년 2월 13일 북한의 대일 미사일 발사 준비를 입증할 확실한 증거 확보시 자위권 차원에서 일본의 공격개시 의사를 시사하였다. 2003년 3월 27일 중의원에서는 공격능력 보유가 전수방위 원칙의 위반은 아니라고 주장하였다. 2003년 5월 13일에는 전수방위 의미의 재검토 필요성을 주장하였고, 2003년 6월 23일 전수방위와 관련 '진정 나라의 평화와 독립을 지킬 수 있는지에 관한 검증 없이 안전보장은 불성립'이라고 하였다. 또한 '신세기 안전보장체제를 확립하는 젊은 의원 모임'은 2003년 6월 23일 대일본 공격 임박시 필요최소한의 상대기지 공격능력 보유를 주장하는 긴급성명을 채택하는 등 군국주의 발언이 잇따라 나왔다.

3) 외교통상부, 『2004년도 국정감사 요구자료 Ⅶ』(서울: 외교통상부, 2004), pp. 83-90 참조.

이 지침의 목적은 '평상시, 일본에 대한 무력 공격시 및 일본 주변 사태 발생시, 효과적이고 신뢰성 있는 미·일 협력하의 견고한 대응 태세 구축'이다.

기본전제 및 고려사항은 '일본의 모든 행위는 일본 헌법사의 제약 범위 내에서의 전수방위, 비핵 3원칙 등 기본방침 준수', '미·일 양국의 모든 행위는 분쟁의 평화적 해결 및 주권평등을 포함한 국제법의 기본 원칙 및 헌장을 위시한 관련 국제 규범에 합치'이며, 개정 지침은 '어느 정부에게도 입법상, 예산상 및 행정상 조치를 취할 의무를 부여하지 않으나, 미·일 정부는 자국의 판단에 따라 구체적인 정책 및 조치에 적절한 형태로 반영할 것을 기대'하고 '일본의 모든 행위는 수시로 적용되는 국내법령에 따름'이라고 한다.

특히, '일본 주변지역 사태에서의 일본의 평화와 안전에 중요한 영향을 미치는 경우(주변사태) 미·일 양국정부는 개별사태의 상황에 따라 공통인식에 도달한 경우 자국이 취할 활동을 서로 효과적으로 조정'하며 '주변사태 대응시 취하는 조치는 정세에 따라 변동 가능'하다고 한다.

4) 유사법제안은 일본에 대한 무력공격이 있거나 예측되는 사태에 효과적으로 대응하기 위해 국내체제를 정비하기 위한 법제로서 다음 3개 법안으로 구성되어 있다.

① 무력공격사태법안 : 무력공격사태 및 무력공격 예측 사태시 일본정부가 '대처기본방침'을 결정, 원칙적으로 국회의 사전승인 후 시행, 내각에 '대책본부'(본부장 : 총리)를 설치, 각 성·청 및 지자체에 구체대책 지시.

② 자위대법 개정안 : 자위대 방위 출동시 물자수용, 긴급통행, 물자보관 명령 위반시 처벌, 방위출동 이전 단계에서의 무기 사용이 가능.

③ 안전보장회의 설치법 개정안 : '사태대처 전문위원회' 신설 등 안전보장회의 기능을 강화.

5) 일본 방위청, 『일본의 방위 방위백서』(동경: 방위청, 2003), pp. 5-9 참조.

6) 예산 총액 25조 1,600억 엔으로

① 방공능력 강화를 위해 요격전투기(F-15) 패트리어트 · 호크 지대공 유도탄의 개선, 지원전투기(F-2) 및 전투헬기 도입과 공중급유기를 도입.

② 정보 · 경계 능력의 강화를 위해 정찰기(RF-4), 전자전 데이터 수집기(EP-3), 조기 경보기(E-2C)의 개선.

③ 탄도미사일 방위(BMD)에 관해서는 미 · 일간 공동 연구를 추진함과 동시에 기술적 실현 가능성을 검토 후 필요조치 강구.

7) 자위대 파병 항구법 제정 논의 동향

- 2002. 12 : 후쿠다 관방장관의 사적 자문기관인 '국제평화협력 간담회'는 유엔 결의에 의거한 다국적군의 후방지원을 가능케 하는 항구법 제정을 제안하는 보고서 제출.
- 2003. 7 : 닛케이 신문은 방위청이 2003년 12월 방위대강 개정시 유엔결의에 의한 다국적군의 후방 지원을 가능하게 하는 항구법 제정을 주창할 방침이라고 보도.
- 2003. 7 : 후쿠다 관방장관은 자위대 해외파견 항구법의 기본방침에 관한 대강을 향후 반년 이내에 작성할 방침이라고 언급.
- 2003. 8 : 내각부 산하 자위대 해외파견에 관한 항구법 제정을 위한 '준비실' 설치.

8) (일본 헌법)

- 제2장 제9조 ① 일본 국민은 정의와 질서를 기조로 하는 국제평화를 성실히 희구하고, 국권의 발동으로서의 전쟁과 무역에 의한 위협 또는 무력의 행사는 국제분쟁을 해결하는 수단으로서는 영구히 이를 방기한다. ② 전항의 목적을 달성하기 위하여 육 · 해 · 공군 그 밖의 전력은 이를 보지(保持)하지 않는다. 국가의 교전권은 이를 인정하지 아니한다.

(자위대법)

- 제3조 ① 자위대는 일본 평화와 독립을 지키고, 국가의 안전을 지키기 위해 직접침략 및 간접침략에 대한 우리나라의 방위를 주임무로 하고, 필요에 따라 공공질서 유지를 맡는다.
- 제76조 ① 내각총리대신은 외부로부터의 무력 공격시(외부로부터의 무력공격 우려시도 포함) 일본을 방위하기 위한 필요가 있다고 인정되는 경우에는 국회의 승인(중의원 해산시 헌법 제54조에 규정된 긴급집회에 의한 참의원의 승인)을 얻어, 자위대의 전부 또는 일부의 출동을 명할

수 있다. 단, 특히 긴급필요가 있을 경우에는 국회승인을 얻지 않고 출동을 명할 수 있다. ② 전항의 단서조항에 따라 국회승인 없이 출동을 명한 경우 내각총리대신은 즉시 국회승인을 요청해야 한다. ③ 내각총리대신은 전항의 경우 불승인의 의결이 있을 경우 또는 출동의 필요가 없어졌을 경우에는 즉시 자위대의 철수를 명해야 한다.

9) 자민당 헌법조사회('헌법개정 프로젝트팀')는 집단적 자위권 행사, 국가긴급사태 조항 신설 등 지금까지 금기시 되어 온 내용을 포함한 상기 요지의 '안보분야에 관한 헌법개정 요강안'을 7월 24일 자민당 헌법조사회 총회에 제출하였다.

고이즈미 총리는 8월 25일, 자민당 총재선 재선시 자민당 결성 50주년인 2005년 11월 15일까지 자민당의 헌법개정안을 마련할 방침이라고 언급하였다.

10) (방위청의 성(省) 승격 추진 동향)

- 1994. 4 : '省 승격'이 각의 결정되었으나, 사회당 등 야당의 강한 반발로 무산.
- 1996. 1 : 하시모토 내각의 정부조직 개편 추진시 자민당 국방부회가 '省 승격' 추진을 요청하였으나, 사민 · 사키가케 등 연정 파트너들의 반발로 무산.
- 2001. 3 : 자민당 국방부회, 방위청의 '省 승격' 추진을 포함한 정책제언 발표.
- 2001. 6 : 보수당, '省 승격' 법안을 국회에 제출.
- 2002. 4 : 연립 3당 간사장 방미 계기 Armitage 국무부장관 면담시 니카이 보수당 간사장, '省 승격'이 바람직하다는 의견 표명.

11) 외교통상부, 『2003년도 국정감사 요구자료 Ⅱ』(서울: 외교통상부, 2003), pp. 171-177.

12) Samuel S. Kim, *The International Relations of Northeast Asia*(Lanham: Rowman and Littlefield Publishers, 2004), pp. 160-161.

13) 이 공동선언에는 미 · 일관계는 글로벌 파트너십을 기반으로 할 것, APEC 범위 내에서 아시아시장의 개방 촉진, 주일미군 경비의 부담 확대, 미 · 일 · 유럽의 3자대화 강화를 담고 있다. 조선일보, 1992년 1월 10일.

14) Samuel S. Kim, *Ibid.*, p. 135.

15) Selig S. Harrison, *Korean Endgame: A Strategy for Reunification and U. S. Disengagement*(Princeton University Press, 2002), p. 348.

16) Selig S. Harrison, *Ibid.*, pp. 351-352.

17) Samuel S. Kim. *op. cit.*, p. 160.

18) Samuel S. Kim. *op. cit.*, pp. 160-162 참조.

19) Selig S. Harrison, *op. cit.*, p. 290.

20) 일본 방위청, 『일본의 방위 방위백서』(동경: 방위청, 2003), pp. 56-67 참조 및 일본 방위청, 『일본의 방위 방위백서』(동경: 방위청, 2004), p. 50.

21) 러시아는 하보마이, 시코탄 섬 2개를 양보할 수 있다는 입장이나, 일본은 쿠나시리, 에토로후를 포함 4개 섬 모두를 반환받아야 한다는 입장이다. 이 건은 다른 영토 문제와 마찬가지로 국민정서 및 경제적 이해관계 등이 복잡하게 얽혀 있어 좀처럼 해결책을 찾지 못하고 있다.

22) 1969년 발표한 '닉슨(Richard Nixon)-사토(佐藤) 공동성명' 제4항의 "한국의 안전은 일본의 안전에 긴요하다."라고 하였고, 1975년 '포드-미키(三木) 공동선언'에서 "한국의 안전이 한반도의 평화유지에 긴요하며, 또한 한반도의 평화유지는 일본을 포함한 동아시아 안전에 중요하다."라고 하고 있다.

23) Tae-Hwan Kwak and Seung-Ho Joo, *The Korean Peace Process and The Four Powers*(Aldershot: Ashgate, 2003), p. 119.

24) 북일 평양선언 요지.

북일 정상은 양국간의 불행한 과거를 청산하고 현안을 해결해 실질적인 정치 · 경제 · 문화 관계를 수립하는 것이 양국의 기본이익과 일치하고, 지역의 평화와 안전에 크게 기여한다는 데 인식을 같이했다.

① 쌍방은 이 선언문에 담긴 정신과 기본원칙에 따라 빠른 시간 내에 국교정상화를 이루기 위해 모든 노력을 다한다. 이를 위해 2002년 10월에 국교정상화 교섭을 재개한다.

② 일본은 과거 식민지 지배에 의한 조선인들이 엄청난 손해와 고통을 입었다는 역사적 사실을 겸허하게 받아들이고, 통절한 반성과 마음으로부터 사과의 뜻을 표명했다. 국교정상화 이후 쌍방이 합의한 적절한 시간이 지난 뒤에 무상자금 협력, 저금리 장기차관제공이나 국제기구를 통한 인도주의적인 지원 등 경제협력을 실시한다.

양국은 국교정상화를 위해선 1945년 8월 15일 이전에 일에 대해선 국가와 국민이 모두 재산청구권을 포기한다는 기본원칙에 따라 국교정상화 교섭에서도 이에 대해 구체적인 협의를 한다. 재일조선인의 지위에 관한 문제와 문화재 문제에 대해서도 국교정상화 과정에서 성실하게 협의한다.

③ 양국은 국제법을 준수하고, 상호의 진전을 위협하는 행동을 하지 않기로 확인했다.

④ 쌍방은 북동아시아지역의 평화와 안전을 유지 · 강화하기 위해 서로 협력하기로 했다. 이 지역의 관련국들 사이에 서로의 신뢰에 기초한 협력관계를 구축하는 것이 중요하다고 인식했다. 관련 국가들의 관계가 정상화되고, 지역의 신뢰구축을 위해 안보질서를 정비하는 것이 중요하다는 데 합의했다. 쌍방은 한반도의 핵문제의 포괄적인 해결을 위해 모든 관련국과 합의를 준수하기로 했다. 또 핵문제와 미사일문제를 포함한 안전보장상 모든 문제에 관해 관련 국가간의 대화를 촉진시켜 문제를 해결하는 것이 필요하다는 데 합의했다. 북한은 이 선언의 정신에 따라 미사일 발사 유예(모라토리엄)를 2003년 이후에도 또 연장시킬 의사를 표명했다. 쌍방은 안정보장에 관한

문제에 관해 협의를 하기로 했다.

25) 박건영, 『한반도 평화보고서』(서울: 한울, 2002), pp. 121-122.

26) 배정호 외, 『남북한 실질적 통합과 주변국 협력유도방안』(서울: 통일연구원, 2002), pp. 51-53.

27) Selig S. Harrison, *op. cit.*, p. 302.

28) 외교통상부, 『2003년도 국정감사 요구자료 Ⅲ』(서울: 외교통상부, 2003), pp. 804-805.

29) 일본 방위청, 『일본의 방위 방위백서』(동경: 방위청, 2003), pp. 55-56 참조.

30) 일본 방위청, 『일본의 방위 방위백서』(동경: 방위청, 2004), pp. 47-48 참조.

31) 1971년 일·조의원연맹이 결성되어, 1972년 일본의원 13명이 북한을 방문하여 무역협정을 체결한 이후 소강상태를 보이다, 1990년 9월 방북한 자민당, 일본사회당, 북한노동당 대표가 '조·일 3당 공동선언'에 입각해 1991년 1월부터 본격적인 북·일수교 협상을 시작하였다.

1990년 11월부터 1992년 11월까지 3차례의 예비회담과 8차례의 회담이 있었으나 별 진전을 보지 못하다가 1995년 3월과 1997년 11월 수교협상 재개를 위해 노력하였다. 수교교섭 초기 현안은 북한핵사찰 문제, 일본 과거 침략 배상문제, 납치 일본인 문제 등이었다.

32) 일조평양선언(日朝平壤宣言, 2002. 9. 17) 참조.

33) 이즈미가와 야스히로(泉川 泰博), "북핵문제에 대한 일본의 입장," 매봉통일연구소 편, 『탈냉전기 한반도와 주변 4강』(서울: 도서출판 매봉, 2004), p. 273.

34) 이즈미가와 야스히로(泉川 泰博), 위의 책, p. 275.

35) 외교통상부, 『2003년도 국정감사 요구자료 Ⅵ』(서울: 외교통상부, 2003), p. 70.

36) 연합뉴스, 2004년 5월 22일.

37) 외교통상부, 앞의 책, p. 489.

38) 일본 방위청, 앞의 책(동경: 방위청, 2003), pp. 50-54 참조.

39) 일본 방위청, 위의 책, pp. 39-40 참조.

40) 1998년 8월 북한의 대포동 미사일 발사로 인해 일본 국민들은 전후 최초로 실제적 안보위협을 체감하게 되었다. 이에 따라 일본정부는 1998년 9월 미국과의 TMD 공동기술 연구에 합의하였고, 최근에는 미국의 SM3, 패트리엇 3(PAC3) 요격미사일 구입을 추진하고 있는 것으로 알려지고 있다.

따라서 북한의 미사일이 미국형 미사일방어(MD)체제 구축에 대한 일본의 태도 변화에 영향을 미친 것으로 볼 수 있을 것이다. 그러나 MD체제의 기술적 신뢰도에 여전히 의문이 남아 있고, MD는 기본적으로 상대국의 미사일 공격에 대한 방어능력을 갖추기 위한 것이라는 점에서, 현 단계에서는 일본의 MD체제 구축 움직임이 다른 나라에 대한 공격적 군사능력 향상을 위한 것이라고 말하기는 어려운 상황이다.

41) 일본 정부는 북한이 발사한 탄도미사일을 2단계에 걸쳐 요격할 수 있는

미국형 미사일방어(MD) 시스템을 2005년 자위대에 도입하기 위해 2004년도 정부예산안에 동 시스템 도입경비를 계상하였다.

일본이 도입예정인 MD체제는 미국이 독자 개발해 2004년부터 실전배치를 목표로 한 것으로, 이지스함에서 발사 가능한 함대공 미사일 SM3와 지대공미사일 패트리엇3(PAC3)가 2단계로 연결된 시스템이다.

42) Nicholas Eberstadt and Richard J. Ellings, *Korea's Future and The Great Powers* (Seattle: National Bureau of Asian Research, 2001), pp. 126-127.

43) Selig S. Harrison, *op. cit.*, pp. 304-305.

44) <연합뉴스>, 2000년 6월 15일.

45) <동아일보>, 2000년 6월 15일.

46) <매일경제>, 2000년 6월 17일.

47) [한반도에 관한 G8성명(2000년 7월 21일 오키나와) 전문]

우리들은 2000년 6월 13일부터 15일까지 평양에서 개최된 한국과 북한 간의 정상회담을 따뜻하게 환영하고 이 회담의 역사적 중요성을 강조한다. 우리들은 이 회담에 따라 이루어진 긍정적인 진전을 전면적으로 지지하고 남북대화가 계속해서 더욱 진전될 것을 장려한다. 우리들은 남북공동선언의 성실한 실시를 포함하는 이러한 프로세스가 남북관계에 있어서 새로운 시대를 개척하고 한반도의 긴장을 완화할 것을 진심으로 희망한다.

우리들은 동북아시아의 안정에 기여하는 한반도의 긴장완화 및 영속적인 평화확립을 위해 한국과 북한에 의한 모든 노력을 강력히 지지한다.

우리들은 또 긍정적인 진전에 기여하는 한국의 햇볕정책에 대한 강한 지지를 다시 한 번 표명한다. 우리들은 북한이 보여준 건설적인 자세를 환영하고 긍정적인 일보로서 미사일 발사의 동결의 재확인을 주목한다.

우리는 북한에 대하여 이러한 노력을 계속하도록 요청한다. 이와 관련해 우리는 안전보장, (핵과 미사일) 불확산, 인도 및 인권에 관한 모든 문제를 둘러싼 국제적인 우려에 대하여 건설적인 대응을 기대한다.

48) <연합뉴스>, 2000년 7월 24일.

49) <연합뉴스>, 2001년 3월 20일.

50) 박건영, 『한반도 평화보고서』(서울: 한울, 2002), pp. 121-122.

51) <연합뉴스>, 2004년 6월 14일.

52) <한겨레신문>, 2003년 6월 9일 한・일 정상회담 공동성명 요지.

① 고이즈미 준이치로 총리는 한반도의 항구적 평화정착 및 동북아지역의 공동번영을 이룩하기 위한 한국 정부의 '평화번영정책'에 대한 지지를 표명했다. 노무현 대통령은 일・북 평양선언을 바탕으로 핵과 미사일 문제 및 납치 문제 등 일본 쪽의 관심사항을 해결하는 형태로 일・북 국교 정상화를 실현한다는 일본 정부의 기본방침을 지지하였다.

② 양 정상은 북한핵 문제는 한반도뿐 아니라 동북아지역의 평화와 안정 및 국제적 핵비확산체제에 심각한 위협이라는 점에 인식을 공유하였다. 북

한의 핵무기 보유는 물론 어떠한 핵개발 프로그램도 용인하지 않을 것임과 이 문제를 평화적 · 외교적으로 해결해야 한다는 데 합의하였다. 북핵 문제의 평화적 해결을 위해 북한이 더 이상 사태를 악화시키는 행동을 취하지 않도록 강력히 촉구하였다. 북한핵 문제가 평화적이고 포괄적으로 해결되면 북한에 국제 사회의 광범위한 지원이 가능하게 될 것임을 강조하였다. 조기에 북핵 후속회담이 재개돼 대화의 모멘텀이 유지되는 것이 필요하다는 데 의견을 같이했다.

53) 2005. 12. 9. 오전 10 : 20∼10 : 30 주한일본대사관에서 근무하는 한국인 직원은 "한국 통일에 대해 일본정부와 정치인들의 공식적인 입장 표명이 어려울 것"이라고 하였으나, 공보관(2등 서기관)은 직접 통화에서 "10년 이상 한국에 근무하고 있는데 많은 한국인들이 일본이 한국의 통일을 반대하는 것으로 잘못 생각하고 있는 것 같다. 일본이 한국 통일을 반대한다는 근거를 대달라. 정상회담 등에서 언급하지 않은 것은 새삼스런 일이 아니기 때문이다. 이 문제는 누가 대답해도 마찬가지다. 일본의 입장은 일관되다." 라고 말하였다.

54) 벨 브꼬프 · 뾰뜨르 블라소프, "한반도 통일과 주변 4강," 모스크바 한국무역관(1999년 11월). http://www.kotra.or.kr/main/trade/nk/research/etc_09.jsp

55) 김영춘, 통일연구원.
http://www.kinu.or.kr/bbs/content.asp?tb=kinu10= 34&page=3&block=0

56) Selig S. Harrison, *op. cit.*, p. 301.

57) 정문헌, 『남북한과 미국』(서울: 도서출판 매봉, 2004), pp. 251-254 참조.

58) <연합뉴스>, 1999년 9월 25일.

59) <연합뉴스>, 2005년 7월 28일.

60) <연합뉴스>, 2005년 11월 13일.

61) 통일부, 『2003년도 국정감사 요구자료 Ⅲ』(서울: 통일부, 2003), p. 264.

6장

1) 존 M. 톰슨 저, 김남섭 역, 『20세기 러시아 현대사』(서울: 사회평론, 2004), p. 27.

2) 존 M. 톰슨 저, 김남섭 역, 위의 책, p. 34.

3) 존 M. 톰슨 저, 김남섭 역, 위의 책, pp. 726-727.

4) 홍완석 편, 『21세기 러시아 정치와 국가전략』(서울: 일신사, 2001), pp. 352-355 참조.

신안보개념은 구안보개념(1997년 12월)과 마찬가지로 첫째, 국제질서의 중요한 추세분석과 세계사회에서 러시아의 역할을 명시한 '세계공동체에서의 러시아' 둘째, 국내외에서 러시아가 확보해야 할 주요한 국익을 열거한 '러시아의 국가이익' 셋째, 러시아의 대내외적 안보위협을 적시한 '러시아연방의 국가안보위협' 넷째, 국가안보 위협을 차단하기 위한 기본과제와 대응책을 제시한 '러시아연방의 국가안전보장'이다.

그러나 차이점의 첫째 특징은 국제정세에 대한 평가의 차이(양극적 대결시대 종식 이후 뚜렷이 대비되는 '상호 배타적인 두 흐름(다원주의적 세계질서, 군사적 방식 해결의 신국제관계구도 창출 기도 추세)'이 중첩한다고 평가), 둘째, 신안보개념이 반서방적 경향을 나타내고 있는 점, 셋째, 외부로부터의 심각한 군사적 안보위협을 강조하고 있는 점, 넷째 안보위협에 대해 구체적인 대응책으로 과거의 소극적이고 수동적인 '축소지향형'의 전략에서 적극적이고 공세적인 '확대지향형' 핵전략으로의 전환이다.

5) 홍완석 편, 앞의 책, pp. 355-361 참조.
군사적 영역에서 신안보개념의 실천적 지침인 '신군사독트린'은 1993년 11월의 '러시아연방 군사독트린의 일반규정'을 대체 발전시킨 것으로 핵무기 전제사용 조건과 그 범위를 현저히 확대하고 있다. 신군사독트린의 1조 8항은 "러시아연방 그리고 러시아연방의 동맹국들이 핵무기 또는 기타 형태의 대량 살상무기 공격을 받았을 경우"와 "러시아연방이 국가안보의 위기적 상황 속에서 대규모 재래식 무기의 침략을 당했을 경우" 이에 대응해 핵무기를 사용할 권리를 갖는다고 적시하고 있다.

6) 홍완석 편, 앞의 책, p. 364 참조.
유럽에서 외교적 효율성을 제고하기 위한 푸틴의 새로운 접근법은 '기회적 고립주의 노선'으로 요약된다. 서방과의 관계에서 경제이익 확보를 위해 안보이익을 희생하였던 과거의 노선과는 달리 경제이익과 같은 '실리적 이익'과 안보이익과 같은 '배타적 이익'을 엄격히 구분하여 사안에 따라 협력과 대립각을 선택하는, 즉 서구에 의존해야하는 영역은 서방과 계속 협력하지만, 그렇지 않은 영역에서는 러시아 자신의 특별한 역할을 모색하고 그 과정에서 서방과의 대립도 회피하지 않는 보다 정교한 외교노선이라 할 수 있다.

7) Samuel S. Kim, *The International Relations of Northeast Asia*(Lanham: Rowman and Littlefield Publishers, 2004), pp. 221-223.

8) Nicholas Eberstadt and Richard J. Ellings, *Korea's Future and The Great Powers*(Seattle: National Bureau of Asian Research, 2001), p. 184.

9) 이에 대하여는 홍완석 편, 앞의 책, pp. 466-467 참조.

10) 2000년 4월 이바노프(Ivanov) 러 외무장관은 워싱턴을 방문하여 ABM 조약의 개정 없이 미사일 위협에 대처하는 데 대해 양국이 협력하고 미 측이 NMD 추진 결정을 연기해 줄 것을 요청하였다. 미 측은 이에 대해 ABM 조약의 근간을 유지하면서 일부 내용의 개정 노력을 경주해 나가겠다고 하여 러시아와 협력할 용의를 밝혔다. 그럼에도 미국의 배치계획을 둘러싸고 미·러 간 긴장이 지속되자 클린턴 대통령은 2000년 6월 4~5일 모스크바를 방문하여 푸틴 대통령과 정상회담을 개최하였다. 2000년 7월 21일 오키

나와 G-8 정상회의와 2000년 11월 15일 정상회의 계기에 개최된 미·러 정상회담에서 전략적 안정을 위한 협력에 성명을 채택함으로써 핵무기와 미사일 및 관련 기술에 대한 통제를 강화하기로 합의하는 등 전통적인 핵 위협과 새로운 안보위협에 공동대응을 모색했다. 김덕중, 『미·중관계와 러시아』(서울: 태학사, 2002), pp. 76-78 참조.

11) 러시아는 동북아 안보환경의 구조적 불안정을 해소하고자 구소련 때인 1969년 '아시아 집단안보체제' 창설을 제창한 데 이어, 1985년에는 '전 아시아적 과정'을 제시하였으며, 1988년에는 '전 아시아 안보협력회의'를 제안하는 등 지속적인 안보협력체를 주장하고 있다. 러시아는 동북아에서 벌어지는 일·중 패권경쟁, 과도한 군비증강, 핵무기 제조, 영토분쟁 등을 효율적으로 해소하기 위한 역내 협의체 구성을 주장하고 있으나 이는 주변국들에게 러시아의 안보주도권 확보로 비쳐지고 있다.

12) Selig S. Harrison. *Korean Endgame: A Strategy for Reunification and U. S. Disengagement*(Princeton: Princeton University Press, 2002), p. 342.

13) 당초 양 국가의 최대 현안인 북방 4개 도서 문제의 진전이 없으면 고이즈미 총리의 방러가 이루어지지 못할 것으로 전망하였다. 그러나 일 측은 러·일 관계의 중요성, 러·일 수교 150주년 기념, 한국·중국 등 여타 국가 정상들의 동 행사 참여 등을 고려하여 전승행사 직전에 방러를 결정한 바 있다.

14) 1991년 소련(소비에트사회주의공화국연방 : USSR)이 소멸되면서 1991년 12월 21일 구성공화국 중 11개국이 알마아타에서 결성한 정치공동체로 11개국은 러시아·우크라이나·벨로루시·몰도바·카자흐스탄·우즈베키스탄·투르크메니스탄·타지키스탄·키르기스스탄·아르메니아·아제르바이잔 공화국이다. 1993년 10월 그루지야가 가입함으로써 12개 공화국으로 구성되어 있다. 아제르바이잔은 1992년 10월 연합을 탈퇴하였다가 1993년 9월 복귀하였다.

독립국가연합의 조직은 최고협의기구인 국가원수평의회(정상회담)와 그 산하에 총리협의체 그리고 가맹국의 해당 장관들로 구성되어 실무를 담당하는 각료위원회로 구성되어 있다. 정상회담은 연 2회 이상 개최하고, 협력체제의 효율적 확립을 위하여 6개월 임기의 순회의장제를 도입하였다. 총리협의체는 연 2회, 각료위원회는 연 4회 이상 열도록 되어 있다.

15) Selig S. Harrison, *op. cit.*, pp. 326-327.

16) 강원식, 『한반도 통일과정에서 러시아의 역할』(서울 통일연구원, 1999), pp. 13-15.

17) <연합뉴스>, 2004년 6월 21일, 6·15 공동선언 후 4년에 대한 러시아 전문가들의 견해.

－비탈리 이그나텐코(이타르-타스 사장) : 평양 정상회담은 남북 관계에 새로운 장을 열었고, 그해 8월에 실현된 남북 이산가족 상봉은 정상회담의 첫 번째 결실이었다. 그러나 한 가지 분명한 것은 북핵 문제는 정치적으로

밖에 해결할 수 없다는 사실이다. 북핵 문제를 평화적으로 극복하기 위해서는 대북 안전 보장과 경제 지원 조치가 있어야 한다.

－발레리 데니소프(국제관계대학 교수. 전 북한 주재 대사) : 4년 전 남북 정상회담은 올바른 시기에 올바로 열렸던 것 같다. 김대중 전 대통령과 김정일 국방위원장이 함께 평화 통일을 향한 첫발을 내디뎠다고 본다.

18) 신상진, 『중・미 관계와 한반도: 외교안보 및 통일문제를 중심으로』(서울: 통일연구원, 2000), pp. 59-60.

19) 여인곤 외, 『남북연합 형성을 위한 주변 4개국 협력유도전략』(서울: 통일연구원, 2001), p. 127.

20) 푸틴 대통령은 취임 후 3각 경제협력이 자국의 경제・통상 이익의 확대는 물론 대한반도 외교・안보 이익의 확대에도 도움이 될 것으로 판단, 남북한의 고위인사와의 회합 때마다 3각 경제협력의 현실화를 적극 주장하였다. 한편 1998년 5월 김대중 대통령의 모스크바 방문, 2000년 6월, 10월의 김영호 전산자부 장관, 그리고 이한동 총리의 모스크바 방문 등을 계기로 3각 경제협력 방안이 본격적으로 협의되기 시작하였다. 이후 제1차 남북정상회담을 계기로 남북관계가 크게 개선됨에 따라서 이들 방안이 현실화될 가능성이 많아지고 있다.

러시아가 거론하고 있는 3각 경제협력 사업은 첫째, 러시아 원유를 북한에서 가공해 한국으로 보내는 사업, 둘째, 과거 소련이 지원했던 제철소를 포함한 중화학 공장 70여 개의 개보수 사업, 셋째, 시베리아 가스전 개발과 파이프라인 연결 사업, 넷째, 시베리아 횡단철도(TSR)와 남북철도의 연결 사업 등이다.

21) 외교통상부, 『2003년도 국정감사 요구자료 Ⅱ』(서울: 외교통상부, 2003), pp. 809-810.

22) World of KCM 러시아지회, "푸틴: 한반도 평화는 한민족 문제"(2000년 7월 20일). http://russia.kcm.co.kr/politics/y029.html

푸틴 대통령은 이날 평양을 출발하기에 앞서 기자들에게 "우리는 한반도 평화는 무엇보다 한민족 스스로가 다뤄야 할 문제인 것으로 간주하고 있다."고 지적했다고 이타르타스통신이 평양발로 보도했다. 그는 이어 지난 2000년 6월 역사적인 남북한 정상회담은 매우 중요한 의미를 지니는 것이라고 평가하고 "모스크바는 만일 필요하다면 이 지역에서 발생하는 모든 논쟁을 해결하기 위해 자체 힘에 걸맞는 기여를 할 준비를 갖추고 있다."고 밝혔다. 그는 앞서 "지난 2000년 2월 체결된 러・북 우호선린협력조약의 이행이 이번 평양 방문의 가장 큰 목적이었다."고 밝히고, "양국 관계의 수준은 그동안 용납할 수 없을 정도로 저하됐다."고 지적했다. 그는 "소련시절 양국간 교역액은 연간 수십 억 달러였지만 지난해에는 1억 달러를 넘기지 못했다."고 소개했다.

23) Selig S. Harrison, *op. cit.*, p. 344.

24) ('조・러 공동선언'에 명시된 주요 내용)

① 침략위험시 지체 없이 상호 접촉 : 제2항에서 "조선과 러시아는 조선 또는 러시아에 대한 침략위험이 조성되거나 평화와 안전에 위협을 주는 정황이 조성되어 협의와 호상(상호)협력을 할 필요가 있을 경우 지체 없이 서로 접촉할 용의를 표시한다."고 명시.

이는 지난 2월 9일 평양에서 체결된 새로운 '조-러 친선·선린 및 협조에 관한조약'에 명시된 군사관련 조항을 재확인한 것으로 보임.

② 남북관계 자주성 인정 : 북한이 조국통일의 '자주적 해결'을 러시아와의 공동선언에 못 박음.

③ TMD, NMD체계 구축 반대 : 미국의 전역미사일방위(Theater Missile Defence, TMD)체계와 국가미사일방위(National Missile Defense, NMD)체계 구축 및 탄도탄요격미사일(Anti Ballistic Missile, ABM)제한 조약 개정 주장에 대한 반대 의지를 대내외에 과시.

특히 이 공동선언에서 동북아시아 및 국제사회의 전략적 · 지역적 안정을 위해 제2차 전략무기감축협정(START-Ⅱ)의 조속한 발효와 제3차 전략무기감축협정(START-Ⅲ)의 체결을 강조한 점은 미국의 영향력 확대 움직임에 쐐기를 박을 것으로 보인다.

25) 미하일 고르바초프, "세계정세와 한반도 미래," 인촌강좌(2001년 11월 20일).

http://www.inchonmemorial.co.kr/bbs/view.php?mode=list&idx-no=200111200002 &cpage=18&keyfield=&key

"러시아 정책에서 중요한 요소는 마지막 남은 냉전의 잔재 해소, 즉 한반도 분단을 종식하고 한민족 통일을 위한 노력을 지지하는 것이다. 이러한 입장은 한민족의 열망과 2차 대전 이후 남북 북단, 그리고 한국전 이후 분단 상황의 고착화에 대한 우리의 책임에서 기인한 것이다.……남북통일은 무엇보다도 한민족 당사자의 일이다. 통일은 점진적인 관계 접근과 정치적 대화, 경제적 · 문화적 동질성 회복, 인적 교류 활성화를 통한 평화적이고, 민주적인 방법으로만 이루어질 수 있다. 그러나 많은 것들이 역내 강대국들의 정책 등 국제적 요소에 의해 좌우된다. 러시아는 남북 대화와 관계 접근을 위한 우호적인 국제적 분위기를 조성하는 데 적잖은 역할을 할 수 있다. 이는 우리의 동아시아 정책 중에서 중요한 우선순위를 차지한다.……

한반도 문제 해결을 위한 새로운 모델을 개발하는데 국제적인 측면에서 본다면, 러시아의 건설적인 역할을 보다 더 활용해야 한다고 생각한다. 이와 관련하여 나는 6자회담(한국, 북한 그리고 4대강국인 미국, 중국, 러시아, 일본이 참여)을 추진하고 그 이후에 보다 폭넓은 문제를 다룰 수 있는 동북아 대화 채널을 만드는 방안이 매우 적절하다고 생각한다."

26) <뉴시스>, 2005년 11월 17일.

27) 고재남, "러시아의 한반도정책과 방향," <조대신문>(2001년 5월 30일).

28) <연합뉴스>, 2004년 6월 23일.
29) Selig S. Harrison, *op. cit.*, p. 354.
30) 연합뉴스, 2004년 6월 21일, 6 · 15 공동선언 후 4년에 대한 러시아 전문가들의 견해.
31) Tae-Hwan Kwak., and Seung-Ho Joo, *The Korean Peace Process and The Four Powers*(Aldershot: Ashgate, 2003), pp. 163-168.
32) 여인곤, 통일연구원.
http://www.kinu.or.kr/bbs/content.asp?tb=kinu10&id=34&page=3&block=0
33) Tae-Hwan Kwak., and Seung-Ho Joo, *op. cit.*, p. 168.
34) 통일부, 『2003년도 국정감사 요구자료 Ⅲ』(서울: 통일부, 2003), p. 266.

7장

1) 오르갠스키(Organski)는 국제체제를 어느 정도의 질서가 내재한 위계체제로 이해한다. 그는 국제체제를 피라미드의 형태로 보고, 피라미드의 제일 위에는 지배국가(dominant power)가 있고, 바로 그 밑에는 몇 개의 강대국들(major power)이 있다고 파악한다. 그 다음에는 약소국들(minor power)이 있고, 제일 밑바닥에는 식민지들(dependencies)이 있다는 것이다. 오르갠스키는 이러한 국가들을 크게 만족국가군과 불만족국가군으로 다시 나눈다. 만족국가군에는 지배국가, 그 지배국가와 동맹을 통해 우호적인 관계를 맺고 있는 몇 강대국들, 지배국이 주도하는 동맹을 통해 질서를 별로 불만 없이 따르는 약소국들이 포함된다. 불만족국가군에는 이들 만족국가들을 제외한 모든 국가들과 식민지들이 포함되는데, 이러한 불만족국가들은 지배국 또는 패권국의 주도하에 정립되고 유지되는 체제의 현존질서에 대해 강한 거부감을 느끼고 있는 국가들이다. 이들 불만족국가들은 세력의 열세로 어쩔 수 없이 패권국을 중심으로 하는 만족국가들이 형성한 국제체제질서에 속해 있지만, 현 상태를 바꿀 수 있는 기회가 주어진다면 언제든지 현 체제를 전복시키기를 바라는 국가들이다. 그와 반대로, 패권국과 몇몇 만족국가들은 현 체제에서 기득권을 확보한 현상유지 세력들이다. 김우상, “세력전이이론,” 우철구 · 박건영 편, 『현대 국제관계이론과 한국』(서울: 사회평론, 2004), pp. 123-124.
2) 이기택, 『한반도의 정치와 군사』(서울: 일신사, 1988), pp. 450-451 참조 및 <동아일보>, 1992년 6월 11일 참조.
1955년 6월 27일 북한과학원 대표가 소련에서 열리는 원자력의 평화적 이용에 관한 학술회의에 참석하였으며, 1956년에 소련과 ‘조 · 소연합핵연구소 조직에 관한 협정’을 체결하였다. 이어 1958년에는 핵개발 지식의 습득을 목적으로 물리학자, 기술자들을 소련에 파견하였고, 1959년 9월에 중 · 소와

'원자력 평화이용 의정서'를 교환하였다. 이후부터 대규모 연구진을 모스크바의 드브나연구소와 체코의 프라하대학에 연구생을 파견하였다. 북한은 1962년 초 영변에 원자력 연구소를 세우고, 위 협정을 토대로 1965년 소련에서 연구용 원자로(IRT 2000, 2MWe급) 2기를 도입하여 완공시켰다. 1973년 김일성대학에 핵물리학과를, 김책공과대학에는 핵전기공학과와 핵연료공학과, 원자로공학과를 설치하였으며, 1980년 초에는 이 연구용 원자로의 출력을 국내 기술로 증가시켜 4MWe로 만들었다. 1985년에는 소련으로부터 440MWe급 원전 4기의 도입을 주요 내용으로 하는 원자력 발전소 건설 협력을 체결하였다.

북한은 1980년 영변에 5MWe 시험용 원자로 건설을 시작, 7년 만인 1987년부터 가동을 시작하였다. 1986년 12월에는 원자력공업부를 신설하고 5MWe 운전 경험과 기술을 바탕으로 50MWe는 1986년, 200MWe는 1989년 각각 건설에 착수했다.

8장

1) James C. F. Wang, *Contemporary Chinese Politics: An Introduction*(University of Hawaii at Hilo: Prentice-Hall, 1995), p. 138.
2) 송영우, 『국제정치학』(서울: 건국대학교출판부, 1999), p. 299.
3) 이는 마치 혼례에서 강제로 헤어짐을 당했던 신랑·신부가 강력하게 주장하는 재혼 결혼을 부모가 마지못해 동의해주는 상황의 연출과 비슷하다. 즉 신랑 역할은 한국, 신부 역할은 북한이, 신랑의 혼주는 미국이, 신부의 혼주는 러시아가 맡으며, 주례(중매쟁이)는 중국이, 하객(들러리)은 일본이 서는 격으로 이렇게 이룬 가정이 다시 역내에 평화를 가져오고 찰떡궁합으로 잘살게 된다면 주변에 도움이 될 수 있다. 물론 결혼식 준비는 신랑과 신부가 공동으로 준비하며, 결혼비용은 신랑이 부담하게 되는 형국이다. 이것이 못된 짓으로 한민족에게 이별과 슬픔을 안겨 준 일본 등 4국이 할 '2+4' 역할이다.
4) 1989년의 몰타정상회담에 이어 미·소 간의 핵 감축이 시작되었고 이는 1991년 제1차 전략무기감축협상(Strategic Arms Reduction Talks, START Ⅰ)과 1992년의 제2차 전략무기감축협상(START Ⅱ) 등으로 구체화되었다. 이 과정에서 1991년 9월 부시 대통령은 전술핵 폐기를 선언하게 되었는데, 이것이 남북 기본합의서 타결과 남북한 간의 비핵화 논의가 전개될 수 있게 한 비핵화 공동선언 체결에 결정적인 계기가 되었다.
5) 정문헌, 『남북한과 미국』(서울: 도서출판 매봉, 2004), pp. 259-272 참조.
6) 대타협의 핵심은 북한에 분명하고 구체적인 인센티브를 제공하면서 다양한 의제에 대해 협상하자는 것이다. 두 사람은 "북핵 위기의 근원에는 북한

경제의 위기가 도사리고 있기 때문에 주변국들이 경제 지원에 대한 대가로 경제 개혁, 나아가 강압적인 통치구조의 변화, '전쟁 없는 체제 변화'를 유도할 수 있다. 예컨대 중국은 계획경제 아래서 기업 활동을 촉진하는 방안에 대해 조언하고, 미국은 '북한을 질식시켜 무너지게 만든다.'는 책략을 버리고 차츰 무역 제재를 완화해야 한다. 주변국이 북한에 매년 20억 달러 규모의 사회간접자본 건설 보조금을 지원하고 각종 식량 및 에너지 원조를 계속해야 한다. 이러한 인센티브에 따라 북한에 부과되는 요구 사항은 분명하다. 그것은 핵개발 중단과 핵 폐연료봉 및 플루토늄 해외 반출 금지, 생화학무기의 제거, 일본인 납치 희생자들과 가족의 송환, 위조화폐 제조와 마약거래 중지, 인권 문제에대해외부세계와의 대화 등이다."라고 주장한다.

7) The Department of State, *The Record on Korean Unification 1943~1960*(Washington 25, D. C.: U. S. Government Printing Office, 1960), p. 103.

8) 황장엽, "평화통일전략," 『월간중앙WIN』(1999. 2).

9) 제러미 리프킨 · 이원기(역), 『유러피언 드림』(서울: 민음사, 2005), p. 391.
유럽의 외교 및 안보정책은 두 개의 축에 의존하고 있다. 하나는 기존의 국가 영토 방위에서 벗어나 초국가적 평화유지와 인도적 개입으로 군사전략을 재정립하는 것이다. 다른 하나는 사람들과 국가들 간의 더욱 긴밀한 협력을 위해 경제 원조를 외교 정책 수단으로 활용하는 것이다.

10) 황장엽, 앞의 글 참조.

11) David Held, *A Globalizing World?: Culture, Economics, Politics*(London: New York: Routledge, 2000), p. 148. "global neighborhood"에 대하여는 이 책 pp. 148-161 참조.

12) Samuel S. Kim, *The International Relations of Northeast Asia*(Lanham: Rowman and Littlefield Publishers, 2004), p. 9.

13) 이호재, 『한국과 일본, 21세기로 가는 길』(서울: 화평사, 1990), pp. 20-24 참조.
이에 대해 이호재 교수는 "일본과 중국이 21세기의 동북아 국제관계에서 큰 영향력을 행사할 지역 강대국으로 다시 등장할 것은 분명하다. 그러나 동시에 동서 냉전시대를 지배하던 미국과 러시아도 이 지역에서 가진 군사 · 전략적 필요와 경제 이해로 20세기에 비해 위축된 것일지라도 중국과 일본에 뒤지지 않는 역할과 발언권을 행사하려고 할 것이다. 따라서 21세기의 동북아 국제정치는 적어도 일본 · 중국 · 미국 · 러시아가 비슷한 영향력을 행사하는 주역으로 참가하는 다원적 4강체제로 개편될 것으로 전망하는 것이 보다 정확할 것 같다. 그리고 만약 남한과 불한이 남북대화의 성공으로 통일한국이 되거나 혹은 최소한 군사대결 문제만이라도 해결하여 상호 협력을 할 수 있게 되면, 이 지역에 1개의 통일한국이 주변 4강과 같이 동등한 역할을 담당하는 '동북아 5개국체제'가 성립할 가능성도 전혀 없는 것은 아니다."라고 하였다.

14) Tae-Hwan Kwak and Seung-Ho Joo, *The Korean Peace Process and The Four Powers*(Aldershot: Ashgate, 2003), p. 95.

15) Nicholas Eberstadt and Richard J. Ellings, *Korea's Future and The Great Powers*(Seattle: National Bureau of Asian Research, 2001), pp. 313-314.

16) *Ibid.*, pp. 160-161.

찾아보기

ㄱ

가쓰라-태프트 비밀협약 35, 40, 285
간도문제 22, 220
간도협약 21, 72
강경정책(big stick policy) 162
강성국가(strong state) 265
강성대국 건설 111, 265
강한 러시아 264
강화도조약 39
개성공단 83
개성시범관광 83
개입(engagement) 151
개입과 확대 57
개입자 309
결과물(outcome) 24
경제적 의미 48
고구려사 왜곡 76, 197
고농축 우라늄(High Enriched Uranium, HEU) 114, 120
고려연방제 126
고립주의(isolationism) 143
공포의 균형(balance of terror) 35, 298
교역상대국 48
교정주의국가(校訂主義國家, revisionist state) 145
교차승인 156, 191
구성주의 16, 19
구조(structure) 20
국가안보전략(The National Security Strategy) 145
국가이익(national interests) 29, 178, 293
국경분쟁 188
국공합작 70
국력 43
국민 통일의식조사 14
국방비 46
국제관계 66
국제관계이론 19
국제연맹 70
국제원자력기구(International Atomic Energy Agency, IAEA) 77
국제전략연구소(Center Strategic International Studies, CSIS) 171
국제정치(Politics Among Nations) 25
국제주의(internationalism) 143
국제주의외교 223
국토 분할론 40
군국주의 223
군비경쟁 56
군비통제 117
군사비 45
군사적 의미 43

권력(power) 25
권력투쟁(struggle for power) 26
균형외교 192
균형자 57
균형자 역할 44
글라스노스트(glasnost) 133
금강산 관광 83
기능주의 97
기든스(Anthony Giddens) 23
기본합의서 56, 81, 109
껄끄러운 국가(unfriendly state) 246

ㄴ

난징(南京) 조약 68
난징대학살(南京大虐殺) 70
남북 분할론 40
남북 이산가족 83
남북교류협력에 관한 법률 102
남북철도 및 도로 연결 83
남북한 회담 81
남북한 통일 22
낮은 단계 연방제 110
냉전종식 58
냉전체제 105
노동당규약 125
니콜라스 에베르스타트(Nicholas Eberstadt) 17

ㄷ

다극구조 97
다극체계 183
다극체제 80
다이토아쿄에이켄(大東亞共榮圈) 73
다자간 안보협력 체제 41
단일-다극체제 54
당사자원칙 82, 272, 303
당사자주의 273
대개도국 공적개발원조(Official Development Assistant, ODA) 100
대남적화통일전략 125
대량살상무기(Weapons of Mass Destruction, WMD) 165
대륙세력 48
대북정책조정그룹(Triateral Coordination Oversight Group, TCOG) 148
대북지원 86
대북포용정책 154, 156
대타협(grand bargain) 304
대포동 로켓 204
댜오위다오(釣魚島) 37
댜오위타이(釣魚臺) 106
데탕트(detente) 96
도거티(James E. Dougherty) 24
도쿄선언 227
독도 영유권 분쟁 77
독립국가연합(Commonwealth of Independent States, CIS) 258
독일통일 93
돈 오버도퍼(Don Oberdorfer) 15

동맹이론　19
동방정책(Ostpolitik)　96, 133
동북 3성　212, 217
동북공정　36, 198, 215, 220
동북아 5개국체제　16, 307
동북아 균형자론　160
동북아 환경　54
동학혁명　69
등거리 외교　112, 245

ㄹ

러일전쟁　35, 39, 40
러·일공동성명　230
러·중 합동군사훈련　258
러시아연방　253
루꼬우차오(盧溝橋) 사건　70
리차드 엘링스(Richard J. Ellings)　17

ㅁ

마르크스주의　252
마샬플랜　132
마지막 게임(end game)　178
만주사변　70, 73
매개체(medium)　24
맥아더(Douglas MacArthur)　67
메이지유신(明治維新)　72
모겐소(Hans J. Morgenthau)　24
모스크바 선언　260
몰타회담　54
무력북진통일　101
무정부상태(anarchy)　28
미·일안보동맹　59
미·일안보공동선언　149
미·일화친조약　72
미국난민위원회(United States Commissioner for Refugees, USCR)　108
미국무성(The Department of State)　16
미군 재배치 계획(Global Defense Posture Review, GPR)　148
미군 철수　245, 284
미래한·미동맹정책구상협의(Future ROK-US Alliance Policy Initiatives, FOTA)　159
미사일방어(Missile Defence, MD)　111
민족 통합　22
민족공동체 통일방안　102, 103
민족공조론　127

ㅂ

반북대결전략　128
반테러 글로벌 연대　55
백두산관광사업　83
베를린협정　133
베이징 조약　69
베트남　132
보수 대연합　225
보조적 동반자　150
봉쇄(containment)　151

북 · 미 공동성명 156
북 · 미 수교 156
북 · 일 수교 130
북 · 일수교협상 235
북경공동선언 257
북미자유무역협정(North American Free Trade Agreement, NAFTA) 52
북미회담 129
북방열도 55
북방정책 41, 97
북한자유법안(North Korean Human Rights Act of 2004) 165
북한핵 62
분할(divide and rule)전략 246
불량 초강대국(rogue superpower) 145
불량국가(rogue state) 111, 153
불만족 국가 282
불통불란(不通不亂) 211
블라디보스토크(Vladivostok) 33
비정부기구(Non-Governmental Organization, NGO) 108
비핵화공동선언 105

ㅅ

사무엘 김(Samuel S. Kim) 15
상호확증파괴(Mutual Assured Destruction, MAD) 162
상황정책 42
새로운 국제질서 55
샌프란시스코 강화조약 285
샌프란시스코 강화회의 67
선양(瀋陽)사건 201
선제공격(preemptive strike) 145
세계 정치(global politics) 307
세계무역기구(World Trade Organization, WTO) 도하개발아젠다(Doha Development Agenda, DDA) 100
세력균형 27, 40
세력균형이론 19
세력균형자 80
세력균형정책 147
세력균형체제 57
셀리그 해리슨(Selig S. Harrison) 15
소강사회(小康社會) 184, 189
쇼와(昭和)세대 224
수정구슬(crystal ball) 309
스커드 미사일 204
시베리아 횡단철도(Trans-Siberian Railroad, TSR) 53
시안(西安)사건 70
시장경제체제 181
신데탕트 97
신북방삼각관계 112
신사참배 65, 73
신안보공동선언 77
신탁통치 285
신현실주의 24, 28
실리외교 60

ㅇ

아미티지보고서 163
아세안 지역안보포럼(ASEAN Regional Forum, ARF) 256
아시아연합(Asian Union, AU) 52
아시안하이웨이 53
아이훈(琿) 조약 69
아젠다(agenda) 17
악의 축(axis of evil) 162
애로호 사건 69
애치슨선언 285
얄타회담 168
양극구조 97
양무운동(洋務運動) 69
억지 정책(deterrence policy) 77
역사바로세우기 197
역학관계 309
역학구도 75
연방제 110
연착륙 282
연합제 121
영향력 284
영향요인 276
예멘 132
와(和) 74
완충지대(buffer zone) 173
왈츠(Kenneth N. Waltz) 24, 28
우경화 65
우호협력 190
원자력발전소 116
위신정책(policy of prestige) 27
유럽연합(European Union, EU) 52
유사법제 225
유엔 평화유지군활동(Peace-Keeping Operations of the United Nations, PKO) 59
유엔난민고등판무관(United Nations High Commissioner for Refugees, UNHCR) 108
을묘왜변 37
을사보호조약 38, 40
이동배치전략 161
이라크 파병 123
이상주의 23
이중성(ambivalence) 13, 19, 22, 276, 278, 293, 296, 298
이중적 태도 18
이해관계 309
인권보고서 163
인민민주정권 125
인적 교류 83
일극(一極)세계(a unipolar world) 145
일방적 확증파괴(Unilateral Assured Destruction, UAD) 162
일방주의 143
임진왜란 37

ㅈ

자위대법 225
자유무역협정(Free Trade Agreement, FTA) 100

자유민주주의 181
자유주의 16, 19, 23
자주통일 302
작전계획 5029 160
재무장 271
재외동포 306
적성국가(hostile power) 246
전략적 경쟁자관계(strategic competitors) 152
전략적 동반자관계(strategic partnership) 77, 112, 151
전략적 삼각관계(strategic triangle) 151
전략핵무기감축협정 230
전진배치전략 161
전통적(또는 고전적) 현실주의 24
정유재란 37
정전체제 157
정전협정 169
정치적 다원주의 134
정치적 의미 38
제3세계 251
제국주의정책(policy of imperialism) 27
제네바 합의 114
조·러 우호조약 112
조·러 친선선린 및 협조조약 260
조건부 찬성 296
조국통일 3대원칙 122
조선족 216
주변 4국 13, 16, 92, 96, 99, 276, 280, 293, 295, 302, 304, 314
주변사태법 225
주요 4국 29
주체사상 111
주한미군 철수 125
준동맹관계 56
중일전쟁 70
중국 위협(china threat) 150
중국 위협론 58, 186
중국횡단철도(Trans-China Railway, TCR) 53
중기방위력 정비계획 59
중립 통일 272
중재자 80, 288
중추국(Hub State) 48
지리(geography) 25
지정학적 의미 33

ㅊ

천안문사건 188
청일전쟁 34, 40, 69

ㅋ

카이로회담 168
쿠릴4도 230, 256

ㅌ

탄도미사일방어시스템(Ballistic Missile Defence, BMD) 144

탄도탄요격미사일(Anti Ballistic Missile, ABM) 153
태평양전쟁 66
테러와의 전쟁 57
텐진 조약 69
통일 시나리오 173
통일 환경 81, 94
통일(統一, unification) 21
통일방안 109
통일비용 140
통일외교 299, 306
통일전선전술 120
통일한국 95

ㅍ

팽창주의 205
팽창주의 국가 76
페레스트로이카(perestroika) 133
페리보고서 94, 154
평양 관광 83
평양선언 231
평화·번영 정책(Policy of Peace & Prosperity) 98, 243
평화조약 67
평화헌법 개정 65
평화협정 154, 157
포츠담선언 67
포츠담회담 168
포츠머스 조약 35

ㅎ

하관조약 69
한·러 공동성명 260
한·미 동맹 38, 41, 100
한·미 주둔지위협정(Status of Forces Agreement, SOFA) 160
한·미·일 정상회담 99
한국 병합 37
한국 통일 22
한국전쟁 44
한민족공동체 통일방안 102
한반도 비핵화 208
한반도 비핵화 공동선언 102
한반도 통일 22
한반도에너지개발기구(KEDO) 115
한반도종단철도(Trans-Korea Railway, TKR) 53
한일 수호조약 69
할슈타인 원칙(Hallstein Doctrine) 133
함수관계 276
항미원조전쟁(抗美援朝戰爭, 한국전쟁) 37
해양세력 48
해외주둔재배치계획(GPR) 159
핵확산금지조약(NPT) 115
햇볕정책 92, 242
행위자 308
현상유지 13, 20, 94, 246, 296
현상유지정책(policy of status quo) 27
현실주의 16, 18, 24
호혜협력 190

확증파괴(Mutually Assured Destruction, MAD) 77
환경 요인 20
활츠그라프(Robert L. Pfaltzgraff) 24
훠반꽌시(伴關係, 동반자 관계) 191
흡수통일 113, 140
힘의 공백 196
힘의 공조 57
힘의 균형 57
힘의 외교 143

15년 전쟁 73
2+2 방식 262
2+4 구도 244
2+4 방식 233
2+4 통일회담 280
3각 경협 261
3국 동맹 71
3단계 통일방안 103
3불정책 188
3포왜란 37
4자회담 16, 129, 157, 193, 247
55년 체제 74
6·15 남북공동선언 82, 103
6·15 남북공동선언문 109
6·15 남북정상회담 63
6자회담 38, 63, 99, 106, 154, 157, 220
7·4 남북공동성명 101, 234
7·7 특별선언 102, 247
9·11 테러 55, 143
G-8 정상회담 148
G-8 정상회의 256
Joint Vision 2010 179
Joint Vision 2020 179
win plus 전략 143
win-win 전략 143